경찰인사관리론

전병용 저

경찰은 인건비예산 비중이 매우 높은 노동집약적인 조직이므로
경찰인사관리가 치안성과를 결정적으로 좌우한다.

백산출판사

서문

정부조직은 민간기업조직에 비해 대체로 노동집약적인데, 정부조직 중에서도 경찰은 인건비예산 비중이 매우 높은 노동집약적인 조직이므로 경찰인사관리가 치안성과를 결정적으로 좌우한다.

그러나 우리 경찰의 인사관리는 해방 이후부터 지금까지의 역동적인 시대적 상황으로 말미암아 정상적인 발전이 크게 제약되었고, 그 그늘은 아직까지도 우리 경찰에 드리우고 있다.

저자는 이 책에서, 과거 경찰청의 인사주무국장, 지방경찰청장 및 경찰서장, 경찰교육기관 근무경험과 연세대학교 행정대학원 등에서 13년간 강의하면서 연구한 것을 토대로 우리 경찰의 인사관리 현실과 이론을 연결해 보려 시도하였다.

본서에서 상대적으로 지면을 많이 할애한 부분은 다음과 같다.

먼저, 경찰의 직급과 보수가 낮게 책정되어 있는데 이를 시정하기 위한 과학적 근거를 제시할 방법으로 경찰에 적합한 직무분석과 직무평가가 필요하다고 보고 이에 대해 검토하였다. 또한, 사람과 직무와의 관계를 살펴보고, 경찰목표를 효율적으로 달성하기 위한 직무관리 방법으로서 직무설계에 대해 설명하였다.

두 번째로, 인사관리의 기초로서 인력확보전략, 인력기획 및 인력의 수요 · 공급 예측 기법에 대해 설명하였다.

세 번째로, 부패문제에 대하여 분석하였다. 경찰부패가 실상에 비해 부각되는 이유를 살펴보고, 공직사회가 선진국 수준의 청렴도를 갖자면 어떻게 해야 할지에 대해 논하였다.

네 번째로, 경찰공무원의 평정제도와 승진제도의 발전방안을 검토하고 경찰인사의 감사에 대해 설명하였다.

다섯 번째로, 남북통일이 이루어질 경우 남북한 경찰의 통합문제에 대해 살펴보았다.

여섯 번째로, 국민들의 수명이 늘어나고 있는 추세에 비추어 정년제도, 경찰공무원의 퇴직관리의 현실 및 그 발전방안에 대해 검토하였다.

일곱 번째로, '진보진영'에서는 미 군정청 경찰관이 대부분 일제경찰 출신이었다고 비판해 왔는데 얼마나 역사적 사실과 부합하는지 분석하였다.

시대적 상황 변화에 부응한 경찰의 인사제도 변경은 인력, 직급과 예산의 증액이 크게 필요한 경우 통치권력의 결단에 의해 이루어진 경우가 많았다. 이는 경찰의 책임과 역할에 걸맞는 힘이 부족한 때문으로도 볼 수 있다. 일제는 제국주의 독재체제를 법치주의로 합리화하기 위하여 검찰을 통치의 근간으로 삼고 경찰을 이에 종속시켰는데 대한민국 건국 이후 이 종속관계가 점차 더 심화되었기 때문이다. 국민의 지지를 바탕으로 하여, 권한 면에서 경찰다운 경찰이 되어야 인사관리제도도 크게 개선될 수 있을 것이다.

이 책을 집필하는데 많은 조언을 해준 신두식 교수님, 이 책의 출간에 많은 도움을 주신 김용준 회장님, 백산출판사 진욱상 사장님, 김호철 편집부장님께 깊은 감사의 말씀을 드린다.

2014. 4.

전 병 용

목차

제4장 경찰공무원의 교육훈련

제5장 경찰관의 평가

제6장 재직경찰관의 보직관리, 휴직 및 승진

(1) 외국의 실적주의

(가) 미국의 경우

엽관주의의 병폐에 대한 개혁논의가 미국의 정당, 시민사회, 언론 등에서 이루어져 오다가 1881년 가아필드(Garfield) 대통령이 공직을 받지 못한 선거운동원에 의해 피살되자 펜들턴법이라는 결실을 맺게 되었다. 이후 미국에서 실적주의에 관리되는 공무원이 비중이 점차 늘어나갔다.

개혁 초기에는 채용과 해고과정에서 정치적 영향력을 차단하는데 중점을 두었으나, 1900년대 초에는 과학적 관리론이 제공하는 관리철학에 따라 승진, 교육훈련, 보수 등 인사관리의 전 과정에 실적주의를 적용하기 시작했고 이어서 직위분류제를 도입했다. 1970년대에는 두 차례에 걸친 인사개혁법(Civil Service Reform Act)에 의해 인사행정의 전 과정에서 적극적·발선시항적 실적주의를 추구하도록 하고, 공직의 구성이 사회전체를 대표하도록 하며, 성과급 채택, 공무원의 윤리성 강조, 내부고발자 보호 등을 추가하여 실적주의 원칙이 계속 진화되어 가고 있음을 보여 주고 있다(유민봉, pp.60-64).

(나) 영국과 유럽의 경우

과거 영국의 종신직관리제도는 관리가 정실로 임명됨으로써 생기는 비능률 등 여러 가지 문제점이 나타나자, 19세기 중반 이후 추밀원령에 의해 관리의 신규 임용에 공개경쟁시험 제도를 도입하고 응시자격 결정과 시험을 통해 임용할 관직 결정에 재무부의 동의를 받도록 하는 등 실적주의를 도입하기 시작하였다(허경미, p.22). 영국은 공개경쟁시험 등 실적주의를 도입하였지만 기존 관리의 기득권을 인정해 주어 엘리트 중심의 일반 행정가 원리를 유지하였으며, 영국 공무원 사회는 지금도 건전한 상식과 일반교양 지식을 중시하는 풍토가 있다.

프러시아 등 유럽대륙의 절대군주제 하의 관료들은 대체로 신분이 보장되고 특권층을 형성했으며, 관료가 되기 위한 자격요건과 관료의 복무규율도 엄격하여 일찍이 실적주의적 요소를 가지고 있었다(유민봉, p.4).

(2) 우리나라의 실적주의제도

(가) 능력의 실증에 의한 임용

「국가공무원법」은 "공무원의 임용은 시험성적 · 근무성적 기타 능력의 실증에 의하여 행한다. 소속공무원을 보직함에 있어서는 당해 공무원의 전공분야 · 훈련 · 근무경력 · 전문성 및 적성 등을 고려하여 그 적격한 지위에 임명하여야 한다. 훈련성적은 인사관리 면에 반영시켜야 한다. 각 기관의 장은 정기 또는 수시로 소속 공무원이 근무성적을 평정하여 이를 인사관리에 반영시켜야 한다"고 규정하여 실적주의를 반영하고 있다.

또한, 「경찰공무원법」은 "경정 및 순경의 신규채용은 공개경쟁시험으로 한다. 경위 신규채용은 경찰대학을 졸업한 사람 및 경찰간부후보생으로서 교육훈련을 마치고 정하여진 시험에 합격한 사람 중에서 한다. 경찰공무원은 바로 아래 하위계급에 있는 경찰공무원 중에서 근무성적평정, 경력평정, 그 밖의 능력을 실증하여 승진 임용한다"라고 규정하여 능력과 실증에 의한 임용을 제도화하고 있다.

능력과 실적에 의한 임용을 구현하자면 이들 법규의 적용에 있어서 공개경쟁시험의 타당성과 신뢰성 등을 확보하여야 하고, 능력을 실질적으로 실증할 수 있는 평가제도가 확립되어야 하는데 아직도 현 실태는 미흡하다고 본다.

특히 능력평가를 객관적 점수화하는 데는 한계가 있을 수밖에 없는데도 무리하게 객관적 점수화를 추구하는 것은 능력평가제도가 소위 '역산제'와 같은 잘못된 인사를 합리화하는 수단으로 전락하게 하는 결과를 초래할 수 있다. 객관적 점수화에 대한 창의적 대안 창출과 제도화에 대한 고민과 노력이 필요한 부분이다.

예컨대, 전보인사 때 각 부서에서 서로 당기려는 사람과 기피하는 사람에 대한 기록을 축적하여 각종 인사 때 반영하는 것도 하나의 개혁방안이 될 수 있을 것이다. 그 사람의 협업능력과 업무능력을 잘 보여주는 바로미터이기 때문이다. 물론 각 부서의 책임자가 선호하는 사람, 같은 계급이 선호하는 사람, 하위자가 선호하는 사람의 유형이 각각 다른 점은 각각의 평가 비중과 항목을 정할 때 충분히 고려되어야 할 것이다.

(나) 정치적 중립성 보장

「헌법」은 공무원의 정치적 중립성을 보장하고 있으며, 「국가공무원법」은 정당가입 및 정치운동을 금지하고 이를 요구하거나, 정치적 활동에 대한 보상 또는 보복으로서 이익 또는 불이익을 약속하지 못하도록 규정하고 있다. 과거 일부 공무원들이 부정선거에 개입했던 역사적 오점 때문에 공무원조직이 특정 정당의 전유물이 되는 것을 방지하기 위한 것이기는 하지만, 현 제도는 공무원의 정치적 기본권을 과도하게 제한하고 있는 것으로 보인다. 특히 정치문제 및 입후보자에 대한 견해 표현까지 제한하는 것은 선진국에서 유례를 찾아보기 힘들다.

공무원의 정치적 중립은 정치·행정 이원론을 배경으로 충원상의 비정치화, 직업윤리로서의 공평성, 정치적 활동의 최소화 등을 내용으로 한다. 이에 대해 오늘날은 정치·행정 일원론이 통설로 되어 있고 현실적으로 정책결정과정에서 정치·행정이 결정기능을 공유하고 있으며, 공개경쟁시험만으로 충원할 경우 저소득층의 공직진출이 어려워진다. 지나친 정치적 중립요구는 정치적 소신을 가지고 변동하는 사회목표에 능동적으로 대응해 나가야 할 공무원을 정치적 얼간이(political zombies) 또는 정치적 환관(political eunuch)으로 만든다는 비판이 있다. 프랑스는 공무원의 의원겸직은 불허하되 낙선 시 복직할 수 있으며, 서독은 연방상원 겸직이 허용되었고, 스웨덴에서는 당선 시 휴직처리만 한다. 영국은 공직의 성격에 따라 3집단으로 구분하여 완전자유, 출마 제한 또는 정당가입만 인정하고 있다. 선진국 중에서 공무원의 정치적 기본권을 많이 제한하고 있는 미국은 1974년 개정된 연방선거운동법(Federal Election Campaign Act Amendment of 1974)에 따라 공무원의 정당가입은 허용하되 정당 간부로 진출하여 선거를 주도하는 행위, 직권을 선거에 이용하는 행위 등은 금지하고 있다(안병만, 2008: 340-353).

우리도 적극적인 정치개입 유형을 구체적으로 명시하여 이런 유형의 정치활동을 금지하고, 정치문제 및 입후보자에 대한 자유로운 견해 표시와 정당가입 정도는 허용하는 것이 바람직하다고 생각된다. 이때 어떤 공무원이 가입한 정당이 위헌판결이 나면 그 공무원도 헌법에 대한 충성심을 보장할 수 없기 때문에 당연히 배제대상이 될 것이다. 공무원의 정치적 자유에 대해서, 헌법과 관련 법률 개정 시 반영해야 할 부분이다.

실적주의와 관련하여 신분보장은 양면성을 지니고 있다. 실적주의를 확립하자면 정치적 영향력에 의해 신분이 흔들리지 않고 직무에 전념할 수 있도록 신분보장이 되어야 한다. 그러나 과도한 신분보장은 공무원을 무사안일에 빠지게 하여 실적주의에 배치된다.

(다) 평등한 공무담임권

「헌법」은 '모든 국민'이 공무담임권을 가진다고 규정하고 있으며, 「국가공무원법」 및 「경찰공무원법」은 공개경쟁시험에 의한 채용원칙을 명시하고 채용시험이 동일한 자격을 가진 모든 국민에게 평등하게 공개되어야 한다고 규정하고 있다.

이와 관련하여 채용연령 상한선이 너무 낮고 경찰관 신장제한이 너무 높다는 점과 채용시험에서 제대군인에 대한 가산점 제도가 사회적 형평을 침해한다는 주장도 있다(유민봉, 1999: 66). 경찰관 채용연령 상한선과 신장제한을 설정할 때에는 그것이 직무와 직접 연관성을 가지고 있는지에 대한 충분한 검토가 있어야 할 것이다.

2. 직업공무원제도

가. 의의와 기능

직업공무원제도란 젊고 유능한 인재를 뽑아 공직을 일생의 직업으로 삼을 수 있도록 신분을 보장하고 교육훈련을 통해 능력을 신장시키며 생계에 필요한 보수를 지급하는 등 직무에 전념할 수 있도록 하는 일련의 제도이다. 직업공무원제도는 정치적 변화로부터 행정의 안정성·일관성 확보와 정치부패로부터의 공직 오염방지 및 유능한 인재 확보를 가능하게 하는 순기능을 가지고 있으나, 지나친 신분보장은 무사안일에 빠져 전문성 향상을 소홀히 하고 시대와 환경의 변화에 따른 직무 적응능력이 떨어진다는 역기능이 있다.

(1) 외국의 사례

(가) 영국의 직업공무원제

영국에서는 관직을 임명해 왔던 국왕의 영향력을 차단시키기 위하여 1700년경부터 종신직 행정공무원을 제도화하기 시작하였으며, 이 제도는 의원내각제 하에서 잦은 내각 교체에 따른 혼란을 방지해 주었다. 이 종신직은 경쟁을 거치지 않고 의원과 귀족에 의해 정실로 임명되었으므로 근대적 형태의 직업공무원제도라고 보기는 어렵다. 공개경쟁시험이 제도화된 것은 1800년대 중반 이후이나 기존의 종신직은 그대로 유지하였다(유민봉, 1999: 79).

(나) 미국의 경우

미국에서는 1883년 펜들턴법에 실적주의가 규정된 이후 능력과 자격, 기회균등의 선발원칙은 확립되었으나, 학교를 졸업한 젊은 사람들을 신규 채용하여야 한다는 제안이 나온 것은 1930년대에 들어와서이다. 그 후 교육훈련, 보수, 신분보장 등 인사관리의 제 측면에서 직업공무원제가 보강되어 왔다(유민봉, 1999: 79-80).

(다) 유럽의 경우

유럽에서는 봉건 영주세력이 약화되고 국왕의 중앙집권적 지배력이 강화되면서 국가의 규모와 기능이 커지자 국왕의 국가통치를 실무적으로 보좌할 유급 관료가 임관되기 시작하였고 이들 관료가 중심이 되어 직업공무원제를 발전시켰다.

(2) 우리나라

우리의 경우, 전제 왕조의 지배체제를 강화하기 위해 과거제도, 음서의 제한, 지방관리의 임기제한 및 상피제도, 관리의 직급규정 등을 비롯한 비교적 정교한 인사관리제도를 가지고 있었다. 다만, 신분제 사회에서 지배계층에게만 문호가 개방되어 있었고 관리의 임무가 일차적으로 왕에 대해 충성하는 것이었으며, 국민을 위한다면서 실제로는 중·하층민을 수탈하였다는 점에서 지금과 큰 차이가 있다.

일제는 유럽에서 도입한 권위주의적 관료제도를 가지고 있었고 한반도에 총독부를 두고 식민통치하면서 일제 관료를 데려오는 등 그들의 관료제도를 이식하기도 하였다. 다만, 경찰에 대해서는 처음에는 헌병경찰제도를 통해 무단통치를 하다가 3·1 운동의 영향으로 일반경찰로 바꾸었으나 식민통치질서 확립과 유지에 경찰활동의 초점이 있었다.

우리나라는 해방과 함께 일시 미국식 관료제도가 기존 일본식 관료제도에 혼합되기도 하였으나 1949년 「국가공무원법」을 제정하여 직업공무원제도를 제도화하였다. 그러나 경찰은 사실상 신분보장이 되지 못하여 1950년대 중반까지 수차례 감원이 이루어졌고, 4·19와 5·16 이후에도 대량 감원이 이루어졌으며, 「경찰공무원법」이 제정된 이후에도 월남패망 때와 1980년 신군부 등장 때에 중견 간부 중심의 대량 감원이 이루어졌다.

나. 직업공무원제도의 내용과 확충방안

(1) 신분의 보장

(가) 신분보장 제도와 실태

신분보장에는 공무원의 신분이 정치적 영향을 받지 않고 오로지 법이 정한 실적기준에 따라 결정되어야 한다는 의미와 공무원이 공직을 일생의 직업으로 삼고 직무에 전념할 수 있도록 여건을 보장해 준다는 두 가지 의미가 있다.

「헌법」은 공무원의 신분을 보장하고 있고, 「국가공무원법」은 연령정년을, 「경찰공무원법」은 연령정년과 계급정년을 규정하고 있다. 또한 「국가공무원법」은 "공무원은 형의 선고, 징계처분 또는 동법이 정하는 사유에 의하지 않고는 그 의사에 반하여 휴직, 면직 등을 당하지 아니한다"고 규정하면서 정책적 업무비중이 큰 1급과 같은 고위공무원에 대해서는 이 규정 적용을 배제하고 있다. 「경찰공무원법」은 치안총감과 치안정감에 대해서는 국가공무원법의 신분보장 규정 적용을 배제하고 있다. 2급 또는 치안감까지 직업공무원으로 보고 신분을 보장한다는 취지로 보인다.

과거 헌법과 법률규정이 있어도 이를 무시하고 사정・정화 등의 이름으로 정치적 목적을 가지고 공무원의 신분보장을 뒤흔든 사례가 여러 번 있었다. 그런데 그런 조치가 공무원의 무사안일과 부패를 개선하는 효과가 있었다는 견해도 없지는 않았다.

정년 등 신분보장이 한편으로는 공무원이 정치권의 이해에 사로잡히지 않고 합리적이고 공정하게 직무를 처리하게 하는 효과가 없지 않은 반면에, 다른 한편으로는 안이한 마음가짐으로 창의적인 업무개혁을 소홀히 하여 결과적으로 실적주의 취지에 어긋나는 결과를 초래하기도 한다는 점은 앞에서 지적하였다. 신분보장의 부정적 효과를 완화하고 실적주의 효과를 높이자면, 평정제도의 실질적인 개혁과 평정결과에 따라 면직시킬 수 있는 사유의 확대를 추진하는 것이 바람직하다고 본다.

공무원이 공직을 일생의 직업으로 삼고 직무에 전념할 수 있도록 하기 위해서는 공무원의 보수만으로 충분히 생계를 유지할 수 있는 수준이 되어야 하고 퇴직 후에도 생계를 유지할 수 있도록 적정한 연금제도를 두어야 한다. 더 나아가서 민간기업 보수와의 차이를 줄여 공직에 대한 자부심과 충성심을 높여야 한다.

(나) 경찰의 계급정년제도와 정년 전 퇴직 유도

경찰의 계급정년제도와 고위 계급의 정년 전 퇴직 유도 관행은 신분보장에 배치된다고 생각된다. 현실적으로 일반직 공무원이 3급이 된 후 재직하는 기간에 비하면 경무관이 된 후 재직하는 기간이 너무 짧아 경찰조직 수뇌부의 안정성과 전문성도 크게 흔들리고 있다. 이러한 제도와 관행은 새로운 집권세력이 소위 자기사람 심기에 좋은 여건이기 때문에 경찰의 정치적 중립성이 훼손될 가능성을 높이는 것들이기도 하다.

(2) 폐쇄형 공무원제도

공직에 헌신토록 하기 위해서는 독점적 승진기회를 직업공무원에게 부여하게 된다. 직업공무원제도가 강화되면 될수록 폐쇄적으로 되어 외부로부터의 충원을 더 많이 봉쇄한다. 폐쇄적 제도라 하더라도 중간계급(예컨대 경위, 경정)으로의 충원이나 몇 개의 직위를 외부에 개방하는 것은 공통된 현상이다.

경찰은 치안총감까지 내부승진토록 되어 있으므로 일반 공무원의 경우보다 더 폐쇄적이다. 이론상으로, 이는 경찰의 민주성 약화, 국민의 요구에 대한 대응성(responsiveness) 약화 및 경찰조직의 경직화를 초래할 수 있다.

(3) 유능한 인재의 적극적 채용

유능한 청년을 확보하기 위해서는 적극적인 모집활동을 전개하고 보수와 근무여건을 개선하는 등 우수한 인재를 데려 오려는 노력을 강화해야 한다. 경찰관 모집에 있어서도 민간기업 모집 및 타 분야·직렬 공무원의 모집과 경쟁관계에 있는 것이다. 시험과목 중 선택과목은 사회과학, 자연과학, 인문과학 분야의 모든 전공자를 유치할 수 있도록 가급적 늘려야 할 것이다.

경찰관은 업무능력 뿐만 아니라 윤리성을 고도로 요구하는 직업이다. 우리 사회의 경찰관에 대한 요구수준은 매우 높아 경찰관이 중대한 범법행위를 한 경우는 물론 일반공무원 사회에서 가볍게 다루는 사소한 독직사건도 크게 부각된다.

「경찰공무원법」도 "경찰공무원은 신체 및 사상이 건전하고 품행이 방정(方正)한 사람 중에서 임용한다"고 규정하고 있다. 인성검사 예산을 충분히 확보하여 검증된 최신, 최고의 인성검사 방법을 채택하고 문항이 유출, 재구성되어 사용되는 일이 최소화되도록 수시로 바꾸어야 한다. 또한 학교 생활기록부 등 인성을 유추할 수 있는 자료들을 제출 받아 검토하고 필기시험 합격자에 대한 정밀신원조사를 철저히 하는 등 윤리성 검증을 대폭 강화해야 한다.

(4) 교육과 경력관리를 통한 능력계발

직업공무원제는 전문성과 윤리성을 강화시키는 교육훈련과 경력관리를 통해 공무원의 직업인으로서의 수준을 높이는 것이다. 그 방안은 뒤에 따로 설명하겠지만 여기서 그 골격만 제시하자면 다음과 같다.

먼저 경찰교육 전에 철저한 교육수요의 조사를 토대로 교육내용을 정하고, 대기업 교육방법을 벤치마킹하여 교육방법과 교육시설·장비·교재를 발전시키는 한편, 우수한 교수요원을 확보하여 연구여건 조성·해외 경찰교육기관 연수 등으로 자질을 지속적으로 향상시켜 고품질 교육훈련을 통한 능력발전을 시켜야 한다.

신임공무원은 치안 현장에 바로 투입하여 임무수행이 가능하도록 실습을 강화하며, 재직자에 대해서는 온·오프라인 교육을 병행하고 근무현장에서의 실효성 있는 OJT 교육으로 능력을 개발해 나가야 한다. 교육평가 결과는 반드시 인사에 실질적으로 반영되어야만 교육효과가 제고될 수 있다.

신임 피교육생에 대해서는 인성 관련 관찰이 실질적으로 이루어질 수 있도록 지도교관을 충분히 확보하여 걸러낼 수 있어야 하며, 수습기간 중에도 실질적인 수습·관찰 체제를 갖추고 부적격자 선정기준과 상대평가 비율을 설정하여 형식적으로 흐르지 않도록 해야 한다.

경과별·특기별로 베테랑 요원을 양성하기 위한 경력관리 및 평가기준을 확립하고 교육훈련과 철저히 연계를 시켜야 한다. 아울러 경력관리·교육훈련과 교통사고감정사·법무사·행정사·경비지도사·신변보호사 등 각종 자격을 연계시키면서 신용조사사(민간조사원) 등 경찰업무 관련 자격을 개발하여 경찰관 퇴직 이후에도 도움이 될 수 있도록 해야 교육과 능력발전에 대한 흥미와 관심을 높일 수 있을 것이다.

제5절 경찰공무원의 분류

「국가공무원법」의 공무원 분류기준에 따를 때 경찰공무원은 특정직 공무원이다. 경찰공무원의 계급은 모두 11개 계급으로 구분되며 일반직 공무원보다 많아 승진관문이 하나 더 있는 셈이다. 또한 경과별, 특기별로도 구분할 수 있으나 이 부분은 제2장에서 설명하겠다.

1. 국가공무원법상의 분류

가. 국가공무원의 분류

과거에는 공무원이 일반직과 별정직으로 단순하게 구분되었으나 점차 복잡해져 왔다. 현재 「국가공무원법」은 국가공무원을 경력직공무원과 특수경력직공무원으로 구분하고 있다. 경력직 공무원은 실적과 자격에 따라 임용되고 그 신분이 보장되어 평생토록 공무원으로 근무할 것이 예정되는 공무원이다. 경력직 공무원은 기술 · 연구 · 행정일반에 대한 업무를 하는 일반직공무원, 아래 설명하는 특정직공무원, 기능적인 업무를 하는 기능직공무원으로 구분된다.

특정직 공무원은 특수 분야의 업무를 담당하는 공무원으로서 법률로 특정직공무원으로 지정된다. 법관, 검사, 외무 · 소방 · 경찰 · 교육 공무원, 국정원 직원, 군인과 군무원, 헌재 연구관 등이 이에 해당한다.

특수경력직 공무원에는 선거로 취임하거나 임명에 국회동의를 요하는 등의 정무직, 특정한 업무를 담당하는 별정직, 일정 기간만 종사하는 계약직 공무원이 있다. 과거 특수경력직 공무원의 한 형태였던 고용직 공무원제도는 2011년 폐지되었다.

나. 경찰공무원의 분류 변화 등

경찰공무원은 「국가공무원법」 제정 당시 일반직 공무원으로 분류되었다가, 1969년 「경찰공무원법」이 제정되어 별정직 공무원으로 전환되었다. 이후 1981년 국가공무원법 개정 시 공무원이 경력직과 특수경력직으로 구분되면서 현재와 같이 경찰공무원이 경력직 중 특정직 공무원으로 분류되고 있다(강용길, 김석범, 백창현 등, 2009: 264).

따라서 경찰공무원은 경력직 공무원이고 그 중에서도 특정직 공무원이며 자치경찰공무원을 제외하고는 계급구분 없이 모두 국가공무원이다. 국가공무원의 보수는 국비에서 지급된다. 1999년 경찰개혁위원회의 자치경찰제 안에서는, 경찰청 근무자 및 지방청 · 경찰서에 근무하는 경정 이상은 국가공무원, 나머지 경감이하는 지방공무원으로 정하고 있었다(조성택, 2005: 223).

「형사소송법상」으로는 경찰관을 (일반)사법경찰관리와 특별사법경찰관리로 구분하고 있는데 우리가 논하는 경찰청 산하 경찰관은 (일반)사법경찰관리이며, 특별사법경찰관리는 삼림, 해사, 전매, 세무, 군수사기관 등 행사할 수 있는 권한이 특정분야로 제한되어 있는 자들이다.

2. 경찰공무원의 계급에 의한 분류

가. 현재의 계급제도

경찰공무원의 계급은 치안총감, 치안정감, 치안감, 경무관, 총경, 경정, 경감, 경위, 경사, 경장, 순경 등 11개 계급이다. 이는 명칭만 다를 뿐 일본 경찰과 비슷한데, 우리 경찰의 경장에 해당한다고 할 수 있는 일본 경찰의 순사장에 대해서는, 고참 순사를 순사장으로 지정하므로, 정식 계급이라기보다는 최하위 계급인 순사 계급 내에서의 구분이라고 볼 수도 있다.

나. 계급제도의 변천

1969년까지 우리 경찰계급은 (치안)이사관, 치안감, 경무관, 총경, 경감, 경위, 경사, 순경의 8단계였고, 경무관은 서기관, 총경은 사무관, 경감은 주사(현재 6급), 경위는 주사보(현재 7급), 경사는 서기(현재 8급), 순경은 서기보(현재 9급)로 취급되었다. 60년대에 들어와서까지도 현재 사무관을 보임하고 있는 군청 과장직위에 주사를 보임하였으므로 지금 6급과 당시 6급은 조직 내 위상이 다르다. 당시 치안이사관은 치안국장, 치안감은 서울시경국장(치안감 계급 생기기 전에는 서울시경국장도 경무관) 및 치안국 부국장, 경무관은 지방의 경찰국장 또는 치안국 과장, 총경은 대규모 경찰서 서장 또는 치안국 계장이나 경찰국 과장, 경감은 중소규모 경찰서 서장 또는 경찰국 계장 등으로 보임되었다.

예산담당 부처에서는 70년대 들어와서까지도 경정을 사무관으로 인정하려 하지 않아 경찰과 다툼이 있어 왔으며, 경찰에서는 예산담당 부처 사무관 출신으로 행정고시 특채된 이 모 경정을 여기에 데려가 "이 사람을 당신네 논리대로라면 주사 취급을 해야 하는데 말이 되느냐?"고 항의했던 일까지 있었다 한다.

다. 현재, 타 공무원과의 직급 비교

기본급만 보면, 우리 경찰의 최고 계급인 치안총감이 기본급은 차관급과 같고 치안정감은 일반직 1급, 치안감은 2급, 경무관은 3급, 총경은 4급, 경정은 5급과 같다. 경감은 6급보다 약간 높고, 경위는 6급, 경사는 7급, 경장은 8급, 순경은 9급과 같다. 경찰은 치안정감부터 순경까지 10단계 계급인데, 이는 일반직 1급까지의 계급이 9단계 계급인 것과 비교하면 하나 더 많다. 그러다 보니 보수 산정 등에 있어서 경감과 경위가 함께 일반직 6급에 해당하는 것으로 취급되고 있어 경감에게 5급 상당의 대우를 해 줄 것을 관련 당국에 요구해 왔던 것이나 이루지 못했다.

라. 간부 · 비간부 구분 폐지 및 모장 · 계급장 변화

과거에는 경위 이상을 간부, 경사 이하를 비간부라 칭하고, 경위로의 승진은 시험승진을 원칙으로 하였으나 이런 구분은 경사 이하 경찰관의 사기를 저하시킨다고 하여 폐지되었다. 또한, 과거에는 경위 이상은 계급장을 무궁화로 표시하고, 모자에 금색 테를 두르도록 하고, 경사 이하는 계급장을 무궁화 잎으로 표시하고 모자에 흑색 테를 두르도록 하였으나, 같은 이유로 경사 이하 계급장을 무궁화 꽃봉오리 모양으로 변경하고, 경사 이하 모자에도 경위 이상과 꼭 같이 금색 테를 두르도록 바꾸었다. 현재 의경, 순경, 경장, 경사 계급장은 각각 무궁화 꽃봉오리 1개, 2개, 3개, 4개를 상징적으로 나타내고 있고 경위, 경감, 경정, 총경 계급장은 각각 무궁화 1개, 2개, 3개, 4개를 상징적으로 나타내고 있으며, 경무관, 치안감, 치안정감, 치안총감 계급장은 각각 무궁화 5개를 뭉친 것 1개, 2개, 3개, 4개를 상징적으로 나타내고 있다.

마. 현재, 계급별 보직군

현재 치안총감은 경찰청장에, 치안정감은 경찰청 차장이나 서울, 부산, 경기 지방경찰청장 또는 경찰대학장에 보임된다. 치안감은 나머지 지방경찰청장이나 서울, 경기 지방청 차장이나 경찰청 국장 또는 나머지 경찰교육기관장(경찰수사연수원 제외)에 보임된다. 경무관은 나머지 지방청 차장이나 서울, 경기 지방청 부장이나 경찰청 심의관이나 경찰교육기관의 부장에 보임된다. 또한, 경무관은 일부 경찰서장 또는 경찰수사연수원장에 보임된다. 경찰에서는 전국의 지방경찰청장을 단계적으로 치안정감으로 하고, 경찰청장은 장관급으로 격상시키는 것을 골자로 하는 방안을 가지고 있다.

총경은 경찰서장이나 경찰청 또는 지방청의 과장이나 경찰교육기관의 과장 등에 보임되고, 경정은 경찰서 과장이나 경찰청 또는 지방청 계장이나 지구대장 등에 보임된다. 경감은 파출소장, 소규모 지구대 대장, 경찰청 또는 지방청 반장, 경찰서 주요 계장(딤징)이나 기동중대장 등에 보임되고, 경위는 지구대 순찰팀장, 소규모 파출소장, 경찰서 계장, 기동대 소대장 등에 보임되나, 앞으로 경감 및 경위의 인원수가 근속승진제로 대폭 늘어날 것이므로 경감과 경위 중 일부만이 이런 직책에 보임될 수 있을 것이다.

제6절 경찰 인사권자 및 인사관리 참여자

1. 인사권자(임용권자)

가. 대통령, 안전행정부장관 및 경찰청장

(1) 법령상 인사권자

제도상으로는 경찰관 인사권이 대통령, 안전행정부장관 및 경찰청장에게 집중되어 있고, 여타 경찰기관장은 경찰청장으로부터 인사권을 위임받아 행사하는 구조로 되어 있다. 「경찰법」은 "경찰청장은 경찰위원회의 동의를 받아 안전행정부장관의 제청으로 국무총리를 거쳐 대통령이 임명한다. 이 경우 국회의 인사청문을 거쳐야 한다"고 규정하고 있다. 장관이 임용제청하는 경우에 인사재가안 관련 실무업무 담당부서는 안전행정부 심사임용과이다.

「경찰공무원법」은 "총경 이상의 경찰공무원은 경찰청장의 추천을 받아 안전행정부장관의 제청으로 국무총리를 거쳐 대통령이 임용하고, 경정 이하의 경찰공무원은 경찰청장이 임용하되 경정으로의 신규채용, 승진임용 및 면직은 경찰청장의 제청으로 국무총리를 거쳐 대통령이 한다"고 규정하고 있다. 임용이란 신규채용, 승진임용, 전보, 겸임, 파견, 휴직, 직위해제, 정직, 강등, 복직, 면직, 해임 및 파면을 말하며, 복직이란 휴직, 직위해제, 정직 중이거나 강등으로 직무에 종사하지 못한 공무원을 직위에 복귀시키는 것을 말한다.

이에 따라 승진임용의 경우를 보면 다음과 같다. 치안정감과 치안감의 승진 임용은 승진심사를 거치지 않고 경찰청장 추천, 장관 제청, 국무총리경유, 대통령 임용의 절차를 밟는다. 경무관과 총경은 중앙승진심사위원회의 승진심사를 거친 후 이러한 승진임용절차를 밟는다. 경정은 승진시험 합격 또는 보통승진심사위원회의 승진심사를 거친 후 경찰청장 제청, 국무총리 경유, 대통령 임용의 승진임용절차를 밟는다. 경감 이하 경찰관은 승진시험 합격 또는 보통승진심사위원회의 승진심사를 거친 후 소속에 따라 임용권이 있는 경찰기관장에 의해 임용된다.

(2) 인사 관행

과거 관행을 보면, 경찰청장은 대통령이 실질적으로 내정하고 그 후 인사청문을 제외한 경찰위원회 동의, 장관 제청 등의 법적 임용절차는 형식적으로 진행된다. 경찰청장의 내정에 안전행정부장관이 미치는 영향력은 사람에 따라 다를 것이나 미미한 것으로 보인다. 다만, 과거 경찰청장 임기제가 시행되기 이전에 장관이 경찰청장의 해임을 건의한 사례는 있었다. 과거에는 경무관과 치안감의 승진 추천을 할 때에는 경찰청장이 청와대에 사전 보고하고 그 과정에서 조정이 이루어질 수 있었으며, 법적 임용절차는 형식적으로 진행된다. 청와대에 보고하기 전에 안전행정부장관과의 협의도 이루어지나 그 영향력은 장관이 누구냐에 따라 다르다. 총경 이하 임용은 법적인 절차는 밟되 실질적인 결정은 경찰 내에서 이루어진다. 경찰청장 임용 직후 이루어지는 치안정감으로의 승진은 청와대에서 사실상 결정된 후 형식적인 법적 절차만 밟는 경우도 과거에 있었다.

경찰청장은 경정 이하 임용권의 일부 또는 전부를 위임할 수 있는데, 이 경우에도 경찰공무원의 정원조정 · 인사교류 또는 파견을 위하여 필요한 때에는 스스로 임용권을 행사할 수 있도록 규정되어 있다.

(3) 안전행정부장관

경찰 등 행정부의 경우에는, 안전행정부장관이 중앙인사관장기관의 장으로서 행정부 각 기관의 인사관리에 관한 총괄적인 사항을 관장하며, 행정부 내 각급 기관은 공무원의 임용 · 교육훈련 · 보수 등 인사 관계 법령의 제정 또는 개폐 시에는 안전행정부장관과 협의하도록 「국가공무원법」에서 규정하고 있다.

또한, 「공무원 임용령」에서 각 부 · 처 · 청의 장은 조직목표의 달성에 필요한 효율적인 인적자원관리를 위하여 소속 공무원의 채용 · 승진 · 배치 및 경력개발 등이 포함된 인력관리계획을 수립하여야 하고, 안전행정부장관은 각 기관의 균형적인 인사운영과 효율적인 인력활용을 위하여 필요한 때에는 각 부 · 처 · 청에서 작성한 인력관리계획의 일부 또는 전부를 제출받아 이를 지원 · 조정 및 평가할 수 있다고 규정하고 있다. 이 업무를 실무적으로 수행하는 보조기관은 안전행정부 인사실장이다.

그러나 경찰과 같은 특정직 공무원과 지방공무원에 대해서는 앞에서 언급한 바와 같이 당해 기관의 장이 인사관리의 상당한 권한을 행사하고 있다(유민봉, p.153). 안전행정부가 실질적으로 경찰인사관리에 결정적인 영향을 미치는 경우는 경찰인력의 증원과 직급상향조정을 할 때이다.

나. 지방경찰청장 등

경찰교육기관(경찰대학 · 경찰교육원 · 중앙경찰학교 · 경찰수사연수원), 경찰병원 및 지방경찰청 소속 경찰공무원 중 경정의 전보 · 파견 · 휴직 · 직위해제 및 복직에 관한 권한과 경감 이하의 임용권은 경찰청장으로부터 경찰교육기관, 경찰병원 및 지방경찰청장에게 위임되어 있다. 위 기관의 장은 이렇게 임용권의 위임을 받았지만 경감 또는 경위를 신규채용하거나 경위 또는 경사를 승진시키고자 할 때에는 미리 경찰청장의 승인을 얻어야 한다.

다. 경찰서장

경찰서 소속 경감 이하의 경찰공무원에 대한 경찰서 안에서의 전보권은 지방경찰청장으로부터 경찰서장에게 위임되어 있다.

2. 인사관리자

가. 인사관리자의 역할

인사관리자는 지휘관의 인사 관련 결정을 보좌하는 참모역할과 인사관리 부서를 지시, 통제, 조정하여 인사에 관한 실무업무를 총괄하는 역할을 한다. 경찰청의 경무인사기획관, 각 지방경찰청 및 경기2청의 경무과장, 서울 인사교육과장이 이에 해당한다. 서울 경무부장, 부산과 경기의 제1부장은 상위 인사관리자라 할 수 있다. 경찰대학 · 경찰교육원 · 중앙경찰학교 · 경찰수사연수원 · 경찰병원의 인사담당 기능을 수행하는 과장과 각 경찰서의 경무과장 등도 이에 해당한다고 할 수 있다.

각급 경찰기관의 다른 참모부서장들도 각각 부서 내 직원에 대한 일정 범위의 인사관리를 하고 있다는 점에서 인사관리자로서의 성격을 가지고 있다.

인사관리자는 우수한 경찰관을 모집 · 선발하여 교육훈련하고 적재적소에 배치하며, 경력개발과 공정한 승진 · 포상, 적정한 보수와 후생복지 등을 통해 능력을 신장시키고 열심히 근무할 수 있도록 동기를 부여해 나가야 한다. 또한 이들의 고충처리와 건강관리 및 이직관리도 소홀히 해서는 안 된다. 동시에 이런 일을 뒷받침하는 인사실무업무를 인사실무자들이 충실히 수행하도록 하고 또한 인사관리가 경찰관의 내부 만족을 좌우하므로 인사실무자들이 직원만족을 지향하는 봉사 자세를 갖도록 인사실무자들을 지도 · 조정 · 감독하여야 한다.

나. 인사관리자의 자질

인사관리자는 무엇보다도 공정하고 강직해야 한다. 특히, 인사의 최종결정권자인 지휘관이 잘못 판단하거나 정실과 청탁에 흔들릴 때 바른 말을 할 수 있어야 한다. 그러자면 강직해야 할 뿐만 아니라 조직운영에 대한 지휘관의 방향과 소속 경찰기관의 제반 여건을 숙지하는 한편, 인사대상 경찰관의 개인적 자질, 능력, 환경을 세밀히 파악하여 지휘관에게 자기 주장의 근거를 충실하게 제시할 수 있어야 한다.

또한, 인사 관련 제반 규정에 합당할 뿐만 아니라 객관적 타당성이 있는 인사실무업무가 이루어질 수 있도록 인사부서 직원들에 대한 교육과 감독을 철저히 할 수 있어야 한다. 이런 능력을 갖추기 위해서는 인사관리자 스스로가 현안 인사문제 관련 제반 규정과 과거의 처리 사례 등을 숙지하고 철저히 확인·점검하는 자세와 인사관리론에 대한 기본적인 이해가 필요하다. 과거 경무관 승진인사와 관련 실무적으로 잘못 처리된 부분이 감사원 감사에서 드러나 관련 경찰청 간부가 처벌받은 사례가 있었다.

아울러 직원들의 고충처리, 건강관리, 후생복지, 이직관리에도 항상 관심을 가지고 주어진 여건을 창의적으로 활용해야 하며 건강과 인간심리 및 전직훈련에 대한 최소한의 기본적인 지식과 관심을 갖고 있어야 한다. 급변하는 사회문화와 가족관계 변화로 인해 누구나 성장과정에서 정신적 트라우마가 있을 수 있고 또한 스트레스가 심한 직종인 경찰관이 된 후에 그런 현상이 생길 만한 상황에 처할 수 있으므로 상담시스템을 갖추고 이를 치유하고 동료들 간에 평판이 나쁜 직원을 미리 파악하여 상담으로 개선해 나가는 것은 경찰자체사고 예방을 위해서도 매우 중요하다.

후생복지, 상담시스템 확립, 건강관리, 이직관리와 같은 것들은 예산이 수반되어야 하는 부분이 많으므로 경찰청 인사관리자는 예산담당 부서와 긴밀한 협조체제를 갖추고, 국회·기획재정부 등 유관기관·부처에 심도 있게 접촉, 이들을 움직일 수 있어야 한다.

3. 인사실무자

가. 인사실무자의 기능과 중요성

인사실무자는 인사관리의 주체라고 할 수는 없으나 인사관리에서 중요한 역할을 수행한다. 인사관련 서류와 자료를 기록, 보관하고 인사권자나 인사관리자에게 인사관련 규정 등 인사제도와 관행에 대한 자문을 하며 인사희망과 인사관련 각종 추천을 접수, 분류, 기록하고 각종 인사관련 위원회의 간사로서 위원의 질문에 대답한다. 또한, 임용 또는 임용제청, 임용추천을 할 때 필요한 서류를 취합, 작성하고 임용장 및 각종 인사발령 통지서를 작성한다.

복잡하고 세세한 인사관련 법령규정들을 인사권자나 인사관리자 및 인사위원들이 잘 모르기 때문에 이들의 해석이 마치 유권해석처럼 작용한다. 뿐만 아니라 경찰청 인사실무자는 인사규정의 개정안과 정기 인사 승진 때 전보 및 승진 인사방침의 초안까지 작성한다. 따라서 이들이 업무를 사심없이 규정대로 처리하고 인사권자가 자기 뜻을 관철하기 위해 인사규정들을 피해 갈 방안을 물을 때 편법을 제시하지 않아야 인사행정이 바로 설 수 있다.

나. 인사자료 및 인사서류의 취급 관련 문제

인사실무자는 인사기록, 발령대장, 평정자료, 인사관련 추천, 희망 및 지원 서류 등 인사자료 및 인사서류의 작성, 접수, 보관, 통지 및 증명서 발급 등의 실무를 수행한다. 또한 인사관련 위원회의 간사나 서기가 되면 그 위원회의 회의록 및 심의자료 등을 준비, 기록, 보관한다. 인사기록 중 가장 대표적인 것은 경찰공무원인사기록카드이다.

인사실무자는 인사자료를 취급하므로 비공개로 된 사항도 알게 된다. 향후 다면평가를 하게 된다면, 자신에 대한 각 평가자의 평가결과를 알 수 있어 평가자들이 인사실무자에 대한 솔직한 평가를 꺼릴 수 있다. 따라서 인사실무자에 대한 다면평가를 할 경우에는 취합된 인사실무자 평가의 개봉과 평가자들의 평가점수 합산까지 인사관리자가 하여 인사실무자에게 넘기고 원자료는 감사 등에 대비 별도 보관토록 제도화할 필요가 있다. 또한 비공개로 된 사항이 친분관계로 새어 나가 자신의 인사 관련 사항에 대해 어떤 사람은 알고, 어떤 사람은 모르게 되면 조직 내에 위화감과 인사불신이 가중된다. 이런 사례가 없도록 인사관리자는 인사실무자에 대한 교양을 철저히 해야 한다.

다. 인사기록의 관리

(1) 문서화된 인사자료의 중요성

인사관리는 순차적 전달효과의 방지와 루머나 모함의 인사관리 개입 방지를 위해 문서화 또는 전자화된 자료에 의해 하여야 하며, 이중 가장 중요한 것이 인사기록이고 그 다음이 감찰기록이다. 순차적 전달효과(serial transmission effect)는 어떤 사실에 대한 내용이 말로 여러 사람을 거쳐 전달되는 동안 왜곡되거나 불명확하게 되는 현상을 말한다(W. Timothy Coombs, 1999: 101).

인사기록은 주로 인사실무자에 의해 기록, 관리된다.

감찰기록은 과거 증빙자료 없이 소문을 기재하는 경우가 있어, 일부 경찰관들의 불만대상이 되기도 하였다. 이런 불만에 영합하여 과거 어떤 경찰청장은 이를 불태우는 행사를 하기도 했다. 이에 일부 경찰관들은 청장이 자신의 감찰기록을 없애기 위한 행사가 아니냐며 빈정거리기도 했다. 생각건대, 딱히 더 나은 자료가 없는 상태에서 기존의 감찰기록을 불태울 것이 아니라, 이를 전면 검토하여 근거가 박약한 부분은 삭제하도록 하고 앞으로는 출처와 증빙자료를 첨부하여 검증 가능한 감찰기록을 작성하도록 개혁하는 것이 바람직했다고 본다. 더 나아가서 본인의 공개요청이 있으면 출처와 증빙자료를 제외한 나머지 부분의 공개를 통해 본인의 의견을 제시하고 이를 수용, 삭제하거나 불수용의 경우에는 본인의 의견 등을 첨부할 수 있는 방안도 검토해 볼 필요가 있다.

현재, 총경 근무성적 평정표에 감찰기록에 해당하는 사항을 기재하도록 하고 있는데, 신빙성의 문제점은 여전히 있으나, 이것이 누적되면 여러 평가자의 견해가 나타날 것이고 이 중 빈도가 높은 견해는 상당히 신빙성 있는 인사자료가 될 수도 있다고 본다. 따라서 다른 계급에도 확대하는 방안을 검토해 볼 필요가 있다고 본다. 이렇게 하자면 이런 기록을 하는 요령에 대한 평정자 교육이 사전에 충분히 이루어져야 할 것이다.

(2) 인사기록 관련 현행 법령규정

임용권자는 관리담당자를 지정하여 소속경찰공무원에 대한 인사기록을 작성·유지·관리하게 하여야 한다. 인사기록은 원본과 부본으로 구분한다. 원본은 경찰공무원인사기록카드, 복무선서, 공무원연금카드(부본), 공무원건강카드, 신원증명서, 신원조사회보서, 최종학교졸업증명서 또는 학력을 증명하는 서류, 채용신체검사서, 경력증명서 등이다. 부본은 경찰공무원인사기록카드의 사본이다.

경찰대학·경찰교육원 또는 중앙경찰학교에서 신임교육 기간 중 또는 수료와 동시에 임용되는 경찰공무원에 대하여는 경찰대학장·경찰교육원장 또는 중앙경찰학교장이 인사기록의 최초 작성자이다. 경찰대학·경찰교육원 또는 중앙경찰학교의 신임교육과정을 수료한 뒤에 초임지에서 임용되는 경찰공무원과 신임교육을 받지 아니하고 임용되는 경찰공무원에 대하여는 그 초임보직기관의 장이 인사기록의 최초작성자이다.

전국 경정 이상의 인사기록 원본과 경찰청 소속 경정 이상의 인사기록 부본 및 경찰청 소속 경감 이하의 인사기록 원본과 부본은 경찰청장이 관리하고, 경찰서 소속 경위 이상의 인사기록 부본과 경찰서 소속 경사 이하의 인사기록 원본은 경찰서장이 관리한다. 나머지 원본 또는 부본은 지방경찰청장, 경찰교육기관장, 경찰병원장이 관리한다. 인사기록 관리자가 아닌 경찰기관의 장은 직근 상급 인사기록관리자의 승인을 얻어 소속경찰공무원의 인사기록부본을 관리할 수 있다.

경찰공무원이 승진 · 전출 등으로 인사기록 관리자를 달리하게 된 때에는 전 소속 인사기록 관리자는 신 소속인사기록 관리자에게 5일 이내에 인사기록을 송부하여야 한다. 이 경우 인사기록을 본인에게 지참시켜서는 아니 된다.

인사기록 관리자는 소속경찰공무원에 대한 임용 · 징계 · 포상 기타의 인사발령이 있는 때에는 지체 없이 이를 당해 경찰공무원 인사기록카드에 기록하여야 한다. 경찰공무원은 성명 · 주소 기타 인사기록의 기록내용을 변경하여야 할 사유가 있을 때에는 그 사유가 발생한 날로부터 30일 이내에 소속 인사기록 관리자에게 신고하여야 한다. 경정 이상 경찰공무원의 기록변경사항에 대하여는 안전행정부장관에게 이를 통보하여야 한다.

인사기록은 인사기록관리자, 인사사무취급자, 본인, 인사자료의 보고를 위하여 필요한 자를 제외하고는 열람할 수 없으며, 인사기록을 열람한 자는 인사기록의 내용을 누설하여서는 아니 된다. 인사기록은 오기한 것으로 판명된 때와 본인의 정당한 요구가 있을 때를 제외하고는 이를 수정하여서는 아니 된다.

경찰기관의 장은 재직 중인 경찰공무원이 재직증명서의 발급을 신청할 경우에는 인사기록카드에 의하여 재직증명서를 발급하여야 하고, 퇴직한 경찰공무원이 경력증명서의 발급을 신청할 경우에는 발령대장 또는 인사기록카드에 의하여 경력증명서를 발급하여야 한다. 다만, 최종퇴직 경찰기관 외의 경력이 있는 경우에는 본인의 원에 의하여 최종퇴직 경찰기관 외의 재직경력에 대하여도 증명서를 발급할 수 있다.

4. 인사관리 관련 기구

가. 경찰위원회

(1) 경찰위원회의 기능 및 성격

경찰위원회는 국가경찰의 인사, 예산, 장비, 통신 등에 관한 주요정책 및 국가경찰 업무발전에 관한 사항, 인권보호와 관련되는 국가경찰의 운영·개선에 관한 사항 등을 심의·의결하도록 경찰법에서 규정하고 있다. 안전행정부장관은 이렇게 심의·의결된 내용이 적정하지 아니하다고 판단할 때에는 재의(再議)를 요구할 수 있다.

경찰위원회 규정(대통령령)에서는 경찰위원회의 심의사항을 구체적으로 규정하고 있다. 그 내용 중 인사관리에 관계되는 심의사항은 경찰인사에 관계되는 법규·훈령·예규 및 운영기준에 관한 사항, 경찰교육 기본계획, 경찰 중·장기 발전계획에 관한 사항 등이다.

경찰위원회는 경찰청장이 결재한 인사관리에 관한 주요 법령규정과 운영기준, 인사정책 및 계획, 인력확보에 관한 사항 등을 심의·의결하고 인사관리에 관한 주요사항의 처리결과를 보고 받고 질의하는데 그치고 승진 및 전보 인사에 직접 참여하지는 않는다. 경찰관 개개인의 이동 및 승진을 결정짓는 것은 경찰인사권자이다.

(2) 경찰위원회의 설치 및 구성

경찰위원회는 안전행정부에 설치하고 경찰청에서 사무를 보며 위원장 1명을 포함한 7명의 위원으로 구성한다. 위원장 및 5명의 위원은 비상임(非常任)으로 하고, 1명의 위원은 상임(常任)으로 한다. 위원의 임기는 3년으로 하며, 연임(連任)할 수 없다. 위원장은 비상임위원 중에서 호선한다. 위원장이 사고가 있을 때에는 상임위원, 위원 중 연장자순으로 위원장의 직무를 대리한다.

위원회의 회의는 재적위원 과반수의 출석과 출석위원 과반수의 찬성으로 의결한다. 위원은 안전행정부장관의 제청으로 국무총리를 거쳐 대통령이 임명하고 안전행정부장관은 위원 임명을 제청할 때 국가경찰의 정치적 중립이 보장되도록 하여야 한다고 경찰법에 규정되어 있다. 그러나 경찰청장이 새로 임명될 위원을 물색하여 천거하면 그대로 절차를 밟아 임명되는 경우가 많았다.

나. 승진심사위원회

경찰공무원의 승진심사를 하기 위하여 경찰청에 중앙승진심사위원회를 두고, 경찰청·지방경찰청과 경찰대학, 경찰교육기관·경찰병원·경찰서 등에 보통승진심사위원회를 둔다. 승진심사위원회는 승진대상자 명부의 선순위자(승진시험에 합격된 승진후보자는 제외) 순으로 승진시키려는 결원의 5배수의 범위에 있는 사람 중에서 승진후보자를 심사·선발한다.

승진심사위원회는 미리 제정된 승진기준에 따라 심사를 진행하는데 뽑을 인원의 2배수까지 압축된 이후에는 자유재량으로 선발한다. 그러나 주관 점수라 할 수 있는 지휘관 추천점수의 비중이 높은데다가 2배수 내 인원을 대상으로 선발하는 최종심사에서도 승진을 확정짓는 최종결재권자의 의중을 1차적으로 고려하기 때문에 승진심사위원들이 영향력은 크지 않은 것이 과거의 실태였다. 뽑는 인원이 적은 상위계급 승진심사로 갈수록 이런 현상은 더욱 크게 나타났었다.

다. 경찰공무원 인사위원회

(1) 인사위원회의 설치 및 기능

「경찰공무원법」은 "경찰공무원의 인사에 관한 중요 사항에 대하여 경찰청장의 자문에 응하게 하기 위하여 경찰청에 경찰공무원인사위원회를 둔다"고 규정하고 있다. 인사위원회는 경찰공무원의 인사행정에 관한 방침과 기준 및 기본계획, 경찰공무원의 인사에 관한 법령의 제정·개정 또는 폐지에 관한 사항, 그 밖에 경찰청장이 인사위원회의 회의에 부치는 사항을 심의한다. 인사위원회 회의는 재적위원 과반수의 찬성으로 의결한다. 인사위원회의 활용도는 경찰청장에 달려있으나 대체로 미약했다.

(2) 인사위원회의 구성

인사위원회는 위원장을 포함한 5인 이상 7인 이하의 위원으로 구성한다. 위원장은 경찰청 인사담당 국장이 되고, 위원은 경찰청소속 총경 이상의 경찰공무원 중에서 경찰청장이 임명한다. 인사위원회에 간사를 두며, 간사는 경찰청소속 경찰공무원 중에서 위원장이 지명한다.

(3) 인사위원장과 간사의 직무

위원장은 인사위원회를 대표하며, 인사위원회의 사무를 총괄한다. 위원장은 인사위원회의

회의를 소집하고 그 의장이 되며 인사위원회에서 심의된 사항을 지체 없이 경찰청장에게 보고하여야 한다. 위원장이 부득이한 사유로 직무를 수행할 수 없는 때에는 위원 중에서 최상위계급 또는 선임의 경찰공무원이 그 직무를 대행한다. 간사는 위원장의 명을 받아 인사위원회의 사무를 처리한다.

라. 고충심사위원회

「국가공무원법」은 "공무원은 누구나 인사·조직·처우 등 각종 직무조건과 그 밖에 신상문제에 대하여 인사상담이나 고충심사를 청구할 수 있으며, 이를 이유로 불이익한 처분이나 대우를 받지 아니한다"고 규정하여 모든 공무원의 인사상담 및 고충심사 청구권을 인정하고 있다.

또한 「국가공무원법」은 "공무원의 고충을 심사하기 위하여 중앙인사 관장기관에 중앙고충심사위원회를 두되, 중앙고충심사위원회의 기능은 소청심사위원회에서 관장한다"고 규정하고 있고, 「경찰공무원법」은 "경찰공무원의 인사상담 및 고충을 심사하기 위하여 경찰청, 지방경찰청 등에 경찰공무원 고충심사위원회를 둔다. 경찰공무원 고충심사위원회의 심사를 거친 재심청구와 경정 이상의 경찰공무원의 인사상담 및 고충심사는 「국가공무원법」에 따라 설치된 중앙고충심사위원회에서 한다"고 규정하고 있다.

「국가공무원법」은 "중앙인사 관장기관의 장, 임용권자 또는 임용제청권자는 이러한 심사결과 필요하다고 인정되면 처분청이나 관계 기관의 장에게 그 시정을 요청할 수 있으며, 요청받은 처분청이나 관계 기관의 장은 특별한 사유가 없으면 이를 이행하고, 그 처리결과를 알려야 한다. 다만, 부득이한 사유로 이행하지 못하면 그 사유를 알려야 한다"고 규정하여 시정요청, 처리 및 결과통보를 의무화하고 있다.

마. 징계위원회

「경찰공무원법」은 "경무관 이상의 경찰공무원에 대한 징계의결은 「국가공무원법」에 따라 국무총리 소속으로 설치된 징계위원회에서 한다. 총경 이하의 경찰공무원에 대한 징계의결을 하기 위하여 대통령령으로 정하는 경찰기관 및 해양경찰관서에 경찰공무원 징계위원회를 둔다"고 규정하고 있다.

「경찰공무원 징계령」(대통령령)에 따르면, 경찰공무원 징계위원회는 중앙징계위원회와 보통징계위원회로 구분하며, 중앙징계위원회는 경찰청에 두고, 보통징계위원회는 경찰청, 지방경찰청, 경찰교육기관, 경찰병원, 경찰서, 경찰기동대, 전투경찰대 등에 둔다. 또한, 중앙징계위원회는 총경 및 경정에 대한 징계사건 등을, 보통징계위원회는 해당 징계위원회가 설치된 경찰기관 소속 경감 이하 경찰공무원에 대한 징계사건 등을 심의·의결한다. 다만, 경정 이상의 경찰공무원을 장으로 하는 경찰서, 경찰기동대 등 총경 이상의 경찰공무원을 장으로 하는 경찰기관의 보통징계위원회는 소속 경위 이하의 경찰공무원에 대한 징계사건을, 전투경찰대 등 경찰청장이 지정하는 경감 이상의 경찰공무원을 장으로 하는 경찰기관의 보통징계위원회는 소속 경사 이하의 경찰공무원에 대한 징계사건을 심의, 의결한다.

징계의결 등을 요구한 기관의 장은 징계위원회의 의결이 가볍다고 인정하면 그 처분을 하기 전에 직근 상급기관에 설치된 징계위원회(국무총리 소속으로 설치된 징계위원회의 의결에 대하여는 그 징계위원회)에 심사나 재심사를 청구할 수 있다고 하여 징계위원회 의결을 무력화시킬 수 있는 길을 열어두고 있다.

바. 소청심사위원회

소청심사위원회는 경찰공무원을 포함한 행정기관 소속 공무원의 징계처분, 그 밖에 그 의사에 반하는 불리한 처분이나 부작위에 대한 소청을 심사·결정하기 위하여 「국가공무원법」에 따라 안전행정부에 설치된 기관이다.

징계처분은 엄중한 순서에 따라서 파면, 해임, 강등, 정직, 감봉, 견책이 있다. 그 밖에 의사에 반하는 불리한 처분이라 함은 직위해제, 휴직 등 징계 이외의 불이익처분이다. 부작위라 함은 인사권자가 일정한 처분을 해야 할 법적 의무가 있음에도 하지 않는 경우이다.

소청심사위원회는 그 위원이 안전행정부장관의 제청에 의해 대통령이 임명하는 1급 공무원(위원장은 차관급)이기 때문에 독립성이 약하다. 다만, 독립적인 합의제기관 형태를 취하고 있으므로 이런 약점이 약간 보완된다고 볼 수 있다. 소청심사위원회는 처분기관의 원래의 징계처분보다 중한 징계처분의 결정을 할 수 없다. 처분청은 소청심사위원회의 결정에 따라야 한다.

제7절 인사관리에 대한 감사

1. 인사관리에 대한 감사의 필요성과 주체

가. 필요성

일정한 기간 동안의 인사행정 전반에 대해 점검하고 평가하여 개선해 나가야 인사행정의 발전이 있을 것이다. 인사관리에 대한 감사를 통해 인사 관련 각종 법령규정과 지침대로 인사가 행해졌는지, 그것이 경찰조직 운영방향과 맞는지, 경찰관들에게 동기를 부여하고 사기를 높이는 방향으로 이루어졌는지, 규정과 지침에 문제는 없는지, 교육훈련 등 인사 관련 비용은 효율적으로 배분되었는지 등을 점검하고 개선해 나가야 할 것이다.

인사에 대한 불신이 경찰관 사이에 퍼져 있고, 특히 승진인시에 대해서는 지휘관의 결심이 먼저 있고 제도적인 절차는 이에 맞추는 과정으로 여겨지는 현실을 개선해 나가자면 실질적이고 효과적인 인사감사의 필요성이 매우 높다고 본다.

「국가공무원법」은 "안전행정부장관은 대통령령으로 정하는 바에 따라 행정기관의 인사행정 운영의 적성 여부를 정기 또는 수시로 감사할 수 있으며, 필요하면 관계 서류를 제출하도록 요구할 수 있다" 이에 따른 "감사 결과 위법 또는 부당한 사실이 발견되면 지체 없이 관계 기관의 장에게 그 시정(是正)과 관계 공무원의 징계를 요구하여야 하며, 관계 기관의 장은 지체 없이 시정하고 관계 공무원을 징계 처분하여야 한다"고 규정하고 있다. 여기서 말하는 대통령령은 인사감사규정이다.

나. 인사관리에 대한 감사의 주체

경찰청의 인사관리에 대한 감사는 감사원에서 종합감사를 하면서 인사부서에 대한 감사를 실시해 왔고, 지방경찰청에 대해서는 경찰청이, 경찰서에 대해서는 지방경찰청이 종합감사 시에 인사업무에 대한 감사를 실시해 왔다. 또한 국정감사를 통해 국회가 경찰청과 지방경찰청의 인사행정 분야도 질의하는 경우가 있었다.

이러한 감사는 제도와 관행을 근본적으로 개선할 수 있는 전문적이고 심층적인 인사감사라고 보기는 어렵기 때문에, 앞으로 내부 인사와 외부전문가 등으로 인사감사단을 구성하고 이 감사단이 경찰청은 물론 지방경찰청·경찰서를 표본추출하여 이들에 대한 인사감사를 정기적 혹은 비정기적으로 실시해야 할 것이다.

안전행정부장관이 실시하는 인사감사는 정기감사와 수시감사로 구분되며, 감사관은 장관이 소속 공무원 중에서 지명한다. 정기감사는 매년 각 부 · 처 · 청 · 위원회 등 행정기관 중 일부를 골라 실시하고, 2007년의 경우 건교부, 환경부, 중소기업청 등 8개 중앙행정기관에 대해 인사감사를 실시하여 징계 2건, 기관경고 18건 등의 조치를 하였다. 수시감사의 사례로는, 2010년 외교통상부에 장관 딸이 전문계약직으로 특채되어 말썽이 일자 이에 대해 특별감사를 실시하고 유사사례의 재발방지책을 도출 · 수립한 것이다.

2. 경찰인사감사의 범위와 절차

가. 인사감사의 범위

경찰인사감사는 모집, 선발, 교육훈련, 배치, 경력관리, 평가, 승진, 보상 등 제반 인사행정이 경찰업무 성과를 높이는데 얼마나 기여하고 있는지, 또한 인사제도와 그 운영 및 관행에 개선할 점은 없는지를 평가하는 것이다. 인사행정이 인사 관련 법령규정과 지침에 따라 행해졌는지 여부만 점검하는 것은 피상적인 감사로 흐를 소지가 있다.

경찰인사감사 시에 제반 인사행정을 모두 점검할 수는 있으나, 그렇게 해서는 심층적인 감사가 어려울 것이므로 예비감사를 통해서 문제가 많은 부분을 골라, 이에 대해 중점적으로 감사하고, 여타 사항은 중점감사 사항의 점검에 필요한 한도 내에서 부수적으로 점검하는 것이 효율적인 경우가 많을 것이다. 경찰관 사이에서 전통적으로 불신이 높은 부분은 승진, 전보, 포상 등이었으나, 앞으로 업무실적평가에 따른 상여금 차이가 커지면 이 부분에 대한 불만도 커질 것이다. 그렇다고 해서 모집, 선발, 교육훈련, 근무평정 등 경찰업무의 효율성을 높이는데 중요한 부분을 경시해서는 안 될 것이다.

인사감사규정에 의한 안전행정부장관의 인사감사의 범위는 임용, 시험, 근무성적평정, 경력평정, 승진후보자 명부 작성, 보수, 징계, 신분 보장, 복무, 교육훈련, 그 밖에 인사행정의 실태파악과 정책 수립에 필요한 사항이다. 정기감사는 이러한 인사행정사항 전반을 대상으로 하여 연 1회 실시하고, 수시감사는 안전행정부장관이 필요하다고 인정하는 특정 사항을 대상으로 하여 실시한다.

나. 인사감사의 절차

(1) 경찰청 및 감사원 주관 인사감사

경찰청 주관 인사감사를 실시한다면 그 전에, 인사감사의 일정, 인사감사의 범위와 중점감사 사항, 감사단의 구성 등을 결정하여 경찰청장의 결재와 경찰위원회의 보고, 피감기관에 대한 통보를 하는 것이 일반적인 사전절차일 것이다.

감사단 구성원은 임무를 분장 받은 후 인사 관련 문서와 인사 관련 통계를 제출받아 검증·분석하는 실무에 대한 감사와 함께 인사관리자 및 인사부서 실무자, 승진탈락자 등 인사의 대상이 되었던 자에 대한 면접조사를 실시한다. 아울러 감사범위 내의 인사행정 실태에 대한 경찰관들의 여론을 조사한다.

이러한 절차가 끝난 후, 감사단 구성원들은 그 결과를 종합·분석하고 심의 ·토론한 후 보고서를 작성하고 피감기관에 대해 감사결과에 관한 강평을 한다. 보고서 작성과정에서 앞서 행해진 감사에 미흡한 점이 있으면 그 부분에 대해서 보완 조사하는 경우도 생길 수 있다.

작성된 보고서는 경찰청장에게 보고되고, 그 요지를 경찰위원회에 보고한다. 유의할 것은 국회에서 이 보고서를 자료로 요구할 것이므로 사실상 공개된다는 점이다. 따라서 증명되지 아니한 비위 혐의의 기술이나 용어의 선택·사용에 신중을 기해야 한다.

감사원 주관 인사감사를 실시할 경우에도 그 절차는 경찰청장 및 경찰위원회를 감사원장 및 감사위원회로 대체하면 거의 마찬가지일 것이다.

(2) 인사감사규정에 의한 인사감사

정기 인사감사는 10일 전에 피감기관의 장에게 그 사실을 통보하여야 한다. 감사를 할 때에는 피감기관의 활동을 저해하는 일이 없도록 유의하여야 한다. 감사관은 관계관을 출석하게 하여 설명하게 하거나 관계서류 제시를 요구할 수 있고, 경미한 위반사항에 대해서는 즉시 시정하게 하거나 지도할 수 있다. 피감기관장이나 담당자는 지적사항에 대하여 서명 날인한 확인서를 제출하여야 하고, 인사사무 개선에 관한 의견을 감사관을 통하여 제출할 수 있다.

감사관은 피감기관에 대해 감사결과에 관한 강평을 하여야 하며, 감사종료일부터 60일 내에 안전행정부장관에게 감사결과보고서를 제출하여야 한다. 장관은 보고서를 검토하여 위법 또는 부당한 사실이 발견되면 피감기관의 장에게 시정 또는 징계를 요구하여야 한다. 피감기관의 장은 장관의 시정 또는 징계요구에 이의가 있을 때에는 요구받은 날부터 30일 이내에 이의신청을 할 수 있고, 장관은 이의신청을 받은 날부터 30일 이내에 이에 대한 결정결과를 통보하여야 한다. 다만, 통보기간은 30일의 범위에서 연장할 수 있다.

3. 경찰인사감사의 실효성 확보방안

인사감사가 효율적으로 수행되고 감사결과가 인사제도와 그 운영 및 관행의 개선에 이바지하자면 경찰청장 등 경찰인사에 대해 실질적인 결정권을 가진 자가 그 중요성을 인식하고 감사가 실질적이고 심층적으로 진행되도록 지원하는 한편, 감사결과를 인사제도 및 그 운영과 관행의 개선에 적극적으로 활용하려고 노력해야 한다.

그러나 경찰인사의 결정권자도 권력층과 정치권의 영향력으로부터 자유스럽지 못하고 개인적인 이유도 가미되는 수가 있어 적극적인 지원 및 활용이 쉽지 않을 수 있다. 인사관리자들도 인사감사 결과가 자신들에 대한 평가와 직결되므로 인사감사에 호의적이기 어렵다. 그러므로 인사감사단 구성원이 인사의 결정권자나 인사관리자들로부터 독립된 중립적인 시민단체 등에 의해 선발되도록 하는 방안 등 인사감사단의 독립성 제고 방안을 강구할 필요가 있다.

인사제도의 운영 및 관행은 외부 인사가 알기 어려우므로 내부 인사가 포함될 수밖에 없으나 내부 인사에게 독립성을 기대하기 어려우므로 인사감사단 구성원의 다수는 외부 전문가여야 할 것이며, 인사행정에 대해 인사 관련 규정과 대조하여 세세한 잘잘못을 따지기보다는 인사결과가 조직구성원의 공감을 받지 못한 부분이 있다면 그 원인을 파악하고 인사제도와 그 운영관행을 개선할 방안을 찾는 감사여야 할 것이다.

매년 정기적으로 인사감사를 실시한다면 감사가 형식적으로 흐르기 쉬우므로 2~3년 주기로 인사감사를 실시하는 것을 원칙으로 하되, 실질적인 성과를 내는 감사가 이루어지도록 해야 할 것이다. 또한, 대통령이나 경찰청장이 교체된 직후에 인사감사를 실시한다면 독립성과 객관성이 상대적으로 높아질 것이다.

제8절 남북통일과 경찰인사관리

통일 이후의 경찰인사관리는 통일이 어떤 과정을 거쳐 어떤 형태의 통합국가로 되느냐에 따라 크게 달라질 수 있다. 예상할 수 있는 통일과정이나 통일된 국가의 국체 및 정체가 어떻게 될 것이냐는 너무도 경우의 수가 많아 일일이 다 논의할 수는 없다. 전쟁을 수반한 6 · 25 때의 우리나라와 그렇지 아니한 독일의 경우를 보면 다음과 같다.

1. 우리나라 6 · 25 당시 모습

1950년 6. 25일 남침을 개시하여 낙동강 부근까지 점령한 북한은 남한 통치조직의 상위직에는 북한에서 온 사람을 배치하였고 미처 피하지 못하고 점령지에 남아 있던 대한민국 경찰관은 검거대상이었으며, 검거된 경찰관은 인민재판에 회부되는 등 박해를 받았다. 따라서 남북한 경찰 통합문제 자체가 생길 여지가 없었다.

국군이 이북으로 진군하자 치안공백이 생긴 북한지역 곳곳에는 자율 민간 치안조직이 생긴 바 있었다고 한다. 국군 북진 중에 우리 경찰은 북한지역에 파견할 경위급 경찰관을 확보하기 위해 경사 중에서 지원하는 자는 경위로 임명한다는 조건을 내걸기도 했다고 한다.

2. 독일의 동서독 경찰통합

가. 경찰통합의 준비 및 독일 통일

동독의 경찰은 범죄 예방과 적발, 수사 등의 업무를 맡고 있는 경찰본부와 지방경찰조직을 포함한 그 산하조직이 있고, 체제 안전업무를 맡고 있는 비밀경찰인 쉬타지가 있었다. 베를린 장벽이 무너지자 1990. 7.22 동독 의회는 동독 5개주 정부구성법안을 통과시켰다(이기백, 1993: 324).

구동독지역의 신설 5개 주가 연방에 가입하면서 경찰통합 역시 추진되었다. 연방경찰 차원에서는 주범죄수사국의 설치, 국경수비대의 통합 · 흡수 작업이 진행되었고 베를린의 경우, 10개월간 베를린 내무성에 경찰통합을 위한 준비기획단을 설치하였다. 베를린을 제외한 신설 5개 주 경찰은 구동독 경찰관을 심사하여 재임용하는 식의 경찰통합이 진행되었으며, 베를린의 경우는 베를린경찰에 동베를린경찰이 흡수통합되는 과정을 거치게 되었다. 동독 중앙정부의 해체로 독일이 통일되자 동독 각 주의 경찰권은 신연방 5개 주정부에 귀속되었다. 동베를린 지역 경찰권은 그보다 약간 앞서 서베를린에서 미리 인수하였다.

나. 동서독 통일 후 경찰통합

신설된 주의 경찰에서 기존 동독 고위간부는 대부분 해직되고 그 자리에는 서독출신 인사들이 임명되었으며 나머지 동독경찰 구성원들에 대하여는 재임용 심사위원회에서 적성, 능력, 연령, 전문성 등을 기준 삼아 재임용 여부를 심사하였다.

다. 재임용 심사

재임용심사위원회는 고위경찰공무원, 내무부 인사위원, 법률가, 성직자, 민간단체 대표 등으로 구성하였으며, 동독 경찰관 중 계속근무 희망자의 적성, 능력, 전문성 및 비밀경찰(쉬타지)과의 관계 등을 심사하였다. 계속근무 희망자에게는 자신의 신상명세, 학력, 경찰경력 등을 제출하도록 하였다. 이러한 개별 심사과정을 거쳐 공무종사자 해고요건을 규정한 통일조약 부속문서에 의한 해고요건에 해당하면 퇴직시켰다. 이러한 과정을 통해 주에 따라 80%~90%의 동독 경찰관이 재임용되었다.

동독 비밀경찰 Stasi는 완전해체의 과정을 밟게 되었으며, Stasi요원들에게 신변안전 및 생활보장과 일정금액 지급을 약속하고 자백을 유도하여 서독 내 동독 스파이망을 파악하고 동독 고위관리의 과거 주민테러에 대한 재판에서 증언을 확보하였다(이관희, 임준태, 2002: 662-663).

라. 재임용된 동독경찰에 대한 재교육

동독 인민경찰의 간부급은 상당한 전문교육을 받았으나, 비간부인 경우는 5~6개월 교육 또는 그 미만의 교육을 받은 수준이었다. 이들의 재교육은 적응교육과 기본교육 및 직무교육으로 구분되어 진행되었다. 적응교육은 계급에 관계없이 인수받은 동독경찰관 전원을 대상으로 법치국가, 자유민주주의사회에서의 경찰의 위상, 역할 및 임무, 민주경찰정신, 자유민주주의 법체계 및 자유민주 사회의 이해에 대한 소양위주로 3~5주 동안 신 연방주 또는 자매주 경찰학교에서 실시하였다(이관희, 임준태, 2002: 717).

기본교육 및 직무교육은 초기에는 기간이 짧았으나 점차 확대되어 주에 따라 하위계급 교육기간은 30~40개월, 초급간부는 36~54개월로 늘어났으며, 경찰공무원 직무수행을 위해 필수적인 분야별 법률 및 전문지식에 대한 교육에 중점을 두었다. 주요 과목은 형법, 형소법, 도로교통법, 범죄학, 경비학 및 지휘학, 환경보호법, 교통근무규정, 파출소근무규정, 수사경찰 근무규정, 국제법 및 헌법 등이었다(이하섭, 2010: 79-81).

3. 북한의 경찰과 통일 시 경찰통합 문제

가. 북한의 경찰기능 수행조직

세계 각국의 경찰은 그 기능이 서로 차이가 있으나 국민의 생명, 신체, 재산 보호기능과 사회질서 유지기능은 공통적으로 가지고 있다. 그러나 방첩 등 국가보안기능에 대해서는 나라마다 차이기 그다고 본다. 북한에서 경찰기능을 수행하고 있는 조직으로는 그동안 수차례 명칭과 기구가 변경되어온 인민보안부가 있다.

인민보안부의 중앙조직은 참모부서와 산하기관 및 정치적 기구 등으로 구성되어 있다. 참모부서에는 총무, 재정, 자재관리, 통신 등 지원부서와 수사, 경비, 경호, 종합상황관리, 안전관리 등을 담당하는 경찰업무 부서가 있고 그 외에 교정업무, 도로건설업무, 화폐제작, 외화벌이 업무를 수행하는 부서까지 있다.

인민보안부의 지방조직에는 도·직할시에는 인민보안부 직속으로 보안국이, 시·군에는 보안서가, 리·동에는 분주소가 있어 일관된 중앙집권적 지휘체계를 가지고 있다. 도, 직할시 보안국장은 장성급 장교이고, 시·군의 보안서장은 대체로 고위 영관급 장교이며, 리·동 분주소 소장은 대개 하위 영관급 장교이다. 인민보안부는 각 직장, 학교 등 사회 곳곳에 다수의 정보망을 은밀하게 조직하여 주민을 감시하고 있고 각종 범죄자들을 밀고토록 하는 주민조직도 운영하고 있다

나. 인민보안부의 기능

인민보안부의 가장 중요한 업무는 김씨 일가의 업적 선전과 우상화 사업, 국가기관의 기밀문서 보관관리, 공장·협동농장 등의 당정책 집행 감시, 해외 주재 북한인 감시, 주민 성분분류, 주민 사상 및 민심동향 관찰, 국가에 대한 적대행위자 색출 등 체제유지 관련 업무로 보인다.

경찰 고유의 업무인 주민의 생명, 신체, 보호는 상대적으로 소홀히 하고 있고, 대한민국 경찰이 수행하고 있지 않는 위생업무, 교정업무, 북한 중앙은행권 제작, 화재·전기 등 사고 예방, 인구동태 파악 및 공민증 관리, 지하철 운용, 출입국관리, 국가 중요시설 건설공사 등 많은 기능을 수행하고 있다(이하섭, 박사학위논문: 35-44).

인민보안부는 기능이 광범위할 뿐만 아니라 기구·인력·권한이 방대하고 막강하여 무소불위의 조직으로 보이며, 우리 경찰과는 너무 차이가 나 수평적으로 비교해서는 안된다고 본다.

다. 남북통일 시 경찰통합 문제

남북통일의 과정과 통일국가 형태에 대해 여러 가지로 상정할 수 있으나, 크게 보아 북한 붕괴에 이은 대한민국 주도의 통일과 남북 쌍방의 국내적 사정 및 주변국의 이해관계가 맞아 떨어져 합의·협정 등의 절차로 이루어지는 통일로 나누어 생각해 볼 수 있을 것이다. 어느 경우이건 위기관리 계획에 준한 통합대비 계획이 미리 작성되어야 할 것이고, 통합 시 이 계획을 운용할 요원들에 대한 교육이 잘되어 있어야 한다. 또한 이런 대비 및 교육 진행사항이 북한에 감지되지 않도록 유의해야 할 것이다.

(1) 북한 붕괴 등의 경우

(가) 북한 경찰관 재임용 문제

북한사회는 전제왕조와 통치에 이어 스탈린식 공산독재 정치만 경험하였으므로 전국적 민중봉기 가능성은 적다. 따라서 군부 엘리트 간 분열로 대결상황까지 가지 않으면 내부 붕괴는 어려울 것인데, 동구 공산권 몰락 때 동구 공산당정권 엘리트들의 운명을 생생히 본 바 있는 북한 군부엘리트 간에 '분열은 공멸'이라는 위기감이 강력하여 이것도 장담하기 어렵다.

우리 법체계상 북한주민도 대한민국 국민이며(따라서 탈북자는 국적 취득절차를 밟지 않고 국적확인절차를 밟는다), 우리 헌법과 법률의 규범적 효력은 지금도 여전히 북한 전역에 미치고 있다. 우리 법이 통일과정에서 실효적 효력까지 생겼을 때, 북한 인민보안부 구성원들은 그들의 반인권적 과거 활동이 우리 법에 따라 법적 평가를 받게 될 것이다.

북한정권은 인권을 부르주아적인 슬로건으로 이해하여 인권보장을 주창하는 것을 부르주아 민주주의 입장에서 프롤레타리아 독재를 공격하는 수단이 된다는 식의 이해에 기초하고 있다. 따라서 북한 헌법이 "공민은 인신과 주택의 불가침...을 보장받는다. 법에 근거하지 않고는 공민을 구속하거나 체포할 수 없으며 살림집을 수색할 수 없다"고 규정하고 있음에도 불구하고 북한의 공안조직이 적법절차에 의하지 않고 인신을 구속하는 인권침해행위를 자행하고 있는 것이다(김경웅, 도홍렬, 안성호 등, 1998: 190). 또한 북한주민의 계층구성은 적대계층이 약 1/3이고, 동요계층까지 합하면 과반수인데 이들은 적법절차에 의하지 않고 인권을 침해당해 왔기 때문에 붕괴상황이 전개되면 쌓였던 분노, 증오 및 불안감이 일시에 표출되면서 그들의 인권을 유린했던 북한 경찰관들은 가만히 두지 않을 것이다(경찰윤리론, 2001: 308-309). 이런 사정은 우리가 그들 중에서 재임용하는 사람이 있다면 고려해야 할 부분이다.

(나) 비상시 인력충원 문제

북한 주민의 대거 남하, 경제적 충격, 중국의 개입 루머 등 치안수요가 증가하고 북한에 배치할 경찰간부 충원 등으로 대한민국 경찰의 증원이 필요하게 될 것이다. 통일과정에서 우리 측이 북한지역의 질서확립에 잠정적으로나마 인민보안부 직원들의 협조를 받아 북한의 치안여건과 치안요소에 대한 정보를 확보할 필요성도 크다. 따라서 그들의 협조를 이끌어 내기 위해서 실무직원들에 대해서는 옥석을 잘 가려 보호·활용하는 등 단계적으로 처우를 해야 할 것으로 본다.

(2) 대한민국 주도 합의통일의 경우

합의통일은 북한의 개혁, 개방을 전제로 하는데 이는 막강한 북한군부에 의해 심각한 제약을 받을 것이며(정웅, 2003: 122) 자신들의 존재가치를 훼손하는 합의통일도 방해할 것이다. 우리 국민들 중에서도 통일의 경제적, 사회적 부담을 우려하는 사람이 늘어나고 있고 세계적으로도 민족주의가 퇴조하고 있다(노태구, 2000: 50-52). 디행히 합의통일이 된다면 남북 간의 통일협정 등에 공무원 신분처리에 대한 내용이 있을 것이므로 이에 따르게 될 것이다. 그러나 협정의 집행과정에서 인민보안부 직원 중 인권유린 범죄자 처리문제 등 난제가 속출할 것이며, 북한은 대한민국 헌법과 법률에서 명시적으로는 국가로 인정하지 않고 있으므로 그러한 협정의 효력도 내용에 따라서 부분적으로 문제될 것이다.

동서독 경찰통합 시에 고위직이거나 비밀경찰에 관계된 사람을 제외하고는 80% 이상 재임용되었다. 동서독 통합은 국가와 정부만 통합된 것이 아니라 1990. 7. 1 동서독 사이의 통화·경제 및 사회통합 조약이 발효되어 경제·사회 통합이 선행되었고 통일 직전에는 동독의 사민당, 기민당이 서독의 사민당, 기민당과 통합하는 등 정치단체까지 통합되었다(이기백, 1993: 321-323). 그런 분위기의 영향으로 경찰통합이나 재임용과정에서 큰 갈등은 없었지만, 우리의 경우는 여건이 크게 다르므로 독일방식을 적용하는 데는 상당한 주의가 필요하다고 본다.

재임용을 하려면 심사기구와 심사기준 및 심사자료가 필요할 것이며 일반경찰과 비밀경찰이 분리되어 있던 독일과는 달라서 심사에 어려움이 많을 것이다. 과거 근무한 부서가 기록되어 있는 인사기록부, 주민의 평가조사서 등 충분한 심사자료 확보가 관건이 될 것이다.

교육도 자유민주주의 이념, 기본권 존중, 민주경찰의 자세 등에 대한 소양교육과 우리 법에 대한 지식, 실무처리 요령 등 직무교육으로 구분하여 이런 것들을 체득하기에 충분한 기간 동안 실시해야 할 것이므로 교육과목 및 내용에 대한 계획이 미리 작성되어 있어야 한다. 또한 간부와 그렇지 않은 사람에 대한 교육내용과 기간은 달라야 한다고 본다.

실제로 통합과정에서 가장 필요한 것은 교육시설, 장비확보와 교수요원 파견, 피교육생 급식 등에 소요되는 예산이다. 소요예산을 미리 추정해 두었다가 통일관련 특별예산 편성 시 바로 신청할 수 있도록 준비해야 차질을 최소화할 수 있을 것이다.

제2장 인적자원과 직무관리

제1절 직무와 직무수행자

1. 직무성과를 결정하는 요인 등

경찰조직 목표의 달성은 경찰관 개개인이 각자 맡은 바 직무를 제대로 수행할 때 이룩되는 것이고 인사관리는 직무와 개인을 연결시키는 것이므로 직무와 개인에 대한 이해는 인사관리의 기초가 된다.

과거에는 직무가 개인보다 우선한다는 시각에서 개인이 조직의 요구를 따라오도록 만드는 데 중점을 두었다. 금세기에 들어오면서부터 직무중심의 성과달성을 추구하년서 개인의 만족과 발전도 함께 고려하기 시작했다. 개인의 직무만족과 발전을 통한 동기부여 없이는 직무성과 향상에 장기적으로 한계가 있다는 점을 인식하게 되었기 때문이다. 즉 직무관리를 제대로 하기 위해서는 직무를 수행할 사람과 직무수행에 요구되는 자질에 대한 이해가 있어야 하는 것을 알게 된 것이다.

직무분석을 통해 어떤 자리에 어떤 자질과 능력을 가진 사람이 배치되어야 하는지를 알고, 직무를 맡을 개인이 어떤 지식, 기술, 지능, 성격 등의 자질(능력)을 실제 보유하고 있는지를 파악하여, 이에 따른 적절한 배치와 교육훈련에 통해 직무만족도를 높이고 직무수행과정에서 각자의 자질을 발휘할 수 있도록 동기부여를 함으로써 직무성과를 높일 수 있다. 직무평가까지 실시하여 이에 따른 보수를 더 준다면 만족도는 더욱 올라갈 것이다. 또한, 근무시간도 직무성과와 어느 정도 비례한다.

과거 경찰의 조직편제는, 경감이 서장인 2급지 경찰서는 5개과(당시는 5개 주임), 1급지 경찰서는 6개과(당시는 5개계)로 획일적인 구조를 갖추고 있어서 바쁜 자리와 한가한 자리의 업무부담 차이가 컸으며, 바쁜 자리에 있는 사람들은 '상사가 시키는 대로 하면 죽는다'는 말까지 나올 정도였다.

경찰에서는 1999년도에 와서야 당시 기획관리관이었던 저자의 주도로 획일적인 조직편제를 탈피하고 경찰서 및 지방경찰청의 부서별 업무량 계산을 통해, 경찰서별로 과단위 부서를 4~9개과로 하고 계단위 부서를 조정했으며 지방경찰청도 각급 부서의 수를 조정한 바 있다. 업무량 계산을 통해 조직편제의 재구성을 했다는 것은 앞으로 합리적 직무분석을 통한 인사관리를 향한 첫 걸음을 떼었다고도 할 수 있다. 그러나 아직까지 직무분석을 통한 부서별 직위의 수와 직위에 요구되는 구체적인 자질과 능력을 결정하는 데까지는 가지 못하고 있는 것이다.

자질은 선천적 · 후천적으로 형성된 것으로 쉽게 변하지 않는 편이나, 동기부여는 상황에 따라 변화가 크므로 직무성과를 단기간에 높이기 위해서는 동기부여가 선호된다. 동기부여에 대해서는 뒤의 제8장에서 설명하겠다.

2. 인적자원의 자질

자질 또는 능력은 개인이 가지고 있는 지식, 기술 및 그 응용능력, 지능, 성격, 윤리성, 신체적 · 생리적 능력 등 선천적 · 후천적 속성이다. 학자에 따라서는 능력과 지식 · 기술을 구분하고 이를 포괄하여 개인적 특성으로 칭하기도 한다(유민봉, 1999: 199). 본서에서는 개인적 특성을 표현하는 말로 가급적 자질이란 용어를 사용하려 한다.

지식, 기술, 지능, 성격, 신체적 · 생리적 능력 등은 개인별로 다르므로 이런 점을 구분하고 유형화하여 이것을 직무의 특성과 연결시켜 선발, 배치, 교육훈련, 직무의 재설계 등에 활용해야 한다.

가. 지식과 기술

지식은 직접 또는 간접 학습과 경험을 통해 알게 된 사실, 이론, 정보 등을 말하며, 기술은 일정한 작업 또는 과제를 능숙하게 완성할 수 있는 능력이라 말할 수 있다. 자동차를 운전하자면 자동차 조작에 대한 지식이 필요한 것처럼 기술을 가지기 위해서는 그에 필요한 최소한의 지식을 가지고 있어야 한다.

지식은 그 자체보다 그것을 업무에 응용할 수 있는 능력이 중요하고 그 능력은 지능 · 감성 · 지혜 등 여러 가지 요인이 복합적으로 작용한다고 생각한다. 기술도 응용능력이 필요는 하지만 숙련도가 더 중요하며 이는 연습과 경험에 많이 의존한다. 교육훈련은 자질향상을 목표로 하고 있으나 윤리성, 감성, 태도, 지혜 등을 교육훈련으로 향상시키는 데는 한계가 있지만, 지식・기술의 향상은 단기간에도 가능한 경우가 많다. 따라서 지식・기술을 단기간에 집중적이고 계획적으로 향상시키고자 하는 것이 교육훈련이라고 말할 수도 있을 것이다.

나. 지능과 윤리성

지능은 언어능력, 계산력, 공간이해능력, 기억력, 추론능력 등의 지적능력을 말한다. 이러한 개별적 하위능력들 간에는 높은 상관성이 있다고 한다(유민봉, 1999: 201). 우리가 흔히 지능을 IQ라고 부르는데, 검사방법도 여러 가지가 있지만, 모두 불완전하여 다중지능검사의 창안 등 계속 보완・발전하고 있다. 또한 지능은 고정된 것은 아니고 나이를 먹으면서 학습과 경험에 따라 변하는 것으로 알려져 있다.

윤리성은 '맹모삼천(孟母三遷)'의 교훈에서처럼 성장환경과 교육 등 사회화 과정의 영향이 크다고 인식되고 있고 선천적・후천적으로 형성되는 개인의 성격과도 상관관계가 있는 것으로 보인다. 윤리성이 결여된 높은 지능은 도리어 위험하기 때문에 지능은 윤리성의 동반 여부에 따라 쓰임새가 달라지는 양날의 칼이라 할 수도 있다. 윤리성은 상사・동료 등 조직문화의 영향을 많이 받기 때문에 윤리적인 조직문화 정립을 위해 조직 내부 소모임 활성화, 외부 시민단체와의 연계, 각종 윤리교육 프로그램의 개발・이용 등 다양한 방책이 필요할 것으로 본다.

다. 성격

성격은 사전적 의미로는 '개인이 가지고 있는 고유의 성질이나 품성'으로 '인격, 감성, 감정, 윤리성' 등의 의미를 내포하고 있다. 기존의 성격을 약간 바꾸는 것은 가능하지만 완전히 새로운 성격으로 바꾸는 것은 거의 불가능하다고 한다.

경찰관은 범죄를 예방하고 범인을 검거하는 직업이므로 불법을 용납지 않고 부패와 타협하지 않는 정의감을 가질 것이 요구된다. 급박한 업무상황이 자주 생기는 경찰관은 협력성이 높고, 인내력과 자기감정에 대한 통제력이 크며, 스트레스에 잘 대처하는 성격이 바람직하다. 또한 언어적 공격성이 낮고 불안하거나 애매한 상황을 잘 견디며 자신의 아이디어나 의견을 잘 개진하고 적절한 논쟁을 통해 합의점을 쉽게 찾아내는 성격이어야 한다(Coombs, 1999: 69).

라. 신체적 · 생리적 능력

경찰업무의 특성상 경찰관은 근무부서에 따라 체력이나 지구력, 체포술과 호신술, 사격능력, 주의력, 관찰력과 신속한 반응능력 등의 일부나 전부가 요구된다. 경찰채용시험에 일반직 공무원 채용시험과는 달리 체력검사를 하는 이유가 여기에 있다. 과거 경찰을 오래 동안 곤혹스럽게 하였던 신창원 검거 실패 반복의 원인이 이러한 능력 부족에 있었다고 지적된 바 있다. 실패사례 중에는 신창원을 검문하였던 두 명의 경찰관이, 막연히 수상하다고 생각하여 파출소로 데려가려고 수갑도 채우지 않고 앞장 세웠던 신창원이 뒤로 돌아 가격하려 할 때, 신속하게 대응치 못하고 가격 당해 놓쳤던 사례도 있었다.

3. 인사관리 대상으로서의 인적자원의 특이성

가. 물적 자원과의 차이점

인사관리 대상인 사람을 조직의 인적 자원이라 부르는데 이는 물적 자원에 비해 특이성을 지닌다. 인적 자원의 특이성은 능동성, 존엄성, 개발가능성, 소진성, 복합성으로 요약할 수 있다.

그 첫째는 능동성이다. 사람은 주어지는 자극에 대해 능동적으로 반응하는 존재이다. 자극의 양상에 따라서 적극적으로 노력하게 되거나 나태해질 수 있다. 사람의 수와 자질이 부족해도 관리를 잘하면 실적은 오를 수 있다. 둘째는 존엄성이다. 사람은 하나의 인격체로서 실적만 올리려고 마구 다루어서는 안 된다. 직원들끼리의 인간관계도 보살피고 소외당하지 않도록 관리함으로써 심리적 만족도 채워주어야 한다. 셋째는 개발 가능성이다. 사람은 계속 교육하고 훈련시키면 그 능력과 자질이 점차 증가된다. 넷째는 소진성이다. 인간의 고용된 노동력은 사용하지 않고 놔두면 그 기간만큼 인건비 손실로 연결되는 것이므로 인적 자원 활용의 사각지대가 없도록 해야 한다(임창희, 2010: 19). 다섯째는 복합성이다. 사람은 유전적으로 물려받은 자질과 유아기에 받은 자극에 더하여 타인과의 관계를 맺고 사회화되는 과정에서 성격과 인격이 형성된다. 그 결과 사람마다 정도의 차이는 있지만 협동심과 질투심, 이기심과 이타심, 이성적 합리성과 감정적 비합리성 등의 요소들이 복합되어 있다. 따라서 경찰목표를 효율적으로 달성하기 위해서는 직원들의 긍정적 요소를 더 많이 작동시키는 조직문화가 요구된다.

나. 경찰인사관리에 주는 시사점

인간의 능동성과 개발가능성은 경찰관의 수보다도 동기부여와 교육훈련 및 리더십의 질이 더 중요하다는 점을 시사해 준다. 소진성은 업무량의 적정한 안배와 성과의 확인감독을 통해 감독사각지대와 할 일이 별로 없는 직위가 없도록 해야 함을 시사해 준다.

목표관리제 및 업무배분과 관련한 2003년의 인식조사에 따르면, 경찰서 및 지방경찰청에 근무하는 경장~총경인 응답자 173명(설문배포 200명) 중 63.4%가 자신의 업무가 동료와 비교하여 과다하게 배분되어 있다고 응답한 반면, 15.3%가 적게 배분되어 있다고 응답하였고 이 중 7명(4.0%)은 매우 적게 배분되어 있다고 응답하였다(윤태범, 김상구, 이동규, 2003: 83-84). 대체로 자신의 업무배분이 주관적으로 약간 과다하다고 느끼는 것이 보통인데 스스로 업무배분이 매우 적다고 응답한 사람의 직무는 실제로 할 일이 거의 없다고 볼 수 있을 것이다.

그리고 존엄성과 복합성은 직원 개개인의 인격을 존중하고 욕구를 잘 파악하여 동료 간, 부서 간 이기심과 견제심리가 작용하지 않도록 하고 협동심과 이타심이 발휘되도록 조직문화를 이끌어 나가는 리더십이 필요함을 시사해 준다.

4. 계급제와 직위분류제

공직의 분류는 인적자원을 효율적으로 관리하기 위해 필요하다. 인사관리에서 직무와 사람은 분리하여 생각할 수 없다. 또한 공직을 분류할 경우 직무와 사람 중 어느 쪽에 기준을 둘 것인가의 문제가 생긴다.

계급제는 공직을 사람의 자격과 능력 등을 기준으로 책정한 계급에 따라 분류하는 것이며, 직위분류제는 공직을 직무와 그 직무수행에 따르는 책임을 중심으로 분류하는 방식이다. 일반 공무원에 대해서 어느 쪽을 취하느냐는 그 나라의 역사적 배경에 따라 다르나 미국을 제외한 대부분의 국가의 공무원제도는 계급제에 가깝다.

미국의 자치경찰(주, 카운티, 시, 타운 경찰)의 경우, 경찰기관장은 선거 또는 자치단체장 임명 등 다양하게 정해지나 나머지 경찰공무원은 계급제를 취하고 있다.

경찰의 특성과 우리나라 공무원제도의 전통에 비추어 볼 때, 경찰인사관리에서 계급제와 직위분류제를 논하는 것은 일반직 공무원에 비해 실익이 적다. 그러나 직무분석이나 직무평가를 통한 인사관리는 그 취지와 기법 등 도입할 만한 부분이 없지 않고 경리, 장비, 통신감사, 보안 등 일부 분야에는 직위분류제에 의한 인사관리를 검토해 볼 가치가 있다고 본다.

가. 계급제의 특성과 장단점

(1) 계급제의 특성

계급제의 특성으로는 계급군 간의 폐쇄성과 차등성, 일반 행정가의 원리, 폐쇄형 충원, 계급의 신분화, 신분보장 등이 거론된다. 우리 경찰에서는 계급군 간의 폐쇄성이 피라미드형 계급구조로 인해 더 심각하다. 계급군 간의 차등성은 치안감·총경의 지휘관 독점체제로 심화되어 있다. 경찰관들은 계급별로 보아, 지방경찰청의 청장, 차장, 부장을 맡는 경무관 이상의 계급, (지방)경찰청 과장과 경찰서장을 맡는 총경과 지방경찰청 계장·경찰서 과장·지구대장을 맡는 경감과 경정 계급, 책임 있는 보직을 맡기 어려운 경위 이하의 계급 등 3그룹으로 구분되어 차등성이 심한 편이다.

일반 행정가의 원리는 '경찰업무는 누구나 상식만 있으면 할 수 있다'는 인식이 경찰조직 내에 잔존하고 있는 점에서 나타난다. 경찰청 실무자들이 잦은 국장 교체에 대해 '업무를 알 만하면 떠난다'는 말을 하는 데서 나타나듯이 그 폐해가 만만치 않은 것이다.

경찰대학과 간부후보생 제도가 있으나 경위로 임용되는데 그치고, 경정으로 특채되는 인원은 극히 적기 때문에 우리 경찰은 철저한 폐쇄형 충원제도를 가지고 있다. 특히 최고 수뇌부까지 외부 충원을 막고 있는 것은 폐쇄성을 가중시키고 민주성의 원리에도 역행한다는 시각이 있다.

경찰은 계급사회라고 표현되듯이 계급의 신분화 현상이 크다. 다만, 경찰의 신분보장은 무거운 처벌 관행, 강력한 연대책임제, 사회적 물의가 야기된 사건 발생 시 지휘관 희생양 만들기, 계급정년제도 등으로 훼손되고 있기도 하다.

(2) 계급제의 장점과 단점

계급제의 장점은 인적 자원을 탄력적으로 운용할 수 있고, 직업공무원제의 확립에 기여하며 부서 간 협조가 용이하다는 것이다.

계급제는 폐쇄형 충원제도 및 일반행정가의 원리와 결합함으로 인해 전문가의 확보와 양성이 곤란해진다. 계급제 하에서는 직무를 소홀히 하고 요령 피우는 사람이 버틸 수 있는 공간이 생기기 쉽고 보수와 업무부담의 형평성을 결여하기 쉽다. 신분보장제도로 인해, 문제가 많은 경찰관이 있어도 내보내기 어려워, 안고 있거나 '떠넘기기' 하는 관행이 종래 있었다. 80년대 우모 (전)순경의 주민 집단살해사건도 '떠넘기기'의 폐해가 드러난 사건이었다. 또한 폐쇄형 충원제도 및 계급의 신분화 현상은 공직사회를 일반사회와 격리시키고 사회의 이익보다는 조직의 이익을 먼저 생각하는 등 시야가 경직되게 된다.

나. 직위분류제

(1) 직위분류제의 도입시도

계급제의 전통이 있는 우리나라에서도 과거 일반직 공무원에게 직위분류제를 도입하려 시도한 적이 있었으나 중단된 바 있었고, 최근 공직의 생산성을 강조하면서 직위분류제에 대한 관심이 높아지고 있다.

우리나라 「국가공무원법」은 "직위분류제는 그 실시가 쉬운 기관, 직무의 종류 및 직위부터 단계적으로 실시할 수 있다"고 규정하고 있고, 우리나라 공무원의 직급표가 직류, 직렬, 직군으로 구분하고 있는 등 직위분류제의 형식을 가미시키고 있다. 그러나 직렬이 정원관리기준, 시험과목·응시자격, 전보·승진경로, 교육훈련단위로 사용되고 있고 직류가 시험과목·응시자격을 정하는 데만 사용되는데 그치고 있으며, 직무분석이나 직무평가도 제대로 이루어지지 않고 있어 직위분류제의 본격적 도입이 안 되고 있다.

직위분류제는 경찰에게는 일반적으로 맞지 아니하여 전면 도입할 필요가 없다. 그러나 직무분석은 선발, 교육, 전보, 승진 등 경찰인사행정에서 활용가치가 높다고 본다. 직무분석에 대해서는 뒤에 자세히 설명한다.

(2) 직위분류제의 특성 및 장단점

서로 다른 직무 사이에 엄격한 경계가 있는 수평적 폐쇄성, 전문지식으로 무장된 전문행정가, 개방형 충원, 신분보장 미흡, 직장보다는 자신이 맡은 직무를 더 중시하는 것이 직위분류제의 특성이다.

계급제의 장·단점과 직위분류제의 장·단점은 서로 반대된다. 직위분류제의 최대의 장점은 행정의 전문화·능률화 및 능력·실적 중심의 인사관리가 가능하다는 것이다.

(3) 직위분류제, 직위, 정급, 직군 및 직렬의 의의

직위분류제는 직위를 기본단위로 하여 이를 수직 · 수평으로 배열하여 구조화한다. 이 때 등장하는 기술적 용어인 직위, 직급, 직렬, 직군, 직류 등의 용어를 「국가공무원법」은 주로 일반직 공무원에 대하여 다음과 같이 정의하고 있다.

직위란 1명의 공무원에게 부여할 수 있는 직무와 책임이며 '자리'와 같은 뜻이다. 직급이란 직무의 종류 · 곤란성과 책임도가 상당히 유사한 직위의 군을 말하며 경찰에서 말하는 계급이다. 정급이란 직위를 직급 또는 직무등급에 배정하는 것을 말한다. 직군이란 직무의 성질이 유사한 직렬의 군을 말하며 행정직군과 기술직군이 있다.

직렬이란 직무의 종류가 유사하고 그 책임과 곤란성의 정도가 서로 다른 직급의 군을 말하며 일반직에는 행정, 교정, 보호, 검찰(검사는 특정직), 마약수사, 출입국관리, 철도공안, 세무, 관세, 사회복지, 감사, 공업, 농업, 임업, 해양수산, 기상, 보건, 의료기술, 식품위생, 의무, 약무, 간호, 환경, 항공, 시설, 전산, 방송통신 등 30여개의 다양한 직렬이 있다. 일반직 공무원은 시험을 거치거나 거치지 않고 상이한 직렬의 동일 직급으로 이동하는 전직이 가능하다.

직류란 같은 직렬 내에서 담당 분야가 같은 직무의 군을 말한다. 예컨대 행정직렬 내에는 일반행정, 법무행정, 재경, 국제통상, 운수, 노동, 문화홍보, 교육행정, 회계직류가 있고, 약무직렬 내에는 약무직류와 약제직류가 있다.

(4) 직위분류제의 수립 및 관리

(가) 직위분류제의 수립

직위분류제의 수립은 철저한 계획 아래 준비과정, 분석 · 평가 과정, 검토 과정을 거쳐야 하며 고도의 전문성이 요구된다.

준비과정에서는 관 · 학 · 민의 전문가로 구성된 직위분류 담당기관을 설치하고, 어느 직위를 분류의 대상으로 할 것인지의 범위를 결정하며, 이 작업에 대한 대내 · 외의 설득으로 지지를 확보하여 저항을 최소화시켜야 한다.

분석 · 평가과정은 직무분석, 직무평가, 직급명세서 작성 및 정급의 순으로 이루어진다. 분석평가과정이 끝나면 직위분류를 최종적으로 채택하기 이전에 이를 공개하여 직무수행자와 그 상관 등 관련 공무원에게 검토할 기회를 주어야 한다.

(나) 직위분류제의 유지관리

수립된 직위분류제의 유지관리는 인사담당기관에서 맡게 되는데, 해당 부서의 장과 긴밀한 협조관계를 유지하면서 각 직위에서 어떤 변화가 발생하고 있는지 모니터링하고 분류대상 직위에 대한 감사, 설문조사를 통해서 확인하여 수시로 직위분류에 반영하는 과정이다.

(5) 공직분류제도의 발전방향

미국은 1978년 행정개혁법에서 일반직 공무원의 최고위 3개 등급과 정무직의 하위 2개 등급(차관보, 부차관보)을 묶어 고위관리직(SES)을 신설하였다. 이들에게는 계급제적 인사원리가 상당히 적용되고 있다. 전통적으로 교육훈련은 계급제에서 강조되어 온 것이나, SES 공무원에게는 체계적인 교육훈련 프로그램이 제공되고 있다.

우리나라에서는 1963년 직위분류제를 규정하고 실시를 준비하였으나 직무분석이 미비되었다는 등의 이유로 1973년 직위분류법이 폐지되었고 현재는 「국가공무원법」에 일반 규정만 남아 있다. 그러나 지금 우리 사회는 전문가를 원하고, 합리적 사고를 더 선호하는 방향으로 나가고 있어 일반직 공무원 인사관리의 경우, 직위분류제적 요소가 강화될 필요가 없지 않다.

미국의 추세와 우리의 과거 실패사례 및 현실을 감안할 때 우리의 일반직 공무원의 경우에는 계급제를 기본원리로 하되, 직위분류제 적용범위를 점진적으로 확대시켜 나가야 할 것이다. 그러나 경찰은 직무의 특성상 계급제가 적합하므로, 직위분류를 전제로 하지 않고, 실질적 과업이 적다고 여겨지는 직무부터 직무분석을 실시하여 인사관리와 직무설계의 자료로 활용해야 할 것이다. 또한, 장비, 경리회계, 통신 등 경찰관이 꼭 맡아야 할 이유가 적거나 고도의 독립성, 전문성이 요구되는 감사·보안 등 일부업무에 한해서 직위분류제 도입을 검토해 볼 수 있다고 본다.

5. 경과 및 특기

경찰관을 경과와 특기에 의해 분류하여 인사관리에 활용하는 제도의 목적은 경찰의 전문성과 효율성을 높이는 것이다. 이 제도는 먼저 사람에 대해 판단한다는 점에서 직무분석을 통해 그 직위에 합당한 자질과 능력을 도출하고, 다음에 직무평가를 통해 그 직위의 가치와 보수를 결정하는 직위분류의 논리와 거리가 있다. 그러나 경과와 특기를 분류하는 과정에서 그 경과의 특기를 가진 경찰공무원이 맡을 직무에 대한 분석이 개괄적이고 직관적으로 이루어졌다고 볼 수 있어, 경과와 특기제도는 앞으로 직무분석을 실시할 경우 참고가 될 수 있다.

「국가공무원법」에서도 직위분류제의 원칙으로, "직위분류를 할 때에는 모든 대상 직위를 직무의 종류와 곤란성 및 책임도에 따라 직군·직렬·직급 또는 직무등급별로 분류하되, 같은 직급이나 같은 직무등급에 속하는 직위에 대하여는 동일하거나 유사한 보수가 지급되도록 분류하여야 한다"고 규정하고 있어 직위분류가 직무를 대상으로 한다는 점을 분명히 하고 있다.

가. 경과(警科)

「경찰공무원법」(제3조)에서 "경찰공무원은 그 직무의 종류에 따라 경과에 의하여 구분할 수 있다" 고 규정하고, 「경찰공무원임용령」에서는 경과를 일반경과, 수사경과, 보안경과, 특수경과로 구분하고 특수경과는 해양경과, 운전경과, 항공경과, 정보통신경과로 세분하고 있다. 원칙적으로 총경이하 경찰관에게 이러한 경과를 부여한다. 다만, 수사 및 보안경과는 경정 이하 경찰공무원에게만 부여하고 운전경과는 경사 이하 경찰공무원에게만 부여한다. 이러한 경과는 경찰공무원을 신규 채용할 때 부여된다.

(1) 경과별 직무

경과별 직무의 내용을 보면, 일반경과는 기획·감사·경무·생활안전·교통·경비·작전·정보·외사 기타의 직무로서 수사경과·보안경과 및 특수경과에 속하지 아니하는 직무이다. 수사경과는 범죄수사에 관한 직무이고, 보안경과는 보안경찰에 관한 직무이다. 특수경과중 항공경과는 경찰항공기의 운영·관리에 관한 직무이고, 해양경과는 해양경찰에 관한 직무이며, 정보통신경과는 경찰정보통신의 운영·관리에 관한 직무이다. 운전경과는 경찰차량의 운전 및 정비에 관한 직무인데, 운전기술이 보편화되어 있는 현 시점에서 이런 경과가 필요한지 의문이고 경사까지로 한정한 것도 근속승진 제도와 맞지 않다.

(2) 경과제도의 연혁 및 특기부호 문제

「경찰공무원임용령 시행규칙」 제20조 제3항에서는, 특기부호에 대해서, 이를 3자리 숫자로 구성하며 각 자리 수에 따른 번호 구분은 첫째자리는 경과번호, 둘째자리는 일반특기번호, 셋째자리는 전문특기번호를 표시하도록 규정하고 있다.

과거 1970년 5월에 시행되었던 경찰공무원 임용령 시행규칙을 보면, 경과제도는 일반경과(행정, 형사경과로 세분), 전투경과, 특수경과(항공, 해경, 통신, 운전경과로 세분)로 구분되어 있었으며, 일반경과 중 형사경과는 수사·정보·외사경찰에 관한 직무를 포괄하고 있었다. 1977년 개정된 동 규칙에서 일반경과를 행정경과와 형사경과로 세분하는 규정이 없어졌고 그 후 전투경과도 없어져 모두 일반경과로 통합되었다.

1991년 개정된 동 규칙에서, 특기부호에 대한 규정을 신설하였는데, 이에 따른 동 규칙의 별표에서는 일반경과는 100으로, 특수경과는 200(해양), 300(해경), 400(통신), 500(운전)으로 경과에 대한 번호가 부여되었다. 특기에 대해서도 부호가 부여되었는데 이 중 몇 개만 보면, 형사·수사 일반특기는 160, 형사전문특기는 161, 정보일반특기는 170, 보안·외사 일반특기는 180 보안수사공작 전문특기는 181 등의 부호가 부여되어 있었다.

그런데 2002년 경찰공무원 임용령 시행규칙이 개정되면서 동 규칙 제20조 제3항과 동 규칙 별표2의 번호부여가 맞지 않는 점이 생긴 것 같아 경과의 변화와 특기 번호부여 경위를 추적해 보면 다음과 같다.

① 2002년 개정된 동 규칙에 보면 일반경과에서 보안경과가 분리되어 규정되어 있고, 동 규칙의 별표에서는 보안경과에 200이라는 부호를 부여하였다.
따라서 보안·외사 일반특기부호를 280으로 해야 하나, 여전히 180이 부여되어 있고, 보안수사공작 전문특기에 대해서도 281을 부여해야 하나 여전히 181의 부호가 부여되어 있다. 따라서 동 규칙 별표의 특기 부호가 동 규칙의 특기부여에 관한 규정(첫째자리는 경과번호)과 맞지 않게 되어 있다.

② 2004년 개정된 동 규칙에 보면 일반경과에서 수사경과도 분리되어 규정되어 있고, 동 규칙 별표에서는 수사경과에 300이라는 부호를 부여하였다.
그러나 형사·수사 일반특기에는 여전히 160, 형사전문특기에는 여전히 161의 부호가 부여되어 있는 불합치점이 보인다.

③ 2013년 개정된 동 규칙 별표에서도 이런 부분이 개정되지 않고 그대로 있다.

나. 특기

임용권자 또는 임용제청권자는 일정한 요건을 갖춘 경위 이상 경정 이하의 경찰공무원에 대하여 그 경과별 직무분야에 따라 일반특기 또는 전문특기를 부여할 수 있다. 특기의 분류는 신규채용자의 임용 등 특별한 사유가 있는 경우 또는 보직의 전문화를 위하여 필요한 경우에 실시할 수 있다. 특기분류를 위한 심사를 할 때에는 본인의 희망, 근무경험, 적성(전공분야, 자격증 등), 전문화교육, 소속 상사의 의견 등을 고려하여 한다.

(1) 예비분류와 확정분류

특기는 예비분류와 확정분류의 2단계를 거쳐서 분류한다. 예비분류단계에서는 적성에 맞는 기능분야에서 육성될 수 있도록 기능을 확정함에 앞서 미리 분류하는 것으로서 해당분야의 지식을 개발할 수 있도록 관리하여야 하며, 그 특기가 적성에 적합한지의 여부를 관찰하고 확인한다. 확정분류는 예비분류 기간 중 개발한 적성에 따라 기능을 확정한다.

(가) 일반특기

일반특기는 기획, 감사·경무, 방범, 교통, 경비·작전, 형사·수사, 정보 및 보안·외사 일반특기로 분류한다. 경위에 대한 일반특기의 예비분류는 경위로 임용되어 2년이 경과한 때에 하고, 확정분류는 예비분류 후 5년이 경과하고 해당 특기분야에 적성과 능력이 있다고 인정될 때 또는 경감으로 승진임용할 때에 한다.

경감이상으로 신규 채용된 자에 대한 일반특기의 예비분류는 채용후 1년이 경과한 때에 하고, 확정분류는 예비분류 후 2년이 경과한 때에 한다.

(나) 전문특기

1) 전문특기의 종류

전문특기는 형사, 조사, 과학수사, 정보관리, 정보분석, 보안수사공작, 보안수사신문, 외사 및 기술(정보통신·항공·해양) 전문특기로 분류한다.

형사전문특기는 범죄수사에 따른 범죄수법, 수사에 관한 기획 및 외근에 관한 직무이다. 조사전문특기는 범죄조사에 관한 직무이며. 과학수사 전문특기는 화재, 지문, 발자국 기타의 흔적 또는 사진의 감식기술, 컴퓨터 및 거짓말탐지기의 작동에 관한 직무이다.

정보관리전문특기는 정보기획·정보수집 및 정보자료 관리에 관한 직무이고, 정보분석전문특기는 정보의 분석 및 판단에 관한 직무이다.

보안수사공작 전문특기는 보안수사기획·보안수사공작 및 보안수사분석에 관한 직무이고, 보안수사신문 전문특기는 보안수사신문에 관한 직무이다. 외사전문특기는 외사정보의 수집·분석·판단, 외사공작, 외사수사, 외국어 번역 및 통역기술에 관한 직무이다.

기술전문특기 중 정보통신기술전문특기는 정보통신의 관리 및 장비 운영에 관한 직무이고, 항공기술전문특기는 항공조종 및 항공정비에 관한 직무이며, 해양기술전문특기는 경비함정의 조종 및 정비·해난구조를 위한 잠수에 관한 직무이다.

2) 전문특기의 분류

전문특기를 부여하여 전문화관리를 할 수 있는 범위는 해당 일반특기분야 정원의 3할 이내로 하되, 경찰교육훈련기관에 해당분야 전문화교육과정이 설치되어 있는 경우에는 그 교육을 받은 자에 한하여 전문특기를 부여한다.

경위에 대한 전문특기의 예비분류는 일반특기의 예비분류 후 2년 이상 경과된 자로서 해당 특기분야에서 경험한 지식과 능력이 우수하거나, 해당 특기분야와 관련된 전문화 교육 또는 위탁교육을 받았거나, 아니면 해당특기분야와 관련된 학위 또는 기술자격소지자이어야 한다.

경위에 대한 전문특기의 확정분류는 예비분류 후 3년이 경과하고 해당 특기분야에의 적성과 능력이 우수하다고 인정될 때 또는 경감으로 승진임용 할 때에 한다. 경감 이상으로 신규채용된 자에 대한 전문특기의 예비분류는 일반특기의 예비분류 후 1년이 경과된 자로서 해당 특기분야에 적성과 능력이 있다고 인정된 자에 대하여 하고, 확정분류는 예비분류 후 2년이 경과된 때에 한다.

해당 특기분야에 근무할 것을 조건으로 특별 채용된 경찰공무원에 대하여는 일반특기와 전문특기의 분류를 동시에 할 수 있으며, 예비분류는 채용 후 1년이 경과한 때에 하고, 확정분류는 예비분류 후 2년이 경과한 때에 한다.

다. 경과 및 특기의 변경

'전과'란 경과를 변경하는 것을 말하며, 일반경과에서 수사경과·보안경과 또는 특수경과로 전과하는 것에 한하여 인정한다. 다만, 정원감축 등으로 인하여 부득이한 경우에는 보안경과·수사경과·정보통신경과 또는 운전경과에서 일반경과로 전과하는 것을 인정할 수 있다.

특기의 변경은 예비분류기간 중 일반특기 상호간 또는 전문특기 상호간 1회에 한하여 할 수 있다. 다만, 특기분류에 중대한 흠이 있다고 인정될 때에는 재분류하여 이를 변경할 수 있다.

(1) 변경 요건

위와 같이 경과나 특기를 변경하려는 경찰관은 현재의 경과 또는 특기분야에서는 업무수행 능력이 현저히 부족하나 다른 경과 또는 특기분야에서는 더욱 발전할 수 있다고 인정되거나, 보충을 요하는 경과 또는 특기에 필요한 직무교육을 이수하였거나, 아니면 변경하고자 하는 경과 또는 특기분야와 관련된 국가시험 합격자 또는 자격증 소지자이어야 한다.

(2) 변경 제한

현재의 경과 및 특기분야에서 1년을 경과하지 아니한 자와 특수경과 또는 전문특기분야에 근무할 것을 조건으로 채용된 자로서 5년을 경과하지 아니한 자는 전과 및 특기의 변경을 할 수 없다. 다만, 변경하고자 하는 경과 또는 특기분야와 관련된 자격증 소지자의 경우에는 예외로 한다.

라. 경과 및 특기의 병합 등

경찰청장 또는 해양경찰청장은 전시・사변 또는 이에 준하는 비상사태에 있어서 필요하다고 인정될 때에는 경과 및 특기의 일부를 폐지 또는 병합하거나 신설할 수 있다.

마. 경과 및 특기제도의 발전방향

경과 및 특기제도는 보직관리에 주로 이용되고 있고 승진과 선발 및 교육과정 책정에도 제한적으로 활용되고 있는데 앞으로 잘 발전시켜 나가면 경찰의 전문화에 더 많이 기여할 수 있을 것으로 본다. 또한 앞으로 직무분석이 이루어지면 좀 더 과학적이고 합리적으로 이 제도를 조정할 수 있을 것이다.

(1) 수사경과제의 활성화

수사경과제의 활성화는 경찰위상제고와 수사권조정에도 크게 기여할 수 있는 경찰의 핵심과제이다. 그러나 수사경찰관들은 수사인력이 매우 부족하고 수사경과로의 진입과 전과가 경직되어 있으며 전문성향상을 위한 교육이 부족하고 업무와 무관한 집합이 많다는 것이다. 따라서 수사인력을 늘리고 수사경찰 사이버학교를 설치하는 한편 불필요한 집합을 줄이고 수사활동비 증액, 수사공간의 충분한 확보 등 수사여건을 개선해야 한다.

또한 수사과정 전반을 투명하게 관리할 수 있는 시스템과 지식기반 수사시스템을 확충하고(이상원, 2006: 86-89), 높은 자질을 갖춘 전문수사관을 더 많이 확보할 필요가 크다. 미국 FBI는 수사관의 채용조건으로 기본적으로 대학 또는 대학원을 수료하고 학위를 취득해야 할 뿐만 아니라 공인회계사나 변호사 또는 컴퓨터·국제언어학·화학 등의 각 분야 전문가일 것을 제시하고 있고 우수한 지방경찰관을 발탁하기도 한다(吉村太郎 編集, 2008: 114). 우리도 수사경과 임용을 조건으로 전문인력 채용을 늘릴 필요가 있다. 건축, 토목, 금융, 회계, 지적재산권, 환경, 의료 등 특수분야에 대한 전문지식을 갖춘 수사관의 확보는 더 이상 피할 수 없는 시급한 당면과제이다(곽대경, 이영돈, 2003: 85).

2013년까지 간부후보생 선발 시 일반경과의 일반분야에 80%(40명)의 인원을 뽑았는데 이를 수사경과로 뽑는 것을 검토해 보아야 한다고 본다. 또한 경찰대학 출신자의 수사경과 배치비율을 늘리고 우수한 일선 직원을 수사경과로 더 많이 발탁하는 것도 검토해 보아야 할 것이다.

(2) 대테러 및 위기관리 전문특기의 신설

현재 대테러 및 위기관리 전문특기가 없는데, 이는 재고해 볼 여지가 있다고 본다. 미국의 FBI는 대테러 기능 개혁을 하면서 최신 정보통신기술을 도입함과 동시에 대테러정보 분석담당자들의 보직관리 경로를 창설하였고 일반범죄 단속보다는 대테러 활동에 최우선적 중요성을 부여하고 있음(Peter Chalk & William Rosenau, 2004: 1-2)은 참고할 필요가 있다. 위기관리 기능은 테러 발생 시에 특히 중요하다는 점에서 두 기능을 수행할 요원에게 같은 전문특기를 부여해도 무방할 것으로 생각한다.

제2절 직무관리

1. 직무관리 개관

직무관리란 직무를 체계적으로 설계해 두고 그에 적합한 인원을 선발, 배치하고 직무에 상응한 보상을 지급하며 그들이 직무만족을 느낄 수 있도록 직무수행과정을 조정·통제하는 것이다. 직무를 직접 수행하는 주체가 조직구성원이기 때문에 이들에 대한 인사관리가 직무관리와 직결된다. 직무관리에 관련해서 직무설계, 직무분석, 직무평가에 대한 연구가 주로 이루어져 왔다.

해야 할 일이 무슨 일인지, 또한 그것이 얼마만큼의 일인지도 모른다면 어떤 능력, 경험, 교육훈련 경력과 인성을 가진 직원을 얼마나 선발 또는 배치해야 할지 알 수가 없다. 또한 직무를 직접 맡아서 수행하는 주체가 직원들이므로 직원에 대한 인사관리는 직무관리와 직결된다(임창희, 2010: 189-190).

직무를 이해하기 위해서는 직무수행에 필요한 지식·기술·능력의 측면과 그에 대응하는 보상 측면을 검토해야 한다. 지식·기술·능력 측면을 합리적으로 접근하기 위해서 필요한 것이 직무분석이고 보상 측면을 합리적으로 접근하기 위해 필요한 것이 직무평가이다. 직무분석과 직무평가는 직위분류제를 위한 선행단계이기도 하나 또한 모집, 선발, 교육훈련, 인사이동, 보상 등의 합리적 관리를 위해서도 유용하게 활용될 수 있다(유민봉, 1999: 169-170).

2. 직무설계

가. 직무설계의 의의

직무설계란 인적자원의 효율을 높이기 위해 직무를 구성할 하부단위 과업들을 정비, 연결하고 짜 맞추어 직무를 합리적으로 설계하는 것이다. 직무 내용의 변화를 반영하거나 인적자원의 효율을 더욱 높이기 위해 이미 기존에 설계되어 있는 직무를 다시 설계하는 것을 재설계라고 하는데 그 작업과정이나 논리는 유사하다.

직무는 인력의 예측, 모집, 선발, 능력개발, 보상, 직무만족, 직원안전, 퇴직 등 인사관리의 전반에 영향을 미친다. 인력을 예측하고 모집, 선발한다는 것은 미래에 새로이 어떤 종류의 직무가 얼마만큼 생길 것인가를 예상해서 하는 것이다. 선발, 능력개발, 보상에 있어서는 직무가 요구하는 자격 및 능력 등이 기준이 된다. 직무만족 향상을 위해 직원에게 불만을 주는 직무를 재설계하고, 직원안전 향상을 위해 직무구조, 직무과정 등을 재설계한다. 직무의 수가 줄거나 직무의 만족도가 크게 떨어지면 이직요인이 생긴다(박경규, 2007: 81-82).

나. 직무설계의 발전

조직은 그 목표나 목적을 성취하기 위해 구성원들의 활동과 노력을 조정하고 통합할 목적으로 설계된 사회적 구조물로 흔히 여겨진다. 즉, 조직은 이들의 개인적 및 집합적 공헌도가 최대화되도록 과업과 기능을 합리화한다(rationalize)는 것이다. 과거 오랫동안 이러한 설계 과정이 과학적으로 확립된 원칙에 따라 행해지지 것이 아니라 관리자 및 감독자들의 창조적 능력, 직관, 경험 등에 의해 이루어졌었다(Siegel & Myrtle, 1985: 57).

그 후 테일러의 '과학적 관리법'이 나왔는데, 이 방법은 '단순화, 표준화, 전문화' 등으로 생산의 효율성과 경제적 합리성만을 추구한 결과, 직무수행자의 불만, 소외감, 노사분규 등의 문제가 일어났다. 이에 인간적 만족을 고려하여 직무확대, 직무충실화, 직무특성이론, 목표설정이론 등 직무를 인간중심으로 재설계하려는 움직임이 일어났고, 근무시간의 설계에 있어서도 유연적 근무시간제 등의 형태가 나타났다.

직무설계의 방법은 기술발전 및 환경변화에 따라 앞으로 새로운 것이 많이 나타날 수 있다. 점차 개인 간의 연결, 직무 간의 상호작용과 네트워크의 필요성이 증대되어 가고 있기 때문에 직무설계방향도 개인수준에서 집단수준으로 계속 변해갈 것이다. 자동화, 컴퓨터의 발전 등 기술변화로 과거에 있었던 직무는 많이 사라지고 새로운 직무가 나타날 것이며, 직무수행방법도 탄력근무제, 재택근무 등 다양해질 것이다. 또한, 사람들이 직무를 보는 시각도, 노력의 대상으로만 보지 않고 보람을 찾고 즐기는 대상으로 보게 될 것이므로 직무설계는 앞으로 바뀌어 나갈 것이다(임창희, 2010: 206-207).

직무설계는 직무구조의 설계, 직무과정의 설계, 근무시간의 설계 등으로 나누어진다.

다. 직무구조의 설계

직무의 단순화, 표준화, 전문화는 직무의 단순화로 인한 생산성 향상을 기대할 수 있고 직원의 선발과 훈련이 쉬우며 직원들의 책임과 정신적 부담이 적다는 이점이 있다. 그러나 동료직원 간의 인간관계 형성기회가 줄어들고 세분화된 작업의 반복으로 불만이 생겨 이직, 지각과 결근 및 개인적 고충이 증가하며 창의성을 발휘하기가 어렵다.

또한 사람들의 의식수준이 점차 높아짐에 따라 직장에서의 대화와 인간관계 형성 기회와 직무만족 향상이 요구되었다. 허쯔버그는 직무성과에 영향을 주는 동기요인 중 직무와 관계있는 것으로서 직무에 대한 재미와 성취감, 직무의 도전성 및 책임증가 등을 밝혀낸 바 있다(박경규, 2007: 88).

이러한 추세는 직무확대(job enlargement), 목표설정이론 등으로 나타났다. 직무확대에는 권한이나 책임의 변화는 별로 없이 과업(task or work)의 숫자를 늘리는 수평적 직무확대와 재량권 및 책임의 크기도 늘어나는 수직적 직무확대가 있다.

수평적 직무확대에는 단순히 직무를 확대시키는 것과 직무교차 및 직무순환이 있다. 직무순환은 수직적 직무확대의 성격도 부분적으로 지니고 있다. 수직적 직무확대에는 직무충실과 준자율적 작업집단, 직무충실을 발전시킨 직무특성이론 등이 있다. 직무충실은 직무수행자에게 권한, 책임, 자율을 더 부여하는 것인데 비해, 직무특성이론은 직무와 과업의 속성을 변화시켜 다양성, 중요성, 정체성, 책임성 등을 더 띠도록 하는 것이다(임창희, 2010: 201).

방범순찰차량 근무자에게 불법주차 단속도 동시에 시키는 것과 같이 과업의 개수만 늘리는 단순한 직무확대는 단조로움이나 싫증 감소 등의 효과도 없지 않겠지만, 또한 하나의 흥미 없는 과업의 추가로 더 짜증날 수도 있다.

(1) 직무교차

직무교차는 직무의 일부분을 공동으로 수행케 하는 것이다. 예컨대, 근무자에게 관내 교통취약지역의 교통사고 다발 시간대에 사고 유발 요인이 되는 교통법규위반행위도 단속하게 하고, 교통순찰차량 근무자에게 학교폭력 예방을 위해 학교 주변 순찰도 병행 실시케 하는 것과 같이 직무의 일부분을 공동으로 수행케 하는 것이 직무교차이다. 또한 교통사고조사반에서 교통사고를 가장한 살인사건을 수사하게 하고 강력반에서 사망교통사고 야기 후 도주사건을 수사하게 하는 것도 직무교차 사례로 볼 수 있다.

이는 앞에서 설명한 단순한 직무확대의 장단점을 가지고 있다. 또한, 직무전문화로 인한 협동부족으로부터 오는 소외를 줄일 수는 있으나, 교차된 직무를 서로 미루거나 서로 하겠다고 하는 문제가 야기될 수 있어 시행 전에 협동체제 구축과 교육이 필요하다.

(2) 직무순환

직무순환은 사전에 마련된 계획에 따라 여러 직무를 여러 직원이 바꾸어 수행하는 것이다. 직무순환을 하기 위해서는 과업이나 작업내용이 상호 관련성이 있을 것과, 전문성이 높은 난해한 것이 아니라야 한다. 직무순환의 대상인 직무들의 권한 및 책임의 크기는 비슷한 경우도 있고 다른 경우도 있다. 후자의 경우가 수직적 직무확대의 효과도 낸다고 볼 수 있다. 직무순환을 하면 직원들이 새로운 직무를 수행할 능력이 증가되며, 관련 직무수행자에 대한 이해와 조직 전체 관점의 시야가 확대되고 단조로움을 줄여서 직무만족도를 높이게 된다(최해진, 2004: 101).

직무순환 시, 한 작업자가 한 직무에 얼마나 오래 머무를 것인지는 직무에의 적응기간, 최대로 상승된 성과가 지속되는 기간, 직무의 난이도 등이 고려되어야 한다. 일반적으로 적응기간의 10배 정도가 체류기간이 된다(박경규, 2007: 97).

경찰도 경위 입직자 등에게 순환근무라 해서 입직 후 직무순환을 시켜왔다. 비록 단기간이지만 순환근무를 통해서 다양한 기능을 체험하게 함으로써 인사관리의 융통성과 환경변화에 대한 적응력을 높이고 단조로움을 줄일 수 있었다. 그러나 지금과 달리 전체 직원에게 주기적인 순환근무를 실시한다면 전문성 함양 면에서 문제가 생길 것이다.

(3) 직무충실(job enrichment)

직무의 수평적 확대로서는 직원들의 지루함을 해소하는 효과가 크지 않았다. 그래서 미국에서 1950년대부터는 직원이 현재 수행하고 있는 직무에 의사결정권, 재량권 및 책임이 따르는 과업이 추가로 더 부가되고 통제를 줄이는 방향으로 수직적 직무확대가 이루어지기 시작하였다.

이것이 직무충실인데, 직무담당자 스스로가 직무수행계획과 근무시간 설계를 하도록 하고, 감독을 줄여 직무수행의 자율성을 증가시키고, 직무결과에 대해서도 스스로가 직접 알 수 있도록 함으로써 허쯔버그가 동기요인이라고 말한 피드백 욕구까지 충족시켜 주는 직무설계 방법이다. 이렇게 함으로써 직무담당자들은 자율성 확대 및 창의성 발휘로 성취감과 보람·긍지를 느끼고 단조로움·피로감과 인격적·기술적 소외를 해소하며 자동적으로 개발, 훈련의 기회를 갖게 되는 것이다(임창희, 2010: 200).

직무충실을 추진하자면 직무수행자가 의사결정을 제대로 할 수 있도록 교육훈련을 시켜야 한다. 또한 관리자들의 반발과 소극적이거나 자질이 낮은 직원들의 불만·좌절감 및 이로 인한 비용을 사전에 충분히 감안해야 한다.

방범순찰 근무자가 순찰 또는 거점(임시초소 등) 근무하면서 범인을 검거했을 때, 적발보고서만 첨부하여 형사기능에 인계하도록 하면, 업무 전문성 존중 면에서 이점이 있다. 그러나 직무충실화의 관점에서 보면 단순한 사건은 수사서류를 더 갖추어 인계할 수 있도록 함으로써 권한과 책임의 확대에 따른 성취감 향상, 능력 개발, 단조로움 해소 등 이점이 있을 것이다. 방범순찰 코스도 지구대장이나 파출소장이 미리 정해 준 코스는 참고만 하고 그때그때 관내 범죄발생의 동향에 기초한 취약지점들을 판단하여 자율적으로 코스를 정할 수 있는 재량을 주는 것도 직무충실화의 논리와 맥락을 같이한다.

(4) 직무특성이론

직무충실은 직무수행자에게 의사결정의 자유재량권과 책임을 추가로 부과하는 것이나 소극적이거나 능력이 부족한 직원에게 자율성과 재량권을 주면 여러 가지 부작용을 발생시킬 수 있다. 또한 직원들 중에는 반복·단순 직무를 선호하는 사람도 있지만 머리와 기술을 많이 쓰는 직무를 선호하는 사람도 있다. 그러므로 물질적 욕구 충족에만 관심을 둘 것이 아니라 자아실현이나 보람과 같은 상위욕구도 충족시켜야 한다. 이에 1970년대에 들어와 직무충실화 모형을 더욱 발전시켜 사람보다는 직무 자체의 변화를 시도한 것이 핵크맨과 올드햄 등이 주장했던 직무특성이론이다.

이 이론은 직무는 그 자체로서 직무담당자에게 큰 의의를 줄 수 있고, 중요한 직무라는 인식을 주어 보람과 긍지를 느끼도록 해야 한다고 주장한다. 그러기 위해서는, 직무담당자가 가지고 있는 다양한 지식·기술 등 능력을 최대한 많이 사용할 수 있도록 직무가 설계되어야 하고, 맡은 직무가 전체와 어떻게 연결된 것인지와, 다른 사람의 작업에 얼마나 큰 영향을 미치는지 알게 하여 직무수행에 의미와 가치를 부여할 수 있도록 해야 한다. 또한, 직무담당자가 자신의 활동에 따라서 직무성과가 크게 달라질 수 있다는 점을 느낄 수 있도록 직무수행 계획, 방법 및 절차를 결정하는 권한을 많이 부여해야 하고, 직무담당자가 자기의 직무수행결과가 어느 정도인지를 잘 알 수 있게 해야 한다는 것이다(임창희, 2010: 202-203).

직무 충실화를 실행하기 위해서는 현재의 직무에 부여된 기본과업에 여러 과업(task)을 결합하여 새로운 직무를 생성함으로써 기능의 다양성을 높이고 맡은 직무가 사소한 부분에 지나지 않는다는 느낌을 줄여야 한다. 또한, 직무수행자가 책임감을 느낄 수 있도록 권한을 위임하고 그 직무수행결과를 사용할 부서 직원 또는 민원인과 직접 만날 수 있는 기회를 늘려 직무수행결과를 잘 알 수 있도록 해야 한다. 아울러 피드백 경로 공개는 피드백을 원활하게 하는 것이 가능토록 할 것이다(최해진, 2004: 105).

경찰서 단위에서 정보외근형사 과업과 보안외근형사 과업 간의 결합, 지구대 외근 순찰근무자 과업과 교통 외근근무자 과업 간의 결합 등은 직무충실화 관점에서 검토해 볼 필요가 있다고 본다.

(5) 준자율적 작업집단

준자율적 작업집단은 집단을 대상으로 하며 수직적 직무확대에 속한다. 이 모델은 몇개의 직무들이 하나의 작업집단을 형성하게 하여 이를 수행하는 작업자들에게 어느 정도의 자율성을 허용해 주고 집단구성원들이 자신들이 수립한 집단규범에 따라 직무를 스스로 조정할 수 있게 하는 것이다.

작업집단은 직무목표 설정, 근무 장소·시간, 직무수행 방법·속도의 결정이나 공석이 생겼을 때 신규 근무자 선정 또는 해당 작업집단의 책임자 결정에 있어 자율성이 인정된다. 이 모델은 집단 내 직무들 간의 상호의존성이 높거나 그 직무들이 스트레스를 많이 생기게 하는 경우에 효율적이다. 이의 장점은, 조직의 공식적인 통제·조정 부담이 줄고 생산성이 향상되며 노하우를 서로 전수할 수 있게 된다. 단점은 조직과 준자율적 집단 간의 갈등 및 작업집단 내 구성원들 간의 갈등이 생길 우려가 있다는 것이다(박경규, 2007: 98-99).

(6) 목표설정이론

직무를 설계할 때 최종 목표수준 달성을 위해 거쳐야 할 단계와 기간, 직무수행과정에서 생길 수 있는 모든 절차와 대안을 미리 정해 놓고 추진해 나가야 한다는 이론이다. 구체적으로 목표를 정해 놓고 추진하면, 막연하게 일하는 사람보다 더 큰 에너지로 생동감 있게 추진해 나갈 수 있기 때문이다. 이 경우 목표는 구체성, 도전성, 수용성을 가져야 하고 목표설정과 중간평가 과정에서 담당자를 참여시켜야 한다고 한다. 목표가 구체적이기 위해서는 목표를 단기적으로 세분화하여 수치화하고 기간, 절차, 방법이 명시되어 기록되어야 한다는 것이다(임창희, 2010: 205).

라. 직무과정의 설계

조직 내 많은 직무가 서로 연계되어 있으며, 이들 직무수행의 흐름이 원활한지의 여부가 효율성과 직결된다. 또한, 질 높고 신속한 서비스 등 고객들의 요구수준이 높아졌다. 이에 부응하여 신속하게 고품질의 서비스 제공을 하기 위해서는 기업의 업무수행 프로세스 혁신 기법인 비즈니스 리엔지니어링(business re-engineering)을 참고할 필요가 있다. 리엔지니어링은 종래의 조직단위나 규칙, 순서를 완전히 무시하고 일의 방법을 근본적으로 고쳐 모든 업무활동을 핵심 프로세스 위주로 재편성하는 것이다. 이것은 오랫동안 확립되어 온 기존 시스템을 버리고 새로운 시각에서 기본적인 구조를 다시 설계하는 것을 말한다. 재편성 과정은, 기업 내 주요 업무흐름을 핵심 프로세서 위주로 파악한 후 업무 프로세스 흐름도를 작성하고 관련조직과 프로세스에 대한 분석을 통해 문제점을 도출한다. 이어서 업무의 중복 또는 지연 소지가 있는 부분에 대한 재구조화 및 단순화 작업을 한다. 또한 정보기술 활용방안도 모색한다. 마지막으로 평가과정을 거친 후 신 프로세스를 확정한다(박경규, 2007: 100-101).

경찰행정의 수요변화는 치안문제의 다양화, 복잡화와 대량 발생, 기동성 범죄증가에 따른 신속대응 요구, 과학기술발전에 따른 전문성 요구 등으로 특징지을 수 있다. 국민들을 만족시키는 고품질의 치안 서비스가 요구되고 있는 것이다. 이러한 수요구조의 변화는 경찰행정의 전면적인 리엔지니어링의 필요성을 증가시키고 있다. 그러자면, 우선 경찰행정의 기본가치와 목적 그리고 방향에 있어서 큰 변화가 있어야 하고, 구체적인 업무처리체계 및 수사관행 등에 있어서도 적지 않은 변화가 요구되고 있다. 경찰행정의 전문화, 그리고 그 중에서도 전문인력의 확충은 이러한 리엔지니어링의 한 부분으로 생각할 수 있다(김병준, 이승현, 이동규, 장영길, 2002: 28-32).

경찰에서 업무 프로세스의 재설계 논리를 활용한다면, 고소사건 접수, 소환, 조사 등 처리과정, 미아 가출인 신고 처리과정, 112 신고 접수 후 사건유형별 처리과정, 교통사고 유형별 처리과정 등 주로 민원인과 관련된 업무 프로세스가 일차적 대상이 될 것이다. 또한 최고지휘관의 강력한 의지와 지원도 있어야 이것이 가능할 것이다.

마. 근무시간의 설계

조직의 직무성과는 구성원의 능력과 동기부여 및 근무시간에 의해 결정된다. 경찰관 근무시간도 과거에 비해 훨씬 합리적으로 조정되었다. 따라서 짧아진 근무시간을 어떻게 설계하여 효율을 높이면서도 직원들의 근무만족도도 향상시키느냐가 중요하게 되었다. 근무시간의 설계는 근무시간의 길이문제와 형태문제로 구분되어 논의되어 왔다. 초기 산업화 시대에는 그 길이에 초점이 있었으나, 산업화가 진행된 후에는 직원의 욕구를 반영할 수 있는 근무시간형태에 대한 설계문제가 보다 중요하게 되었다(박경규, 2007: 109).

경찰에는 방범순찰근무자, 상황실 전종 근무자 등과 같이 교대근무를 하는 부서, 내근부서 사무직 등 평일 출퇴근 근무를 하는 부서, 수사・정보・보안 형사와 같이 조회나 석회 참석 시간 외에는 외근 근무하는 부서 등 여러 가지 형태의 근무시간을 가진 부서가 있다. 어느 부서든 별도로 당직근무와 비상근무가 있다. 이런 근무시간제도를 지역의 특성과 기술과 환경의 변화에 맞추어 재설계가 필요한지 검토해야 하며, 근무시간의 설계에 대한 재량을 가급적 일선에 많이 부여해야 할 것이다.

(1) 바이오리듬과 근무 · 휴게시간 설계

사람마다 바이오리듬은 차이가 적지 않으나, 대체로 기상 후 1~2 시간 후부터 오전 중에 가장 활력이 높고, 점심식사 후 식곤증이 찾아오는 동안은 상당히 떨어졌다가 다시 회복되어 3~4 시간 지속되는데 오전보다는 못하다. 이후 차츰 떨어지다가 다음날 새벽 2~5시 사이에 최저로 떨어지는 시간대가 2시간가량 생긴다(박경규, 2007: 111). 이 시간대에 잠을 자지 않으면 체력조건에 따라 그날 또는 이후 며칠간 피로가 회복되지 않는다. 이 경우 바로 오전에 잠을 자거나 이 시간대 근무만 계속하여 바이오리듬에 변화가 오면, 심야 · 새벽근무로 인한 이런 피로는 그렇지 않은 경우에 비해 덜하다. 야간근무에 들어가기 전에 낮잠을 자 둔 경우나 편한 자세로 휴식을 취한 경우에도 그렇지 않은 경우에 비해 피로가 덜하다. 반대로 야간근무에 들어가기 전에 격렬한 운동을 하는 등 체력을 소진한 경우에 피로는 가중된다.

이런 현상을 감안하여 직무를 설계해야 한다. 야간 (순찰)교대근무자와 후반 당직근무자에게는 다음날 휴무를 주어야 하고 최소한 오전에는 잘 수 있도록 해야 한다. 후반 당직근무자는 전반에 잘 수 있도록 하고 후반 당직근무 마친 뒤 오전에 잘 수 있도록 해야 한다. 심야 및 새벽근무자가 휴식을 취하지 않고 잇따라 오전에도 직무를 수행하는 경우에는 효율도 크게 떨어지고 피로도도 증가하며 누적되면 건강을 해치게 된다.

외근형사와 대부분의 내근근무자들은 근무시간 중에 잠깐씩 휴식시간을 낼 수가 있다. 약간 긴 휴식시간이 필요한 경우 상관에게 보고하고 짬을 낼 수도 있다. 그러나 112신고 출동을 하는 방범순찰차량 근무자들은 이렇게 하기가 어렵다. 한적한 곳에 순찰차량을 주차해 두고 쉬다 보면 주민이나 언론으로부터 빈축을 사게 된다. 특히 10시간 이상 연속(지구대, 파출소)근무를 하는 경우, 중간 중간에 적절한 휴게시간을 공식적으로 주는 근무시간설계가 필요하다. 또한, 12시간씩 3교대 또는 4교대 근무가 바이오리듬에 맞는지도 검토해 볼 필요가 있다. 12시간씩 교대하는 것은 3~4부제 근무제를 채택하고 있는 선진 외국 경찰에서 유사 사례를 찾아보기 어렵다.

(2) 유연적 근무시간제

종래 근무시간은 고정적 근무시간제였으나, 기술의 발전으로 직무의 양상이 많이 바뀌고, 개인의 기호도 바뀐 현실을 감안하여 다양한 근무시간제가 창안되어 왔다. 이런 근무시간제 중의 일부를 유연적 근무시간제 또는 변동적 근무시간제라고 칭하기도 한다.

이런 근무시간제 중에 경찰의 기능별 업무성격과 관련하여 고찰해 볼 필요가 있는 것은 부분근무시간제, 선택적 근로시간제, 인정근로제, 재량근로제 등이다.

(가) 부분근무시간제(part-time work)와 선택적 근로시간(flex time)제

부분근무시간제는 정규근무시간보다 적게 일을 하며 이에 상응하는 낮은 급여가 지급되는 경우이다. 선택적 근로시간제는 직원이 근무지에 언제 나와서 근무할 것인지를 정해진 총근무시간의 범위 내에서 자유롭게 선택할 수 있는 것이다.

경찰관은 「형사소송법」에 의거한 사법경찰관리이므로 수사 관련부서근무자는 육아휴직 등의 경우 민간인 계약직으로 대체할 수 없는 한계가 있다. 여직원만이 할 수 있는 유치장 여성 입감자 몸수색 등 기능에 따라서는 완전히 공석이 되는 것보다는 몇 시간이라도 나와서 근무하게 하면, 조직에도 도움이 되고 해당자에게도 경제적 도움이 되는 경우가 있다. 이 경우에 부분근무시간제와 선택적 근무시간제를 결합하여 적용할 수 있게 하는 것도 바람직하다고 본다.

(3) 인정근로제와 재량근로제

인정근로제란 세일즈맨이나 신문기자가 사업장 밖에서 온종일 일할 때 소정의 근로시간을 인정해 주는 것을 말하는데, 네트워크 기술의 발달로 사업장 이외에서의 근무형태가 늘고 있는 상황에서 만들어진 제도이다. 재량근로제는 연구개발업무, 정보처리시스템 업무, 편집업무 등 직무특성상 업무의 모두를 근로자의 재량에 위임하는 경우 그가 언제 무슨 일을 하든지 관계없이 그 직무만 완성되면 일정근로시간으로 인정해 주는 제도이다(임창희, 2010: 212-213).

수사·보안 형사가 중요 범인이나 간첩검거를 위해 추적하는 기간 중에 출근치 않고 진행상황만 보고하는 경우, 인정근로제와 유사한 측면이 있다. 매일 출근하여 회의나 직장교육에 참여하고, 상관에게 얼굴 보이고, 같이 점심 먹고, 때때로 당직근무를 맡고, 관혼상제 참석하는 등 사무실에 나오는 자체가 잡다한 일상사로 집중이 방해받기 마련이므로 고도의 집중을 요하는 프로젝트를 맡은 사람에게 적용할 재량근로제의 도입도 필요할 것이다.

3. 직무분석

가. 개관

직무분석은 특정 직무를 구성하는 과업 등 직무의 내용과 이의 성공적 수행을 위해 필요한 개인의 육체적 · 정신적 자격요건을 찾아내는 작업이다. 직무분석을 넓게 보면, 어떠한 방법이나 어떠한 목적에서든지 직무와 관련된 모든 정보를 수집하고 분석하여 문서화하는 과정을 의미한다(박천오, 강제상 등, 2010: 137). 현대적 의미의 직무분석은 테일러의 과학적 관리법에서 시작했다고 할 수 있으며, 인사관리의 모든 과정에 합리적인 기준과 유용한 정보를 제공하고 인적자원을 효율적으로 관리할 수 있게 한다.

직무분석은 사전준비단계, 자료수집 및 분석단계, 직무기술서 및 직무명세서 작성단계, 직무분류 단계로 나눌 수 있다. 직무분류는 직위분류제를 수립하는 경우에 필요한 것이다. 직무기술서는 직무내용에 관한 정보를, 직무명세서는 직무수행자에게 요구되는 자격요건에 관한 정보를 담고 있다.

직무분석을 실시하기 전에 직무분석을 통해 무엇을 개선하겠다고 하는 구체적인 목표가 있어야 하고, 직무기술서와 직무명세서가 작성되면 이를 가지고 목표한대로 인사관리에 적극 활용하여야 한다.

경찰업무 중에는 타 기관 · 단체 업무를 지원하는 성격의 업무가 많고, 이 중에는 힘센 기관이 경찰의 일이 아닌데 부당하게 떠넘긴다고 생각되는 업무도 있다. 경찰조직 내부 지휘 · 감독과 검찰, 국정원, 군 등의 수사지휘권 · 정보조정권 · 작전통제권 등에 의한 지휘 · 감독이 중첩적으로 이루어지고 있다. 이런 것들이 직무분석을 통해 측정되면 조직관리 자료로 활용가치가 높을 것이다.

직무분석을 하기 위해서는 직무분석 전문가와 많은 수의 조사요원이 필요하다. 담당직무를 수행하고 있는 사람은 자기 직무에 대해 가장 잘 알고 있기 때문에 직무분석을 하기 위해서는 그의 도움이 꼭 필요하다. 조직원들이 직무분석의 목적과 필요성에 대해 이해가 부족하면 조직원의 저항에 부딪치게 되므로 직무분석 전에 충분한 쌍방향 의사소통과 이해가 선행되어야 한다.

직무분석을 하기 위해서는 직무, 과업, 요소 및 직위 등의 관련 용어에 대한 이해가 필요하다. 직무(job)는 유사한 과업(task)들이 모여 형성되는 일정한 범위의 일이다. 즉 조직의 최종산출물에 공헌하기 위해 직원이 수행하는 과업의 집합이다(이유준, 1993: 260-261). 한 조직의 직무는 사실상 개인단위의 직무, 부서단위의 직무, 조직단위의 직무로 나누어 생각할 수 있다. 과업은 독립된 목적으로 수행되는 하나의 식별 가능한 업무활동이며 작업(work) 또는 요소(element)들로 구성되어 있다. 요소는 과업을 개별적인 동작, 이동, 정신적 과정을 분리시켰을 때 가장 작은 단위의 것을 말한다.

예를 들어 설명하자면, 조사관은 하나의 직무이며, 조사관이 수행하는 일은 몇 가지로 나누어 볼 수 있다. 고소장 등 관련 자료를 검토하는 일, 당사자를 소환하는 일, 출석한 당사자를 상대로 조사하고 타이핑하여 조사서류를 작성하는 일, 조사결과를 종합하고 보고 및 송치하는 일 등이다. 이런 것들을 과업이라 할 수 있다. 소환하기 위해서 전화하는 것, 소환장을 작성하는 개개의 동작, 소환장을 보내는 것, 조사과정에서 질문을 하고 타이프에 종이를 끼우는 동작, 타이프를 치는 동작, 작성한 내용이 정확한지 검토하는 것, 작성된 것을 출력하는 동작 등은 작업 또는 요소가 되는 것이다.

직군(job family)은 유사한 직무들의 집단이며 기능에 따라 분류된다. 예컨대 방범순찰, 수사, 기획, 감식, 인사, 경비 등이다. 계급은 직무의 종류·곤란성과 책임도가 상당히 유사한 직위의 군을 말한다. 직위(position)는 한 개인에게 할당되는 직무와 책임이며 경찰관 직위의 수는 경찰관의 수와 일치한다. 전보란 같은 계급 내에서의 보직 변경 등을 말한다.

나. 직무분석의 사전 준비 단계

직무분석 실시 전에, 무엇을 개선하겠다고 하는 구체적이고 명확한 목표와 방침이 설정되어야 하고, 이를 달성하기 위한 기본계획이 수립되어야 한다. 기본계획에는 분석의 범위, 담당자, 기간, 분석방법과 절차, 분석항목의 종류, 소요예산 등이 들어 있어야 한다. 또한 직무분석기구를 설치하여야 하며, 조사나 직무분석을 할 사람을 확보, 훈련해야 한다. 기초자료와 예비지식을 얻기 위한 예비조사도 필요하다(박천오, 강제상 등, 2010: 138-141).

직무분석을 효과적으로 하자면 직무기술서를 사전 설계하고 핵심적인 조사항목을 조사지침서나 체크리스트로 표준화해야 하며 필요할 때에는 직무분석 설문지를 만들어야 한다. 사전설계된 직무기술서는 직무분석의 용도에 맞는 항목을 포함하고 있어야 하고 조사지침서의 작성에 활용될 수 있다. 이는 조사나 분석 시에 수정될 수 있다. 직무분석 설문지의 내용은 직무의 종류에 따라 달라야 한다. 직무기술서를 양적인 방법으로 작성하자면 직무분석 설문지에 대한 계량적 분석이 가능하도록 구조화된 설문양식을 만들어야 한다.

그 항목은 직무의 목적, 일상적·주기적 임무·책임, 수시로 상관이 부과하는 일, 불필요하다고 생각하는 일, 주어진 임무가 아닌데 수행하는 일, 본인이 감독하는 부하의 수와 그 내용, 본인을 감독・지휘하는 사람의 수와 그 내용, 다른 직무와의 관계, 요구되는 경험・자격・능력, 사용하는 장비・사무기기, 근무조건 등이다.

다. 자료수집단계

자료를 수집하는 방법은 관찰법, 면접법, 질문지법, 일지기록법, 중요사실기록법 등이 있다. 이들 방법은 어느 하나만을 쓸 수도 있으나, 응답의 타당성을 높이기 위해 여러 가지를 함께 사용할 수도 있다.

(1) 관찰법

관찰법은 육안이나 녹화기기 등으로 직무수행과정을 직접 확인하는 것이다. 기획, 정보분석, 고위간부 등 주로 두뇌를 사용하는 직무에는 적합하지 않고 피관찰자가 관찰을 의식하여 다르게 행동할 가능성이 있다는 단점이 있다. 동선이 규칙적인 지구대・파출소 외근 근무자, 사무실에서 주로 업무를 수행하는 조사관 등으로부터 자료수집 때 쓸 수 있는 방법이다.

(2) 면접법

면접법은 높은 타당성을 확보할 수 있으나 비용과 노력 및 시간이 많이 든다. 보통 직무수행자를 먼저 면접하고 다음에 감독자를 면접한다. 수사・정보 형사 등 동선이 불규칙한 경찰 외근근무자 상대 자료수집 때 대상자를 샘플링하여 면접하는 것이 효과적일 것이다.

(3) 설문지법

설문지법은 설문지를 배포하여 작성케 하므로 자료수집을 위한 비용과 노력 및 시간의 절약 효과가 있다. 설문지에는 직무분석 대상이 되는 직무의 내용과 직무수행의 방법・절차, 직무수행자의 자격요건 등에 관한 문항이 포함되어 있다. 이 방법은 무응답이 생기거나 응답자가 질문 내용을 잘못 이해하거나 대충 답할 우려가 있어 신뢰도가 떨어진다는 단점이 있다. 직무분석을 전면적으로 처음 실시할 때에는 시간과 비용을 줄이기 위해 사용할 수 있는 방법이다.

(4) 일지기록법

일지기록법은 직무수행자로 하여금 매일 업무활동에 대한 기록을 유지하도록 하고, 누적된 기록을 일일·주간·월별 비교를 통해 일상적인 임무와 비일상적인 임무를 확인할 수 있다. 전문화된 직무에 대한 정보수집에 유용하게 사용할 수 있으나, 성실하게 업무일기를 쓰도록 하는 것이 쉽지 않은 단점이 있다(유민봉, 1999: 175). 경찰지휘관 및 관리자 상대 자료수집에 적합한 방법이라 생각된다.

(5) 체험법

직무분석 담당자가 직접 직무활동을 체험하여 직무에 대한 정보를 수집하는 방법으로, 분석 담당자의 체험직무에 대한 어느 정도의 숙련이 필요하다. 정확한 직무정보를 얻을 수 있다. 그러나 실제로 직무수행을 하는 자의 행태를 보지 아니하므로 다른 자료수집방법과 병행하는 것이 좋다(박천오, 강제상 등, 2010: 144).

라. 직무분석단계

직무분석의 대상이 되는 직무의 내용과 직무수행자에게 요구되는 자격요건에 대한 정보를 어떤 관점에서 분석하는지에 따라 직무분석의 조사내용과 결과가 다소 달라질 수 있다. 직무분석을 직무와 관련된 정보의 수집·분석활동이라 넓게 생각하면 직무분석기법은 매우 많으나 여기서는 기능중심 분석, 직위분석 질무지법, 관리직 분석 방법 및 중요사건기법만 살펴본다.

(1) 기능중심 직무분석법

기능중심 직무분석법은 미국노동성 기법(The Department of Labor Methodology: DLM)과 이의 문제점을 해결코자 Fine에 의해 개발된 기능적 직무분석법(Functional Job Analysis: FJA), 과업목록기법 등이 있다.

(가) 미국 노동성 기법

미국 노동성 기법은 면접법, 일지기록법, 관찰법 등으로 수집한 정보와 자료를 토대로 직무에 대한 5가지 정보를 얻는다. 그 5가지는 ① 직무담당자가 자료, 사람, 사물(things)과 관련하여 하는 일, ② 사용되는 방법(methdodology)과 기술, ③ 사용되는 기계, 도구, 장비, 작업자료(work aids), ④ 직무수행에 필요하거나 생산된 재료(materials), 상품, 용역, 소재(subject matter), ⑤ 성공적 직무수행을 위해 직원이 갖추어야 할 특질 등이다(Siegel & Myrtle, 1985: 68).

각 직무는 직원과 위 ①의 자료, 사람, 사물과의 관계로 표현된다. 이 세가지 요소와 직원간의 관계는 23개의 기능으로 표현된다. 자료관련 기능은 편집, 복사, 계산, 조정, 비교, 분석, 종합 등이고, 사람관련 기능은 지도(mentoring), 응대(serving), 대화-신호, 설득, 감독, 협상, 교육 등이며 사물관련 기능은 설치, 조작, 정밀작업, 작동-통제, 공급-차단, 취급, 운전 등이다(박천오, 강제상 등, 2010: 146).

(나) 기능적 직무분석법

기능적 직무분석법은 미국노동성 기법과 유사하나, 직무보다 더 세부적인 단위인 업무(task)를 분석의 기본단위로 하며, 척도도 범위나 정밀성에 있어서 앞서므로 미국노동성 기법보다 진일보한 직무분석기법이다(박천오, 강제상 등, 2010: 147). 기능적 직무분석법은 직무를 수행하기 위해 요구되는 기능과 활동이 무엇인지에 초점을 두고, 직무의 기능을 자료(data), 사람, 사물 각각과 관련되는 기능으로 3가지 측면에서 분석한다. 이 기법은 각 직무수행자가 이 세 요소들에 관련되는 수준과 정도를 체계적으로 평가하여 조직 목표를 달성하기 위해 과업체계가 어떻게 재구성되어야 하는지를 제시하는데 근본적으로 관심이 있다(Siegel & Myrtle, 1985: 65).

이 기법의 절차는 직무분석의 목표를 설정하고, 해당직무의 과업을 규명한다. 다음에 직무수행자의 기능을 자료, 사람, 사물의 세 가지 측면에서 측정하여 개별과업을 분석한다. 이어서 직무수행자가 직무수행 때 요구되는 표준성과의 수준을 확정하고 교육훈련의 필요성을 분석한다.

이 기법은 직무수행자의 직무행동에 초점을 맞추었기 때문에 행동의 종류, 복잡성 정도, 그리고 이에 따라 요구되는 자격요건의 수준을 보다 체계적으로 파악할 수 있다는 장점이 있으나 그 결과를 가지고 바로 직무평가에 적용하기는 어렵다(박경규, 2007: 138-140).

(다) 과업목록기법

과업목록(task inventories)기법은 수행되고 있는 직무활동들에 익숙한 전문가들이 각 개별(discrete) 기능을 대표할만한 각 직무활동(activity)들을 확인하되 각 활동에 따르는 산출

(output) 또는 행동(action)이 확인될 수 있어야 하며, 지식이나 기술에 대해서는 고려하지 않는다. 또한 수행되고 있는 활동들 중에서 전형적인 활동들을 확인해야 하고 직무수행의 기본적인 특징들을 추상적으로 포착하기에 충분한 중심개념을 유지해야 한다. 이와 같이하여, 일단 활동들이 확인되면 직무기술서가 작성된다. 이 기법은 개발비용이 많이 들고 특정 분야에 근무하는 직원 수가 많은 대규모 조직에만 적용할 수 있는 단점이 있다(Siegel & Myrtle, 1985: 68).

(2) 직위분석 질문지법

직위분석 질문지(Position Analysis Questionnaire: PAQ)법은 현재 수행되고 있는 직무에 대한 기술과 분석에 사용된다. 이 기법은 직위를 담당하고 있는 사람을 중심으로 그 사람의 입장에서 무슨 일들을 완수해야 하는지, 맡은 역할과 일이 무엇인지를 규명하는 기법이다. 매코믹(McCormick)이 개발한 구조직무분석질문지(structured job analysis questionnaire)는 194개의 직무요소들(job elements)로 항목이 구성되어 있는데, 항목별로 사용범위, 소요시간, 직무에의 중요성, 발생가능성, 응용가능성 등에 대해 기록하게 되어 있고, 6개의 범주로 구분되어 있다(박천오, 강제상 등, 2010: 146-148).

6개의 범주는 직무를 수행하는데 사용하는 정보의 원천에 관한 것, 직무수행에 필요한 논리·의사결정·계획 등 정신적인 과정, 직무수행에 필요한 육체적 활동·장비·수단, 타 직무수행자와의 상호작용, 직무환경과 상황, 기타 직무특성이다. 이 기법으로 측정된 점수를 가지고 개별 직무의 성과표준을 직접 산출하기 어려우나, 이 기법은 기능중심의 직무분석보다 더 다양한 관점의 포괄적인 정보를 얻을 수 있다(박경규, 2007: 140-141).

(3) 관리직 직무분석법

민쯔버그(Minzberg)는 관리자의 역할을 대인관계(상징자, 지도자, 연락자) 역할, 정보적(정보수령자, 배분자, 대변자) 역할, 의사결정(기업가, 분쟁조정자, 자원배분자, 교섭자)역할로 구분하여 제시한 바 있다. 상징자 역할은 조직의 대표자로서 행사에 참여하거나 사회적 의무를 수행하는 것을 말한다. 또한 W. W. Tornow와 P. R. Pinto는 관리직 직무를 파악하기 위해 208개 항목의 질문지를 개발했다. 이 관리직 직무기술 질문지(management position description questionnaire: MPDQ)를 통해서 개별항목의 해당 관리 직무에서의 중요성 정도, 직무수행에 필요한 지식, 능력 등이 밝혀지게 된다(박경규, 2007: 141-143).

MPDQ는 PAQ(직위분석질문지)와 대조적으로, 여러 다른 관리자직위의 본질과 특성을 평가하도록 특별히 설계된 것이다. 이 기법은 ①제품, 마케팅, 재무전략 및 계획수립, ② 다른 부서들과 인사의 조정, ③ 내부 경영통제, ④ 제품과 서비스에 대한 책임, ⑤ 공중 및 고객 관계, ⑥ 수준 높은(advanced) 컨설팅, ⑦ 행동의 자율성, ⑧ 재무적인 약속의 승인 등의 기능들을 집중적으로 평가한다(Siegel & Myrtle, 1985: 74).

경찰관리자의 직무도 직급과 직위, 지역적 여건에 따라 달라지기 때문에 직무분석이 쉽지 않다. 예컨대 서장, 지방청장 등 경찰지휘관은 취임 초기에 자신의 구상을 업무방침으로 내세우고 그 이후에는 일일 참모회의나 결재를 통해 보고받고 지시하는 것 외에는 전화 받거나 걸고, 현장에 나가고, 지휘보고하고, 회의 참석하고, 사람 만나는 일을 하고 있다. 반면에 국장, 과장 등 참모들은 지시받은 사항에 대해 기획, 통제, 보고 등 비교적 실무적인 일의 비중이 높다.

따라서 해당 관리자와 그 주변사람들에게 가깝게 접근하여 설문과 면접, 관찰을 통해 자료를 수집하고 그 직무를 분석하여 거기에 필요한 자격과 그 직무의 가치를 측정해야 할 것이다(임창희, 2010: 196).

(4) 중요사건기법

중요사건기법(Critical Incident Technique)은 직무수행자의 직무활동 가운데 직무성과를 내는데 효과적인 행동과 비효과적인 행동 사례들을 수집하고, 이러한 사례로부터 각 직무에 대해 성과를 내는데 효과적인 행동패턴과 비효과적인 행동패턴을 추출하여 나열하는 방법이다. 직무행동과 직무성과 간의 관계를 직접 파악할 수 있지만, 많은 시간과 노력이 소요되고 포괄적인 정보를 얻을 수 없다는 단점이 있다.(박경규, 2007: 138)

중요사건기법은 직무수행에 있어서 특징적인 자질을 발견하기 위한 기법으로 사용된다. 이 기법은 각 직무의 내용을 완전히 서술하는 것이 아니며, 각 직무에 대한 바람직한 행태를 발견하는 것이다. 그 결과는 채용 면접, 교육훈련 수요조사, 업무평가 등에 사용될 수 있다(박천오, 강제상 등, 2010: 149-150).

마. 직무기술서 및 직무명세서 작성 단계

(1) 직무기술서의 작성

수집된 자료를 토대로 유용한 정보를 뽑아서 직무기술서를 작성하게 되는데 직무분석의 목적에 따라 다양한 형태를 취할 수 있으나 간결하고 구체적인 표현을 사용해야 한다. 특히 동사는 행동들을 현재형으로 표시해야 한다. 직무기술서를 작성하는 방식에는 기술(記述)형으로 작성하는 질적인 방법과 계량적 분석을 하는 양적인 방법이 있다. 경찰은 직무분석에 대한 경험이 약하므로 최초로 전면적인 직무분석을 실시할 경우에는 기술형 설문지를 사용하여 직무기술서를 작성할 수밖에 없을 것이다.

직무기술서에 들어갈 항목은 직무명, 직무의 요약, 직무수행자의 인적 사항과 소속, 임무와 책임, 임무수행의 방법과 절차, 다른 직무와의 관계, 근무조건(함께 근무하는 인원, 상호작용의 정도 등), 최소자격요건, 사용하는 장비 · 사무기기 등이다. 직무분석 설문지의 항목과 유사하다.

근대 '경찰국가'의 경찰행정은 지금보다 포괄적이었다. 지금도 어떤 새로운 규제가 필요한 사회현상이 나타나면 일단 경찰에게 맡기려 하는 경향이 있다. 과거 주로 근린생활시설에, 노래와 주류 판매를 겸한 유흥업소가 아닌 노래만 부르는 노래방이 출현했을 때, 관련 기관이 서로 미루다가 결국 경찰이 규제를 맡았던 사례가 그 예다. 또한 예상치 못한 각종 재해와 사회적 · 안보적 상황 발생 시 전국에 분포되어 있고 무기와 장비를 갖춘 경찰이, 법령에 경찰의 의무로 규정되어 있든 아니든, 초동 대처할 수밖에 없을 경우가 예상된다. 따라서 직무기술서에는 포괄적인 내용이 포함되어 있어야 국가통치의 사각지대가 생기지 않을 것이다.

(2) 직무명세서의 작성

직무명세서는 해당직무를 효율적으로 잘 수행하기 위해서 담당자가 갖추어야 할 자격과 능력의 상세한 조건을 나열해 놓은 것이다. 직무명세서는 직무기술서에 그 내용을 함께 기록할 수 있다.

이에 들어갈 항목으로는 직무담당자의 경력, 요구되는 지식 · 교육정도 · 신체적 요건 · 기술수준, 요구되는 정신적 능력(창의력 · 판단력 등) · 자격증, 책임의 정도 등이다.

바. 직무분류 단계

직무분류란 여러 종류의 직무들을 직군별로 분류하는 것인데, 직무분석의 결과는 조직 내 직무들을 직무의 성격이 유사한 것끼리 한 데 모아 분류하는 데에 중요한 정보를 제공해 준다. 직무분류의 기준은 직무분류를 통해 추구하려는 목적에 따라 다를 수 있다. 직무분류는 직위분류제를 실시하기 위해 필요하므로 계급제를 취하는 경찰공무원에게는 필요성이 없고, 경찰조직 내 근무하는 비경찰관에게 직위분류제를 적용할 경우에 필요할 것이다.

가장 쉽게 직무를 분류하는 방법은 직무기술서에 기재되어 있는 직무명을 보고 유사성을 결정하는 것이다. 정밀성을 확보하기 위해서는 직무기술서에 기재되어 있는 임무와 책임 등의 정보를 면밀하고 체계적으로 검토하여 결정하여야 한다. 직무분석이 이루어지지 않은 상태에서는 주관적 판단에 기초하여 직무분류를 하기도 한다(유민봉, 1999: 177).

사. 직무분석의 한계

직무분석은 직무의 성격을 분석하고 직무를 성공적으로 수행할 수 있는 요인들을 밝혀내어 조직목표달성에 적합한 인재들을 충원하고 불공정한 인사를 방지하는데 활용될 수 있다. 그러나 직무분석에 사용되는 요인과 기준들은 대부분 직무분석을 맡은 자들의 주관적인 판단에 의해 결정되고, 직무분석기술서의 내용들은 직무분석 질문지에 답한 직무수행자들의 주관을 반영하므로 과학적 타당성이 높지 않다. 직무기술서는 대개 직무와 조직목표와의 관계를 알려주지는 않으므로 직위분류제 하에서 각 개인들은 조직목표와 관계없이 직무기술서에 기재되어 있는 미시적 업무에만 집착하게 된다. 또한 급변하는 환경변화에 따라 직무성격이 변화하는 것을 직무분석이 따라잡기 힘들고 직위분류제는 조직을 고착화시키게 된다(박천오, 강제상 등, 2010: 151-152).

이러한 직무분석의 한계를 잘 인식하여 비용대비 효과가 최대화되도록 직무분석 계획의 수립 및 실시를 해야 한다. 특히 경찰의 직무가 위기관리의 성격을 많이 가지고 있어 급변하는 상황에 대처하여 직무기술서에 기재된 바 없는 새로운 과업을 수행해야 할 경우가 종종 생긴다. 이 때 직위분류제를 채택하고 있다면 어려움을 겪게 되므로 경찰은 계급제가 적합한 것이다.

4. 직무평가

가. 개념

직무평가는 직무의 상대적 가치를 정하는 작업으로 개인에게 공정한 보상을 제공하기 위해서는 반드시 필요하다. 직무의 가치를 평가하는 기준은 그 직무가 조직의 목표달성에 어느 정도 공헌하는지에 달려 있다. 이를 직접 평가하는 것은 어려우므로 간접적으로 그 직무에 어떤 수준의 자격과 능력을 요하는지, 얼마만큼의 시간, 노력, 위험이 수반되는지 등을 통해 평가하게 된다(유민봉, 1999: 179).

직무평가는 직무분석에 근거하여 이루어지며, 이는 보수 체계를 확립하는데 긴요할 뿐만 아니라 충원, 시험, 실적평가 등 인사관리의 다른 측면에도 필요하다(Felix A. Nigro & Lloyd G. Nigro, 1981: 248). 직무가 요구하는 능력의 차이에도 불구하고 보상에 차이를 두지 않는다면, 직무에 적합한 인재를 충원하기 어려울 뿐 아니라, 각 개인들은 능력을 최대한 발휘하지 않게 된다. 직무평가에 있어서 가장 중요한 것은 각 직무에 영향을 미치는 요소들을 확인하고, 각 요소들의 상대적 가치를 판단하는 것이다(박천오, 강제상 등, 2010: 152).

나. 직무평가의 용도

(1) 보수의 지급기준

직무수행에 요구되는 능력과 자격, 난이도, 노력, 위험 등에 따라 보수에 차이를 두는 것이다. 경찰의 경우 같은 계급이라 하더라도 지역 간, 부서 간, 직위 간 직무의 상대적 가치에 차이가 크다. 직무평가로 보수를 책정한다면, 야간에 쉴 사이 없이 112신고 출동이 이루어지고 파출소 내에서는 취객 및 폭력사건 당사자들과 씨름해야 하는 도시 유흥지역 파출소 순경의 보수와 절간처럼 조용한 밤이 많은 농어촌 지역 파출소 순경의 보수는 다르게 책정될 것이다. 과거에는 부패를 전제로 이 문제를 보는 시각도 있었으나 앞으로는 줄건 주고 부패는 부패대로 다스려야 할 것이다. 이런 측면은 우리 경찰에도 직무평가가 필요한 이유가 된다.

(2) 인력의 선발과 배치

직무수행에 요구되는 지적 · 기술적 · 육체적 능력과 자격에 따라 인력을 선발하고 배치하는데 직무평가 결과를 반영한다.

(3) 능력개발

직무수행자의 승진·교육훈련·경력개발을 할 때 직무평가 결과를 활용한다.

다. 평가요소

직무의 어떠한 요소를 평가하는지에 따라 직무평가의 결과가 달라진다. 직무마다 다른 평가요소를 선정하여 평가하게 되면 서로 다른 직무 간의 서열을 알 수 없다. 그러므로 직무평가 요소를 선정할 때에는 가급적 모든 직무에 공통적인 것을 선택하여야 한다.

평가요소는 그 직무수행에 필요한 지식·기술·경험·교육의 수준, 정신적·육체적 노력, 위험성과 책임, 근무여건 등이 일반적이다. 이런 요소 간에 평가점수의 비중을 어떻게 책정할 것이냐는 직무평가의 활용목적에 따라 달라진다.

라. 평가방법

평가방법에는 서열법, 분류법, 점수법, 요소비교법 등이 있다. 직무가치를 결정하는 방식을 보면, 서열법과 요소비교법은 직무와 직무 간 비교를 하고 분류법과 점수법은 직무와 척도 간 비교를 한다. 또한 서열법과 분류법은 직무를 종합적으로 보아 비교를 하고 요소비교법과 점수법은 직무를 구성하는 요소별로 평가하여 이들 요소 간 계량적 비교를 한다.

또한 점수법과 요소비교법의 용도는 보수를 책정하는데 국한된다. 그러나 서열법과 분류법은 보수책정 외에도 다른 여러 가지 용도가 있다(Siegel & Myrtle, 1985: 105). 경찰이 계급제를 취하고 있어 동일 계급, 동일 급여의 원칙을 고수한다 하더라도 직무의 난이도, 격무 여부에 따라서 수당을 달리 할 경우 직무평가를 활용할 수 있을 것이다. 특히 분류법은 비용이 적게 들고 경찰의 직급구조 개선에 유력한 자료를 제공할 수 있는 방법이다.

(1) 서열법

서열법(ranking method)은 직무기술서의 정보를 바탕으로 직무 간에 직무평가요소 전체의 중요도를 비교하여 서열을 매기는 방식이다. 이 방법은 직무평가담당자가 대상조직의 직무를 모두 잘 파악하고 있고 직무가 몇 안 되는 소규모 조직에서 쓸 수 있는 간단한 방법이다. 서열법은 비용이 적게 들며 신속하고 간편한 방법이기는 하지만 평가자의 주관이 개입될 소지가 크고 서열 간 직무가치의 차이가 얼마나 되는지를 알 수 없다(박경규, 2007: 151-152). 이 방법으로는, 여러 사람 각자가 매긴 서열을 평균 내는 방식, 각 직무평가요소별로 서열을 매겨서 가중치를 고려한 후 합산하는 방식, 직무평가의 전문가와 대상조직의 관리자들로 위원회를 설치하여 서열을 정하는 방식, 일괄서열법 및 쌍대비교법이 있다(박천오, 강제상 등, 2010: 153-154).

일괄서열법(alteration method)은 평가대상 직무 전체를 놓고 가장 가치가 높다고 생각하는 직무와 가장 낮다고 생각하는 직무를 선정하고 그 다음 나머지 직무들 중에서 계속 같은 방법으로 선정하여 나가서 전체 직무들의 서열을 매기는 방식이다.

쌍대비교법(paired comparison method)은 매트릭스를 이용, 가로축과 세로축에 있는 직무를 두 개씩 비교하여 그 우열을 평가·표시한 후 그 결과를 합산하여 서열을 매기는 것이다.

(2) 분류법

분류법(classification method)은 전체 직무를 종합적으로 검토하여 사전에 등급의 수를 정해 놓고 각 등급에 해당되는 직무기술수준, 책임수준, 난이도 등에 대해 정의하여 등급기술서(job description)를 만든 후, 직무기술서·직무명세서 등을 참고하여 각 직무를 특정의 등급에 배치하는 방법이다. 평가직무들에 대한 전문적 지식을 지닌 사람들로 위원회를 구성하여 각 직무를 특정의 등급에 배치하는 일을 하도록 하기도 한다(박천오, 강제상 등, 2010: 154-155).

미국 연방정부의 등급기준표를 보면, 최하등급인 GS-1의 경우 '등급정의'를 '자율적인 판단을 할 여지가 전혀 없이, 일선 감독관의 지시를 받는 업무-일반 사무실에서의 단순하고 일상적인 일, 단순기술업무를 수행하는 초보적인 일'로 기재하고 '기준직무'를 '타자수, 문서수발'로 기재하고 있다.

일선 경찰공무원이 외근 근무를 할 경우에는, 그 직무 상황이 복잡·다양하고 가변적이며 혼자 다니는 경우가 많아 스스로 선택, 판단해야 하는 경우가 적지 않다. 또한 직무수행 중 생명, 신체의 위험이 따르는 경우도 있다. 따라서 분류법에 의한 직무평가를 하여 다른 공무원의 평가와 비교하게 되면, 경찰공무원은 계급이 최하위인 순경이라 하더라도 일부 내근근무자를 제외하고는 등급이 중간 정도로 분류될 가능성이 높다고 생각된다. 하위 등급은 단순 반복적인 업무로서 판단을 요하지 않거나, 감독자의 지시에 따라 움직이므로 간단한 훈련만 받으면 직무경험이 없어도 할 수 있는 업무들이 대부분이기 때문이다. 이 비교 결과는 경찰공무원의 보수 및 계급구조의 개선에 유력한 자료가 될 수 있다고 본다.

이 방법은 도입하는데 비용이 별로 들지 않고 객관성과 일관성의 측면에서 서열법보다 진일보한 것이다. 그러나 개별 등급에 대한 정의를 내리는 것이 어렵고 포괄적으로 정의하기 때문에 등급의 정의에 대한 해석상의 문제가 있으며, 직무평가 때 어느 등급에 분류시키느냐를 결정할 때 주관적 판단의 개입소지가 있다(박경규, 2007: 152-153).

(3) 점수법

점수법(point rating method)은 직무평가방법들 중에서 가장 많이 사용되는 방법이다. 여기서 첫 번째 문제는 어떤 직무가 평가될 것인가와 어떤 직무요소가 보상과 연결될 것이냐 이다(Siegel & Myrtle, 1985: 105). 점수법에서는 각 직무를 기초적인 세부 요소별로 나누어 각 요소별로 가치를 점수화하여 계량적으로 측정한다. 이 방법에서는 평가표를 미리 만드는데, 먼저 직무의 구성요소인 평가요소를 정해야 한다. 직무의 평가요소는 기술・노력・책임・근무조건 등의 네 범주로 크게 나누는 것이 일반적이나, 점수법에서는 이를 교육・경험・지식, 육체적・정신적 노력, 각종 책임, 작업조건・위험성 등으로 더욱 세분화하여 정한다. 평가요소는 각 직무에 공통적으로 존재하는 요소이어야 하며, 의미상 중복되지 않는 것이어야 한다(박천오, 강제상 등, 2010: 155-156).

다음으로 각 요소가 조직의 목표달성에 기여하는 정도에 따라 가중치를 부여한 후, 각 요소를 몇 개의 등급으로 나누어 점수를 부여하여 척도를 만든다.

평가요소별로 척도를 만들 때, 각 등급의 의미에 대한 지침서를 첨부할 수 있으면 평가의 객관성을 확보하는데 도움이 될 것이다. 평가요소와 등급의 의미 결정은 타당성과 신뢰성이 높아야 한다. 이렇게 하여 평가표가 완성되면 각 평가요소별로 직무기술서의 내용에 따라 평가를 하게 된다. 이때에도 직무기술서가 서술식으로 작성된 경우에는 평가자의 판단이 크게 작용하므로 타당성・신뢰성 확보를 위해 다수의 평가자가 필요하다.

마지막으로 각 직무의 요소에 대한 점수의 집계결과에 의하여 각 직무의 등급을 정한다(유민봉, 1999: 183-186).

점수법은 평가표의 개발에 많은 노력과 비용이 들어가고 평가요소의 가중치 설정에 평가자와 피평가자 간에 이견이 있을 경우 평가결과에 대한 수용성이 떨어진다는 단점이 있다. 그러나 많은 직무를 용이하게 평가할 수 있고 직무들 간의 가치비교를 보다 구체적으로 할 수 있어 직무들 간의 임금차이를 보다 합리적이고 공정하게 할 수 있다는 장점이 있다(박경규, 2007: 157-158).

(4) 요소비교법

요소비교법(factor comparison method)도 점수법과 마찬가지로 직무를 요소별로 계량화하여 측정한다. 차이점은 등급화된 척도에 따라 직무를 평가하는 것이 아니고, 대표가 되는 직무들을 선정하여 비교의 기준직무로 정해 놓고, 각 평가요소별로 평가할 직무와 기준직무를 비교해 가며 점수를 부여한다. 요소비교법에서는 요소비교표(factor comparison chart)를 만들어야 한다.

이를 위해서는 먼저 평가요소를 선정하고 다음으로 기준직무를 선정한다. 평가요소는 조직 내의 모든 직무에 일반적으로 적용될 수 있는 요소로서 책임, 숙련, 정신적 요건, 육체적 요건, 근무환경이다(Siegel & Myrtle, 1985: 107). 기준직무란 해당 조직에서 일반적으로 접하는 대표성을 가진 직무인 동시에 조직의 목표달성과 관련하여 중요하면서도 없어서는 안 될 직무들로 구성된다.

그 다음으로 기준직무들을 평가요소별로 서열을 매긴다. 이 서열은 직무기술서와 직무명세서에 의거하여 해당 요소의 중요성 정도, 난이도 정도를 가지고 판단한다. 이어서 기준직무들에 지급되는 시간당 임금을 평가요소들에 배분한다. 배분할 때에는 해당 직무가 성과를 창출하는데 어떤 평가요소가 공헌도가 더 큰가를 기준으로 삼는다. 예컨대 기획직무의 경우, 이 직무를 수행하는 데는 육체적 요건보다 정신적 요건이 성과창출에 훨씬 더 공헌도가 높다는 것이다(박경규, 2007: 159-161).

마지막으로 기준직무들의 직무평가 결과를 기준으로 다른 평가대상 직무들을 하나씩 평가하여 요소비교표를 만든다. 요소비교표에는 가로축에 평가요소(책임, 숙련, 정신적 요건, 육체적 요건, 근무환경)가 적혀 있고, 세로축에 보수척도(예컨대, 100만원 미만, 200만원 미만, 200만원 이상)가 표시되어 있다. 평가자는 평가요소(예컨대, 책임)별로 보수척도(예컨대, 200만원 미만)에 해당하는 직무들의 위치를 요소비교표에 표시한다. 이렇게 하여 요소비교표에는 평가요소별로 각 기준직무와 다른 평가대상 직무들이 보수의 크기에 따라 표시되게 된다(유민봉, 1999: 187-189).

요소비교법은 관찰 가능한 직무들을 직접 비교하므로 점수법에 비해 보다 객관적인 평가가 될 수 있다. 또한 보수액을 사용하는 경우 평가대상 직무의 보수를 바로 산출해 낼 수 있다. 그러나 많은 시간, 노력 및 관련 전문가의 확보를 필요로 하는 단점이 있다(박경규, 2007: 161-162).

마. 직무평가에서 고려할 사항

직무기술서에 기록된 정보가 정확하지 못하거나 조직환경 변동에 따른 직무의 변화를 반영하지 못하면 직무평가도 부적절한 것이 된다. 전통적인 직무평가에 의한 보상체계는 같은 등급의 직무를 수행하는 개인들 중에서 특히 공헌도가 높은 사람들에게 특별보상을 하기가 어렵다. 직무담당자는 직무평가에서 사용되는 요소에 대해서만 신경 쓰고 다른 요소에 대해서는 등한시하게 된다(박천오, 강제상 등, 2010:160-161).

또한 높게 직무평가가 된 소수를 제외한 다수 직원이 직무평가가 직원을 줄 세우기하며 값매기는 것으로 생각하기 때문에 부정적 반응을 보이기 쉽다. 따라서 직무기술서를 정확하게 작성하고 공헌도가 높은 사람들에게 특별보상책을 강구하며, 직무평가가 궁극적으로 직원들에게 이익이 되는 것이라는 점을 홍보, 설득해 나가야 할 것이다. 아울러, 직무의 종류에 따라서는 노동시장의 수요, 공급 사정 때문에 직무평가 상의 평가는 낮지만 높은 보수를 주어야 해당 인력의 확보와 유지가 가능한 경우가 생길 수 있다는 점을 인사관리자는 인식하고 있어야 한다(최해진, 2004: 97-98).

미국의 경우, 인사행정 담당자나 학자들이 직무평가가 정치적인 과정이라는 점을 인식하지 못하고 있다는 비판이 있다. 직무평가 과정에서 집행관료의 입김, 피평정자와의 타협, 분류 전문가의 부도덕성 등이 작용하여 과잉평가 등의 현상이 일어난다는 것이다(Felix A. Nigro & Lloyd G. Nigro, 1981: 257). 우리나라에서 공공기관 성과평가 시에 이런 현상이 나타나서 불신을 받고 있는 것과 같다. 앞으로 직무평가를 실시할 때 유의해야 할 점이다.

제2편 각 론

제3장 경찰관의 확보

제1절 경찰공무원의 확보 개관

1. 경찰공무원 확보의 의의

경찰공무원의 확보는 퇴직자와 치안수요 증가 등으로 인한 경찰인력 수요를 예측하여 그에 상응하는 정원을 획득하고 경찰관을 모집, 선발 및 임용하는 것이다. 채용이란 관련법령 규정에 따른 임용자격을 갖춘 사람을 시험 등 규정된 절차를 거쳐 경찰관으로 임용하는 것이다.

경찰공무원의 확보절차는 새로 뽑을 경찰공무원을 모집, 선발하고 선발된 사람을 교육훈련 시킨 후, 소정의 기준에 도달한 수료자를 시보임용하여 관찰하고 문제가 없는 자를 정규임용하는 일련의 절차를 거친다. 모집과정에서 공고와 응시원서 접수를 하나, 우수한 인재가 많이 응모토록 하기 위한 여러 가지 절차가 포함되며, 선발과정에서 시험을 실시하고 합격자를 선정, 발표하게 된다.

2. 인력확보 전략

가. 외부채용 지향 전략

조직 밖에서 경력을 쌓고 필요한 자격을 갖춘 자를 직급이나 보수 면에서 우대하여 채용하는 전략이다. 타성에 젖어 있던 내부 분위기에 신선한 충격을 줄 수 있다는 장점이 있다고 알려져 있으나, 고시 출신 특채와 같이 외부 채용 숫자가 미미할 경우에는 큰 효과를 내지 못했다. 이 전략은 기존 직원들의 충성심과 사기를 저하시키는 단점이 있으므로 특별한 필요가 있는 경우에 신중하게 사용해야 한다.

나. 직무중심 채용전략

특정한 직무를 맡을 사람의 자질, 경력, 학력 등의 조건을 미리 정해놓고 사람을 채용하여 그 자리에 배치하는 방식이 직무중심 채용전략이다. 경찰은 조직에 들어와서 무슨 직무를 맡을 것인지 정하지 않고 채용하는 경우가 훨씬 많았다. 앞으로 경과 및 특기제도가 발전하면 경과나 특기에 따라 필요한 경우에 직무중심으로 채용해야 할 것이다.

다. 미래중심 채용전략

경기불황과 실업난으로 우수한 인재가 경찰에 지원할 때, 현재 필요한 인원보다 더 확보해 두면 미래에 상황변화로 반대의 경우가 생길 때에 대비해 둘 수 있을 것이다. 미래중심 채용전략은 현 직무수행에 당장 필요한 지식·경험·기능을 가지고 있는 것보다는 잠재력과 기본적인 자질을 더 중시한다. 이런 점에서 계급제와 잘 맞지만 미리 경찰인력을 많이 확보해 두는 것이 현실적으로 매우 어렵다.

3. 인력확보의 중요성

가. 인력의 부족 문제

인력확보가 지연되어 인력이 부족하면, 국민의 생명, 신체, 재산보호 등 경찰조직의 목표 달성에 차질을 가져오게 된다. 대부분의 업무가 비예산사업으로 경찰목표 달성의 정도가 경찰관들의 활동에 달려 있다는 점을 감안하면 최종적으로는 국민들에게 그 피해가 돌아가게 된다.

나. 자질 문제

경찰관 채용이 잘못되어 자질이 떨어지는 자가 채용되면 그 이후의 인사운영을 아무리 잘해도 모두 허사가 될 수 있다. 경찰관은 그 자질 중에 압도적으로 중요한 것이 윤리성이고 윤리성은 교육으로 변화되기 어렵기 때문에 인성이 올바른 경찰관 채용의 중요성은 기업에 비해 훨씬 더 크다.

신세대 경찰관의 입직으로 가부장적인 온정주의 경찰문화도 합리주의·개인주의와 혼합되고 있다. 경찰대학·간부후보생 시험은 물론 순경시험의 경쟁이 치열해짐으로 인해 경찰관 자질이 높아지고 자질에 대한 사회적 평가도 높아졌다.

그러나 아직도 경찰관 중에 뇌물수수 등 공무원들이 흔히 범하는 범죄 외에 공갈, 교통사고 야기 후 구호조치 불이행 등 강력·파렴치 범죄를 행하는 자들이 가끔 나와 조직 전체의 신뢰를 추락시켜 왔다. 이는 근본적으로 인력확보 과정에 문제가 있었다고 본다.

4. 인력확보 제도

가. 입직 경로 구분

경찰인력의 확보제도는 일반적으로 공개경쟁채용과 특별채용으로 구분된다. 그리고 경찰대학 졸업자 및 간부후보생 과정 이수자 채용제도가 있는데, 「경찰공무원법」은 "경위의 신규채용은 경찰대학을 졸업한 사람 및 경찰간부후보생으로서 교육훈련을 마치고 정하여진 시험에 합격한 사람 중에서 한다"고 규정하고 있다. 경찰간부후보생 및 경찰대학생 선발은 공개경쟁시험을 통해서 한다. 경정의 신규채용은 사시, 행시 등 합격자를 특별채용 방식으로 해왔다.

나. 공개경쟁채용

공개경쟁채용이 우리나라 경찰채용제도의 원칙이며 실제로 신규채용 인원의 대부분을 공개경쟁채용으로 뽑아 왔다. 「경찰공무원법」은 "경정 및 순경의 신규채용은 공개경쟁시험으로 한다"고 규정하고 있다. 그러나 경정 공개경쟁채용 시험은 활용되지 않고 있다. 경찰관의 공개경쟁채용은 모집, 채용시험, 교육훈련, 시보임용, 정식임용의 순으로 이루어진다. 최근 10년 간 경찰관 신규채용은 순경 공개경쟁채용이 가장 많았으며, 대개 매년 2천~3천여명 수준이었으나 대통령의 2만명 증원공약에 따라 2013년부터는 매년 4천~5천여명으로 늘어났다.

공개경쟁을 보장하기 위해서는 채용계획을 모든 사람이 알 수 있어야 하고, 지원기회나 지원자격 및 선발절차가 공평하고 적정해야 하며 선발결과도 공개되어야 한다.

다. 특별채용

특별채용은 예외적인 채용제도로 2001년과 2002년에는 전체 채용인원의 2% 미만을 뽑았고 점차 늘어나 최근에는 10%를 넘는 경우도 있었다. 「경찰공무원법」상 특별채용할 수 있는 경우가 제한되어 있고, 특별채용시험 합격자는 시험실시 당시의 임용예정 직위 외의 직위에 임용할 수 없다.

경찰청장은 동일한 특채사유에 해당하는 다수인을 대상으로 제한경쟁의 방법에 의하여 경찰공무원을 특별채용하는 경우 임용예정 직위의 직무수행상 특히 필요하다고 인정되는 때에 한하여 연령·학력 및 거주요건 등 응시자격을 제한하여 시험을 실시할 수 있다. 특별채용할 수 있는 경우는 다음과 같다.

1) 퇴직한 경찰공무원을 퇴직한 날부터 2년 이내에 퇴직 시에 재직하였던 계급의 경찰공무원으로 재임용하는 경우
2) 공개경쟁시험으로 임용하는 것이 부적당한 경우에 임용예정 직무에 관련된 자격증 소지자를 임용하는 경우.
3) 임용예정직에 상응하는 근무 또는 연구실적이 있거나 전문지식을 가진 사람을 임용 하는 경우.
4) 5급 공무원의 공개경쟁채용시험이나 사법시험에 합격한 사람을 경정 이하의 경찰공무원으로 임용하는 경우
5) 「국가공무원법」에 따라 재학 중에 장학금을 받고 졸업한 사람을 경위 이하로 임용하는 경우
6) 섬, 외딴곳 등 특수지역에서 근무할 사람을 순경으로 임용하는 경우.
7) 외국어에 능통한 사람을 경위 이하로 임용하는 경우.
8) 제주특별자치도의 자치경찰공무원을 그 계급에 상응하는 경찰공무원으로 임용하는 경우

라. 개방형 직위의 선발

개방형직위제도는 혼합형 임용의 한 방법이며, 공직을 개방해 민간과의 경쟁을 유도한다는 취지에서 시행되고 있다. 정부내 개방형 직위의 수는 점차 증가하는 추세이다.

경찰청 감사관 등 개방형 직위의 선발은 민간위원이 1/2 이상 포함된 선발심사위원회를 구

성하여 공개모집을 거쳐 서류전형과 면접시험의 방법으로 하되, 필요한 경우에는 필기시험이나 실기시험을 실시할 수 있다. 선발심사위원회의 위원장은 민간위원이 맡는다.

제2절 인력수요 및 공급의 예측

1. 인력수요 · 공급의 예측필요성

조직에 따라서는 평상시 인력의 수요와 공급에 대한 예측을 안하고 있다가 미래의 어떤 시점에 가서 인력부족이나 과잉의 문제가 노출되면 산출된 부족인력이나 과잉인력을 더 확보하거나 방출시킨다. 이렇게 수동적이고 소극적인 인력관리전략을 취하면, 인력수요 예측이 잘못되어 그에 따라 미리 잘못된 조치를 취함으로써 발생되는 비용부담을 피할 수는 있다. 공무원 인력을 늘리자면 정원을 확보하기 위해 안전행정부 및 기획재정부와 협의해야 하는데 조직 · 기구가 신설 · 확대되는 경우가 아니면 인력부족이 예상된다고 해서 미리 증원하는데 동의해 주지 않는다. 경찰도 마찬가지이므로 수동적 인력관리를 할 수밖에 없는 실정이다.

수동적인 전략은 미래의 어떤 시점에 가서 인력은 많이 부족한데 공급사정이 나빠져서 필요한 인력을 구하지 못할 위험이 있다. 따라서 미래에 발생할 기술변화 등 조직의 환경변화에 따른 질적 · 양적 인력수요를 사전에 예측하여 미래의 인력공급대책을 사전에 준비하는 적극적 전략이 바람직하다. 이 전략은 예측위험은 있지만, 미래의 어떤 시점에서 필요한 인력을 될 수 있는 대로 현재 재직 중인 직원들을 교육훈련시켜 미래에 요구되는 직무의 자격요건을 미리 갖추도록 하므로, 외부 노동시장에 대한 의존성을 줄일 수 있다. 또한 미래에 인력이 남아돌 것으로 예상되면 정년퇴직자 등 자연 감소하는 인력을 충원하지 않음으로써 미래에 대비할 수 있다.

인력의 수요와 공급에 대한 예측은 예측 가능한 인사를 가능케 하는 자료를 제공해 주고 (조철옥, 2003: 305), 인력수요 예측에 따른 교육은 직원의 능력개발욕구를 만족시켜 줄 수 있다.

2. 인력수요 예측

인력수요 예측은 어떤 조직이 미래의 어떤 시점에 얼마나 많은 인력을 필요로 하고 또한 얼마나 많이 채용해야 할 것인지와 그런 능력이 있을 것인지에 답하는 것이다. 어떤 시점에서 필요로 하는 인력을 총수요인력이라 하는데, 여기서 그 시점에 보유하고 있을 인력을 제외하면 채용해야 할 순수요인력 또는 과잉인력의 규모가 산출된다. 순수요인력은 신규수요와 보충수요를 합한 것이며, 보충수요는 퇴직인력에서 입직인력을 뺀 것이다.

인력수요예측은 기술발전 등 조직환경의 변화로 인해 미래에 필요할 인력이, 현재 보유하고 있는 인력에 비해, 양적 · 질적 측면에서 다를 수 있기 때문에 필요하다. 치안수요는 양적 · 질적으로 증가하고 있다. 양적인 증가는 통계상 범죄증가로 나타나고 있다. 범죄는 여러 가지 사회적 · 경제적 · 문화적 요인에 의해 증가하기도 하지만, 형사처벌 조항을 내포한 법률의 양산에 따른 효과도 있는 것으로 보인다. 질적인 증가는 국민들의 치안서비스 요구수준이 증가한데 따르는 것이다.

현재 경찰인사관리제도는 "당해 기관에 결원이 있는 경우에는 지체 없이 결원보충에 필요한 조치를 하여야 한다"고 하여 인력수요예측에 대해서는 소극적이며 현재의 인력수요를 판단하여 현재의 정원과 대비하여 증원을 추진하고 있다. 그리고 인력수요를 판단하는 주요 기준은 5대 범죄 발생현황, 내 · 외국인 출입국 및 외국인 불법체류 현황, 면허소지자 및 차량 현황, 집회 및 시위 발생현황, 112신고접수 현황 등이다.

가. 질적 인력수요 예측

(1) 개념 및 가설

질적 인력수요예측은 미래의 어떤 시점에서 해당 직무를 수행하는데 필요한 직원의 자격요건을 파악하는 것이다. 기술변화 등 조직의 환경변화로 인해 직무수행 자격요건이 변할 수 있기 때문에 질적 인력수요예측이 필요하다. 특히 기술발전은 직무내용을 변화시키고, 변화된 직무내용에 따라 새로운 자격요건이 필요하게 된다. 이 자격요건은 숙련, 지식, 직무경험, 책임의식 등이다.

기술발전이 가져 올 직무내용의 변화 및 자격요건의 변화에 대한 몇 가지 가설을 보면, 기술발전이 되면 직원의 자격요건이 상향된다는 가설, 하향된다는 가설, 변화하지 않는다는 가설 및 기술발전 단계별로 처음에는 상향되다가 다시 하향된다는 가설이 있다. 또한 기술발전에 따라 상위직과 하위직 간 자격요건의 수준이 근접한다는 가설과 더 벌어진다는 가설이 있다(박경규, 2007: 178). 이 중 어느 가설이 타당한지는 기술발전의 내용과 자동화의 수준에 따라 결정될 것이라고 본다.

(2) 질적 인력수요의 예측기법

(가) 자격요건 분석기법

자격요건 분석기법은 조직의 환경이 미래에 안정적이어서 직무내용, 조직구조, 사용되는 기술에 변화가 거의 없을 것으로 보일 때 사용될 수 있다. 현재의 직무에 대한 직무기술서 및 직무명세서를 활용한다. 전문지식, 능력, 직무의 난이도, 직무경험, 책임, 근무환경 등 자격 내용별로 요구되는 자격수준을, 현재와 미래의 어떤 시점으로 구분하여, 5개 정도의 등급 중 어떤 등급에 해당되는지 나타낸다. 개별직무에 대한 이러한 분석기록들을 모아서 부서별, 기능별로 정리하여 자격요건이 미래의 어떤 시점에서 변화하는 정도를 예측할 수 있다. 해당 직무에 대한 현재의 직무기술서 및 직무명세서를 가지고 미래의 직무기술서 및 직무명세서를 예측하여 만들어 해당 직무의 핵심적 과업과 부수적 과업의 변화도 예측할 수 있다(박경규, 2007: 179).

(나) 시나리오 기법

시나리오 기법은 조직의 환경이 불안정하여 미래의 직무내용, 조직구조, 기술변화에 대한 예측이 어려울 때, 비교적 장기의 질적 수요예측을 위해 사용된다. 이 기법에 의한 질적 인력수요 예측은 전문가집단의 브레인스토밍 등에 의해 미래에 발생할 직무내용의 변화예측을 한다. 시나리오 기법에서는 조직의 성과와 관련되는 중요 정보를 가지고 조직의 미래의 기회 및 위협에 대한 분석, 이를 통한 미래의 어떤 시점에서 조직이 설정할 수 있는 성과수준, 이를 달성하기 위한 일의 내용을 도출하고 이 결과를 기준으로 미래의 직무에 대한 개략적인 직무기술서 및 직무명세서를 작성한다(박경규, 2007: 180).

나. 양적 인력수요 예측

(1) 양적 인력수요 결정요인

양적 인력수요예측은 미래의 어떤 시점에 해당 조직의 전체, 부서별, 기능별로 필요한 인력규모를 예측하는 것이다. 양적 인력수요는 치안수요, 경찰장비와 기술수준, 근무조건과 근무시간, 새로운 과업의 출현, 동기부여, 조직규모, 직원의 능력 등의 변수에 의해 결정된다. 각국의 치안여건과 경찰의 기능 및 경찰조직의 능력에 차이가 많기 때문에 국가별로 경찰관 1명당 인구 몇 명이라는 식의 국가 간 비교는 별 의미가 없다고 본다.

타 부처 협조업무 이관이나 업무의 효율화 및 매뉴얼화, 영구공문의 예규화, 공문 일몰제 등을 통해 인력수요를 줄일 수 있다(이강덕, 2004: 156-158). 과격・폭력이 따르지 않는 집회・시위 현장에서는 폴리스 라인 등의 줄을 2~3백 미터만 쳐 놓아도 경찰관 수십 명의 몫을 한다. 과격한 시위의 경우에는 컨테이너 박스나 경찰버스 등을 활용하는데 인력대체효과가 있기는 마찬가지다. 순찰차량 위치추적 장치는 출동지령 시 현재 위치를 무전으로 확인하는 수고를 덜어 주었고 감독을 용이하게 하여 인력수요를 줄이는 효과를 가져왔다. 검문 현장에서 수배 여부를 확인할 수 있게 해 주는 IT기술의 발전은 파출소까지 임의동행하여 확인하는 수고를 덜어 주었다. 이처럼 장비와 기술수준의 발전에 의한 인력수요 감소효과는 사례가 많다. 또한 법무부 및 국방부와 협의하여, 경찰행정의 고유기능과 일치하지 않는 협조업무를 이관하면 인력수요를 줄일 수 있다.

근무조건과 근무시간에 따른 인력수요 변화도 크다. 예컨대 한 개의 상시 2인근무 검문초소나 한 대의 2인탑승 순찰차를 24시간 운영하는데 2부제 근무 당시 최소 4인이 필요하였던데 비해 4부제 근무로 전환되면 최소 8인이 필요하게 되어 인력수요는 2배로 늘어난다.

농어촌 독거노인 방문 순찰, 미아・가출인 수배업무의 내실화, 과거 헤어졌던 부모・자녀 등 찾아주기 서비스, 자살예방업무 등 새로운 과업이 속속 출현하고 있어 인력수요 증가요인이 되고 있다.

방범 외근 근무와는 달리 형사, 보안수사 등 추적 검거 업무나 기획업무 분야에서는, '일당백'이라는 말처럼, 직원 중에는 한 사람이 두 사람 이상 몫의 일을 하는 사람이 있다. 평상시 침체되어 있던 직원도 승진을 목표로 삼고부터는 훨씬 더 열심히 일하는 경우가 적지 않다. 직원의 능력과 동기부여의 수준이 높을수록 인력수요 감소효과가 큰 것이다.

조직규모가 커지고 있으면 복지후생・총무・인사교육 등 지원부서 인력은 조직규모가 어느 정도 증가할 때까지는 고정적이다가 어떤 한계점에 도달하면 급속히 늘어나는 현상이 반복되게 된다.

(2) 양적 인력수요 예측기법

양적 인력수요 예측기법은 여러 가지가 있으나 경찰에 적용될 수 있는 것은 델파이 기법, 추세분석, 회귀분석, 시뮬레이션 기법 등이다.

(가) 델파이 기법

델파이 기법은 인력수요예측에 대해 폭넓은 지식과 경험을 가진 임원, 일선 감독자 및 외부 전문가 등을 선정하여 질문서를 활용하여 이들이 미래의 인력수요를 예측하게 하는 것이다. 이 방법은 서로 대면접촉을 하게 하지 않고 질문서를 보내어 각자의 의견을 진술하도록 한다.

취합된 의견을 진행자가 분석 · 요약한 것을, 각 의견제출자를 익명으로 하여, 다시 이들에게 보내어 자신이 앞서 예측한 것과 비교하여 수정토록 한다. 이와 같이 설문서를 통하여 각자의 의견이 어느 정도 정돈 · 접근될 때까지 3~5회 정도 질문서를 주고받는 일을 되풀이 한다.

이 기법은 대면접촉을 하지 않고 의견 제출자의 익명성을 보장하기 때문에 반대나 비판에 대한 우려나 감정이 적은 것이 장점으로 꼽히는 반면 시간이 많이 걸린다. 이 기법에 의한 예측결과는 바로 사용되지 않고 우선 시간을 두고 실제와 맞는지 검증한 후 사용하는 경우가 많다.

이 기법이 성공하기 위해서는 질문서 작성자에게 사전에 조직의 구조, 운영, 인사, 재무 등 전반적인 정보를 충분히 주어야 하고, 질문은 간단하면서도 참여자 모두가 대답할 수 있어야 하며 지나친 정확성을 요구해서는 안 된다. 또한 인사관리 관련 용어의 개념과 범주에 대한 정의가 모두에게 동일하게 이해되도록 해야 하며, 참여자들에게 올바른 예측의 중요성을 각인시켜야 한다(최해진, 2004: 116).

(나) 추세분석

추세분석은 과거 일정한 기간 동안의 추세가 앞으로도 동일한 정도로 계속될 것이라는 생각에서 행하는 통계적 분석기법이다. 즉 해당조직에서 과거에 인력변화를 야기했던 요인들을 추출하여 이 요인들의 시간에 따른 변화와 이에 따른 인력의 변화 간의 관계를 분석 · 파악하고 그 결과를 활용하여 미래의 인력수요를 예측하는 기법이다.

추세분석은 구체적인 기법으로 일정한 기간별로 추세선을 그려 판단하는 방법, 이동평균법을 활용하는 방법 등이 있다. 조직의 환경변화가 많은 상황에서는 과거의 추세를 미래에도 적용시키기 어려우므로 전문가들의 의견을 종합하는 델파이 기법에 비해 정확성이 떨어진다.

(다) 회귀분석과 비율분석

회귀분석은 조직의 인력수요산정에 영향을 미치는 여러 요소들의 복합적인 영향력을 측정하여 해당 조직의 미래의 인력수요를 회귀방정식을 사용해서 예측하는 통계적인 기법이다(박경규, 2007: 188). 그러한 영향요소로는 각종 경찰업무실적, 경찰장비에 대한 투자액, 기술수준의 정도, 근무시간, 새로운 과업의 출현, 경찰예산의 규모 등이 될 수 있을 것이다. 이런 요소들 각각의 미래의 크기와 측정된 영향력을 곱한 것을 모두 합하여 현재 인력에 더하면 미래 어떤 시점에서의 인력수요가 된다는 것이 회귀방정식이다.

이 기법도 과거의 추세를 미래에도 적용시키는 구조이므로 정확성이 떨어지며, 충분한 과거의 데이터가 있고 개별 영향요소들과 인력수요 간에 분명한 유의적인 상관관계가 존재할 때만 사용할 수 있다는 한계가 있다.

비율분석은 채용수요와 임의의 요소 사이의 비율을 사전에 추론하여 결정하고, 임의의 요소가 변하면 그 비율을 곱하여 채용수요를 결정하는 기법이다. 예컨대 임의의 요소를 범죄처리건수로 하고, 처리건수가 100만 건일 때, 수사인력이 2만명이었다면 그 건수가 150만 건으로 늘어나면 수사 인력을 1만명 더 채용한다는 방식이다.

(라) 시뮬레이션 기법

인력수요 결정에 영향을 미치는 여러 변수들이 변한다면 인력수요는 얼마만큼 변할 것인지에 대해 컴퓨터 시뮬레이션 모형을 사용해 예측하는 방법이다. 인사관리 측면의 시뮬레이션을 통해 인력수요와 다양한 변수들 간의 상관관계를 밝힐 수 있다. 시뮬레이션 기법에서는 한 가지 변수보다는 많은 변수를 사용할 때보다 더 정확하고 실질적인 인력수요를 예측할 수 있다(최해진, 2004: 117).

3. 인력공급 예측

인력공급에 대한 예측은 해당 조직의 내부와 외부의 인력정보를 통해 할 수 있다. 내부의 인력공급 예측은 직원들의 자격수준, 연령, 퇴직연령 등과 같은 내부 인사관리 정보를 기초로 할 수 있다. 외적 공급예측은 노동부, 통계청 등의 인력수급 관련 통계 등 조직 외부의 노동시장 상황에 대한 통계자료를 활용하여 한다.

가. 조직 내부에서의 인력공급 예측

조직 내부에서의 인력공급 예측활동이란 내부 직원에 대한 인력관리 방식을 미래의 어떤 시점에까지 유지했을 때 보유하게 될 인력을 예측하는 활동을 말한다. 이 활동에는 질적 측면과 양적 측면이 있다. 질적 측면은 미래의 어떤 시점에서 해당기업이 보유하게 될 인력의 자격요건의 내용을 분석하는 것이며, 양적 측면에 미래의 어떤 시점에서의 보유인력의 수에 관한 예측활동이다.

(1) 질적 인력공급 예측

대부분의 조직에서는 우수한 신규인력의 채용과 교육훈련 및 경력개발 등을 통해 인력의 자질과 자격수준을 높이고 있다. 그러한 자격의 변화내용은 지식과 교육정도, 직무처리 능력 · 기능, 육체적 · 정신적 · 사회적 · 인지적 측면에서 예측되어야 한다.

대표적인 예측기법은 추세분석이다. 이 기법은 과거부터 현재에 이르기까지 직원들의 자격수준 변화를 가져 왔던 요인들을 추출해서 우선 이러한 요인들의 시간에 따른 변화를 파악하고 이를 당시 직원이 보유했던 자격수준과 연결시키는 것이다. 예컨대 직원의 근무년수와 자격수준 변화 간의 관계를 직종별, 직군별로 파악하여 그 결과를 가지고 미래의 어떤 시점까지 추세선 차원에서 예측하는 것이다(박경규, 2007: 198-199).

(2) 양적 인력공급 예측

양적 인력공급 예측은 해당 조직이 미래의 어떤 시점에서 보유하게 될 직원을 총 숫자 및 직급별, 직종별, 직군별, 직무별로 파악하는 것이다. 이를 위해서는 직원의 연령구조, 이직률, 입직률, 결근율, 생산성, 조직 내부이동에 대해 예측해야 한다. 예측을 위한 도구로서 현재 직원이 보유하고 있는 기능의 목록표를 작성하고 인적자원 정보시스템을 구축해야 한다. 예측과 관련되는 구체적인 기법은 빈도분석, 추세분석, 마아코브 분석 등이 있다.

(가) 기능목록표

기능목록표는 직원 개개인의 기능과 특기, 경력, 자격 및 교육·훈련, 외국어 실력, 직무경력, 보수에 대한 기록, 건강상태, 희망 보직 등에 대한 정보가 담긴 자료이다. 이 자료는 주기적으로 갱신되어야 한다. 경찰은 인사기록카드, 건강카드, 최종학교 졸업증명서, 자격증명서, 경력증명서 등 인사기록의 작성, 유지, 관리를 하고 있는데 이 속에 기능목록표에 들어갈 수 있는 내용이 많이 포함되어 있다.

(나) 인적자원정보시스템

인적자원정보시스템은 기능목록, 보수, 직무정보, 업적평가 등 직원들과 직무들에 관한 모든 정보를 결합하여 하나의 전산시스템 안에 넣은 것이다. 기능목록보다 고도로 통합되어 있고 훨씬 더 많은 기능을 보유하고 있다.

(다) 빈도분석

빈도분석은 여러 시점에서 발생하는 사건의 수에 따라 어떤 변수의 경향을 찾아내는 방법이다. 직원의 이직 및 결근에 대한 경향과 연령구조의 변화를 예측하는데 특히 유용하다.

(라) 추세분석

앞서 인력수요 예측에 대한 설명에서 소개했던 기법으로 그 한계도 같다. 이직률·입직률, 결근율, 생산성의 변동에 대해 과거의 자료를 사용, 변화추세를 파악하여 이것을 미래에 적용하는 것이다.

(마) 마아코브 분석

이 기법은 시간이 감에 따라 한 직위에서 다른 직위로 이동하는 직원들의 직무 간 이동자료와 이직자료를 확률적으로 분석하여 미래의 인력공급을 예측하는 방법이다. 즉 각 직무별, 직급별, 직군별 과거의 인력 이동 및 이직에 대한 확률을 산정하고 이 비율에 일정 시점의 초기 인원을 곱하면 해당 조직의 특정 연도에서의 각 직무별, 직급별, 직군별 공급인력을 산출할 수 있다. 이 분석은 각 직무에 공급 가능한 인원이 많이 있어야 하며, 조직이 안정적일 때 유용하게 활용할 수 있다(최해진, 2004: 114).

나. 외부로부터의 인력공급 예측

조직은 미래의 어떤 시점까지 발생한 순 수요인력을 외부로부터 충원해야 한다. 충원 가능성은 경제활동인구, 실업률, 산업별 취업자 동향, 조직이 필요로 하는 능력을 갖춘 인력에 대한 통계와 자료를 바탕으로 하여 예측한다. 이때에 가서 외부에서 충원하는 것이 어렵다고 (현재시점에서) 판단되면, 다른 기업으로부터 스카우트를 하는 등 미리 충원하는 대책을 강구해야 한다. 장기적으로 볼 때, 경기 호전과 출산율 감소 여파로 인한 청년인력감소가 맞물리면 모집에 차질이 있을 수 있다.

4. 인력기획

가. 개관

인력기획(work force planning)은 많은 조직들의 핵심적 관리활동이 되고 있다. 공공부문 조직에 대해 능률성과 효과성을 높이라는 요구가 커지자 공공부문의 조직들이 비 공공부문에 적용되는 현대 관리기술을 재택하고 있다. 여기서 핵심요소는 조직이 필요로 할 때, 적절한 기능과 자질을 갖춘 사람을 확보할 수 있는 방법들을 개발하는 것이다. 그래서 오랫동안 비 공공부문의 관리도구였던 인력기획은 공공부문에서 인적 자원이 필요할 때 바로 확보할 수 있도록 해 주는 강력한 전략으로 떠오르고 있다(Siegel & Myrtle, 1985: 133).

일반적으로 인력기획은 조직의 비전 및 전략목표에 따라 현재 보유인력의 수준과 미래 요구수준 간 차이를 분석하여 조직 내 인적자본을 적재, 적소, 적시에 확보하고 활용하는 전략적인 과정으로 이해될 수 있다(박천오, 강제상 등, 2010: 177-179).

나. 인력기획의 과정

먼저 조직의 전략적 방향을 설정한다. 이어서 보유인력을 분석하고 필요인력을 예측한다. 이 과정에서 조직의 질적, 양적 인력수요예측이 행하여신나. 나음으로 보유인력과 필요인력 간의 차이 해소를 위한 종합적 인력관리방안을 수립하여 시행한다. 이 과정에서 질적, 양적 인력공급예측이 행해지고 이를 토대로 필요인력을 적시에 확보하기 위한 인력관리방안을 작성하는 것이다. 마지막으로 인력계획 시행결과를 평가하고 환류한다.

다. 조직의 전략적 방향 설정

이 단계에서는 조직에 영향을 미치는 내적, 외적 환경요인들을 분석하여 조직의 현 위치를 파악하고 조직이 향후 나아갈 바람직한 목표와 비전을 설정한다. 또한 환경변화에 따른 기회・위협요인을 인식하고 조직의 대응능력의 강점・약점을 분석한 후에 조직이 나아갈 전략적 대안을 수립하고 주요 기능변화를 도출한다. 이러한 조직의 전략적 방향은 인력기획의 기본방향을 제시하고, 조직의 목표・기능의 우선순위를 정함으로써 이에 부합되는 인력의 확보 및 활용계획이 수립될 수 있게 한다(박천오, 강제상 등, 2010: 182-184).

라. 인력의 분석 및 예측

인력의 분석 및 예측과정은 앞에서 설명한 순수요인력의 산출과정과 비슷하다. 다만 이 과정에서 직종별, 직급별 인력의 구조・비율 변화도 같이 분석・예측하여야 함을 유의하여야 한다. 이 비율은 새로운 인력수요가 수반되는 직무수행조직의 변동, 기술적 요구수준의 변동, 직무수행의 수단・방법의 변동, 직무 자체가 특정한 기능이나 직위 또는 인적자질을 필요로 하게 변화됨으로써 달라질 수 있다(Siegel & Myrtle, 1985: 138).

마. 인력관리 방안의 수립

조직의 전략적 방향과 인력수요・공급 예측 결과를 토대로, 행정자치부 중기인력계획 및 기획재정부 중기재정운영계획도 고려하여 인력의 양적, 질적, 구조적 측면의 인력관리전략을 담은 종합적 인력관리방안을 수립하여야 한다. 또한 인력기획의 전략은 충원・교육훈련・경력개발・인재유지・인력재배치・직위승계 계획 등 모든 인사관리계획에 구체적으로 반영되어야 한다(박천오, 강제상 등, 2010: 187-190).

바. 인력계획 시행과 평가 및 환류

인력기획 과정의 마지막 단계는 관리와 평가이며, 기획단계에서 평가구조를 구축하기 위한 틀이 제공될 수 있다. 그 중 중요한 것은 평가정보수집의 수단, 정보기록양식 및 인력기획 관련자들에게 현재 활동들을 알도록 해주는 정보배포망 등이다(Siegel & Myrtle, 1985: 139).

또한 평가주체, 평가방법, 평가기준 등이 미리 수립된 평가계획 속에 포함되어야 한다. 주요평가사항은, 인력계획에 따라 시행된 수준 및 미시행 사유, 인력계획과 제 인사제도와의 연계실태, 시행결과에 따른 충원의 적정성, 인력현황 및 문제점, 승진제도 설계의 직위별 인력구조 변화반영 등이다(박천오, 강제상 등, 2010: 190-191).

인력계획 시행결과에 대해 평가한 내용은 다음에 있을 인력기획과 인력기획제도개선에 반영되는 등 환류되어야 한다.

제3절 경찰공무원의 모집

1. 모집의 의의

모집은 선발을 하기 위해 조직에 필요한 자격과 능력을 갖춘 사람들을 유인하여 지원하도록 하는 여러 가지 활동이다. 그러므로 모집은 적정한 선발을 하기 위한 예비행위이다. 모집의 성공 여부에 따라 신규직원의 평균수준이 영향을 받는다. 자격과 능력을 갖춘 사람들이 많이 모일 수 있도록 환경과 분위기를 조성하는 것이 모집에서 가장 중요하다.

요즘처럼 경제가 불안정하고 취업이 어려우며 경찰직에 대한 인식이 개선된 상황에서는 지원자가 많이 모여들어 모집에 큰 어려움을 느끼지 못한다. 그러나 이런 현상은 경쟁률만으로 볼 때이고, 지원한 사람들의 평균자질도 똑같이 높아졌다고 보기는 어려우므로 모집의 중요성이 급감했다고 볼 수는 없다. 일본경찰이 출산율 저하로 인한 향후 모집인원 감소에 대비하고 있는 점은 참고할 만한 일이다.

2. 적극적 모집

경찰관 모집은 타 부·처·청 공무원 및 민간기업·단체와 경쟁관계에 있다. 따라서 평소 경찰의 명성과 보수 및 근무조건을 개선해 나가는 한편, 각종 유인책을 강구하는 적극적인 모집으로 일반직공무원, 민간기업 등에 비해 모집에서 경쟁우위에 설 수 있도록 해야 할 것이다.

가. 다양한 모집광고

채용공고 사항을 전 국민에게 널리 알리는 데는 TV, 라디오, 신문 등 대중매체가 효과적이겠으나, 지원자가 청년층 등에 한정되어 있고 예산확보도 어렵다. 따라서 경찰기관 및 산하기관(경찰공제회, 총포화약안전협회, 도로교통공단 본부 · 지부 · 면허시험장) 홈페이지와 홍보전광판, 지자체나 동영상 교육매체 홈페이지 등에 게재되도록 하고 포스터를 널리 부착하도록 하며, 대학 · 고교 · 공무원시험학원 등에 직접 나가 설명회를 가지거나 포스터를 보내어 부착토록 협조하는 것이 현실적으로 가능할 것이다.

또한, SNS를 적극 활용하고, 경찰채용 공고 전용 홈페이지 또는 블로그를 만들어 위의 홈페이지 및 SNS, 그리고 각종 인터넷 매체와 링크되도록 하는 것도 저비용으로 큰 효과를 볼 수 있을 것이다.

나. 수험준비부담 경감

경찰관이 필요로 하는 지식 · 기능은 크게 보아 법률(형사법, 행정법 등) 지식, 경찰실무지식 · 기능, 일반적인 상식 · 기능의 세 가지이다. 이제는 컴퓨터 조작 및 운전기능이 일반적인 기능이 되었다. 법률 및 실무지식과 기능을 시험을 통해서 미리 갖추도록 하느냐, 아니면 입직 후에 교육을 통해 갖추도록 하느냐에 대해서는 견해가 갈라지고 있다.

수험준비부담을 최소한으로 줄여 주고 인성 및 직무적성 검사의 비중을 늘려야 잠재적인 자질과 높은 도덕성을 모두 갖춘 인재를 널리 모집할 수 있다는 주장은 설득력이 있다. 이런 관점에서 시험과목을 줄이고 인문적 일반소양을 검증할 수 있는 과목의 비중을 늘리자고 주장하나, 시험과목 축소 등과 훌륭한 인재 확보와의 상관성은 아직 제대로 밝혀진 바 없다. 어쨌든, 노량진 등 학원에서 1~2년 이상 준비해야 합격하는 경우가 많은 현실은 개선되어야 한다.

지식검증에만 치중할 것이 아니라 도덕성과 관련되는 인성검사를 내실화하고 독일처럼 헌법에 충성할 사상적 배경을 가졌는지에 대한 철저한 검증을 해야 한다. 이는 수험준비부담과는 무관하다. 신임 경찰관 교육기간을 좀더 늘린다면, 직무수행에 필요한 법률지식과 경찰실무지식 · 기능은 경찰교육기관에서 가르칠 수 있을 것이다.

다. 응시비용의 경감 및 접수의 용이

응시비용의 경감과 접수의 간소화도 모집에 영향을 준다. 제출할 서류를 최소화하고 인터넷 접수 등으로 절차를 간소화해야 한다.

경찰공무원의 공개경쟁채용시험 또는 경찰간부후보생의 공개경쟁선발시험에 응시하고자 하는 자는 경찰청장이 정하는 응시원서를 제출하여야 하며, 제4차 시험에 합격한 자는 민간인 신원진술서, 지문대조표, 공무원채용신체검사서, 고등학교생활기록부, 개인신용정보에 관한 조회서 등을 제출하여야 한다. 응시원서를 제출받은 시험실시권자는 제출한 자의 동의를 받아 「전자정부법」에 따른 행정정보의 공동이용을 통하여 가족관계기록사항에 관한 증명서와 병적증명서를 확인하여야 한다. 특별채용시험에 응시하고자 하는 자의 제출서류는 응시원서 외에 공개경쟁채용시험 4차 합격자의 제출서류와 비슷하나 특별채용의 성격상 경력증명서와 자격증명서가 추가된다.

응시수수료가 경정이상의 채용시험은 1만원, 경사이상 경감이하 경찰공무원의 채용시험과 경찰간부후보생 공개경쟁선발시험은 7천원, 경장이하 경찰공무원의 채용시험은 5천원으로 높지 않게 책정되어 있다. 응시비용부담 경감 측면에서 앞으로 물가인상이 되더라도 올리지 않아야 한다. 사실 이들 비용은 공익과 직결되는 비용이므로 국가에서 부담하는 것이 옳다.

신체검사, 체력검증, 면접 등 여러 번 와야 하는데 따른 교통비 부담도 있고 원거리 거주자는 아침 일찍 나오려면 숙박비 부담까지 생길 수 있다. 이런 비용을 줄이기 위한 세심한 배려도 있어야 한다.

라. 공고와 시험일자의 시간적 간격 확대

(1) 공개경쟁채용시험의 공고

경찰청장 또는 시험실시권의 위임을 받은 자가 공개경쟁채용시험을 실시할 때에는 임용예정계급, 응시자격, 선발예정인원, 시험의 방법·시기·장소, 시험과목 및 배점에 관한 사항을 시험실시 20일전까지 공고하되, 시험일정 등 미리 공고할 필요가 있는 사항은 시험실시 90일 전까지 공고하여야 한다. 이러한 공고내용을 변경하고자 할 때에는 시험실시 7일 전까지 그 변경내용을 공고하여야 한다.

(2) 공고와 시험일자의 시간적 간격

시험은 대부분의 경우 준비에 오랜 시간과 노력을 요하는데 시험일정 등을 90일 전까지 공고하도록 하는 것은 기간이 너무 촉박하다. 또한 시험과목 및 배점, 시험의 방법 등 시험 준비와 직접적으로 연결된 사항은 부득이한 사유가 있을 때만 변경해야 할 것이다.

제한경쟁특별채용시험의 공고에 관하여도 위 규정이 준용되나, 그 시험의 공고는 시험실시 10일 전까지 하도록 되어 있다. 특별채용시험실시권자는 시험시행 7일 전에 시험일시·장소 등 시험시행에 관하여 필요한 사항을 그 소속기관 등의 장을 거쳐 응시자에게 통보하여야 한다.

정년퇴직 등 자연감소분 이상의 신규채용을 하는 경우에 먼저 경찰관 정원을 늘려야 한다. 이를 위해서 인력을 관리하는 안전행정부, 예산을 맡은 기획재정부와 어려운 협의를 거쳐야 하므로 채용규모를 일찍 확정하기 어려워 채용공고가 늦어질 수 있다. 이렇게 되면 수험준비 기간이 짧아지고 모집에 차질이 생길 수 있다. 그러나 채용인원을 제외하고 채용일정은 정할 수 있으므로 채용인원을 미정으로 한 채용계획은 1년 단위로 미리 공고하여 마음의 준비 및 수험준비를 할 시간을 더 주면 모집에도 유리할 것이다.

마. 응시자격의 완화

경찰간부후보생 공개경쟁 선발시험 또는 순경공개경쟁채용시험에 응시하고자 하는 자는 제1종 운전면허 중 대형면허 또는 보통면허를 받은 자이어야 한다. 경찰청장은 경사 이하 경찰공무원의 특별채용시험에 응시하고자 하는 자에 대하여도 이 면허를 요구할 수 있다. 아마도 바로 활용하기 위해 이렇게 규정한 것으로 생각된다.

이것은 잠재적으로 우수한 자질을 가진 사람의 지원을 가로막는 골키퍼와 같은 것으로 본다. 시보임용의 조건으로 해서 교육기간 중에 따도록 배려해도 될 것이다. 현실적으로 2종 보통면허를 가진 사람이 많고 면허 간소화로 1종면허 따기도 쉬운데 구태여 응시자격으로 한 것은 이해하기 어렵다. 고교졸업 직후의 여성이나 2종면허를 가지고 있는 사람으로 자질이 높아 다른 데 붙을 수 있는 사람이라면 1종면허 때문에 경찰직에 응시하지 않거나 미루는 사이에 다른 데 채용될 확률이 높기 때문이다.

제4절 경찰공무원의 선발

1. 개관

가. 선발의 의의와 중요성

직위분류제 하에서 선발은 지원자들 중에서 빈자리의 직무수행에 가장 적합한 자를 뽑는 것이나, 계급제 하에서 선발은 계급별 시험을 통해 성적순대로 선발 예정인원을 뽑는 것이다. 경찰공무원의 채용시험도 계급별로 실시한다.

아무리 성공적인 모집을 하더라도 선발이 잘못되면 그러한 모집도 허사가 된다. 또한 경찰공무원 선발시험의 관리과정에서 조금이라도 말썽이 생기면 언론의 비판은 물론 관련자 처벌까지 각오해야 한다. 「경찰공무원법」은 "경찰공무원은 신체 및 사상이 건전하고 품행이 방정(方正)한 사람 중에서 임용한다"고 규정하고 있는데 이는 선발의 지침도 된다고 본다.

나. 일반적인 선발도구

실적주의 직업공무원제도 하에서는 좋은 인적자원을 뽑기 위해 선발에 많은 신경을 쓰고 있고 최선의 결과를 얻기 위해 다양한 방법을 사용하고 있다. 대체로 서류심사, 신체검사, 시험, 면접의 순서로 이루어지고 있는데, 경찰은 체력검사가 추가되고 그 내용도 엄격한 편이다.

시험에서 가장 중요한 것이 표준화된 통일적 관리이다. 시험은 내용, 채점, 관리 면에서 공정한 경쟁을 보장하여야 한다. 채점에는 동일한 답이 적용되고 주관식의 경우에도 일정한 채점기준을 정하여 채점해야 한다. 시험시간, 감독관의 행태, 시험장소의 주변환경 모두가 최대한 동일한 조건이 되도록 관리해야 한다(유민봉, 1999: 243-244).

(1) 서류심사

서류심사는 모든 서류를 보고 전체적인 판단을 하는 방법도 있고, 직무와 관련된 요소만을 뽑아 점수를 매기는 방법도 있는데, 판단의 정확성을 요하는 경우에 후자의 방법을 쓰게 될 것이다.

(2) 선발시험

선발시험은 시험의 형식에 따라 필기시험, 실기시험, 면접시험으로 분류할 수 있고 측정대상별로 지능검사, 적성검사, 성취도검사, 체력검사, 성격검사, 흥미검사로 분류할 수 있다. 경찰시험은 필기시험을 통해 현재의 지식과 기술을 측정하는 성취도 검사를 하고, 직무수행에 적합한 신체적 특성을 측정하는 체력검사도 병행한다.

(3) 인성검사 및 신원조사

인성검사는 성격상의 경향 등 내면적 속성을 측정하는 검사이다. 경찰에서 실시하는 종합적성검사는 인성검사와 정밀신원조사로 구분된다.

앞으로 지식위주의 필기시험을 최소화하고 창의적 문제해결능력 평가, 조직적응력 평가 등 종합적인 사고능력과 발전가능성 및 인성평가에 중점을 두어야 한다(권경득, 한기민, 윤성철, 2004: 92).

경찰채용과 관련된 적성검사는 U-K검사, 일반능력검사(언어영역, 추리영역 I·II, 지각능력), 인성검사, 흥미검사 등 4가지로 구분된다. 이런 검사방법에 대해 요령을 수험학원에서 가르치므로 대책을 고민해야 한다.

U-K검사는 수검자가 일정기간 동안 연속적인 덧셈수행을 할 때 얻어지는 작업량, 작업특성, 작업곡선을 기초로 하여 수검자의 능력, 흥미, 성격 특성을 진단하는 시험이다. 인성검사는 사교성, 사고성, 정서성, 지도성, 신경질, 열등감, 허구성을 척도로 인성을 내향성과 외향성, 감정형과 사고형, 지각형과 판단형으로 나눈다. 흥미검사는 직업, 여가, 활동 등에 관한 질문문항으로 구성되어 있다.

미국의 경우 MMPI(정상집단과 정신장애집단을 구분)와 CPI(정상인의 성격을 구분)가 경찰관의 채용시 가장 보편적으로 활용되는 성격검사 도구이다. 이 외에도 인발트 인성검사(부적격자 색출)와 상황적 검사(적격자 선발 도구) 등이 있다(장석헌, 2009: 238-239).

신원조사는 보통 보증인 추천과 이력 및 배경조사로 구성된다. 이를 통해 우선 지원서의 내용을 확인하고, 과거행적 및 사상적 배경을 조사하게 된다. 경호, 국가 안보 및 보안업무 등 경찰직무의 특성에 비추어 볼 때 사상적 배경조사로 그 사람의 '헌법에 대한 충성"을 담보할 수 있어야 할 것이다. 앞으로 직무수행 적합도에 대한 적성검사도 실시하도록 추진해야 한다고 본다.

(4) 면접시험

면접시험을 통해서 지적 · 성격적 특징과 가치관 · 태도 등 종합적인 측면을 보게 된다. 특히 간부급 채용에 있어서는 특정 전문지식보다 리더십, 창의력, 판단력이 더 중시되므로 개인면접, 집단면접 등 다양하고 심층적인 면접이 요구된다.

다. 선발시험의 신뢰성과 타당성

경찰공무원 선발은 채용시험의 신뢰성과 타당성 확보가 가장 필수적이다. 신뢰성은 같은 사람에게 여러 번 반복해서 시험을 치르더라도 그 결과가 크게 다르지 않는 것을 의미한다. 또한 동질적인 둘 이상의 집단을 대상으로 같은 시험을 치르게 하여 얻은 결과가 일관된 값을 가지는 경우도 일관성이 있다고 한다.

타당성이란 시험이 원래 측정하고자 하는 것을 얼마나 실제 정확하게 측정했는가를 말한다. 경찰채용시험에서는 윤리성, 대민관계, 실무능력, 리더십 등이 뛰어난 훌륭한 경찰관을 뽑고자 하는데 채용 후 근무시켜보니 실제로 그런 기준에서 더 나은 사람들이 뽑히고 더 못한 사람이 떨어졌다는 것이 확인되면 타당성이 있다는 것이다.

신뢰성은 시험 그 자체의 일관성 문제인 반면, 타당성은 시험과 기준(시험의 목적)과의 관계이다. 타당성이 없다면 그 시험의 효용도 없는 것이다. 또한, 신뢰성이 있어야 타당성의 문제를 검토할 수 있다. 일관성이 없는 시험이 타당성을 갖는 것은 불가능하므로 신뢰성 확보는 타당성 확보의 전제조건이다. 타당성이 일정하다고 가정했을 때 경쟁률이 높으면 이들의 향후 평균 근무성적도 높아져 시험의 효용성이 높아지는 효과가 생긴다.

객관성과 난이도는 신뢰성에 영향을 준다. 시험시간관리, 감독자의 행동, 수험장 환경, 채점자 등이 객관성을 좌우한다. 특히 채점자의 주관적 판단 개입 방지가 객관성 확보의 핵심이다. 이를 위해 복수 채점자가 주관식 답안을 논점별로 나누어 평가하기도 한다. 난이도가 적절해야 신뢰도가 높아지는데, 특히 선택과목 간 난이도 차이가 큰 문제이다. 그래서 표준편차 등을 이용한 조정점수제가 출현한 것이다.

2. 응시자격과 임용자격

가. 공통된 응시자격

공개경쟁채용시험과 특별채용시험에 공통된 응시자격은 법령상 연령조건에 맞아야 하고 시험 부정행위로 응시자격 정지기간 중에 있지 않아야 한다. 또한, 임용을 전제로 하는 시험인 채용시험의 성격에 비추어 볼 때, 임용자격이 없는 사람은 응시자격이 없다고 볼 수도 있다. 임용자격이 없는 사람은 응시원서 접수단계에서 모두 걸러 내는 것이 바람직하며 아래에 기술된 응시자격에 대한 설명은 이런 관점에서 전개된 것이다.

(1) 연령조건

경찰공무원 채용시험에 응시하려는 사람은 최종시험 예정일이 속한 연도에 아래 별표 1의 3에 따른 응시연령에 해당하여야 한다. 다만, 별표 1의3에 따른 응시상한연령을 1세 초과한 사람으로서 1월 1일에 출생한 사람은 경찰공무원 채용시험에 응시할 수 있다. 경찰간부후보생 공개경쟁선발시험에 응시할 수 있는 사람의 나이는 21세 이상 40세 이하이다.

헌법재판소의 헌법불합치 결정에 따라 최근 채용 상한연령이 대부분 40세까지 높아졌는데, 국민들의 평균 수명이 늘어나고 체력이 향상된 현실에 비추어 보나 공직의 기회균등의 시각에서 보나 바람직한 현상이지만 시위 및 테러 진압임무를 수행하는 기동부대에 적합한 인력 확보대책이 별도로 마련되어야 할 것이다.

경찰간부후보생 선발시험 응시자격은 21세 이상 40세 이하이다. 또한, 경찰대학의 학사운영에 관한 규정에서는 경찰대학 입학자격을 '입학연도 3월 1일 현재 17세 이상 21세 미만'으로 한정하고 있다.

[별표 1의3] 〈신설 2012.12.28〉

경찰공무원 채용시험 응시연령(경찰공무원임용령 제39조제1항 관련)

계급별	공개경쟁채용시험	특별채용시험
경정 이상	25세 이상 40세 이하	27세 이상 40세 이하
경감·경위		23세 이상 40세 이하(정보통신 및 항공분야는 23세 이상 45세 이하)
경사·경장		20세 이상 40세 이하
순경	18세 이상 40세 이하	20세 이상 40세 이하(함정요원은 18세 이상 40세 이하, 전투경찰순경으로 임용되어 정해진 복무를 마친 것을 요건으로 특별채용하는 경우에는 21세 이상 30세 이하)

(2) 시험부정행위자

경찰공무원의 채용시험 또는 경찰간부후보생 공개경쟁선발시험에서 부정행위를 한 응시자에 대하여는 그 처분이 있은 날부터 5년간 시험응시자격을 정지한다. 또한, 당해 시험을 정지 또는 무효로 한다. 다른 법령에 의한 국가공무원 또는 지방공무원의 임용시험에서 부정행위를 하여 당해 시험에의 응시자격이 정지 중에 있는 자도 마찬가지다. 시험실시권자는 부정행위를 한 응시자의 명단을 관보에 게재하여야 하며 부정행위를 한 응시자가 공무원일 경우에는 관할 징계위원회에 징계의결을 요구하거나 그 공무원이 소속하고 있는 기관의 장에게 이를 요구하여야 한다.

(3) 임용자격이 없는 사람

대한민국 국적이 없는 사람, 복수국적자, 금치산자 또는 한정치산자, 파산선고를 받고 복권되지 아니한 사람, 자격정지 이상의 형을 선고받은 사람 또는 자격정지 이상의 형의 선고유예를 받고 그 유예기간 중에 있는 사람, 징계에 의하여 파면 또는 해임처분을 받은 사람은 경찰공무원으로 임용될 수 없다. 따라서 합격해도 임용될 수 없으므로 응시하지 못하도록 해야 한다. 민법 개정에 따라 금치산자·한정치산자 제도는 변경되었으며 2013년 7월 1일 당시 이미 금치산 또는 한정치산 선고를 받은 사람은 이날로부터 5년이 경과하거나 한정후견, 특정후견, 임의후견(감독인 선임)이 개시되면 선고가 효력을 잃는다는 점을 유의해야 한다.

나. 경찰대학 입학시험 응시자격

「경찰대학설치법」과 「경찰대학의 학사운영에 관한 규정」은 경찰대학 입학자격으로 「고등교육법」에 따른 대학 입학자격을 가진 대한민국 국민으로 하고 있다. 또한, 「경찰공무원법」상 경찰공무원으로의 임용자격이 없는 사람, 사상이 건전하지 아니한 사람, 학칙에 규정된 신체기준에 미치지 못하는 사람, 본교 또는 다른 대학에서 퇴학 처분을 받은 사람도 경찰대학 입학자격이 없다고 규정하고 있다. 입학자격이 없는 사람은 응시자격도 없다고 보아야 한다.

다. 특별채용시험 응시자격

종전의 재직기관에서 감봉 이상의 징계처분을 받은 자, 계급정년에 의하여 정년퇴직한 자는 특별채용될 수 없다. 계급정년에 의하여 퇴직한 자를 특별 채용할 수 있게 되면 임용권자가 심한 압박을 받게 되어 계급정년제도가 흔들릴 소지가 있기 때문에 이렇게 규정한 것으로 보인다. 특별채용시험 응시자격은 특별채용되는 경우에 따라 크게 다르며 서류전형만으로 하는 경우도 있다.

경찰청장 또는 해양경찰청장은 동일한 사유에 해당하는 다수인을 대상으로 제한경쟁의 방법에 의하여 경찰공무원을 특별채용하는 경우 임용예정 직위의 직무수행상 특히 필요하다고 인정되는 때에 한하여 연령·학력 및 거주요건 등 응시자격을 제한하여 시험을 실시할 수 있다.

(1) 퇴직한 경찰공무원

퇴직 경찰관이 특별채용되려면 퇴직한 날로부터 2년 이내이어야 한다. 이 경우에는 서류전형과 면접시험을 부과한다. 다만, 필기시험 또는 실기시험을 치르게 할 수 있다.

(2) 임용예정 직무에 관련된 자격증 소지자

이 경우의 자격증은 「국가기술자격법」 기타 법령에 의한 자격증이어야 하며, 임용예정직에 상응한 자격증의 구분은 아래 별표 3과 같다. 이 경우의 계급환산에 관하여는 아래 별표 4를 준용한다. 이 경우에는 서류전형과 면접시험을 부과한다. 다만, 필기시험 또는 실기시험을 치르게 할 수 있다.

[별표 3] 〈개정 2000.3.25, 2001.12.3, 2002.7.11., 2004.3.17, 2006.11.8〉

특별채용시험응시자격증구분표(경찰공무원임용령 시행규칙 제34조제1항 관련)

구분	경정이상	경감·경위	경사이하
해양	1급항해사·1급기관사·1급운항사·2급항해사·2급기관사·2급운항사	3급항해사·3급기관사·3급운항사·4급항해사·4급기관사·4급운항사	5급항해사·5급기관사·6급항해사·6급기관사·소형선박조정사·잠수산업기사·잠수기능사
항공	운송용조종사(비행기 또는 회전익항공기)·항공정비사(비행기 또는 회전익항공기의 정비경력 5년 이상인 자)	산업용조종사(비행기 또는 회전익항공기)·항공정비사(비행기 또는 회전익항공기 정비경력 3년 이상인 자)	항공정비사(비행기 또는 회전익항공기)·항공공장정비사(비행기 또는 회전익항공기)
정보통신	정보통신기술자·전자계산기기술자·정보관리기술사·전자계산조직응용기술자	무선설비기사·전파통신기사·전파전자기사·정보통신기사·전자기사·전자계산기기사·정보처리기사·전자계산기조직응용기사·통신설비기능장·전자기기기능장	무선실비산업기시·전파통신산업기사·정보통신산업기사·통신선로산업기사·사무자동화산업기사·전자산업기사·전자계산기조직응용산업기사·정보기술산업기사·통신기기기능사·통신선로기능사·전파전자기능사·무선설비기능사·전자기기기능사·정보처리기능사·방송통신기능사·전자계산기기능사·전파통신기능사·정보기기운용기능사
수사	공인회계사	세무사, 관세사, 정보처리기사, 공인노무사, 전산망정보보호관련 학사학위 이상 소지자	정보처리산업기사
전산	정보관리기술사·전자계산조직응용기술사·정보통신기술사	정보처리기사·정보통신기사·전자계산기조직응용기사	정보처리기사·정보기술산업기사·전자계산기조직응용산업기사

무도사범, 경호 및 테러진압			유도·검도·태권도 2단 이상(대한체육회에 가맹한 경기단체가 인정하는 것을 말한다) 또는 합기도 2단 이상
운전			제1종 대형운전면허
차량정비		자동차정비기사	자동차정비산업기사
건축		건축기사·건축설비기사	
화약류	화약류관리기술사	화약류제조기사·화약류관리기사	화약류제조산업기사·화약류관리산업기사

(3) 임용예정직에 상응하는 근무나 연구 실적 또는 전문지식이 있는 사람

이 경우 서류전형, 면접시험, 필기 또는 실기시험을 거친다. 필기시험과 실기시험은 병과할 수 있다.

(가) 임용예정직에 상응하는 근무실적 또는 연구실적

이 경우 국가기관·지방자치단체·공공기관 기타 이에 준하는 기관의 임용예정직에 관련성이 있는 직무분야에서 임용예정계급에 상응하는 근무 또는 연구경력이 3년 이상인 자이어야 한다. 단, 아래 별표 1에 의한 특수기술부문에 근무할 자를 임용하고자 하는 경우에는 2년 이상이면 된다.

[별표 1] 〈개정 2002.7.10〉

특수기술부문(경찰공무원임용령 제16조제3항 관련)

부문별	특수기술
정보통신	유선·무선·정보통신보안 또는 전자통신기술
감식	지문·화재·족흔적 또는 사진의 감식기술
전산	전산관리·시스템운영·업무분석·설계 또는 프로그래밍개발기술
항공	항공기의 조정 또는 정비기술
함정	함정의 조종 또는 기관의 정비기술
장비	무기의 재생 또는 정비기술, 차량의 정비 또는 운전기술
회계	경리·예산편성 또는 회계감사
외사	통역·번역 등 외국어 전문능력

타 기관에서 퇴직한 후 3년이 지난 자는 이런 경력으로 특별 채용될 수 없다. 단, 전투경찰순경으로 임용되어 소정의 복무를 마친 자를 순경으로 임용하는 경우는 예외다.

다음의 어느 하나에 해당하는 경우에는 3년의 근무 또는 연구경력을 요하지 아니한다.

1) 전투경찰순경으로 임용되어 소정의 복무를 마친 자를 순경으로 임용하는 경우
2) 2년제 대학의 경찰행정 관련 학과를 졸업했거나 4년제 대학의 경찰행정 관련 학과에 재학 중이거나 재학했던 사람으로서 아래 별표 1의2의 경찰행정학 전공 이수로 인정될 수 있는 과목을 45학점 이상 이수하고 현역 또는 보충역의 복무를 마친 사람을 경사 이하의 경찰공무원으로 임용하는 경우. 이런 요건에 해당하고 법률에 따라 현역의 복무를 마친 것으로 보는 사람을 경사 이하로 임용하는 경우도 마찬가지로 해당.

[별표 1의2] 〈신설 2011.2.9〉

경찰행정학 전공 이수로 인정될 수 있는 과목(경찰공무원임용령 제16조제4항제2호 관련)

인정과목
체포술(무도 · 사격 포함), 헌법, 행정법, 형법, 형사소송법, 행정학, 범죄학, 경찰학, 비교경찰론, 한국경찰사, 경찰윤리, 경찰경무론, 경찰생활안전론, 경찰수사론, 경찰경비론, 경찰교통론, 경찰정보론, 경찰보안론, 경찰외사론, 범죄심리학, 피해자학, 과학수사론, 법의학, 형사정책론, 경찰연구방법론, 테러정책론, 민간경비론, 경찰기획(정책)론, 소년범죄론, 자치경찰론, 국가정보학, 사회병리학, 범죄통계학, 범죄예방론 또는 이와 유사한 과목으로서 경찰청장이 인정하는 과목

3) 군인으로서 2년 이상 복무한 경력이 있는 자 또는 전투경찰 특경으로 근무한 경력이 있는 자를 2년 또는 3년 이상 5년 이하의 범위 안에서 전투경찰대 또는 특별경비부서에 근무할 조건으로 경정 이하의 경찰공무원으로 임용하는 경우. 특별경비부서라 함은 서울특별시지방경찰청 101경비단 및 22경찰경호대를 말한다.
4) 위의 별표 1에 의한 특수기술부문에 근무할 자를 임용코자 하는 경우에는 2년의 근무 또는 연구경력을 요한다.
5) 보안공작업무와 관련 있는 자를 보안공작요원으로 근무하게 하기 위하여 경장 이하의 경찰공무원으로 임용하는 경우
6) 임용예정직에 관련된 전문지식을 가진 자를 경찰공무원으로 임용하는 경우

(나) 근무경력 또는 연구경력의 계급환산기준 등

근무 또는 연구경력을 평가함에 있어서 다른 경력과의 계급환산기준은 아래 별표 4와 같다. 이 경우 연구경력은 다음의 어느 하나에 해당하는 경력이어야 한다.

1) 국가 또는 지방자치단체의 연구기관에서의 연구경력
2) 박사 · 석사학위소지자의 학위취득을 위한 연구경력은 박사는 5년, 석사는 2년으로 한다.
3) 대학부설연구기관에서의 연구경력
4) 외국의 국 · 공립연구기관(대학부설 연구기관을 포함한다)에서의 연구경력

[별표 4] 〈개정 1994.6.28, 2001.12.3, 2006.11.8〉

계급환산기준표(경찰공무원임용령 시행규칙 제34조제2항 관련)

구분 / 계급	국가, 지방일반직 또는 별정직 공무원	기능직 고용원	군인	교육공무원			정부관리 업체	관련 직무 분야 학위 소지자
				초등학교 · 중학교 · 고등학교교원	전문대학 교원	대학 교원		
경정	5급		소령	18~23 호봉	13~18 호봉	11~16 호봉	과장 차장	박사 학위 소지자
경감	6급 (3년 이상)	기능직 5등급	대위	14~17 호봉	11~12 호봉	9~10 호봉	계장, 대리(3년 이상)	
경위	6급	기능직 6등급	중위(항공 요원은 준위)	11~13 호봉	9~10 호봉	7~8 호봉	계장, 대리	
경사	7급	기능직 7등급	준위(중사)	9~10 호봉	8호봉 이하	6호봉 이하	평사원(3년 이상)	
경장	8급	기능직 8등급	중사 (특경인 전투경찰 순경)	4~8호봉			평사원	

순경	9급	기능직 10등급 고용원	하사관, 병	3호봉 이하			평사원	

〈비고〉

1. 위 표의 기준은 위 표에 의한 해당경력 또는 그 이상의 경력에 달한 후「경찰공무원임용령」제16조제3항의 규정에 의한 기간 이상의 근무경력이 있는 자에 한하여 적용한다.
2. 4급 일반직국가공무원을 특별채용하는 경우에는 총경으로 환산하되, 특수한 전문분야의 경험과 지식을 가진 자에 한한다.
3. 군인란 중 괄호 안에 표시된 계급은 전투경찰대 및 항공요원으로 특별채용할 때에 한하여 사용한다.
4. 교육공무원란 중 초등학교·중학교·고등학교교원은「공무원보수규정」별표 11의 규정에 의한 호봉을, 전문대학교원 및 대학교원은「공무원보수규정」별표 12의 규정에 의한 호봉을 말한다.

(다) 임용예정 직에 상응하는 전문지식

임용예정 직에 상응하는 전문지식의 범위는 전문특기 분야의 기능 기타 특수 직무분야의 전문지식에 한정하며, 이 경우에는 채용예정분야와 관련된 전문학사 이상의 학위 소지자를 경위 이하 경찰공무원으로 채용하는 경우에 한정한다. 다만, 대공공작·대공신문분야에 있어서 채용예정 직급이 경사 이하인 경우에는 인문사회과학분야의 전문학사 이상의 학위소지자를 당해 분야의 전문지식을 가진 자로 본다.

(4) 5급 공무원의 공개경쟁채용시험이나 사법시험에 합격한 사람

이 사람들을 경정이하의 계급에 임용할 수 있도록 규정되어 있고 현재 외부에서 특채되는 경우 경정계급을 부여하고 있으나 내부에서 이 시험에 합격한 경위는 최저 승진소요 기간을 따져 경감을 거쳐 경정으로 승진하는 절차를 밟고 있다. 경찰조직 내 위화감 해소와 조직 적응능력 향상 및 인재의 장기 활용을 위해서는 후자의 절차를 밟는 것으로 일원화하고 경찰에 들어옴으로써 종전 기관에서 받는 것보다 보수가 감소하는 것은 호봉 산정 시 고려하도록 하는 방안을 검토해야 한다고 본다. 이들은 서류전형, 필기 및 면접시험을 거친다. 필기시험에서는 이 시험과 중복되는 과목은 제외한다.

(5)「국가공무원법」에 따라 재학 중에 장학금을 받고 졸업한 사람

이 경우에는 본인의 귀책사유로 장학금의 지급이 중단된 자가 아니어야 한다. 현실적으로 활용이 거의 안 되고 있는 제도이다. 서류전형과 면접시험을 부과한다. 다만, 필기시험 또는 실기시험을 치르게 할 수 있다.

(6) 섬, 외딴곳 등 특수지역에서 근무할 사람

이 경우에는 당해 기관이 관할 또는 소재하는 읍·면지역에서 본인·배우자 또는 직계존속이 5년 이상 거주하고 있거나 거주한 자이어야 한다. 서류전형, 면접시험, 필기 또는 실기시험을 거친다. 필기시험과 실기시험은 병과할 수 있다.

(7) 외국어에 능통한 사람

이 경우 그 능통의 정도는 모국어를 사용하는 국민이 고등학교교육을 마치고 작문이나 회화를 하는 수준이다. 서류전형, 면접시험, 필기 또는 실기시험을 거친다. 필기시험과 실기시험은 병과할 수 있다.

(8) 제주특별자치도의 자치경찰공무원을 그 계급에 상응하는 경찰공무원으로 임용하는 경우

제주특별자치도의 자치경찰공무원을 경찰공무원으로 채용할 때에는 특별채용시험을 거치지 아니할 수 있다. 시보임용도 거치지 아니한다. 경찰청장은 경찰공무원의 능력을 발전시키고 국가경찰과 자치경찰 사무의 연계성을 높이기 위하여 국가경찰과 자치경찰 간에 긴밀한 인사 교류가 될 수 있도록 노력하여야 한다.

3. 채용시험제도의 개관

가. 채용시험의 방법

경찰공무원의 채용시험은 신체검사·체력검사·필기시험·종합적성검사·면접시험 또는 실기시험과 서류전형의 방법에 의한다. 다만, 시험실시권자는 업무내용의 특수성 기타 사유로 필요하다고 인정하는 경우에는 체력검사를 실시하지 아니 할 수 있다. 교육훈련을 마친 경찰간부후보생에 대한 경위에의 채용시험은 그 교육훈련과정에서 이수한 과목을 검정하는데, 이 시험의 방법·합격자의 결정 등에 관하여 필요한 사항은 경찰청장의 승인을 얻어 경찰교육원장이 정한다.

신체검사는 직무수행에 필요한 신체조건 및 건강상태를 검정하고 체력검사는 직무수행에 필요한 민첩성·지구력 등 체력을 검정한다. 필기시험은 교양부문과 전문부문으로 구분하되, 교양부문은 일반교양정도를, 전문부문은 직무수행에 필요한 지식과 그 응용능력을 검정한다.

종합적성검사는 인성검사와 정밀신원조사로 구분되며, 직무수행에 필요한 적성과 자질을 종합 검정한다. 면접시험은 직무수행에 필요한 능력, 발전성 및 적격성을 검정하며 실기시험은 직무수행에 필요한 지식 및 기술을 실습 또는 실기의 방법에 의하여 검정한다. 서류전형은 직무수행에 관련되는 자격 및 경력 등을 서면에 의하여 심사하는 것을 말한다.

나. 계급별 실시의 원칙

경찰공무원의 채용시험은 계급별로 실시한다. 다만, 결원보충을 원활히 하기 위하여 필요하다고 인정될 때에는 직무분야별·근무예정지역 또는 근무예정기관별로 구분하여 실시할 수 있다.

다. 시험실시권자

경찰공무원의 신규채용시험 및 경찰간부후보생 선발시험은 경찰청장이 실시한다. 다만, 경찰청장은 항공경찰 분야에 종사할 자를 제외한 순경의 공개경쟁채용시험의 실시권 등을 경찰교육원의 장에게 각각 위임한다. 이 경우에도 경찰청장은 시험출제수준의 균형을 유지하기 위하여 특히 필요하다고 인정하는 경우에는 시험출제업무를 행할 수 있다.

라. 시험 종류별 단계와 내용

(1) 경정 및 순경의 공개경쟁채용 시험

경정 및 순경의 공개경쟁채용시험은 다음의 구분에 의한 단계에 따라 순차적으로 실시한다. 시험에 있어서 전단계의 시험에 합격하지 아니하면 다음 단계의 시험에 응시할 수 없다. 다만, 시험실시권자가 필요하다고 인정할 때에는 전 단계 시험의 합격결정 전에 다음 단계의 시험을 실시할 수 있으며, 이 경우 전 단계의 시험에 합격되지 아니한 자의 다음 단계 시험은 이를 무효로 한다. 또한 시험실시권자는 업무내용의 특수성 기타 사유로 필요하다고 인정될 때에는 그 순서를 변경하여 실시할 수 있다. 경찰간부후보생의 공개경쟁선발시험의 공고, 시험방법 및 시험의 단계(제1~6차 시험)는 경정 공개채용시험을 준용한다.

1) 제1차시험: 신체검사
2) 제2차시험: 체력검사
3) 제3차시험: 선택형 필기시험. 다만, 기입형을 가미할 수 있다.
4) 제4차시험(순경시험에서는 생략): 논문형 필기시험. 단, 과목별로 기입형을 가미 가능
5) 제5차시험: 종합적성검사
6) 제6차시험: 면접시험. 다만, 실기시험을 병과할 수 있다.

(2) 특별채용시험

특별채용시험은 사안별로 요구되는 시험 및 검사의 종류가 다르나 신체검사 및 체력검사는 공통적으로 실시하는 것이 원칙이다. 신체검사는 경찰청장이 지정하는 기관에서 발부하는 신체검사서에 의한다. 다만, 경무관 이상의 특별채용은 서류전형만으로 하며, 총경 이하의 특별채용은 시험실시권자가 업무내용의 특수성 등을 고려하여 체력검사를 실시하지 아니할 수 있다. 제주특별자치도의 자치경찰공무원을 국가경찰공무원으로 채용할 때에는 특별채용시험을 거치지 아니할 수 있다.

공통적으로 요구되는 신체 및 체력검사 외에 추가로 요구되는 시험이나 검사는 다음과 같다. 요구되는 필기시험이 있을 경우에는 선택형으로 하되, 기입형 또는 논문형을 가미할 수 있다.

1) 퇴직한 경찰공무원을 재임용하거나, 자격증 소지자 또는 장학금을 받고 졸업한 사람을 특별채용하는 경우에는 모두 서류전형과 면접시험을 부과한다. 다만, 필기시험 또는 실기시험을 치르게 하거나, 업무의 특수성 등을 고려하여 필요한 경우는 두 시험을 모두 치르게 할 수 있다.
2) 임용예정직에 상응하는 근무 또는 연구실적이 있거나 전문지식을 가진 사람, 특수지역에서 근무할 사람 또는 외국어에 능통한 사람을 특별채용할 때에는 서류전형, 필기시험 또는 실기시험과 면접시험을 부과한다. 다만, 업무의 특수성 등을 고려하여 필기시험과 실기시험을 모두 치르게 할 수 있다.
3) 5급공채나 사법시험 합격자 특별채용의 경우 서류전형·필기시험 및 면접시험을 치르게 하되, 5급공채 또는 사법시험 과목과 중복되는 과목은 면제한다.

4. 신체 및 체력기준 등

경찰공무원의 채용시험 및 경찰간부후보생의 공개경쟁선발시험의 신체검사 및 체력검사의 평가기준 등은 아래 「경찰공무원임용령 시행규칙」 별표 5 및 별표 5-2에 따른다. 다만, 별표 5에 정하지 아니한 사항은 「공무원채용신체검사 규정」에 따르며, 특수부서에 근무할 사람 또는 업무내용의 특수성 등을 고려하여 특히 필요하다고 인정되는 사람에 대한 신체검사 기준은 경찰청장이 따로 정할 수 있다.

과거에는 신장과 체중에 대한 기준도 있었으나, 국가인권위원회의 권고에 따라 폐지되었고, 대신에 체력검사에 악력(손으로 물건을 쥐는 힘)을 추가하고, 달리기·윗몸일으키기·제자리멀리뛰기의 기준을 높여 2008년부터 시행하였다.

아래의 표들은 순서대로 「경찰공무원 임용령 시행규칙」 별표 5(경찰공무원 신체검사기준)와 「공무원 채용신체검사 규정」 별표(신체검사 불합격 판정기준) 및 「경찰공무원 임용령 시행규칙」 별표 5-2(경찰공무원 체력검사기준 및 방법)이다.

[별표 5] 〈개정 2011.2.11〉

경찰공무원 채용시험 신체검사 기준표(경찰공무원임용령 시행규칙 제34조제7항 관련)

구분	내용 및 기준
체격	국립·공립병원 또는 종합병원에서 실시한 경찰공무원 채용시험 신체검사 및 약물검사의 결과 건강상태가 양호하고, 사지가 완전하며, 가슴·배·입·구강 및 내장의 질환이 없어야 한다.
시력	시력(교정시력을 포함한다)은 양쪽 눈이 각각 0.8 이상이어야 한다.
색신(色神)	색신이상(약도 색신이상은 제외한다)이 아니어야 한다.
청력	청력이 정상[좌우 각각 40데시벨(dB) 이하의 소리를 들을 수 있는 경우를 말한다]이어야 한다.
혈압	고혈압[수축기혈압이 145수은주밀리미터(mmHg)을 초과하거나 확장기혈압이 90수은주밀리미터(mmHg)을 초과하는 경우를 말한다] 또는 저혈압[수축기혈압이 90수은주밀리미터(mmHg) 미만이거나 확장기혈압이 60수은주밀리미터(mmHg) 미만인 경우를 말한다]이 아니어야 한다.

사시 (斜視)	검안기 측정 결과 수평사위 20프리즘 이상이거나 수직사위 10프리즘 이상이 아니어야 한다. 다만, 안과전문의의 정상 판단을 받은 경우에는 그러하지 아니하다.
문신	시술동기, 의미 및 크기가 경찰공무원의 명예를 훼손할 수 있다고 판단되는 문신이 없어야 한다.

비고: 위 "체격" 항목 중 "사지의 완전성"과 "문신"에 대한 구체적인 기준은 경찰청장이 정한다.

공무원채용신체검사규정[별표] 〈개정 2011.9.29〉

신체검사 불합격 판정기준

1. 일반결함
   가. 병의 증세 또는 경과가 좋지 않은 악성종양
   나. 난치성 사상균성 장기질환
   다. 난치성 사상충병(絲狀蟲病)
   라. 중증인 고혈압증(확장기혈압 115mmHg 이상인 사람)
   마. 「감염병의 예방 및 관리에 관한 법률」에 따른 감염병에 걸렸으나 적절한 치료를 받지 않아 다른 사람을 감염시킬 가능성이 있는 사람

2. 비강(鼻腔)·구강·인후기관 계통
   가. 업무수행에 큰 지장이 있을 정도로 대화 및 호흡에 장애를 주는 비강·구강·인후·식도의 변형 및 기능장애
   나. 정상적인 식사가 곤란한 식도협착

3. 치아 계통
   가. 아래턱관절 강직(强直), 저작근(咀嚼筋)의 질환 또는 악골(顎骨) 손상으로 30mm 이상 입을 벌릴 수 없게 된 사람
   나. 아래턱관절이 탈골되어 다시 맞추기 곤란하게 된 사람
   다. 발음기능과 씹는 기능을 모두 잃은 사람

4. 흉부
   가. 전염성 또는 중증 결핵
   나. 업무수행에 큰 지장이 있는 급성 및 만성 늑막질환
   다. 비결핵성 질환인 중증 만성천식증, 중증 만성기관지염, 중증 기관지확장증, 중증 폐기종, 중증 활동성 폐진균질환

5. 심장·혈관 및 순환기 계통(업무수행에 큰 지장이 있는 경우로 한정한다)
   가. 심부전증(心不全症)

나. 발작성 빈맥(150회/분 이상) 또는 기질성 부정맥
다. 방실전도장애(房室傳導障碍)
라. 동맥류
마. 유착성 심낭염
바. 관상동맥질환
사. 폐성심(肺性心)

6. 복부 장기 및 내장 계통
가. 빈혈증 등의 질환과 관계 있는 비기능항진증(脾機能亢進症)
나. 업무수행에 큰 지장이 있는 만성활동성간염 또는 간경변증

7. 생식비뇨기 계통
가. 중증 요실금
나. 진행성 신기능(腎機能) 장애를 동반하여 업무수행에 큰 지장이 있는 신질환(腎疾患)
다. 업무수행에 큰 지장이 있는 활동성 신결핵(腎結核) 또는 생식기결핵
라. 약물 등으로 조절되지 않는 신증후군(腎症候群)

8. 내분비 계통
가. 중증의 갑상선 기능 이상으로 업무수행에 큰 지장이 있는 비가역적인 합병증
나. 업무수행에 큰 지장이 있는 진행성 거인증 또는 말단비대증
다. 현재 치료를 받고 있지 않거나 업무수행에 큰 지장이 있는 동반질환을 합병증으로 수반하는 에디슨병(만성부신피질기능부전)
라. 현재 뇌하수체 기능 장애에 대한 약물치료 또는 호르몬치료를 받고 있지 않거나 뇌하수체선종의 기계적 압박에 의한 비가역적인 뇌신경장애 또는 뇌기능장애 등의 합병증
마. 업무수행에 큰 지장이 있는 당뇨병성 또는 대사질환성 합병증

9. 혈액 또는 조혈 계통(업무수행에 큰 지장이 있는 경우로 한정한다)
가. 치료하기 곤란한 혈우병
나. 혈소판 감소 자색반(紫色斑)
다. 재생불량성 빈혈
라. 용혈성 빈혈(용혈성 황달을 포함한다)
마. 진성 적혈구증가증
바. 백혈병

10. 신경 계통
가. 뇌졸중(腦卒中) 등 뇌혈관질환에 의하여 업무수행에 큰 지장이 있는 후유증
나. 중추신경계 염증성질환에 의하여 업무수행에 큰 지장이 있는 후유증

다. 만성 진행성 · 퇴행성 질환 및 업무수행에 큰 지장이 있는 뇌척수염(腦脊髓炎)[유전성 무도병(舞蹈病), 근위축성 측색경화증, 소뇌성운동실조증(小腦性運動失調症), 다발성 경화증을 포함한다]

라. 업무수행에 큰 지장이 있는 다음 질환

1) 뇌종양 및 척수종양
2) 외상성 신경질환
3) 말초신경질환
4) 전신성의 신경근(神經筋) 접합부 질환
5) 유전성 및 후천성 만성근육질환
6) 뇌전증(腦電症)

11. 사지(四肢)

가. 보조 장구(裝具)를 사용하더라도 필기능력이 없는 사람
나. 업무수행에 큰 지장이 있는 골절 · 관절 질환자

12. 귀

두 귀의 교정청력이 모두 40dB 이상인 사람

13. 눈

가. 두 눈의 교정시력이 모두 0.2 이하인 경우
나. 두 눈의 시야협착(視野狹窄)이 모두 2분의 1 이상인 경우
다. 안구 및 그 부속기의 기질성 · 활동성 · 진행성 질환으로 인하여 시력 유지에 위협이 되고 시각 기능에 장애가 되는 질환
라. 중심 시야 20° 이내의 복시(複視)를 가져오는 안구운동장애 및 안구진탕(眼球振盪)
마. 업무수행에 큰 지장이 있는 색각 이상

14. 정신 계통

가. 업무수행에 큰 지장이 있는 정신지체
나. 업무수행에 큰 지장이 있는 성격 및 행동장애
다. 업무수행에 큰 지장이 있는 정신병
라. 마약중독과 그 밖의 약물의 만성 중독자

[별표 5의2] 〈개정 2012.2.1〉

경찰공무원 채용시험 체력검사의 평가기준 및 방법

(경찰공무원임용령 시행규칙 제34조의2 관련)

구분		10점	9점	8점	7점	6점	5점	4점	3점	2점	1점
남자	100m 달리기(초)	13.0 이내	13.1~13.5	13.6~14.0	14.1~14.5	14.6~15.0	15.1~15.5	15.6~16.0	16.1~16.5	16.6~16.9	17.0 이후
	1,000m 달리기(초)	230 이내	231~236	237~242	243~248	249~254	255~260	261~266	267~272	273~279	280 이후
	윗몸 일으키기 (회/1분)	58 이상	57~55	54~51	50~46	45~40	39~36	35~31	30~25	24~22	21 이하
	좌우 악력 (kg)	61 이상	60~59	58~56	55~54	53~51	50~48	47~45	44~42	41~38	37 이하
	팔굽혀펴기 (회/1분)	58 이상	57~52	51~46	45~40	39~34	33~28	27~23	22~18	17~13	12 이하
여자	100m 달리기(초)	15.5 이내	15.6~16.3	16.4~17.1	17.2~17.9	18.0~18.7	18.8~19.4	19.5~20.1	20.2~20.8	20.9~21.5	21.6 이후
	1,000m 달리기(초)	290 이내	291~297	298~304	305~311	312~318	319~325	326~332	333~339	340~347	348 이후
	윗몸 일으키기 (회/1분)	55 이상	54~50	49~45	44~40	39~35	34~30	29~25	24~19	18~13	12 이하
	좌우 악력 (kg)	40 이상	39~38	37~36	35~34	33~31	30~29	28~27	26~25	24~22	21 이하
	팔굽혀펴기 (회/1분)	50 이상	49~45	44~40	39~35	34~30	29~26	25~21	20~16	15~11	10 이하

〈비고〉

1. 체력검사의 평가종목 중 1종목 이상 1점을 받은 경우에는 불합격으로 한다.
2. 체력검사의 평가종목에 대한 구체적인 측정방법은 경찰청장이 정한다.
3. 100미터 달리기의 경우에는 측정된 수치 중 소수점 둘째자리 이하는 버리고, 1,000미터 달리기의 경우에는 소수점 첫째자리 이하는 버리며, 좌우 악력의 경우에는 소수점 첫째자리에서 반올림한다.

5. 시험과목 및 출제수준

가. 시험과목

경찰관 공개경쟁채용시험의 필기시험과목은 아래 별표 2와 같고, 경찰간부후보생 선발시험의 필기시험과목은 아래 별표 3과 같으며, 특별채용시험의 필기시험과목은 아래 별표 4와 같다. 단, 영어과목은 경찰청장이 지정하는 국내외 외국어 시험전문기관에서 실시하는 영어시험이나 아래 별표 5에 따른 영어능력 검정시험으로 대체할 수 있다. 순경공개경쟁 채용시험에서는 영어능력 검정시험 대체규정이 적용되지 않는다.

2014년 실시되는 순경시험부터, 고등학교 졸업 학력자를 배려하여, 시험과목 중 필수과목이 국사, 영어로 되고 선택과목에 국어, 수학, 사회, 과학 등이 추가되었다. 순경공채 출신자들이 처음에 배치될 때 원칙적으로 파출소나 지구대 등 최일선 부서에 배치되는데, 이 부서에서 차질 없이 업무수행하자면 형법, 형사소송법, 경찰관직무집행법의 내용과 판례 중 직무집행에 필요한 부분은 숙지하고 있어야 한다. 시험과목이 이렇게 변경되면 형법, 형사소송법 등을 공부하지 아니한 사람은 교육기간 중에 이 과목들을 어느 수준까지 올려야 하기 때문에 교육기간을 차등화해서 더 늘려야 할 것이다.

시험과목에서 선택할 수 있는 과목을 늘리면 시험진행에 드는 인력과 비용, 관리상의 어려움이 크겠지만, 채용시험으로 광범위한 분야의 인재를 모집한다는 관점에서, 선택과목에 심리학, 사회학, 세무회계 등을 추가하여 다양한 분야 전공자들이 지원할 수 있도록 해야 한다. 대신에 수험생들의 시험부담을 줄이기 위해 선택해야 할 과목 수는 줄여야 할 것이다.

한국사는 국가정책으로 시험과목이 되었지만, 과거에 경찰관들의 시각은 국사가 업무수행에 가장 도움이 안 되는 과목이라는 것이었다. 따라서, 한국사 시험은 경찰관들이 알아야 할 역사적 사건으로 범위를 한정하고 그 범위 내에서 깊이 있게 출제하여 문제은행을 공개하는 등으로 수험생들의 암기 부담을 덜어 줄 필요가 있다. 예컨대, 삼국, 통일신라, 고려, 조선시대의 백성의 생활과 풍속, 외부침략, 민란 발생 이유, 멸망 이유, 경찰제도의 도입, 8·15 해방 이후 좌우익 대결 전말 및 경찰창설과정, 대한민국과 북한 정부수립, 6·25의 전말 및 경찰의 역할, 4·19 전후 경찰의 정치개입에 이은 시련, 산업화와 민주주의 발전과정에서 진보진영의 등장과 사회의 변화 등 경찰관으로서 알아야 할 한국사 지식으로 범위를 좁혀 출제하면, 역사의 교훈을 구체적으로 알 수 있게 하면서도 수험생들의 부담을 덜어 주는 방법이 될 수도 있을 것이다. 이렇게 하면 경찰학개론 시험에서 경찰사 부분을 제외할 수 있을 것이다.

[별표 2] 〈개정 2011.8.30〉

경찰공무원 공개경쟁채용시험의 필기시험 과목(경찰공무원임용령 제41조 관련)

<table>
<tr><th colspan="3">분야별 / 분야 / 시험별</th><th>일반(보안)경찰</th><th>항공경찰</th><th>전산 · 정보 통신경찰</th></tr>
<tr><td rowspan="3">경정 공개 경쟁 채용 시험</td><td colspan="2">제3차</td><td>한국사, 영어, 민법개론</td><td>한국사, 영어, 행정법, 항공법규</td><td>한국사, 영어, 전기통론</td></tr>
<tr><td rowspan="2">제 4 차</td><td>필 수</td><td>행정법, 형법, 형사소송법</td><td>비행이론, 관제이론</td><td>행정법, 형법, 형사소송법</td></tr>
<tr><td>선 택</td><td>범죄학, 국제법, 민사소송법 중 1과목</td><td>항공역학, 기관학, 형법 중 1과목</td><td>전자공학, 통신이론, 프로그래밍언어론 중 1과목</td></tr>
<tr><td rowspan="2">순경 공개 경쟁 채용 시험</td><td rowspan="2">제 3 차</td><td>필 수</td><td>한국사, 영어,</td><td>한국사, 항공영어, 항공법규, 비행이론</td><td>한국사, 영어, 컴퓨터일반</td></tr>
<tr><td>선 택</td><td>형법, 형사소송법, 경찰학개론, 국어, 수학, 사회, 과학 중 3과목</td><td>–
–</td><td>통신이론, 정보관리론 중 1과목</td></tr>
</table>

〈비고〉

1. 항공경찰 분야 시험과목인 "항공법규"는 「항공법」, 「항공법 시행령」 및 「항공법 시행규칙」을 말한다.
2. 제3차시험 과목인 영어는 경찰청장이 지정하는 국내외 외국어 시험전문기관에서 실시하는 영어시험 또는 별표 5에 따른 영어능력 검정시험(순경공개경쟁채용시험은 제외한다)으로 대체할 수 있다.
3. 순경 공개경쟁채용시험 제3차 선택과목 중 국어, 수학, 사회, 과학의 세부과목 및 출제범위는 다음과 같다.
   가. 국어: 한문 포함
   나. 수학: 수학(고교 1학년 과정), 수학 Ⅰ, 미적분과 통계 기본
   다. 사회: 법과 정치, 경제, 사회 · 문화
   라. 과학: 물리 Ⅰ, 화학 Ⅰ, 생명과학 Ⅰ, 지구과학 Ⅰ

[별표 3] 〈개정 2011.8.30〉

경찰간부후보생 공개경쟁선발시험의 필기시험 과목(경찰공무원임용령 제41조 관련)

경과별 / 시험별	분야별	일반경찰 일반(보안)	일반경찰 세무·회계	일반경찰 외사(外事)	전산·정보통신경찰
제3차 시험	필수	한국사, 영어, 형법, 행정학, 경찰학개론	한국사, 영어, 형법, 형사소송법, 세법개론	한국사, 형법, 형사소송법, 국제법	한국사, 영어, 형법, 형사소송법, 디지털공학
	선택	–	–	영어, 일어, 중국어, 불어, 독어, 러시아어, 스페인어, 아랍어 중 1과목 (읽기, 듣기)	–
제4차 시험	필수	형사소송법	회계학	영어, 일어, 중국어, 불어, 독어, 러시아어, 스페인어, 아랍어 중 1과목(쓰기, 말하기)	통신이론
	선택	행정법, 경제학, 민법총칙, 형사정책 중 1과목	상법총칙, 경제학, 통계학, 재정학 중 1과목		데이터베이스론, 자료구조론, 소프트웨어공학 중 1과목

〈비고〉

1. 일반경찰(외사분야는 제외한다), 해양경찰, 전산·정보통신경찰의 제3차시험 필수과목인 "영어"는 별표 5의 기준점수 이상인 경우 합격한 것으로 보되, 필기시험 성적 산정에는 반영하지 않는다.
2. 일반경찰의 외사분야 제3차시험 선택과목인 외국어 과목은 경찰청장이 지정하는 국내외 외국어 시험전문기관에서 실시하는 외국어시험으로 대체할 수 있다. 이 경우 "아랍어"에 대해서는 시험실시권자가 필기시험을 실시할 수 있다.
3. 일반경찰의 외사분야 제4차시험 과목인 외국어 과목은 실기시험 방식으로 실시할 수 있다.

[별표 4] 〈개정 2011.8.30〉

경찰공무원 특별채용시험의 필기시험 과목(경찰공무원임용령 제41조 관련)

경과 / 계급별	분야	일반경찰 일반(보안)	일반경찰 전투	일반경찰 외사	항공경찰	전산·정보통신경찰
총경·경정	필수	행정법, 형법, 형사소송법	행정법, 형사법, 군사학	행정법, 형법, 국제법, 영어	행정법, 항공법규, 비행이론	행정법, 형법, 전기통론
	선택	–	–	불어, 독어, 일어, 중국어, 스페인어, 러시아어, 아랍어 중 1과목	항공역학, 항공기상학 중 1과목	전산학개론, 유선공학, 무선공학 중 1과목

경감 · 경위	필수	행정법, 형법, 형사소송법	행정법, 형사법, 군사학	형법, 국제법, 영어	행정법, 항공법규, 비행이론	행정법, 형법, 전기통론
	선택	–	–	불어, 독어, 일어, 중국어, 스페인어, 러시아어, 아랍어 중 1과목	항공역학, 항공기상학 중 1과목	전산학개론, 유선공학, 무선공학 중 1과목
경사 · 경장 · 순경	필수	한국사, 영어, 형법, 형사소송법, 경찰학개론	한국사, 영어, 형법, 형사소송법, 군사학	한국사, 형법, 형사소송법	한국사, 항공영어, 항공법규, 비행이론	한국사, 영어, 컴퓨터일반
	선택	–	–	영어, 불어, 독어, 일어, 중국어, 스페인어, 러시아어, 아랍어 중 1과목	–	통신이론, 정보관리론 중 1과목

[별표 5] 〈신설 2011.2.9〉

영어 과목을 대체하는 영어능력 검정시험의 종류 및 기준 점수(경찰공무원임용령 제41조 관련)

시험의 종류		기준 점수	
		총경 · 경정	경감 · 경위 (간부후보생)
토플 (TOFEL)	미국 교육평가원(E.T.S: Education Testing Service)에서 시행하는 시험(Test of English as a Foreign Language)으로서 그 실시방식에 따라 피.비.티(PBT: Paper Based Test), 씨.비.티(CBT: Computer Based Test) 및 아이.비.티(IBT: Internet Based Test)로 구분한다.	PBT 530점 이상	PBT 490점 이상
		CBT 197점 이상	CBT 165점 이상
		IBT 71점 이상	IBT 58점 이상

토익 (TOEIC)	미국 교육평가원(E.T.S: Education Testing Service)에서 시행하는 시험(Test of English for International Communication)을 말한다.	700점 이상	625점 이상
텝스 (TEPS)	서울대학교 영어능력검정시험(Test of English Proficiency developed by Seoul National University)을 말한다.	625점 이상	520점 이상
지텔프 (G-TELP)	미국 국제테스트연구원(International Testing Services Center)에서 주관하는 시험(General Test of English Language Proficiency)을 말한다.	Level 2의 65점 이상	Level 2의 50점 이상
플렉스 (FLEX)	한국외국어대학교 어학능력검정시험(Foreign Language Examination)을 말한다.	625점 이상	520점 이상
펠트 (PELT)	한국외국어평가원에서 시행하는 시험(Practical English Language Test)을 말한다.	PEL Main 303점 이상	PEL Main 254점 이상
토셀 (TOSEL)	한국교육방송공사에서 주관하는 시험(Test of the Skills in the English Language)을 말한다.	Advanced 690점 이상	Advanced 550점 이상

〈비고〉
기준점수를 충족하지 못한 경우에는 해당 시험의 영어과목을 불합격으로 하며, 합격한 경우에도 필기시험 성적산정에는 반영하지 않는다.

나. 출제수준

채용시험의 출제수준은 경위이상 및 경찰간부후보생 공개경쟁선발시험에 있어서는 경찰행정의 기획 및 관리에 필요한 능력・지식을 검정할 수 있는 정도로 하고, 경사 및 경장에 있어서는 경찰업무수행에 필요한 전문적 능력・지식을 검정할 수 있는 정도로 하며, 순경에 있어서는 경찰업무수행에 필요한 기본적 능력・지식을 검정할 수 있는 정도로 한다.

6. 시험의 합격결정

(1) 체력검사, 필기시험 합격결정

경찰공무원의 공개경쟁채용시험 및 경찰간부후보생 공개경쟁선발시험에 있어서는 체력검사의 경우 매종목 실격 없이 전 평가종목 총점의 40퍼센트 이상의 득점자를 합격자로 결정하며, 필기시험의 경우 매과목 40퍼센트 이상, 전 과목 총점의 60퍼센트 이상의 득점자 중에서 선발예정인원과 시험성적을 고려하여 고득점자순으로 합격자를 결정한다.

다만, 순경의 공개경쟁채용시험에 있어서는 필기시험의 경우 매과목 40퍼센트 이상의 득점자 중에서 선발예정인원을 고려하여 고득점자순으로 합격자를 결정한다. 또한 선택과목에서 득점은 응시자가 선택한 과목 점수의 표준편차와 평균점을 산출하여 별표 6의 계산식에 따른 조정점수로 한다. 순경 채용시험에서 "매과목 40퍼센트 이상"이란 응시자의 조정점수와 조정 전 점수 중 어느 하나가 40퍼센트 이상에 해당하는 것을 말한다. 이 방식은 전경 출신 순경 특채자의 합격자 결정에도 적용된다.

[별표 6] 〈신설 2012.12.28〉

순경 공개경쟁채용시험 선택과목의 조정점수 산출 방법

(경찰공무원임용령 제43조의2제1항 관련)

$$\text{조정점수} = \left\{ \frac{(\text{응시자의 점수} - \text{응시자가 선택한 과목의 평균점})}{\text{응시자가 선택한 과목 점수의 표준편차}} \right\} \times 10 + 50$$

〈비고〉

1. 응시자가 선택한 과목 점수의 표준편차는 다음의 계산식에 따라 산출한다.

$$\sqrt{\frac{(\text{응시자가 선택한 과목의 점수} - \text{응시자가 선택한 과목의 평균점})^2 \text{의 총합계}}{\text{응시자가 선택한 과목의 응시인원수} - 1}}$$

2. 조정점수의 산출 결과 0점 미만의 점수는 0점으로 처리한다.

경찰공무원의 특별채용시험에 있어서는 체력검사의 경우 매종목 실격 없이 전 평가 종목 총점의 40퍼센트 이상의 득점자를 합격자로 결정하며, 필기시험 또는 실기시험의 경우에는 전 과목 총점의 60퍼센트 이상의 득점자 중에서 선발예정인원과 시험성적을 고려하여 고득점자순으로 합격자를 결정한다.

(2) 면접시험의 평가요소와 합격결정

면접시험은 25점 만점으로 하되, 아래 제1의 평가요소는 제2 및 제3의 평가요소에 대한 판단자료로 활용하고, 제2 및 제3의 평가요소는 1점부터 10점까지 점수로 평가하며, 제4의 평가요소는 경찰청장이 정하는 기준에 따라 0점부터 5점까지 점수로 평가한다. 시험실시권자는 이의 평점을 위하여 필요한 참고자료를 수집하여 시험위원에게 제공하여야 한다.

1) 경찰공무원으로서의 적성
2) 의사발표의 정확성과 논리성 및 전문지식
3) 품행·예의, 봉사성, 정직성, 도덕성·준법성
4) 무도(武道)·운전 그 밖의 경찰업무 관련 특수기술 능력

면접시험의 합격자결정은 위 제2부터 제4까지의 평가요소에 대하여 각 면접위원이 평가한 점수를 합산하여 총점의 40퍼센트 이상의 득점자로 한다. 다만, 면접위원의 과반수가 어느 하나의 평가요소(제4 평가요소 제외)에 대하여 2점 이하로 평가한 경우에는 불합격으로 한다.

(3) 최종합격자의 결정

최종합격자의 결정은 면접시험합격자 중에서 다음의 방법에 의하여 산정한 성적의 순위에 따르며 종합적성검사(인성검사와 정밀신원조회)의 결과는 면접시험에 반영한다.

1) **체력검사, 필기시험 또는 실기시험 및 면접시험을 실시하는 경우**: 체력검사성적 25퍼센트, 필기시험 성적(제3차시험과 제4차시험을 구분하여 실시할 때에는 이를 합산한 성적) 또는 실기시험성적 50퍼센트 및 면접시험 성적 25퍼센트의 비율로 합산한 성적
2) **체력검사, 필기시험, 실기시험 및 면접시험을 실시하는 경우**: 체력검사 성적 10퍼센트, 필기시험 성적 30퍼센트, 실기시험 성적 35퍼센트 및 면접시험 성적 25퍼센트의 비율로 합산한 성적
3) **필기시험, 실기시험 및 면접시험을 실시하는 경우**: 필기시험 성적 30퍼센트, 실기시험 성적 45퍼센트 및 면접시험 성적 25퍼센트의 비율로 합산한 성적
4) **필기시험 또는 실기시험 및 면접시험을 실시하는 경우**: 필기시험 성적 또는 실기시험 성적 75퍼센트 및 면접시험 성적 25퍼센트의 비율로 합산한 성적. 다만, 5급 공무원의 공개경쟁채용시험이나 사법시험에 합격한 사람을 경정 이하의 경찰공무원으로 임용하는 경우에는 면접시험 성적 100퍼센트로 한다.
5) **체력검사 및 면접시험을 실시하는 경우**: 체력검사 성적 25퍼센트 및 면접시험 성적 75퍼센트의 비율로 합산한 성적
6) **면접시험만 실시하는 경우**: 면접시험 성적 100퍼센트

(4) 동점자의 합격결정

경찰공무원의 채용시험중 필기시험의 합격결정에 있어서 필기시험선발예정인원을 초과하여 동점자가 있는 경우에는 그 인원에 불구하고 모두 당해 필기시험의 합격자로 한다.

최종합격자의 결정에 있어서 동점자가 있는 경우에는 다음의 순위에 따라 선 순위자를 합격자로 한다.

1) 「국가유공자 등 예우 및 지원에 관한 법률」 또는 「독립유공자예우에 관한 법률」의 규정에 의한 취업보호대상자
2) 필기시험성적
3) 면접시험성적
4) 체력검사성적

7. 시험위원의 임명 및 채용심사관

가. 시험위원의 임명 등

시험실시권자는 경찰공무원의 채용시험 및 경찰간부후보생 공개경쟁선발시험의 출제, 채점, 면접시험, 실기시험, 서류전형 기타 시험의 실시에 관하여 필요한 사항을 담당하게 하기 위하여 당해 직무분야의 전문적인 학식 또는 능력이 있는 자, 시험출제에 관하여 전문적인 지식이 있는 자, 임용예정직무에 관한 실무에 정통한 자를 시험위원으로 임명 또는 위촉할 수 있다. 시험위원으로 임명 또는 위촉된 자의 명단은 이를 공개하지 아니한다.

또한 시험실시권자는 시험의 신뢰도를 크게 떨어뜨리는 행위를 한 시험위원이 있을 때에는 그 명단을 다른 시험실시권자에게 통보하고, 당해 시험위원이 소속하고 있는 기관의 장에게 당해인에 대한 징계 등 적절한 조치를 할 것을 요청하여야 한다. 시험실시기관의 장은 이러한 통보를 받은 자에 대하여는 그로부터 5년간 당해인을 경찰공무원채용시험 및 경찰간부후보생 공개경쟁선발시험의 시험위원으로 임명 또는 위촉할 수 없다.

나. 채용심사관

채용할 경찰공무원에 대한 효과적인 적격성 검증을 위하여 경찰청·지방경찰청 및 소속기관에 경감 이상의 채용 담당 경찰공무원 1명을 채용심사관으로 둔다.

채용심사관은 응시자의 제출서류, 신원조사 결과 등 시험과 관련된 모든 자료를 심사·평가하고, 그 결과를 채용담당 주무과장과 인사·정보·감찰 담당(경찰교육원은 학생지도 담당) 경찰공무원(경정 또는 경감)의 검토를 받아 종합 의견서를 작성하여 면접위원에게 제공하여야 한다. 채용심사관은 신원조사 결과가 부실하거나 신원조사 결과에 대한 평가가 곤란한 경우에는 중점조사항목을 정하여 해당 부서에 신원조사를 다시 요구할 수 있다.

제5절 채용후보자의 등록과 임용

1. 채용후보자 명부

가. 채용후보자 등록

공개경쟁채용시험, 경찰간부후보생 공개경쟁선발시험 및 특별채용시험에 합격한 자는 소정의 서류를 첨부하여 지정된 기한 내에 임용권자 또는 임용제청권자에게 채용후보자등록을 하여야 한다. 이러한 채용후보자등록을 하지 아니한 자는 경찰공무원으로 임용될 의사가 없는 것으로 본다.

나. 서류심사

임용권자 또는 임용제청권자는 등록서류를 심사하여 임용적격자에 한하여 채용후보자명부에 등재하고 등록필증을 본인에게 송부한다. 다만, 교육훈련통지서로 등록필증에 갈음할 수 있다.

임용권자 또는 임용제청권자는 전직공무원이나 정부투자기관 기타 공공기관에서 근무한 경력을 가진 자를 임용할 경우에는 전에 근무하였던 기관의 장에게 공무원전력조회서를 보내어 전력을 조회하여야 한다. 다만, 경찰공무원의 채용시험을 실시함에 있어서 필요하다고 인정될 경우에는 시험실시기관의 장이 전력을 조회할 수 있다. 공무원전력조회서를 받은 기관의 장은 별지 서식의 전력조사회보에 의하여 20일 이내에 회보하여야 한다.

채용후보자가 「경찰공무원법」의 임용 결격사유가 있거나, 종전의 재직기관에서 감봉 이상의 징계처분을 받았거나 계급정년으로 정년퇴직한 자에 해당되는 때에는 등록을 하지 아니하거나 이를 취소하고 지체 없이 그 사유를 본인에게 통지하여야 한다. 임용권자 또는 임용제청권자는 채용후보자명부에의 등재 여부를 본인에게 알려야 한다.

다. 명부의 작성 및 유효기간

채용후보자명부는 임용예정계급별로 작성하며 성적순위에 따라 등재한다. 채용후보자 명부의 유효기간은 2년이나 경찰청상은 필요에 따라 1년의 범위에서 그 기간을 연장할 수 있다. 경찰청장은 채용후보자 명부의 유효기간을 연장하기로 결정한 경우에는 그 사실을 공고하여야 한다.

라. 채용후보자의 자격상실

채용후보자가 다음의 하나에 해당하는 경우에는 채용후보자로서의 자격을 상실한다.

가. 채용후보자가 임용 또는 임용제청에 불응한 때
나. 채용후보자로서 받아야 할 교육훈련에 불응한 때
다. 채용후보자로서 받은 교육훈련성적이 수료점수에 미달되거나 교육훈련중 질병·병역복무 기타 교육훈련을 계속할 수 없는 불가피한 사정외의 사유로 퇴학처분을 받은 때

2. 경찰공무원의 임용

가. 개관

(1) 임용제도 개요

"임용"에 대해 다양한 개념 정의가 있으나 본서에서는 공무원 임용령(제2조 제1항)에 따라

임용이란 신규채용 · 승진 · 전보 · 파견 · 휴직 · 직위해제 · 정직 · 강등 · 복직 · 면직 · 해임 및 파면 등으로 본다. "전보"란 경찰공무원의 동일 직위 및 자격 내에서의 근무기관이나 부서를 달리하는 임용을 말한다. "복직"이란 휴직 · 직위해제 또는 정직(강등에 따른 정직을 포함) 중에 있는 경찰공무원을 직위에 복귀시키는 것을 말한다. 신규채용과정에서 임용은 시보임용을 거쳐 정식으로 임용하게 된다. 임용권자에 대해서는 인사관리의 주체를 설명하면서 언급하였다. 임용에는 외부인재를 신규채용하는 외부임용과 승진, 강등, 전보 등의 내부임용이 있다. 특정한 자리에 내부직원뿐만 아니라 외부인재도 지원할 수 있도록 하는 혼합형 임용도 있다.

(2) 임용결격사유

임용결격사유는 채용시험의 응시자격에서 언급한 바와 같이, 대한민국 국적이 없는 사람, 복수국적자, 금치산자 또는 한정치산자, 파산선고를 받고 복권되지 아니한 사람, 자격정지 이상의 형의 선고를 받거나 선고유예를 받고 그 유예기간 중에 있는 사람, 징계에 의하여 파면 또는 해임처분을 받은 사람으로 규정되어 있다. 이에 해당되면 경찰공무원으로 임용될 수 없다. 앞으로 복수국적자에 대한 국적법상 허용범위가 글로벌화 추세에 맞추어 넓어지면 과연 결격사유로 계속 둘 수 있을 것인지 의문이다.

'경찰공무원은 신체 및 사상이 건전하고 품행이 방정(方正)한 사람 중에서 임용한다'는 「경찰공무원법」의 규정은 임용의 기본원칙이면서 동시에 선발의 지침이기도 하다.

(2) 임용순위 등

신규채용시험 합격자, 경찰대학 졸업자 또는 경찰간부후보생의 신규채용은 채용후보자 명부의 등재순위에 따른다. 다만, 채용후보자가 경찰교육기관에서 신임교육을 받은 경우에는 그 교육성적 순위에 따른다.

임용권자는 경찰공무원의 결원을 보충할 때 채용후보자 명부 또는 승진후보자 명부에 등재된 후보자 수가 결원수보다 적고, 인사행정 운영상 특히 필요할 때에는 자치경찰공무원을 임용할 수 있다. 이 경우에 임용권자는 그 자치경찰공무원의 임용권자와 협의하여, 그 결원된 계급의 자치경찰공무원 신규임용후보자 명부 또는 승진후보자 명부를 해당 기관의 채용후보자 명부 또는 승진후보자 명부로 보아 해당 자치경찰공무원을 임용한다.

나. 시보임용

(1) 시보임용기간

경정 이하의 경찰공무원을 신규채용할 때에는 1년간 시보(試補)로 임용하고, 그 기간이 만료된 다음 날에 정규 경찰공무원으로 임용한다. 휴직기간, 직위해제기간 및 징계에 의한 정직처분 또는 감봉처분을 받은 기간은 시보임용기간에 산입하지 아니한다.

(2) 시보임용의 면제

상위계급으로의 승진자격요건을 갖춘 사람을 하위계급에 임용하는 경우나, 시보임용기간 이상의 기간 동안 경찰교육을 받았거나 이미 경찰직무수행 경력이 있는 사람을 임용하는 경우에는 시보임용을 거치지 아니한다. 이를 구체적으로 열거하면 다음과 같다.

1) 경찰대학을 졸업한 사람 또는 경찰간부후보생으로서 정하여진 교육을 마친 사람을 경위로 임용하는 경우
2) 경찰공무원으로서 대통령령으로 정하는 상위계급으로의 승진에 필요한 자격요건을 갖추고 임용예정 계급에 상응하는 공개경쟁 채용시험에 합격한 사람을 해당 계급의 경찰공무원으로 임용하는 경우
3) 퇴직한 경찰공무원으로서 퇴직 시에 재직하였던 계급의 채용시험에 합격한 사람을 재임용하는 경우
4) 자치경찰공무원을 그 계급에 상응하는 경찰공무원으로 임용하는 경우

(3) 시보임용경찰공무원의 감독과 교육

임용권자 또는 임용제청권자는 시보임용기간 중의 경찰공무원에 대하여 근무사항을 항상 지도·감독하여야 한다. 또한 시보임용경찰공무원 또는 시보임용예정자에 대하여 일정기간 교육훈련을 시킬 수 있다. 이 경우 시보임용예정자에 대하여는 교육훈련을 받는 기간 동안 예산의 범위 안에서 임용예정계급의 1호봉에 해당하는 봉급의 80퍼센트에 상당하는 금액 등을 지급할 수 있나. 임용권자 또는 임용제청권자는 시보임용예정자가 위의 교육훈련성적이 만점의 6할 미만이거나 생활기록이 극히 불량할 때에는 시보임용을 하지 아니할 수 있다.

(4) 시보임용경찰공무원의 면직

임용권자 또는 임용제청권자는 시보임용경찰공무원이 다음의 하나에 해당하여 정규경찰공무원으로 임용함이 부적당하다고 인정되는 경우에는 정규임용심사위원회의 심사를 거쳐 당해 시보임용경찰공무원을 면직시키거나 면직을 제청할 수 있다. 시보임용 경찰공무원의 면직 또는 면직제청에 따른 동의의 절차는 해당 징계위원회의 파면의결에 관한 절차를 준용한다.

1) 징계사유에 해당할 때
2) 시보임용기간 중 교육훈련성적이 만점의 6할 미만이거나 생활기록이 극히 불량할 때
3) 경찰공무원 승진임용 규정에 의한 제2평정요소에 대한 근무성적평정점이 만점의 5할미만일 때

다. 정규임용심사위원회

시보임용경찰공무원을 정규경찰공무원으로 임용함에 있어서 그 적부를 심사하게 하기 위하여 임용권자 또는 임용제청권자소속하에 정규임용심사위원회를 둔다.

정규임용심사위원회는 위원장 1인을 포함한 위원 5인 이상 7인 이하로 구성한다. 위원장은 위원중 최상위계급 또는 선임의 경찰공무원이 된다. 위원은 소속 경감이상의 경찰공무원중에서 위원회가 설치된 기관의 장이 임명하되, 심사대상자보다 상위의 계급자로 한다. 위원회는 재적위원 3분의 2이상의 출석과 출석위원 과반수의 찬성으로 의결한다.

라. 정규임용심사

경찰기관의 장은 시보임용경찰공무원에 대한 자료를 시보임용기간만료 10일 전까지 임용권자 또는 임용제청권자에게 제출하여야 한다. 시보임용경찰공무원을 정규경찰공무원으로 임용함에 있어서 그 적부를 심사함에 있어서는 다음의 사항을 검토하여야 한다.

1) 시보임용 기간 중의 근무실적 및 직무수행 태도
2) 징계사유에 해당할 때, 교육훈련성적이나 생활기록이 극히 불량할 때, 경찰공무원 승진임용규정에 의한 제2평정요소에 대한 근무성적평정점이 만점의 5할 미만일 때
3) 지능저하 또는 판단력의 부족으로 경찰업무를 감당할 수 없는 경우

4) 책임감의 결여로 직무수행에 성의가 없고 위험한 직무에 당하여 고의로 직무수행을 기피 또는 포기하는 경우
5) 인격 장애, 알코올 · 약물중독 그 밖의 정신장애로 인하여 경찰업무를 감당할 수 없는 경우
6) 사행행위 또는 재산의 낭비로 인한 채무과다
7) 부정한 이성관계 등 도덕적 결함이 현저하여 타인의 비난을 받는 경우
8) 소속 상사의 소견

마. 임용시기 및 임용일자 소급

임용권자는 정규경찰공무원으로 임용할 경우 임명장을 수여하여야 하며 경찰공무원은 임명장에 기재된 일자에 임용된 것으로 본다. 다만, 사망으로 인한 면직은 사망한 다음날에 면직된 것으로 본다. 임용일자는 그 임용장이 피임용자에세 송달되는 기간 및 사무인계에 필요한 기간을 참작하여 정하여야 한다.

임용일자 소급은 원칙적으로 금지된다. 경찰공무원의 임용에 있어서 다음의 하나에 해당되는 경우를 제외하고는 그 임용일자를 소급하여서는 안 된다.

1) 재직 중 공적이 특히 현저한 자가 공무로 사망한 때에는 그 사망전일을 임용일자로 하여 추서하는 경우
2) 형사사건으로 기소된 때에 그 기소된 날을 임용일자로 하여 직위해제하는 경우
3) 천재지변, 전시 사변 등으로 생사나 소재불명으로 인한 휴직의 경우, 휴직기간의 만료일 또는 휴직사유의 소멸일을 임용일자로 하여 직권면직하는 경우

3. 초임경찰관의 보직과 경과 부여

가. 초임경찰관의 보직

경위이상으로 신규 채용된 경찰공무원은 관리능력을 배양할 수 있도록 전공 및 석성을 고려하여 합리적으로 보직하여야 한다. 이에 따라 순환보직 제도를 시행하고 있는데, 이 제도의 취지를 살리자면 하나의 보직에서 1년 이상 근무토록 해야 할 것이다.

신규채용에 의하여 순경으로 임용된 자는 최하급 경찰기관에 보직하되, 수사 및 정보업무

를 제외한 외근부서에 보직하여야 한다. 그러나 특수기술요원으로 신규 채용된 경찰공무원은 임용예정 직위에 보직하여야 한다.

최하급경찰기관이라 함은 경찰청, 경찰대학, 경찰교육원, 중앙경찰학교, 경찰수사연수원, 국립과학수사연구원, 경찰병원, 지방경찰청을 제외한 경찰기관을 말하고 외근부서라 함은 지구대・파출소 또는 출장소 기타 경비업무를 수행하는 부서를 말한다.

나. 초임경찰관의 경과 및 특기 부여

경찰공무원을 신규 채용할 때에는 채용구분에 따라 경과를 부여하되, 일반 요원으로 채용된 자에 대하여는 일반경과를, 수사요원으로 채용된 자에 대하여는 수사경과를, 보안요원으로 채용된 자에 대하여는 보안경과를, 특수기술요원으로 채용된 자에 대하여는 해당특수경과를 부여한다.

채용 후 1~2년 경과 후 일정한 요건(예비분류, 확정분류 등)을 갖춘 경위이상 경정이하의 경찰공무원에 대하여 그 경과별 직무분야에 따라 일반특기 또는 전문특기를 부여할 수 있다.

다. 초임경찰관의 의무 복무

경찰간부후보생과정을 졸업하고 경찰공무원으로 임용된 자는 수업연한에 해당하는 기간 경찰공무원으로 복무할 의무가 있다. 경찰간부후보생과정을 졸업한 자로서 의무복무기간중 정당한 이유 없이 복무의무를 이행하지 아니한 때나 파면 또는 해임처분을 받은 때에는 재교시의 식비・수당 기타의 학비를 상환하게 하여야 한다.

경찰대학을 졸업하고 국가경찰공무원으로 임용된 사람은 6년간 국가경찰에 복무하여야 한다. 이 경우 그 의무복무기간 중 직무를 감당할 수 없는 신체적 또는 정신적 장애(본인의 고의 또는 중과실로 발생한 신체적・정신적 장애는 제외) 외의 사유로 의무복무를 이행하지 아니하였을 때나 파면 또는 해임처분을 받았을 때에는 지급한 학비와 그 밖의 모든 비용의 전부 또는 일부를 상환하여야 한다.

제4장 경찰공무원의 교육훈련

제1절 개관

1. 교육훈련의 요체

교육훈련의 요체는 우수한 교관이 효율적인 방법으로 교육목표에 설 맞는 교육 콘텐츠를 피교육자가 익히도록 하는 것이다. 이를 위해서는 치밀한 교육기획 및 평가체제가 확립되어야 하고, 철저한 교육수요 조사가 선행되어야 하며, 적정하게 교육기간이 책정되고 피교육자에 알맞은 교육방법이 개발되어야 한다. 또한 우수한 교수, 생활지도 교관 및 교육콘텐츠, 적정한 교육시설과 환경 및 교육장비가 확보되어야 하고, 양실의 급식이 제공되어야 한다.

2. 교육훈련에 대한 각급 경찰기관장의 역할

가. 교육기회의 균등과 교육훈련 의무

경찰청장은 모든 경찰공무원에게 균등한 교육훈련의 기회가 주어지도록 교육훈련에 관한 종합적인 기획 및 조정을 한다. 각급 경찰기관의 장은 소속경찰공무원에게 그 직무와 관련된 학식 · 기술 및 응용능력을 배양할 수 있도록 교육훈련계획과 교육순기에 따라 교육훈련을 시켜야 한다.

나. 교육훈련에 관한 일반지침 작성과 교육인원의 배정

경찰청장은 연도개시 2월전까지 다음 연도의 경찰공무원 교육훈련에 관한 일반지침을 작성하고 교육인원의 배정을 하여야 한다. 경찰청장이 교육인원을 배정할 때에는 교육과정별 우선순위에 따라 소속기관별로 균등하게 되도록 하여야 한다. 소속기관 등의 장은 이 교육인원의 배정에 따라 교육대상자를 선발하고 그 순위를 정하여야 한다. 경찰관서장은 교육훈련에 관한 일반지침에 따라 직장훈련계획을 작성하여야 한다.

3. 경찰교육기관장의 교육계획 작성

경찰교육기관의 장은 경찰청장의 일반지침 및 교육인원의 배정에 따라 연도개시 1개월 전까지 교육계획을 작성하여야 한다. 여기에는 당해 연도의 교육훈련 기본방향, 교육훈련과정별 교육훈련의 목표 · 기간 및 대상, 피교육자의 선발계획, 교육훈련과정별 각 과목의 교수요목, 교재편찬 및 교재심의계획, 교육훈련의 평가방법 등이 포함되어 있어야 한다.

제2절 경찰공무원 교육의 목표

1. 신임경찰관 교육

경찰교육의 목표는 경찰공무원의 능력과 인성을 개발하여 경찰조직의 목표달성에 더욱 기여할 수 있도록 하는데 있다.

과거에 일본 경찰청장이 일본 경찰학교장에게 보낸 친필지휘서신에서 “너의 임무는 첫째, 훌륭한 경찰관을 양성하는 것이고, 둘째, 경찰조직에 수치를 가져다 줄 인성을 가진 사람을 추려내는 것이다”라는 글만 간단히 적혀 있었던 것을 보았다는 말을 우리 경찰의 일본 주재관을 지낸 박(朴) 전 경찰청장으로부터 저자가 들은 바 있다. 이는 신임 경찰교육의 목표를 간단히 잘 요약한 말로 본다. 또한 일본경찰학교에서는 생활지도교관들이 피교육자 개인별로 학교생활기록부를 철저하게 기록하여 자질 판단에 활용하고 있다는 말도 함께 들은 바 있다는데 반드시 참고해야 할 점이다. 신임경찰관 교육의 주요 목표는 다음과 같다.

가. 윤리성의 함양과 동기부여

경찰조직에 대한 국민들의 윤리성 요구수준은 대단히 높다. 성직자나 고위공직자에게 기대하는 수준에 버금가는 잣대를 가지고 평가하고 있는 것이다. 그러므로 경찰관이 국민의 기대수준에 크게 벗어나는 행동을 했을 때 경찰조직이 받는 타격은 평소 힘들게 쌓아 온 모든 업적을 무너뜨리는 결과를 가져온다. 경찰윤리성에 대한 요구수준은 선진국에서 더 높다. 미국의 한 경찰학자는, 경찰에 대한 신뢰는 "경찰관이 수백만 달러가 들어 있는 열린 은행금고에 들어가면 그것은 절대적으로 안전하게 된다"는 정도의 믿음이라고 표현하고 있다(Adams, 2007: 45).

중앙경찰학교 신임순경과정에서는 공무원 행동강령, 공직윤리, 경찰정신, 경찰직업관, 성희롱 예방, 인권의식 함양 등의 교수요목을 두고 윤리를 가르치고 있으나, 이에 더하여 학생지도교관이 직접 또는 구내방송을 통해 일상생활 속에서 짧게 지도하여 윤리성을 함양시키는 것이 효과적일 것이다.

저자가 과거에 타이완의 중화민국 중앙경관학교에 갔을 때 그 학교의 교훈이 "예의, 염치"라는 것을 보고 초·중등학교 교훈과 비슷하다는 생각이 들었다. 또한 경찰에 대한 국민의 신뢰는 국민에게 경찰이 맡은 일에 대한 전문성이 있는 유능한 조직이고 국민과 공감하는 윤리적인 조직으로 비춰질 때 확립되는데, 전문성에 대한 부분이 빠져 있다는 생각도 들었다. 한마디로 이 학교는 전문성보다도 윤리성을 더 중요시한다는 것이다. 전문성이 부족한 경찰관도 문제지만 윤리성이 부족한 경찰은 더 큰 문제라는 관점에서 이해해야 할 것이다.

나. 경찰조직문화의 이해

직장마다 특이한 조직문화가 있고, 범죄를 예방하고 범인을 검거하며 사회질서를 유지하는 경찰은 계급사회라는 독특한 직장문화를 가지고 있으므로 이를 입문하기 전에 충분히 이해시켜야 직장에 잘 적응할 수 있을 것이다. 현재 경찰의 조직문화와 바람직한 앞으로의 변화 방향, 이러한 문화 속에서 상하 간, 선후배 간, 동료 간 어떤 관계를 유지해 나가는 것이 바람직한 것인지를 이해시켜야 할 것이다.

중앙경찰학교 신임순경과정에서 선배와의 대화, 인간관계, 경찰직업관 등의 교수요목을 두고 있어 이를 통해 바람직한 경찰조직문화에 대한 언급이 있을 것으로 보이나, 좀 더 강화할 필요가 있는 것으로 보인다.

다. 실무능력의 함양과 체력향상

실무능력의 함양은 신임교육의 목표라고 일반적으로 인식되고 있는 것이고, 또한 업무수행능력에 직결되는 교육이라는 점에서 매우 중요한 교육목표이다. 우선 업무수행 현장에서 마주치는 갖가지 경우에 대해, 법적으로 어떤 조치를 해야 하고, 또한 어떤 조치들을 할 수 있으며, 또한 어떻게 하는 것이 가장 적정한지에 대해서 단순히 아는 정도가 아니라 자신 있게 행동으로 나올 수 있도록 숙지시켜야 한다.

그러자면 민원인의 호감을 받는 응대요령, 범인의 심리와 행동적 특성, 효과적인 설득 및 경고 요령, 군중심리 및 대처요령 등은 물론이고 체포술, 추격 시 자동차 운전기술 등도 배양해야만 한다. 규제를 받는 국민들도 선량한 국민과 똑 같이 각종 선거에서 투표권을 가진 경찰의 중요한 고객이며, 이들이 경찰관의 응대에 대해 반감을 적게 가지게 하는 것이야 말로 경찰조직의 발전에 중요한 핵심요인이 된다고 본다. 경찰조직이 곤경에 처하면 이들이 기뻐하는 일이 없도록 해야 하는 것이다.

제한된 기간 내에 가르칠 것이 많아 체력향상에 할애할 시간이 적을 수밖에 없으나, 체력을 향상시키는 방법과 습관은 교육기간 내에 체득시켜야 한다. 경찰업무 수행상 직접 물리력을 행사할 필요가 있는 경우가 많기 때문이다. 체력향상은 자기보호능력의 향상과도 직결되기 때문에 경찰지휘부에서는 각급 경찰기관에 체력향상 공간마련에 힘쓰고 시설 협소 등 여건이 안 되는 경우 인근 시설의 임차대책을 강구해야 할 것이다.

라. 자기보호능력의 향상

경찰관은 범인들의 유혹과 모략의 대상이 되는 경우가 흔하고, 아직도 잔존하고 있는 일부 그릇된 사고방식에 젖어 스스로 부패하기도 한다. 어느 경우든 문제가 되면 가혹한 징계는 물론이고 사법처리되는 불행이 따르고 언론에 노출되면 국민의 기대수준이 높은 만큼 여론의 질타를 받는다. 경찰의 내부징계는 일반공무원의 그것과 비교해서 훨씬 가혹하고, 검경 간의 갈등의 영향으로 일반공무원에 비해 사법처리될 확률이 높고 형량도 높게 받는다.

따라서 경찰관은 자신이 어떠한 유혹과 모략을 받을 수 있는지, 방심하면 어떻게 부패해 갈 수 있는지, 결국 표면화되면 어떤 행위가 어떤 징계를 받을 수 있는지, 어떻게 감찰활동이 이루어져서 적발되는 건지 분명히 알 수 있도록 하여 스스로 경계하고 대처할 수 있도록 해야 한다. 또한 검찰에서 형사문제화 했을 때, 경찰관들이 직위의 고하간에 자신의 형사문제에 대처하는 능력이 일반적으로 매우 부족하여 행위에 비해 큰 형량을 받는 경우가 적지 않은 것으로 보인다. 항상 단속・검거하는 입장에만 서 있었기 때문인지도 모른다. 검찰에서 부를 때 어떻게 대처해야 하는지도 알고 있어야 자기를 보호할 수 있을 것이다. 어쨌든 국민의 생명・신체・재산을 보호한다면서 자신도 제대로 보호할 줄 모른다는 것은 아이러니한 일이다.

외근 부서의 일선 경찰관들은 직무수행과정에서 물리적 공격을 당할 수 있으므로 기습공격에 대한 호신술을 제대로 익히게 해야 한다. 경찰관이 용의자에게 총격을 가할 때, 치명적 부위를 맞혀 어려운 지경에 빠지는 경우가 종종 발생하는데 주로 정지된 자세에서 정지된 표적사격 훈련을 받았기 때문에 추적하면서 이동표적을 쏠 능력이 부족한 것도 원인의 하나로 본다. 이동 간 이동표적 사격술을 연마시켜 내 보내야 할 것이다.

한때 퇴직 후 5년 내 사망률이 두 번째 높은 직종이 경찰관일 정도로 경찰관은 스트레스를 많이 받는 직무를 수행하고 있다. 스트레스는 경찰관의 건강을 서서히 해치는 위협인 셈이다. 이런 가운데서 스트레스를 극복하고 건강과 가정을 건전하게 유지・관리하는 습관을 기르도록 철저히 교육해야 한다.

중앙경찰학교 신임순경과정을 보면, 스트레스관리, 건강관리, 호신술, 사격 등의 교수요목을 두고 있으나, 그 외 자기보호에 대해 직접 가르치는 시간은 없어 보인다.

마. 자긍심의 향상, 동기부여 및 개인적 성장욕구 충족

윤리교육이 효과를 내고 태도와 자세가 긍정적으로 확립되자면 마음속에 자긍심이 뒷받침되어야 한다. 자긍심의 핵심은 스스로 대단한 사람이라고 생각하고 그런 생각으로 말하며 그런 생각으로 행동하는 데 있다. 자긍심을 키우자면 이런 요령을 체득하게 하면서 자긍심을 높이는 처우를 피교육생에게 해주어야 하며, 교수요원이나 지도교관이 분발을 촉구하는 의미에서라 할지라도 자긍심을 짓밟는 언행을 해서는 안 된다. 신사로 대해 주어야 한다는 것이다. 또한 자긍심은 주민에 대한 겸손한 언행을 할 때 더욱 빛난다는 것을 체득하도록 해야 할 것이다.

아울러 개인과 조직의 발전에 대한 장래 비전을 제시해 주고 열심히 일할 동기를 부여하여야 한다. 앞으로 수명 백세시대를 맞이하여 재직 중은 물론 이직 이후까지 어떻게 개인적으로 성장해 나갈 수 있을 것인지에 대한 방향과 경로들을 제시해 주고 이것이 조직의 발전과 어떻게 연계될 것인지에 대해 이해하도록 하여야 한다.

또한, 교육을 통해 주민, 민원인 및 조직구성원들과의 대인관계를 잘하는 능력을 향상시키는 것은 경찰조직의 목표달성을 위해 중요하다.

2. 재직경찰관 교육

재직경찰관 교육도 신임경찰관 교육과 크게 다를 바 없다고도 볼 수 있다. 그러나 신임교육에 비해 실무능력의 전문화에 초점이 맞추어져야 할 것이며, 윤리성과 자긍심의 함양은 계속 강조되어야 할 것이다. 실무교육에 있어서는 개정된 법령규정과 업무지침 및 최신 기술 및 노하우의 교육훈련에 초점이 맞추어져야 하며, 특히 각 경과별 전문화교육에 있어서는 실무에 대한 심층적인 지식기술과 노하우의 전수가 체계적으로 이루어져야 할 것이다.

재직경찰관은 이미 경찰조직 문화에 익숙해져 있을 것이다. 그러나 이와 관련해서도 현재 사회의 변화와 흐름에 비추어 경찰서비스 및 경찰관의 윤리성에 대한 기대수준이 앞으로 어떻게 변화되어 나갈 것이며, 이에 맞추어 앞으로 조직문화가 어떻게 변해 나가야 할 것인가에 대한 교육은 필요하다.

따라서 교육과정에 따라 다르겠지만, 대체로 다음과 같은 내용이 재직자 교육에 포함될 것이 요망되고, 필요한 사람에게는 심리상담 치료기회를 제공해야 할 것이다.

1) 조직윤리성 및 자긍심 제고를 위한 지도력 강화, 리더십과 팔로우십 체득
2) 개정된 법령규정과 업무지침, 최신 업무처리 기술 및 노하우 이해 등 실무능력 향상
3) 주민들의 경찰서비스에 대한 요구수준 변화와 대처요령 숙지
4) 신세대 경찰관의 심리적·행동적 특성과 사고방식 이해
5) 건강관리 및 체력유지 요령에 대한 교육
6) 주요 자체사고 사건 유형 및 리스크 관리요령 숙지
7) 해당 교육과정 관련 자격증 취득 안내 등 개인적 성장욕구 충족

제3절 교육훈련 수요의 조사

1. 교육수요조사의 의의

교육훈련을 필요로 하는 대상은 누구인지와 그들에게 어떤 지식·기술·능력의 향상과 태도·가치관의 변화가 어느 정도로 필요한 것인지 및 이것을 위해서 누가 얼마동안 어떤 내용과 방법으로 교육시킬 것인지를 알기 위해서는 교육훈련의 수요를 미리 파악하여야 한다.

교육훈련의 실질적 수요를 파악한다는 것은 직무를 수행하는데 필요한 능력·태도와 그 직무를 수행할 직원들이 현재 가지고 있는 능력·태도의 차이를 파악하는 것이나 계량적인 측정이 어렵다. 또한 앞으로 사회적·기술적 변화에 따라 신종범죄발생 등 새로운 치안수요가 생기고 첨단장비를 다룰 줄 알아야 하는 등 잠재적 교육수요도 파악하여 교육에 반영해야 한다. 승진·전보 등으로 관리직 업무나 새로운 업무를 맡게 되는 경우에도 교육수요가 발생한다.

경찰교육은 처음 경찰에 들어오는 사람에 대한 교육, 경사 이상으로 승진한 사람에 대한 계급별 기본교육, 재직자의 전문성을 향상시키기 위한 교육, 특별한 필요나 외부의 요구가 있을 때 하는 교육, 직장교육, 온라인을 이용한 원격교육 등이 있다. 이러한 교육과정들은, 설치 당시에는 현실적 필요성과 지휘부의 직관적 판단에 의해 결정된 것이며 교육수요 조사를 제대로 거친 것은 아니었다.

2. 교육수요조사의 방법

교육훈련 수요조사 방법은 여러 가지가 학자들에 의해 제시되고 있다. 그러나 경찰의 여건상 현실적으로 쓸 수 있는 방법은 제한될 수밖에 없다.

가. 신규임용예정자에 대한 교육수요 조사

신규임용(예정)자에 대한 교육수요 조사를 위해서는 그 과정을 마치고 현직에 배치된 사람들에게 무엇이 도움이 되었고, 무엇이 불필요했으며, 어떤 교육내용이 추가로 필요한지 물어 보아야 한다. 현직 근무한지 1년 미만인 사람, 2~3년 된 사람, 그 이상 된 사람으로 구분해서 물어보면 보다 정확한 결과를 기대할 수 있을 것이다. 다음으로 신규임용된 자를 배치 받은 부서장에게 같은 내용을 물어 보아야 한다. 신규임용된 자가 간부인 경우에는 부하에게 신임 간부가 어떤 점이 부족한지 물어 보는 것도 병행할 필요가 있다.

나. 재직자교육수요 조사

재직자교육수요 조사는 재직자 본인에게 어떤 내용의 업무지식과 기술을 어느 정도 수준으로 가지고 싶은지 물어보고, 그의 부서장에게 그 재직자가 부족하다고 생각하는 지식·기술뿐만 아니라 태도·자세에 대한 의견까지 물어보아야 한다, 조사대상 재직자가 관리자급인 경우 부하에게 부서장이 어떤 점이 부족하다고 생각하는지도 물어보아야 할 것이다. 재직자교육수요 조사를 하기 전에 설문 응답자들에게 앞으로 예상되는 사회적·기술적 변화와 이에 따른 새로운 치안수요 및 다루어야 할 첨단 장비·기술에 대해 미리 설명을 해 주어야 할 것이다.

다. 교육수요 조사방법 등

신규임용(예정)자 교육수요 조사든 재직자교육수요 조사든 그 대상이 매우 크기 때문에 설문지를 잘 구조화하여 설문결과를 취합하기 좋도록 해야 할 것이다. 그렇다 하더라도 개방식 질문을 몇 개는 포함시켜야 설문지 작성자가 미처 착안하지 못했던 것들을 알아낼 수 있다. 또한 설문내용에 있어서도 자신에게 교육훈련부담이 많이 오지나 않을까 또는 자신이 무능한 사람으로 비춰지지는 않을까하는 우려가 없도록 만들고, 설문 배포 전에 이런 우려들에 대해 충분이 설명하고 이해시켜야 하며, 설문지에 답하는 환경에도 세심한 배려가 있어야 한다.

설문조사는 비용과 시간은 절약되지만 가장 약점이 많은 조사이기도 하다. 조사대상 중 일부는 면접, 관찰 등의 방법으로 조사하여 부족한 점을 보완해야 할 것이다.

또한 근무성적평정결과는 개별 경찰관의 교육훈련의 수요조사를 하는데 참고자료로 활용될 수 있다. 단, 이를 참고할 때 뒤에서 설명할 근무성적평정의 여러 가지 문제점을 감안해야 할 것이다. 앞으로 자기평가제도가 도입되면 교육수요에 대해 비교적 객관적인 자료를 확보할 수 있을 것이다. 윤리성 함양 등 정신교육 수요파악을 위해서는 치안서비스에 대한 주민의 평가 등 여론과 부패, 추문 및 사고기록도 참고자료가 될 것이다. 앞으로 경찰업무에 대한 직무분석이 이루어진다면 직무기술서와 직무명세서가 중요한 자료가 될 것이다.

어떤 대상이든지 교육기관에 입교하면 먼저 시험, 설문지법 및 면접을 통해 피교육생들의 능력수준과 교육수요에 대한 최종확인과 함께 가능한 범위 내에서 교육내용과 수준의 조정이 이루어져야 할 것이다.

제4절 교육과정의 책정 및 과정별 교육계획의 작성

1. 교육과정의 책정 주체와 절차

경찰공무원 및 경찰공무원으로 임용될 자의 교육훈련을 위한 경찰교육기관별 교육과정, 교육기간과 그 대상은 경찰청장이 정한다.

실제로 진행되는 것을 보면, 경찰청 교육주무부서에서 매년 경찰교육기관으로부터 교육과정, 교육기간 및 그 대상에 대한 교육계획을 받아 경찰청 교육계획을 작성하여 경찰청장의 결재를 받아 이를 경찰교육기관과 지방경찰청 등에 하달하는 절차로 진행된다. 이런 과정에서 교육과정 신설이나 과정별 교육내용 추가에 대한 경찰청장이나 경찰교육기관장 또는 일선 지휘관의 요구가 반영되게 된다.

2. 교육과정 및 교육내용 개편과정

경찰에서는 창설 이래 오랫동안 지휘부 및 업무현장의 교육요구와 교육기관의 교육경험을 토대로 교육과정이 작성·개편되어 왔고, 각 과정별로 교수요목 등 교육내용이 작성되어 왔다. 그간의 치안여건의 변화와 조직 내부의 수요에 따라 교육과정과 과정별 교육내용도 개편되어 와서 오늘에 이르게 된 것이다.

그러나 체계적이고 과학적인 교육수요조사는 이루어지지 않았다. 앞으로 교육수요 조사가 제대로 이루어진다면 이미 책정되어 있는 과정의 개편이나 각 과정별 교육내용을 수정하는데 효율적으로 활용될 것이다.

3. 신임경찰관 교육, 재직자 교육, 퇴직자 교육

교육과정은 교육대상에 따라 신임경찰관 교육, 재직자 교육, 퇴직자 교육으로 나누어 생각할 수 있다.

가. 신임경찰관 교육

신임경찰관교육은 신임교육이라고도 하며 이들은 경찰조직문화나 업무에 대해 잘 모르는 사람들이 대부분이므로 경찰업무 전체에 대해 경찰관이라면 알아야 할 사항을 가르치면서, 배치되었을 때 맡은 직무를 당장 수행할 수 있도록 교육훈련을 한다. 이 때 피해자, 피의자, 기타 민원인을 응대하는 효율적인 기술과 체포술·호신술·사격술도 몸에 익히도록 한다. 동시에 경찰관으로서 가져할 윤리를 체득하게 하고 경찰조직문화를 이해시킨다.

나. 재직자 교육

재직자 교육은 기본교육, 전문교육 등이며 현재 맡고 있는 부서업무 수행의 전문성을 높일 수 있는 지식·기술을 배양하고 인간관계 교육 등 태도와 자세의 변화와 윤리성을 높이는 교육을 한다. 맡고 있는 업무에 따라서는 수준 높은 무술이나 사격술을 익히도록 해야 할 경우도 있을 것이다. 승진(예정)자에 대해서는 승진된 계급에서 맡게 되는 직무 전체에 일반적으로 적용될 수 있는 기초적인 직무지식과 정신교육을 한다. 관리자에 대해서는 리더십, 정책결정능력 등 조직관리 지식·기술과 유관기관과의 좋은 관계를 유지하는 방법도 가르친다.

다. 퇴직자 교육

퇴직자 교육은 보안교육을 통해 재직 중 지득한 비밀의 보안에 대해 주지시키고 사회적응 교육으로 퇴직이후 건강을 유지하며 재정적으로 안정적인 생활을 하고 사회생활에 잘 적응하여 보람을 찾을 수 있도록 교육하는 것이다. 퇴직자 교육에 대해서는 퇴직에 관해서 설명할 때 다시 언급한다.

4. 신임교육, 기본교육, 전문교육

경찰의 학교교육은 신임 · 기본 · 전문교육으로 분류할 수 있다. 신임교육은 채용되거나 채용될 자가 받아야 하는 교육이며, 기본교육은 경사 이상 경찰관이 해당 계급별로 받는 교육이고, 전문교육은 경정 이하 경찰공무원이 직무의 전문성을 높이기 위해 받는 교육이다. 과거에는 단기간의 총경기본교육과정도 있었으나 경찰고위정책과정으로 이름이 바뀌면서 기간도 대폭 늘고 경정(총경승진후보자 등)도 이 교육을 받을 수 있도록 되었다.

가. 신임교육

신임교육은 경사 이하 급은 중앙경찰학교에서, 경위 급 이상은 주로 경찰교육원에서 담당하고 있으며, 경위로 임용될 경찰대학생에 대한 교육은 경찰대학에서 담당하고 있다.

(1) 경사 이하급 신임교육

(가) 신규임용 예정자 교육과 미이수자 교육

신규임용 예정자 교육으로 일반 순경과정, 여자 순경과정, 101경비단 과정, 경찰행정학과(출신자) 과정, 정보통신 과정, 특공대 과정, 사이버 과정, 외사과정, 범죄분석(프로파일링 등) 과정, 피해자 심리과정, 기동대(전 · 의경 대체 · 특채)과정을 34주 동안 중앙경찰학교에서 교육하고 있다.

일선 경찰은 '거리의 판사'로 불릴 정도로 일선에서 국민과 직접 지속적으로 접촉하면서 때로는 규제하고 때로는 도와주고 있기 때문에 이들의 말과 행동은 경찰의 대 국민 이미지에 가장 큰 영향을 준다. 그렇기 때문에 대부분의 일선경찰을 배출하는 순경과정은 신임교육 중에서 가장 중요하다.

101경비단 과정, 경찰행정학과 (출신자) 과정, 정보통신 과정, 특공대 과정, 사이버 과정, 외사과정, 범죄분석(프로파일링 등), 피해자 심리과정, 기동대(전 · 의경 대체 · 특채)과정은 교육대상이 순경 신채 예정자가 많으나 경우에 따라 경장, 경사나 경위 신채 예정자가 될 수도 있으며, 교육과정별 특성에 맞도록 특화 설계된 교육을 하고 있다. 101단(청와대 경비 담당) 요원에 대한 교육은 경호교육의 특수성으로 인하여 31주 교육 후 2주간은 101경비단 소속 지도교관에 의한 자체 경호교육이 이루어지고 있다.

그 외에 신임교육을 받지 않고 주로 항공부서나 악대에 임용되어 근무하고 있는 자에 대해 12주간 사실상의 신임교육을 하는 미이수자 과정을 실시하고 있다.

(나) 교과편성 및 수료요건

교과편성을 보면 일반 순경과정과 기동경찰과정, 경찰행정학과 과정의 경우, 소양교육 26.2%, 법률교육 1.8%, 실무교육 66% 등으로 구성되어 있고(미이수 과정도 비슷함), 특채 특공대과정과 정보통신과정은 소양교육의 비중이 일반 순경과정과 같으나, 법률교육이 3.4%, 실무교육이 63.8%로 약간 다르다. 범죄분석 과정, 피해자심리 과정, 외사과정, 사이버 과정 등 나머지 과정들은 교육과정별 특성에 맞도록 각각 설계되어 있다.

일반 순경과정의 법률과목 구성을 보면, 헌법정신 4시간, 형사사례연구 8시간, 민·형사관계의 이해 4시간, 경찰작용법 8시간, 수사절차법 6시간, 형사특별법 14시간 등 44시간이다. 또한 실무과목 구성을 보면, 경무 52시간, 생활안전 55시간, 수사 63시간, 경비교통 33시간, 운전 16시간, 정보보안 20시간, 훈련 66시간, 현장 실습 및 견학 147시간, 무도 80시간, 체력관리·산악훈련·제식훈련·기초체력단련·기타 65시간이다. 각 과정별 피교육생들은 교육일수의 90% 이상을 수강하고 교육성적이 평균 60점 이상이어야 졸업할 수 있다.

(다) 순경공채시험에서 비법률과목만 선택한 자에 대한 교육

2014년부터 순경공개채용시험 과목이 필수과목이 국사, 영어로, 선택과목이 형법, 형사소송법, 경찰학개론, 수학, 사회, 과학 등의 과목 중에서 3과목 선택하는 것으로 변경되었다. 채용시험에 응시할 때 형법, 형사소송법, 경찰행정법의 기초적 내용이 포함되어 있는 경찰학개론을 선택하지 아니한 사람은 이들 과목을 선택한 사람에 비해 일선 경찰업무에 관련된 법률소양이, 교육을 시작하는 시점에서는, 부족하다고 간주할 수 있다.

그런데 신규채용에 의하여 순경으로 임용된 자는 최하급 경찰기관에 보직하되, 수사 및 정보업무를 제외한 외근부서에 보직하도록 되어 있다. 일선 방범·교통 외근부서에서 업무를 적정하게 수행하자면 형법, 형사소송법, 경찰행정법 등에 대한 기초적 법률지식이 필요한데, 현재 책정된 법률과목 44시간(자기주도 학습 5시간 포함)과 실무교육 중에 가르치는 관련 법률규정 교육만으로는 비법률과목 선택자에게는 부족하다고 본다. 따라서 형법, 형사소송법, 경찰학개론을 선택하지 아니한 합격자에게 이런 과목들을 선택한 합격자에 비해 경찰업무에 관련된 법률과목 교육시간을 늘려서 법률소양 부족문제를 해소해야 할 필요가 있다. 그렇다고 이 사람들에게 교육기간 자체를 늘려 임용이 늦어지게 하는 불이익을 주기에는 해당자의 불만은 물론 불평등 문제가 제기될 수 있고 중앙경찰학교 교육시설 부족문제가 심화된다는 문제도 있다.

이런 문제에 대한 대책으로 비법률과목 선택 공채시험에 합격자를 위한 사이버 법률강좌를 개설하고 입교 전에 이를 청취토록 한 후 경찰학교 입교 직후에 시험을 쳐서 이를 기준으로 분반하여 자율심화학습 시간이나 석식 후 휴식시간 등의 시간대에 사이버 강좌를 듣게 하거나 반별 특성에 맞는 맞춤형 보강교육을 하는 방법도 있을 것이다.

(2) 경위급 이상의 신임교육 등

(가) 경위, 경정, 일반직 신임교육

경위급 이상에 대한 신임교육은 경위로 임용될 경찰대학생(4년제)에 대해서는 경찰대학에서 관장하고, 경찰간부후보생(52주 과정), 경정 특채자(12주), 일반직 신임 실무자(2주)에 대해서는 경찰교육원에서 신임교육을 시키고 있다. 특공대 과정, 사이버 과정, 외사과정 등 중앙경찰학교에서 관장하고 있는 신임교육 과정 중에도 드물게나마 경위 신채자가 포함될 수는 있다.

(나) 경찰간부후보생 과정

경찰대학과 함께 경찰간부 확보의 주된 통로 중의 하나인 경찰간부후보생 과정은, 경찰간부로서 갖추어야 할 기본자세와 지휘능력 배양, 경찰업무 관련 이론과 실무 숙달, 현장 문제해결능력 향상을 교육목표로 하고 있다. 이에 따른 교육방향은 기본적응교육, 기본실무교육, 실무전문화교육, 지휘능력배양 등의 단계별로 창의적·능동적 경찰간부 육성을 위한 교육을 진행하고, 참여식 교육, 관서실습 등 체험교육을 통한 현장실무 대응능력을 강화하며 교육진행 중 지속적인 평가관리 및 환류로 교육효과를 제고하는 것이다.

이 교육은 합숙교육으로 진행되며 직무과목 1,194시간(66%), 소양과목 435시간(23%) 등 1연간 총 1,820시간을 교육한다. 그 후 전체 수업시간의 90% 이상을 수강하고 교육성적이 평균 60점 이상이며, 사격성적 60점 이상, 무도 1단 이상, 체포술 60점 이상 취득하고, 졸업사정에서 교육성적·인성평가 기준에 적합하다고 결정되면 경위로 임용된다. 소양과목과 직무과목의 교과체계는 다음과 같다.

분야	주요 교과목	시간
소양과목	13과목	435
	1. 특강(국정철학 · 국가시책교육 등)	80
	2. 공직가치(공직가치 · 청렴 · 부패방지)	5
	3. 안보교육	6
	4. 인성교육	38
	5. 인간관계와 리더십 훈련	21
	6. 사회봉사활동	35
	7. 헌법	30
	8. 민법(A반) / 형사소송법(B반)	30
	9. 경찰행정법 사례연구	10
	10. 외국어(수준별 강의)	70
	11. 전산실습	49
	12. 핵심가치교육	21
	13. 상담 및 지도	40
직무과목	21과목	1,194
	1. 경무실무	22
	2. 생활안전실무(해경 과목별도)	37
	3. 수사실무	37
	4. 형사특별법	10
	5. 과학수사	30
	6. 수사서류작성(KICS실습 포함)	35
	7. 교통실무(해경과목 별도)	32
	8. 경비실무(해경과목 별도)	22
	9. 정보보안외사실무	32
	10. 무도	120
	11. 호신체포술(경찰장구활용 포함)	50
	12. 생활체육	90
	13. 사격훈련	80
	14. 수상안전훈련	70
	15. 기본훈련	89
	16. 진압훈련(해경과목 별도)	35
	17. 무전기실습	10
	18. 관서실습	245
	19. 현장체험학습	35
	20. 자율학습(시청각교육 등)	92
	21. 보고서 발표	

(다) 경정 특채자 과정

경정 특채자 과정은 중간 간부로서 갖추어야 할 기본자세와 지휘능력을 배양하고 이론과 실무를 겸비한 전문적인 경찰간부를 육성한다는 교육목표로 12주간의 합숙교육을 시킨다. 이 사람들은 권위있는 국가시험에 합격하고 1~2년의 연수를 거친 사람들이기 때문에 420시간의 교육과정에서 직무과목의 비중을 70% 주고 있다. 이들은 전체 수업시간의 90% 이상을 수강하고, 교육성적 평균이 60점 이상이며 과목별 성적이 40점 이상을 받고, 퇴교처분을 받은 사실이 없으면 수료하게 된다. 다만, 사전 허가받은 공무나 특별휴가에 해당하는 경우 전체 수업시간의 2/3 이상만 수강하면 된다.

(라) 일반직 신임실무과정

일반지 신임실무과정은 6급이하 일반직공무원 신규채용자(미이수자 포함)에 대한 2주간의 합숙교육으로 신임공직자로서의 건전한 국가관・공직관・윤리관의 확립과 업무수행 능력의 극대화 및 적극적 근무의욕 고취 등을 교육목표로 하고 있다. 경찰업무 전반에 대한 기초적 이해를 시키기 위해 총 70시간의 교육 중 직무과목에 86%의 비중을 주고 있다. 이들의 수료요건은 경정 특채자 과정과 같다.

나. 기본교육

기본교육은 경사 이상 경찰관이 그 계급에 상응한 능력과 자질을 갖추도록 하기 위해 실시하고 있는 교육이며, 경사와 경위는 경찰교육원에서 실시하고, 경감과 경정에 대해서는 경찰대학에서 실시하고 있다. 경찰대학에서 관장하고 있는 치안정책과정도 총경 기본교육에 준해서 볼 수 있다.

(1) 경사 및 경위 기본교육

경위 및 경사 기본교육과정은 각각 2주간의 합숙교육 기간 동안 70시간을 교육하고 있다. 경위 기본교육과정의 교육목표와 경사과정의 목표와는 약간 차이가 있다. 경위 기본교육과정의 교육목표는 '일선 팀장급 간부 역할에 맞는 리더십 제고와 현장대응능력 향상'이고 경사 기본교육의 교육목표는 '의식 재무장・사명감 등 인성교육 강화와 현장대응능력 향상'이다.

경위과정은 직무교과가 48%이고 소양분야가 48%이며, 경사과정은 직무교과가 51%이고 소양분야가 45%이다. 생활체육시간을 제외하면 경위과정 직무과목 시간은 28시간에 불과하고, 경사과정은 30시간에 그치고 있어, 비록 기능별로 분반해서 해당 기능의 직무과목만 가르친다고 하지만 전문성을 향상시키기에는 매우 부족하다고 본다.

이들 교육기간을 단기로 한 것은 근속승진제로 경위·경사가 크게 증가하여 교육대상도 증가하고 있고, 장기간 자리 비우기가 곤란한 일선의 사정 및 다양한 직무전문화 과정의 개설로 교육기회 확대 등의 여건을 종합적으로 고려한 것으로 보인다. 그렇다 하더라도 경찰조직의 중요과제 중의 하나가 전문성의 향상이라는 관점에서 보면, 경찰의 골격에 비유될 수 있는 이들의 교육기간을 단계적으로 늘려 실질적인 교육효과가 나오도록 해야 한다고 본다. 이들 기본교육과정의 수료요건은 경정 특채자의 경우와 같다.

(2) 경감 및 경정 기본교육

경정 및 경감 기본교육은 경찰대학에서 실시하고 있는데 이 과정에서는 치안환경 변화에 대한 대응능력 제고, 중견관리자로서의 실천적 관리능력배양, 국제화·정보화 대비 교육강화를 교육목표로 하고 있다. 경정기본과정은 5주간, 경감기본과정은 3주간의 합숙교육으로 진행한다.

교육시간은 경정기본과정이 177시간이고 이 중 직무과목이 17과목 81시간이며 소양과목 등이 24과목 96시간이다. 경감기본과정의 교육시간은 107시간이며 이중 직무과목이 12과목 42시간이고 소양과목 등이 20과목 65시간이다. 수료기준은 경정, 경감 기본교육과정이 동일한데, 전체 수업의 90%이상을 수강해야 하나, 사전 허가받은 공무 또는 특별휴가에 해당하거나 기타 학장이 인정하는 불가피한 사유인 경우 전체 수업의 2/3 이상을 수강하면 되며, 전체 평가성적이 평균 60점 이상이고 평가과목 점수가 40점 이상이며 생활규범에 정한 규칙에 미달하지 아니하여야 한다.

(3) 치안정책과정

2000년 1월 시작된 치안정책 과정은 과거 2주간 실시해 오던 총경기본과정을 24주의 교육과정으로 개편한 것이다. 개편 당시 경찰대 개혁의 일환이라는 명분을 내걸었으나 일부 경정을 경찰서장 직무대리로 임용하기 위해 총경을 장기간 보직에서 빼기 위한 방편이라는 비판도 없지 않았다. 6개월이라는 기간이 심신의 재충전을 위해 필요하다는 시각이 많으나 너무 길다는 시각도 없지 않다.

이 과정은 6개월간 직무, 인접전문지식, 기본소양 교육 및 외국어, 정보화교육, 국외연수, 국토순례, 현장체험학습을 통하여 경찰지휘관으로서 소양과 직무 핵심역량을 함양하고 종합적 치안정책 개발능력을 제고하며 글로벌시대에 걸맞은 국제적 안목을 배양하고 있다. 교과체계는 136과목 854시간(주 35시간)으로 구성되어 있으며, 분야별 교육시간은 적응교육 66시간, 직무교육 211시간, 기본소양 110시간, 체력단련 53시간, 취미활동 49시간, 국내외 연수 105시간, 자료수집 35시간 등이다. 교육대상은 총경 또는 총경 승진후보자와 서기관급 공무원 등이다.

다. 전문교육

실무의 전문성을 향상시키는 과정은 경찰수사연수원의 각종 수사 전문교육과정과 경찰대학의 위기협상 관련 교육과정 외에는 경찰교육원에서 관장하고 있으며 경무, 생활안전, 수사, 교통, 경비, 정보보안 등 실무분야별로 교육과정들이 매우 다양하게 세분화되어 있다. 이러한 과정들이 점차 발전하여 더욱 더 내실을 가하면 경찰업무의 전문성을 높이는데 많은 기여를 할 것으로 예상된다. 이의 발전을 위해서는 우수한 교수요원 · 외래강사의 확보 · 발굴은 물론 교수요원의 국내외 연수와 시찰 및 적정한 연구비 지급이 뒷받침되어야 할 것이다. 전문교육과정은 다음과 같으며 과정별 개요는 본서 말미의 부록에 수록된 전문교육 내용을 참고하기 바란다.

(1) 경무분야

경무분야의 전문교육과정은 2주과정으로 감사전문화과정, 경리회계전문화과정, 행정관 직무능력발전과정 등이 있다. 1주과정으로는 경찰홍보 전문화과정, 송무실무 전문화과정, 개인정보보호 전문화과정, 고객만족리더 향상과정, 교수요원 양성과정, 동료강사양성과정, 성과관리요원 전문화과정, 유치인보호관 전문화 과정, 주무관 직무능력발전과정, 정보통신요원 역량 향상과정 등이 있다. 3일과정으로는 면접위원역량강화과정, 기획실무고급과정이 있다.

(2) 생활안전 분야

생활안전 분야의 과정은 3주과정으로 사이버범죄 예방강사 양성과정이 있고, 2주과정으로 112 상황실 요원과정, 풍속업무 전문화과정, 학교폭력대응역량 향상과정, CPTED 전문화과정이 있다. 1주과정으로는 경비업전문화 과정, 지역경찰 관리자과정, 지역경찰 전문화과정, 총포화약업무 전문화과정, 가정폭력대응강사 양성과정이 있고, 3일과정의 전자충격기 교관과정이 있다.

(3) 수사 및 교통 분야

수사분야의 과정은 경찰수사연수원의 교육과정들 외에도 경찰교육원에 2주과정으로 일반경과 수사역량강화과정, 피해자서포터 전문화과정이 있다. 교통분야의 과정은 2주과정으로 교통조사관 양성과정, 교통행정과정이 있고 1주 과정으로 교통안전교육 전문화과정, 교통외근과정이 있다. 교통사고조사에 대한 교육은 경찰청 산하기관인 도로교통공단과 중복으로 시행하고 있어 전문성이 높은 도로교통공단으로 통합하는 것이 바람직하다고 본다.

(4) 경비 분야

경비분야의 과정은 경찰대학 졸업생에 대한 8주과정의 전술지휘과정과 경찰견 운용관리를 가르치는 9주과정의 경찰핸들러 양성과정 및 2주과정의 경비전문화과정과 함께 1주과정으로 경호전문화과정, 사격지도자 양성과정, 사격술 향상과정, 작전 전문화과정, 전의경 코칭스쿨과정, 화생방 테러 대응과정이 있다.

(5) 정보 보안 분야

정보 분야의 과정은 2주과정으로 정보관리자 과정, 상황관리 전문화과정, 정보실무과정, 정책정보 전문화 과정, 채증전문화과정이 있고 1주과정의 정보관 후보자 양성과정이 있으며 보안 분야에도 보안수사 및 보안정보분석 능력을 향상시키기 위한 각종 전문화 과정들을 두고 있다.

5. 학교교육, 위탁교육, 직장훈련 등

교육과정은 교육훈련을 하는 장소에 따라 경찰학교 교육, 위탁교육, 직장훈련으로 나눌 수 있다.

가. 학교교육

(1) 개관

(가) 학교교육기관

학교교육은 경찰교육기관에서 실시하는 교육이며 경찰교육기관에는 경찰대학 · 경찰교육원 · 중앙경찰학교 · 경찰수사연수원 및 지방경찰학교가 있다. 이들 경찰교육기관에서 경찰관에 대한 신임교육, 기본교육, 전문화교육 등을 나누어 실시하고 있다. 또한 경찰대학에서는 4년제 경찰대학생 교육을, 경찰교육원에서는 경찰간부후보생 교육을 실시하고 있다.

경찰교육기관의 장이 유의하여야 할 점은, 자신의 사상과 지휘방침이 교육훈련의 모든 방향을 좌우하는 일이 없도록 하고, 장기적인 안목에서 국가와 조직의 발전에 부합하는 교육개선이 이루어지도록 내외의 의견을 충분히 수렴해야 한다는 것이다(김찬원, 2003: 328).

(나) 학칙과 교칙

입학 · 퇴학 · 졸업 · 상벌에 관한 사항, 시험 · 과정수료 · 인정에 관한 사항, 수업시간 및 휴업일에 관한 사항 등 학교교육에 관한 사항은 경찰교육기관의 장이 경찰청장의 승인을 얻어 학칙 또는 교칙으로 정한다.

(다) 숙식 제공 및 여비와 경비의 지급

경찰교육기관에서 교육훈련을 받는 경찰공무원과 경찰공무원으로 임용될 자는 예외규정에 해당하는 경우 외에는 교칙이 정하는 바에 따라 기숙사에 입사하고, 입사한 자에게는 급식을 한다. 경찰기관의 장은 소속경찰공무원 중 교육대상자로 선발된 자에게는 예산의 범위 안에서 공무원여비규정에 의하여 여비를 지급하여야 하며, 입학금 · 등록금 기타 교육훈련에 소요되는 경비를 지급할 수 있다.

(라) 수료점수 미달자에 대한 조치

일정한 점수를 받아야 수료할 수 있도록 규정된 교육과정에서, 경찰공무원이 수료점수에 미달된 때는 1회에 한하여 다시 그 과정의 교육훈련을 받게 할 수 있으며, 임용권자는 다시 교육훈련을 받은 경찰공무원이 재차 수료점수에 미달하고 직무수행능력 또는 성실성이 현저히 결여되어 직권면직사유에 해당된다고 인정하는 때에는 관할징계위원회에 직권면직의 동의를 요구할 수 있다.

(마) 퇴학처분

경찰교육기관의 장은 피교육자가 대리로 교육훈련을 받게 한 때, 정당한 이유없이 결석한 때, 수업을 극히 태만히 한 때, 생활성적이 극히 불량하거나 시험부정을 한 때, 경찰교육기관의 장의 지시에 따르지 아니한 때 및 질병 등 특수사정으로 인하여 교육훈련을 계속 받을 수 없게 된 때에는 퇴학처분을 하고, 해당 소속기관의 장에게 이를 통보하여야 한다. 퇴학처분을 받은 자는 차후 다시 교육훈련을 받아야 한다.

소속기관의 장은 퇴학처분(질병 기타 피교육자의 특수사정으로 인한 경우 제외)을 당하거나 등록을 기피한 자가 「국가공무원법」 또는 이에 의한 명령이나 직무상의 의무를 위반하거나 직무를 태만히 한 때나 공무원의 체면 또는 위신을 손상하는 행위를 했다고 인정하는 때에는 징계의결을 요구하고, 이를 경찰교육기관의 장에게 통보하여야 한다.

(2) 경찰대학

(가) 교육과정 및 기구

경찰대학(용인시 소재, 충남 아산으로 이전 예정)은 1981년 개교한 4년제 국립대학으로 경찰대학생 교육을 하는 한편, 총경 등에 대한 치안정책교육과정과 경정 및 경감에 대한 기본교육과정 등을 관장한다. 학장(치안정감) 산하에 학사행정 및 지원부서로 교수부, 교무과, 운영지원과가 있고, 학생지도부서로 학생지도부, 학생과가 있으며, 교수진(faculty)으로 법학과, 행정학과, 경찰학과, 체육학과가 있다. 그 외 치안정책연구소, 도서관, 학생상담실 등이 있다.

(나) 학부과정

4년제 학부과정의 졸업생은 경위로 임용되고, 학비와 수당, 의복, 급식, 교육용 물품 비용은 전액 국고에서 부담한다. 학부의 교과과정은 법학, 행정학, 경찰학 등 전공기초가 54학점, 전공 59학점, 교양 27학점, 무도 및 관서실습이 각각 8학점 등으로 구성되어 있다.

경찰대학 창설 당시 대학생 교육제도의 모델이 된 것은 사관학교였으며 교육과정을 작성하는데도 많은 참고를 하였다. 당시에도 군과 경찰의 차이점을 들어 대학 내부 실무자 간에 반대의견이 있었다. 사관학교처럼 외출 외박을 제한하면서 외국어 공부를 소홀히 한 학생에 대해 추가로 더 제한하자 학생들이 집단행동을 벌여 당시 학생지도실장이 전보조치된 일도 초창기에 있었다. 또한 법학과와 행정학과의 2개과를 두는데 대해서도 반대의견이 있었으나, 경찰대학 교육제도가 어느 정도 정착된 뒤에 수사, 정보 등의 학과를 두어도 될 것이라는 등의 이유로 받아들여지지 않았다.

(다) 4년제 경찰대학 제도에 대한 평가

경찰대학 설치로 인해 경찰간부의 자질이 높아졌다는 국민들의 인식이 생겼다는 점은 대단한 성과다. 그러나 특별한 흠이 없는 한 졸업생 전원이 경위로 임용되는 제도로 인해 경찰관으로서 부적격한 사람까지 임용되게 되어 임관 후 문제를 일으켜 본인의 불이익은 물론 경찰조직에 누를 끼치는 사례가 있어 왔다. 경사 이하 재직자들은 자신들의 승진 길이 좁아진다고 생각하여 조직 내 위화감이 커졌다. 경찰간부후보생 과정은 물론 순경 공채시험 합격자들의 수준이 최근 들어 높아지자 교육효과 대비 비용 간의 능률성 문제도 제기되고 있다. 경찰대학 졸업생이 많이 배출되었지만 국민들 중에는 경찰의 전문성이 더 높아져야 한다는 의견이 여전히 있다.

(라) 앞으로 검토해야 할 사항

이런 문제점을 고려하여 앞으로 검토해야 할 사항은 첫째, 법학과와 행정학과 이외에 경찰실무 분야별로 전공학과를 설치할 것인지, 둘째, 국립대학 수준의 유상교육으로 하고 의무복무제도를 완화할 것인지, 셋째, 사관학교 식의 일과 후 통제제도와 사실상 졸업생 전원 경위임용 제도를 변경할 것인지, 넷째, 고졸자 입학정원을 줄이고 대신에 경사 이하의 재직자가 입학 또는 편입할 수 있도록 하여 졸업 후 승진혜택을 주는 등 재직자 고속승진제도로도 활용할 것인지 등이다.

(2) 경찰교육원

(가) 연혁, 기구 및 교육대상

경찰교육원(천안시 소재)은 2009년 경찰종합학교를 개칭한 교육기관으로, 해방 이후 그해에 경찰관교습소란 명칭으로 설립되어 몇 차례 명칭(조선경찰학교, 국립경찰학교, 경찰전문학교, 4년제 대학 아닌 경찰대학 및 부설 종합학교 등)과 소재지(서울, 인천 등)를 변경한 가장 오래된 경찰교육기관이다. 원장(치안감) 산하에 운영지원과, 교무과, 학생과를 두고 있고, 교수진은 경무학과, 생활안전학과, 교통학과, 경비학과, 수사학과, 정보보안학과, 체육학과로 편성되어 있다. 경찰교육원은 앞에서 설명한 바와 같이 신규채용자 교육으로 경찰간부후보생, 경정특채자, 일반직 신임 실무자를 교육하고 있고 경위와 경사의 기본교육 및 다양한 재직자 직무 전문화 교육과정을 두고 있다.

(나) 재직자 전문화과정

재직자 전문화과정은 ① 실무자에게 맡은 직무의 전문성을 향상시키는 과정과 ② 실무·정신 교육 분야의 각종 강사·교수요원 양성과정으로 구분할 수 있는데, 개별적인 과정들은 앞에서 설명하였다. 각종 강사 양성과정은 전수교육을 통해 교육효과의 확산을 가능하게 하고 있다. 강사·교수요원 과정에는 인권강사양성과정, 청렴강사양성과정, 고객만족 리더 향상과정, 동료강사기본과정, 전자충격기 교관 양성과정, 사이버범죄예방 전문강사 양성과정 및 교수요원 양성과정이 있다.

(다) 정신교육과정

경찰교육원은 가치관, 태도, 감성 등의 변화, 발전을 추구하는 교육과정을 두고 있다. 이에 해당하는 교육과정으로는 경찰핵심가치과정, 자기계발 향상과정, 공감 힐링 과정 등이 있다. 이런 교육으로 얼마만큼 효과가 날지는 의문이나 자기성찰의 계기가 될 수 있다는 점에서 의의가 있다고 본다. 교육이수자에 대한 지속적인 교육효과 확인을 통해 교육내용, 방법, 기간, 초빙강사 등에 대한 검토로 발전시켜 나가야 할 것이다. 이에 해당하는 각 과정의 내용은 다음과 같다.

1) 경찰핵심가치과정

경찰핵심가치과정은 인권, 청렴, 봉사 등 경찰핵심가치를 알게 하고 현장업무와의 연관성을 숙지시키며 핵심가치를 실천하는 '참 경찰인'을 양성하는데 교육목표를 두고 있다. 이 과정은 1주간(35시간)의 합숙교육으로 경정이하 경찰관이 입교대상이다.

이 과정은 경정 · 경감 기본교육 입교대상자는 입교 전 필히 이수해야 하며, 생활안전, 수사, 교통 등 대민접촉부서 근무자, 경찰개혁에 관심이 높고 리더십이 우수한 자를 피교육생으로 선발한다. 이들은 전체 수업시간의 90% 이상을 수강하고, 퇴교처분을 받은 사실이 없으면 수료하게 된다.

다만, 사전 허가받은 공무나 특별휴가에 해당하는 경우 전체 수업시간의 2/3 이상만 수강하면 된다. 이 과정은 특강(안보, 공생발전, 공직가치), 현장에서 배우는 경찰가치, 그 놈의 인권!(공정한 경찰 · 정의로운 경찰), 경찰청렴과 부패방지, 나를 찾아 떠나는 여행(우리는 어떻게 듣고 말하는가?), 경찰의 봉사정신과 국민섬김, 나는 명품 경찰이다(경찰사에서 찾는 경찰핵심가치) 등 소양과목으로 구성되어 있다.

2) 자기계발향상과정

자기계발향상과정은 봉사활동, 감수성훈련을 통한 자기성찰로 공직자로서의 본분을 재인식하게 하고 소통 · 공감 · 위기극복 훈련으로 자신감과 조직자긍심을 고취시켜 공직적응능력을 향상시키는 교육이다.

이 과정은 경찰청 인사쇄신 기준에 의해 선발된 경정 이하 경찰관을 대상으로 2주 합숙교육을 실시하며 감수성 훈련, 힐링 프로그램, 사회봉사활동 등의 과목이 있는 것이 특색이다. 수료기준은 경찰핵심가치과정과 같다.

주요 교육내용은 특강(안보, 공생발전 등), 위기극복(위기는 절망이 아니다!), 소통과 공감, 감수성훈련, 친절봉사와 이미지메이킹, 조직 · 개인 비전의 조화, 셀프리더십과 팀워크, 경찰핵심가치, 경찰공무원 행동강령, 경찰관의 청렴과 부패방지. 현장체험학습(힐링프로그램) 등으로 구성되어 있다.

3) 공감힐링과정

공감힐링과정은 치안현장에서 지치고 상처받은 경찰관에게 동료의식과 새 희망을 일깨워주고 감수성훈련과 참여형 수업으로 상처를 치유하여 조직적응력과 업무능력을 향상시키는 것을 교육목표로 하고 있다. 중점교육방향은 자기성찰의 기회를 부여하여 공직자로서의 기본자세를 확립하게 하고 심성치료 및 회복으로 자신감을 부여하며 일선현장에서 상·하간 소통을 원활하게 할 수 있도록 하는 것이다.

입교요건은 지역경찰근무자와 자원 및 기관장의 추천을 받은 자이다. 이 과정은 1주일의 합숙기간 중 35시간의 교육을 한다. 수료요건은 경찰핵심가치과정과 같다. 주요 교육내용은 참된 나를 찾아서, 자신의 성격 탐색하기, 행복 만들기, 감수성 훈련, 분노의 관리, 희망 쌓기, 공감적 대화나누기 등으로 구성되어 있다.

이 과정 수료자 중 희망자나 과정담당교직원 판단으로 추가 상담교육이 필요한 사람에 대한 별도의 과정설치도 검토될 필요가 있다.

(3) 중앙경찰학교

(가) 교육대상 및 기구

중앙경찰학교는(충주시 소재) 경사급 이하 경찰공무원(전투경찰순경 포함)으로 임용될 자에 대한 교육훈련을 위한 교육과정을 운영한다. 교육과정에 따라서는 경위 신규특채자도 포함될 수 있다. 중앙경찰학교는 교장(치안감) 산하에 운영지원과, 교무과, 학생과가 있고, 교수진은 경무, 생활안전, 수사, 형사, 경비정보, 교통, 사격교육, 무도학과 등에 편성되어 있다. 중앙경찰학교는 종합실습관 내에 지구대 실습실, 증거분석실, 유치장 체험실, 진술녹화실, 치안상황실 등 다양한 실습시설을 갖추어 교육의 내실화를 추구하고 있다.

(나) 발전과제

중앙경찰학교가 대부분의 일선경찰관을 배출하는 경찰교육의 중추적 기관인 점에 비추어 기구와 인력을 대폭 보강해야 한다고 본다. 3개과, 정원 141명의 현 중앙경찰학교의 빈약한 체제로서는 34주라는 짧은 기간 동안에 다양한 신임교육과정을 운영하면서 수천 명의 피교육생에 대해 교육훈련을 실시하고 관서 실습까지 한다는 것은 매우 벅찬 과제가 아닌가 생각된다.

앞으로 학생지도부와 경찰학부(과)를 신설하고, 현재 주로 경감인 각 학과장 직급이 최소한 경정은 되어야 할 것으로 보며, 학생지도교관의 숫자도 학생 40~50명당 1명 정도는 되어야 학생 개개인을 세심하게 파악하여 제대로 지도·관찰하고 인성에 문제가 있어 걸러낼 사람을 찾아낼 수 있을 것이다. 학생지도부서에서는 정신교육학과, 무도학과, 상담실을 두어 경찰정신·윤리교육과 무도·체력관리 등 학생의 심신의 건강에 대한 교육을 맡아야 학생지도를 효율적으로 할 수 있을 것이다. 상담실에는 심리상담 전문가를 다수 배치하여 피교육생 개별상담과 지도교관의 피교육생 인성판정 자문을 맡도록 해야 할 것이다.

(4) 경찰수사연수원

(가) 기구 및 연혁

경찰수사연수원(충남 아산시 소재)은 수사 및 보안경찰의 직무에 대한 전문교육을 실시하는 교육기관으로 경찰청 부속기관이며 원장(경무관) 산하에 2개과를 두고 있다. 과거 경찰수사연수소와 보안경찰연수소가 1999년 경찰수사보안연수소로 통합되었고 소장은 경찰대학 교수부장이 겸직하였는데, 이것이 2007년 경찰수사연수원으로 되었다. 우리나라에서 과학수사를 지원하는 핵심기관은 감식과 연구기능을 수행하는 국립과학수사연구소와 수사교육기능을 수행하는 경찰수사연수원이다. 앞으로 이 두 기관을 협응적인 체제로 재조직화하여 시너지 효과를 극대화할 필요가 있다(이상원, 정초영, 2004: 75).

(나) 교육과정

경찰수사연수원의 교육과정들은 수사경찰에 대한 교육과정과 보안경찰에 대한 교육과정으로 구분된다. 수사경찰에 대한 교육과정은 수사간부 및 수사요원 양성교육을 하는 종합과정과 수사경찰 직무의 전문화를 위한 교육과정으로 나누어진다. 수사경찰의 직무전문화를 위한 교육과정은 법과학, 강력범죄, 마약범죄, 사이버범죄, 금융범죄 분야로 대별된다.

이에 해당하는 개별 수사교육과정들을 열거해 보면, 수사지휘, 수사팀장, 수사요원 양성, 경제범죄수사관 양성, 과학수사, 강력범죄, 현장감식, 경제범죄, 지능범죄, 마약류범죄, 혈흔분석, 거짓말탐지, 최면수사, 아동·장애인성폭력, 여성폭력수사, 추적수사, 범죄분석, 화재감식, 국제범죄, 수사면담기법, 특별사법경찰관기초, 과학수사마스터, 회계부정, 디지털포렌식, 디지털포렌식고급, 해킹범죄, 과학수사입문, 사이버범죄 과정 등이다.

(다) 수료요건

수료요건은 전체 수업시간의 90% 이상을 수강하고 교육성적이 평균 60점 이상, 과목별 성적이 40점 이상이어야 하며, 분임토의 발표 과제물을 제출하지 아니한 자나 과실점이 일정한 기준을 초과한 자도 수료할 수 없다.

(5) 지방경찰청 경찰학교

(가) 기구와 임무

각 지방경찰청에 설치되어 있는 지방청 경찰학교는 대개 지방경찰청 차장이 교장을 겸무하고, 경무과장이 총괄지도를, 경리계장이 총무담당을, 교육계장이 교육담당을 겸무하고 있으며, 각 직무별로 다양하게 현장중심의 실무교육을 실시하고 있다. 지방청 경찰학교는 교육시설과 교수요원 확보 등 현실적인 어려움이 있겠으나, 경찰윤리교육 등 단기 정신교육을 실시하고 현지의 특별한 교육수요에 부응하기 위해서 활성화하는 것이 바람직하다고 본다.

(나) 당면과제

박 대통령의 경찰 2만명 증원 대선공약에 따라 임기 중 많은 신규채용을 하게 되어 교육시설과 지도교관의 부족에 직면하게 되었으므로, 중앙경찰학교에서 교육을 마치고 임용된 후 지방경찰학교에서 추가 교육 및 인성검증을 할 필요가 절실해졌다. 많은 인원을 뽑다 보면, 자질이 낮은 사람도 합격될 수 있고 지도교관 한 사람당 살펴야 할 피교육생의 수도 늘어 인성에 문제가 있는 사람들이 걸러질 확률도 떨어지게 되었으며, 법률과목을 선택하지 않아도 합격할 수 있게 되어 비법률과목 선택자들에 대한 법률지식의 집중 교육이 따로 필요하기 때문이다.

공채시험에 합격한 순경 교육기간이 1987년 24주로 늘어났다가 다시 2011년부터 34주로 늘어났다. 앞으로 10개월까지 늘릴 예정이었는데 이것도 대개 1~2년씩인 선진국 신임경찰 교육기간에 비하면 짧은 것이다. 그래서 이 교육기간을 계속 늘려 나가야 하는데, 새 정부 출범 이후 많은 인원을 교육시켜야 할 상황에 직면하자 10개월로 늘리기는커녕 한 때 줄이는 방안까지 제기되었다가 34주는 지속하기로 한 것으로 알려지고 있다.

과거 사회적 물의를 일으킨 경찰관들 중에는 이렇게 대량으로 뽑을 때 채용된 사람들이 많았던 것으로 알려져 있다. 이제는 인터넷 보급과 휴대폰 촬영장치의 발달 및 이들의 연결을 통해 경찰관 개개인의 언행이 바로 전국에 배포될 수 있게 되고 국민들은 경찰관의 비행에 대해 다른 어느 직종보다도 더 예민하게 반응하기 때문에 지금과 같이 대량으로 뽑을 때, 대충 교육하고 대충 걸러내지 않도록 각별한 주의가 요구된다. 따라서 지방경찰학교에서의 추가교육이 더 필요해졌다.

임용되어 급여를 100% 받는 신규 채용자들은 합숙시킬 필요도 없고 지방 단위에서 교육시킬 교실은 지방 각급 경찰기관의 강당이나 각 기관 단체의 유휴시설, 각급학교시설을 이용할 수 있으며, 법률교육은 지방의 대학 교수나 변호사들을 초빙하고 실무교육은 지방청, 경찰서의 실무 베테랑들을 활용하면 될 것이다. 특히 초빙된 대학 교수나 변호사들이 법률의 이해가 부족할 것으로 예상되는 비법률과목 선택 합격자들에 대한 별도의 법률교육을 집중적으로 시키고, 경찰실무 베테랑들은 지역경찰이 자주 당면하는 사례 위주로 실습교육과 업무 노하우 전수를 하면서 현지 경찰이 활용하는 각종 경찰장비의 활용방법도 익히도록 가르치면 좋은 효과를 볼 수 있을 것이다.

특히 폭력시위가 현격히 줄어들고 의경도 줄어들고 있는 상황에서 이들로 기동부대를 임시 편성하여 일정기간 동안 가끔 있는 시위상황에 대비하면서 때로는 지방청 경찰학교 주관 교육을, 때로는 직장훈련을 겸한 야간 일선근무 지원을 하도록 하는 방법도 있을 것이다.

(다) 관련 예산 확보방안

위와 같이 교육할 경우 추가로 필요한 예산은 경찰자체예산의 전용·이용으로 가능할 것으로 보인다. 이것이 어려우면, 시위상황이 많을 때 추경으로 편성해 받던 동원급식비 일부를 대선공약 이행에 따른 추가 소요예산의 성격을 가진 신규채용자 지방청 경찰학교 교육비로 대체하자는 명분을 세워 경찰청이 기획재정부와 협의해 볼 수 있을 것이다.

나. 위탁교육 및 수탁교육

(1) 위탁교육

위탁교육은 국내외의 교육기관 등에 위탁하여 행하는 교육훈련이다. 경찰청장은 교육훈련을 위하여 필요하면 경찰공무원을 국내외의 교육기관에 위탁하여 일정기간 교육훈련을 받게 할 수 있다.

위탁교육을 받을 자는 위탁교육 분야에 대하여 경찰청장이 정하는 기준에 해당하고 국가관과 사명감이 있으며 근무성적이 우수해야 한다. 또한 필요한 학력·경력과 외국어능력을 갖추고 훈련 이수 후 훈련과 관련된 직무분야에 상당기간 근무할 수 있는 사람 중에서 경찰청장이 정하는 방법으로 선발한다. 다만, 교수요원은 그러하지 아니할 수 있다. 또한 휴직 중이 아니어야 하며 징계처분을 받은 자는 그 집행이 종료된 날부터 1년이 경과하여야 한다.

경감 또는 경위로서 당해 직무와 관련된 전문분야의 위탁교육을 받은 자는 그에 상응하는 전문화교육을 받은 것으로 본다. 위탁교육기관에서 받은 포상 또는 징계는 경찰교육기관에서 받은 포상 또는 징계로 본다. 안전행정부장관이 수립하는 공무원위탁교육훈련계획에는 교수요원의 양성과 자질향상을 위한 위탁교육훈련계획이 포함되어야 한다.

(2) 수탁교육

수탁교육은 경찰교육기관에서 타 부처 등의 직원을 교육하는 것이다. 경찰청장은 중앙행정기관의 장으로부터의 요청이 있을 때에는 경찰교육기관에서 수탁교육을 할 수 있고 이 경우 당해 중앙행정기관의 장으로 하여금 그 교육에 필요한 비용을 납부하게 할 수 있다. 해양경찰청 및 그 소속기관의 경찰공무원에 대한 교육훈련은 경찰교육기관에서 수탁받아 실시한다.

다. 직장훈련

(1) 의의와 현행제도

「경찰공무원교육훈련규정」(대통령령)에서는 "직장훈련이란 경찰기관의 장이 소속경찰공무원의 직무수행능력을 향상시키기 위하여 일상업무를 통하여 행하는 훈련을 말한다. 경찰공무원의 직장훈련에 관한 사항을 담당하게 하기 위하여 경찰기관에 직장훈련담당관을 둔다. 각 경찰기관의 장은 경찰청장이 매년 작성하는 경찰공무원 교육훈련에 관한 일반지침에 따라 직장훈련계획을 수립하여야 하며, 경찰청장은 정기적으로 직장훈련에 대한 평가를 실시하여 개선발전시켜야 한다"고 규정하고 있다. 직장훈련담당관을 겸하는 경찰공무원은 각급 경찰기관의 경무국장, 경무부장, 경무과장, 운영지원과장 등이다.

(2) 장단점

직장 내 교육훈련은 배치받은 근무지에서 근무하면서 교육훈련을 받기 때문에 교육기관에서 받는 교육훈련에 비해 장단점이 있다.

(가) 장점

장점으로는 훈련을 받으면서 일을 하고 합숙경비나 출장비 등의 비용이 거의 들지 않아 실시가 용이하며, 피훈련자의 자질과 능력에 맞게 교육훈련을 시킬 수 있다. 또한 당장 필요한 것을 배우므로 배울 동기가 크고 훈련도 추상적이 아니고 현장에서 직접 필요한 것을 가르치므로 실질적이다. 이런 과정에서 가르치는 상사나 동료와의 인간관계를 긍정적으로 형성하고 협동정신을 배양할 수 있다.

(나) 단점

교육훈련을 효과적으로 시킬 수 있는 교육방법을 모르는 사람이 많고 열의가 없는 경우도 많아 형식적으로 될 가능성이 있다. 또한 업무에 지장이 생길 수도 있고, 가르치는 사람의 능력과 현장 여건의 차이가 커서 교육훈련의 내용과 수준이 제각각이므로 교육효과도 차이가 크다. 가르치는 사람이 전문적인 지식과 새로운 기술을 잘 모르면 깊이 있는 교육이 되기 힘들고, 신규 배치자가 많거나 대폭적인 인사이동으로 인해 배울 사람이 많으면 한꺼번에 가르치기 힘들다

(3) 일반적인 직장훈련 형태

직장훈련의 일반적 형태는 직장 상사가 직무수행 중에 직무기술을 가르쳐 주고 질문에 답해주는 형식(Coaching Style)으로 진행된다.

또한 멘토시스템은 가르치는 멘토가 가르침을 받는 멘티에게 먼저 조직문화와 업무에 대한 정보제공을 하고 고충상담 및 조언을 하며, 더 나아가서 멘티가 조직 내에서 인정받을 수 있도록 여건을 조성하는 역할을 한다. 멘토시스템은 비공식적인 것과 공식적인 것이 있는데 각기 장단점이 있고, 비공시적 멘토는 경찰에서도 부분적으로 존재한다고 볼 수 있다. 공식적 멘토시스템은 긍정적 측면도 있으나, 멘토와 멘티 간에 갈등이 생기는 등 단점도 적지 않다고 한다.

신규 채용된 자를 위원회나 TF팀에 임시 배정하여 경험을 쌓게 하는 방법 등도 넓은 의미에서 직장훈련의 개념에 포함시킬 수 있을 것이다. 직장 내 교육훈련의 일종으로 인턴십 제도가 있는데, 이는 신임경찰관에게 수습기간을 부여하는 것과는 차이가 있다. 수습 중인 신임경찰관이라도 경찰관으로서의 권한과 책임을 모두 가지고 있기 때문이다.

(4) 액션러닝(Action Learning)

액션러닝(행동학습)은 소규모 조직 또는 그룹이 업무현장의 실제 문제와 원인을 규명하고, 이의 해결책을 수립하여 시행한 후, 그에 대한 성찰을 통해 학습하는 것이다. 액션러닝은 교육훈련장소와 업무현장이 분리되지 않고 팀활동을 통해 다양한 관점을 공유할 수 있다.

또한 과제가 반드시 해결을 요하는 실질적인 문제로서 문제해결을 통해 참여자 모두가 변화를 경험할 수 있어야 하고 강한 학습의욕을 가져야 하며 해결방안을 실천에 옮길 강력한 실행의지가 있어야 한다. 아울러 팀원들이 자신감을 가지고 질문하고 성찰하여 해결하기까

지 옆에서 조력하는 숙련된 퍼실리데이터(facilitator)가 있어야 한다.

액션러닝을 통한 문제해결력 증대는 가시적인 성과의 창출이 용이한 분야에서만 가능하고, 그 기관의 통제권 내에 있는 과제에 대해서만 액션러닝을 적용할 수 있다. 액션러닝의 학습모듈을 설계하거나 매뉴얼을 만들 때는 이런 한계를 고려하여야 한다(박천오, 강제상 등, 2010: 249-251).

(5) 경찰의 직장훈련 제도

경찰 직장훈련에는 직장교육, 무도훈련, 사격훈련 등이 있고, 직장교육과 무도훈련은 각각 월 2회 이상, 1회 1시간 이상 실시하고, 직장교육 월 2회 중 1회는 기관단위 소집교육으로 하도록 하고 있다. 사격훈련은 전 직원에 대한 연 2회의 정례사격과 외근요원에 대한 연 2회의 특별사격훈련을 별도로 실시한다. 또한 치안감 이하 경찰공무원에 대하여 연 1회 체력검정을 실시하고 있다.

직장훈련의 평가는 실시한 기관장, 국장, 부장 등이 연 1회 실시하며, 직장교육(경정과 경감은 10점, 경위 이하는 4점)과 무도훈련(2.5점)은 참석여부로 점수를 주고, 체력검정(2.5점)은 관련 기준표에 따라 매긴 등급에 따라 점수를 주며, 사격훈련(6점)은 경위 이하 경찰관을 대상으로 정례사격 성적으로 점수를 준다.

(6) 경찰직장훈련의 실태와 내실화 필요성

직장훈련 방법으로 경찰에서 주로 행해지고 있는 것은, 일상근무 중 직무수행을 지도·감독하거나 질문에 응답하는 형태의 직무교육이다. 코칭 스타일(Coaching Style)과 비슷한 점이 있으나 적극적이고 계획적으로 직무지식과 기법을 가르치지는 않는다는 점에서 차이가 있다. 또한 여러 직무를 직접 경험토록 계획된 순서에 따라 직무를 순환 보직하는 순환보직제도는 주로 경위급 신규임용자에 대해 실시하고 있는데, 한 보직에 1년 정도는 근무하게 하는 것이 바람직하다고 본다. 원격교육은 인터넷 등 IT기술을 이용하여 동영상 강좌 등으로 교육하는 것인데, 일하면서 배울 수 있다는 점에서 직장훈련과 유사한 점이 있으며 경찰에서도 활용하기 시작했다. 직무대리나 보근발령 등으로 앞으로 맡게 될 임무를 미리 경험하게 하는 것도 교육을 의도한 것은 아니지만 직장훈련의 일종으로 볼 수도 있다.

그동안 경찰의 직장훈련은 형식적으로 이루어져 왔다. 전직원을 상대로 한 월 1회 소집교육을 통해 직장훈련의 효과를 제대로 기대하기는 어렵다고 본다. 각 부서에서 직장훈련을 제대로 시키기 어려웠던 것은 직속상사나 선배가 직장훈련에 큰 관심을 쏟을 시간적 · 정신적 여유가 없었고 직장훈련을 잘 시킬 수 있는 능력 있는 상사나 선임 경찰관이 부족했던 탓일 것이다. 앞으로 코칭 스타일이나 멘토 시스템 또는 액션러닝 등을 적극적으로 도입하여 직장훈련을 내실화하는 조치가 필요하다고 본다.

제5절 교육훈련 내용, 방법 및 교재 개발

1. 교육훈련 내용 개발

과정별 교육준비는 구체적으로 교육과정별 교수요목의 기획과 교수의 선정 등 교육훈련 프로그램의 작성, 교안과 교재의 검토 · 연구와 개발을 하는 것이다. 또한 교육수요 조사에서 드러난 교육수요와 피교육생들의 능력수준에 기초하여, 피교육생이 숙지하거나 체득하여야 할 지식과 기술이 무엇인지, 그 수준은 어느 정도인지, 피교육생이 내면화하여야 할 성격과 태도는 무엇인지를 파악하여야 한다.

과정별 교육훈련 콘텐츠는 이를 토대로 과정별 교육훈련 목표에 맞춰서 피교육생의 지식, 기술, 업무 노하우, 성격, 자세, 가치관, 인간관계 등의 변화를 효과적으로 가져오도록 만들어져야 한다. 교육훈련의 난이도와 중점 교육사항도 피교육생들의 특성을 종합적으로 고려하여 정해야 한다. 이 과정에서 교육수요 조사에 참여한 자, 교육훈련을 직접 시킬 교수요원을 포함한 태스크 포스를 만들어 구체적인 검토와 평가를 거쳐야 한다. 경찰교육기관에서는 오랫동안 경찰관 교육을 시켜 오면서 교육훈련 프로그램과 교재 및 교안이 이미 교육과정별로 마련되어 있기 때문에 이를 개선 발전시키는 형태로 위의 작업을 하면 될 것이다.

또한 교육 후 근무지에서 얼마나 자세와 행동이 변화되었는지, 전문성의 향상으로 얼마나 업무성과가 향상되었는지 조사하여 교육훈련 콘텐츠를 계속 발전시키는데 활용하여야 할 것이다.

2. 교재 개발 및 교안 작성

무형의 교육내용은 유형의 교재와 교안에 담긴다. 교육내용을 교재에 담아내는 과정이 교재개발과정이다. 교육훈련에 사용할 교재는 가급적 첨단 IT 기술을 활용한 시청각 교재로 만들면 좋을 것이다. 종이 책자로 만드는 경우에도 디자인 등 시각적 효과를 최대한 고려하여 쉽게 이해할 수 있고 흥미가 있어 읽히는 책으로 만들어야 할 것이다. 이를 위해서 시청각 교재 제작과 디자인 전문가의 확보가 필요할 것이며, 관련 예산도 증액하여야 할 것이다.

교안은 교재에 비해 수시로 변경, 추가, 삭제할 수 있고 작성이 용이하고 형식이 비교적 자유로운 장점이 있다. 작성된 교안을 데이터베이스화 하면 교수요원이 바뀌더라도 교육차질을 최소화 할 수 있고, 감독자들의 교수요원에 대한 근무성적 평정에 활용하기 좋을 것이다.

3. 교육방법 개발

가. 일반적인 교육방법

(1) 강의식 교육 및 시청각 교육

경찰교육기관 교육방법으로서 가장 많이 사용되고 있는 것은 강의식 교육이다. 강의는 종이 교재 외에 PPT, 동영상, 비디오, 영화, TV, 슬라이드, OHP 등을 이용하여 시청각교육 효과도 높이는 방법으로 진행되는 경우가 많다. 가장 많이 쓰이고 간편한 장점이 있으나, 교수요원의 능력과 시청각 교재의 준비상황에 따라 교육효과의 차이가 큰 단점이 있다.

(2) 실습교육

최근에는 각 경찰교육기관이 다양한 직무상황별로 실습실을 만들어 실습교육을 강화하고 있다. 배운 것을 직무수행에 바로 적용할 수 있고 오래 기억할 수 있는 등 장점이 많으나, 실습을 통해 교육할 수 있는 범위가 제한되어 있다는 약점이 있다.

(3) 회의, 토의 및 사례연구

회의, 토의는 교수요원의 지도하에 피교육자로 구성된 소집단이 회의나 토의를 진행하는 교육방법으로 자유토의, 패널토의, 분임토의 등이 있다(박천오, 강제상 등, 2010: 239).

분임토의는 피교육자를 몇 개의 소집단으로 나누어 각 소집단별로 연구할 과제를 주어 발표하게 하는 방법이다. 분임토의는 과제의 접근방법, 토의진행 절차 및 보고서 작성요령 등이 제대로 구조화되어야 하고 이를 참가자가 숙지해야 하는데 토론문화가 성숙하지 아니한 우리나라에서는 이것이 쉽지 않아 보고서 작성에 치중하고 모두가 참여하는 토의는 되지 않는 경우가 많아 시간 낭비가 되지 않도록 유의해야 한다. 분임토의는 강의와 연결되는 것이 중요하다.

사례연구는 선정된 사례를 중심으로 여러 사람이 토의하는 과정을 통해 분석능력과 문제해결능력을 함양하는 교육이다. 짧으면서도 중요한 사건을 연속적으로 분석해 나가는 사건분석방법도 사례연구와 비슷한 방법이다(박천오, 강제상 등, 2010, 240).

(4) 감수성 및 역할연기

개방적 태도와 행동의 변화를 이끌어 내기 위해서는 감수성 훈련도 하나의 방안이다. 가급적 서로 인연이 없는 소수의 사람으로 집단을 구성하여 돌아가며 서로 솔직히 상대방에 대한 자신의 느낌을 말하게 하고 다른 사람이 자신에 대해 생각하는 바를 듣도록 하는 방법이다. 이 훈련은 자연스럽게 감정을 주고받을 수 있도록 분위기를 만들어 주어야 하기 때문에 진행자의 전문성이 요구된다.

역할연기는 자세와 대인관계의 변화에 유용한데 업무상황을 부여하여 일부 참가자가 자신의 입장과 반대되는 입장의 역할을 직접 연기하도록 하고 나머지는 관람하면서 비판적 시각에서 연기자의 입장을 인식하도록 하는 방법이다.

(5) 사이버 학습

사이버학습이란 인터넷을 매개로 학습활동이 진행되는 것을 말하며, 자기주도 학습이 가능하고 시간과 장소의 제약이 없다는 장점이 있다. 현장실습이 따르는 교육훈련에는 적용할 수 없고, 교육평가의 신뢰성이 떨어진다는 점을 고려하여 교육프로그램을 구성해야 할 것이다. 또한 사이버교육에 참여하는 교수와 학습자들이 상호작용을 통해 유용한 지식과 노하우를 생성할 수 있어야 한다.

사이버 교육프로그램은 e-Learning의 특성에 적합한 내용을 중심으로 구성되어야 하고, 다른 사이버교육기관이나 기업 등과의 자원 공유를 통해서 효율성을 높여야 할 것이다. 사이버 교육은 교수자에 의해 전적으로 개발될 수 있는 것이 아니므로 지원체제를 확보하는 것이 매우 중요하다. e-Learning을 설계, 제작, 관리운영하는 인력과 전체 하드웨어 시스템을 유지, 보수해주는 인력이 확보되어야 하며 개발에 필요한 자금이 확보되어야 한다(공성진, 고기정, 신종철, 백창현, 2002: 94-95).

(6) 현장훈련, 전보 및 순환보직

현장훈련은 임용된 자가 실제 직무를 수행하면서 상관, 선임자로부터 직무지식과 기술 및 노하우를 배우는 것이다. 전보 및 순환보직은 피훈련자를 여러 다른 직위에서 근무경험을 하도록 하는 방법인데 경험과 시야를 넓히고 관리능력을 향상시킬 수 있으나 이동이 잦을 경우 행정의 능률성과 전문성이 저하된다.

나. 신임경찰관 직무교육방법 검토

(1) 강의, 시청각 교육 및 실습의 병행

경찰업무에 대한 지식은 특수지식으로 이런 개념이 없이 처음 접하는 일반인은 추상적인 원론적 설명을 듣고 외울 수는 있을지언정 제대로 이해하기가 힘들다. 따라서 신임교육에서는 강의와 동영상 등 시청각 교육방법을 이용해서, 주어진 상황에 따라 필요한 조치와 보고 절차 및 요령을 설명해 주고, 그 상황에서 필요한 조치와 보고를 하는 장면을 보여준 후, 실제로 문서를 작성하는 등 이를 해 보게 하는 것이 이상적이다. 이렇게 하면 강의와 함께 견학, 시찰을 하는 셈일 뿐만 아니라 교육내용 관련 행동 모델을 연출한 실연(demonstration)을 보며 서류를 작성해 보는 등 주어진 상황에 적합한 조치를 하고 보고해야 할 경우와 그 방법을 파악할 수 있는 등 장점이 많기 때문이다.

이 경우 교육내용과 관련된 현장에 관한 적절하고 다양한 시청각 교육자료를 얼마나 많이 확보하느냐와 실연 장면을 내용 면에서 그리고 기술적 측면에서 얼마나 적합하고 적정하게 제작하느냐가 관건이 될 것이다. 그리고 교육내용과 관련된 적절한 사례를 발굴하는 것도 중요하다. 이런 작업은 적지 않은 예산과 교수요원 등 제작진의 능력과 시간이 뒷받침되지 않으면 불가능하다.

(2) 질의응답식 학습 프로그램

강의식으로 교육한 뒤 이를 숙지시키기 위해 체계적이고 단계적으로 프로그램화된 질의와 응답으로 구성된 컴퓨터나 책자를 이용할 수 있다. 컴퓨터나 책자에 먼저 교육내용을 설명하고 이어 질의에 따라 대답하면 그에 대한 답을 즉시 확인할 수 있고 맞으면 다음 질의로 넘어가도록 구성하는 것이다. 컴퓨터의 기억기능, 자료구성 및 처리기능 등을 이용할 수 있어 신속하고 효율적으로 학습할 수 있는 장점이 있다. 앞으로 교육의 내실화를 기하기 위해서는, 시설, 장비 등 많은 예산이 수반될 것이지만 그럼에도 불구하고, 이 교육방법을 최대한 활용해야 할 것이다.

(3) 사례위주의 설명

신임자 직무교육에서는 가급적 사례를 들어 설명해야 이해가 제대로 된다. 그러나 이를 사례연구와 혼동해서는 안 된다. 사례연구는 경찰업무 관련 경험한 사례나 가상의 시나리오를 기지고 문제해결방시을 찾는 교육방법으로 강의 위주의 교육을 보완할 수 있는 방법이며 재직자 교육에 적합하다. 아직 경찰직무지식을 제대로 체득하지 아니한 신임자에게는 벅찬 과제이기 때문이다. 중앙경찰학교 신임순경과정에서는 지구대 실습을 마친 후 사례발표를 시키고 있는데 사례연구의 성격보다는 실무실습 경험 발표의 성격이 많다고 본다.

(4) 실무실습

실무실습은 신임교육을 받는 자들이 근무현장에 가서 지식, 기술 및 노하우를 배우는 것으로 실습책임자의 능력과 현장근무자의 협조가 중요하다.

다. 재직자 직무교육 방법 검토

재직자들은 초심자가 아니라면 자기가 맡은 업무를 수행하는데 필수불가결한 정보와 지식, 경험과 노하우를 가지고 있고 자기업무 분야의 경찰문화에 익숙한 사람들이다. 그 업무분야에 다년간 근무한 사람들은 어떻게 보면 대부분 그 업무에 관한 전문가라고 할 수도 있다. 그러나 그 지식과 정보의 정확성 및 응용능력, 관련된 지식과 이론에 대한 이해와 직무환경변화에 대한 이해의 정도 및 체화되어 있는 업무 노하우의 수준은 사람에 따라 차이가 매우 크다. 직무전문화 과정에서는 이런 현상이 약간 덜하나 단지 계급을 기준으로 피교육생이 구성되는 기본교육과정에서는 더 크게 나타난다.

(1) 강의식 교육의 지양

교수요원도 가르칠 것을 미리 준비해 왔기 때문에 지식과 정보는 전달할 수 있으나 노하우 면에서는 피교육생 중에 자기보다 나은 사람이 있을 가능성이 많은 상황에서 가르친다. 따라서 강의식 위주의 교육은 피교육생과 교수요원 모두를 피곤하게 하므로 사례연구, 실연, 역할연기, 감수성 훈련 등 다양한 교육방법이 고려되어야 한다.

재직자 교육에서는 교육주기를 고려하여 그동안 변화된 법령규정과 제도에 대해 교육해야 하는데 이 교육은 강의식 방법도 무방할 것이다. 업무수행 관련 새로운 기술·장비에 대한 교육과 정보통신기술·사회여건 변화에 따른 신종 범죄수법 등에 대한 교육은 강의와 시청각교육 또는 실습을 병행해야 할 것이다. 법령규정 교육이든 기술교육이든 앞에서 설명한 컴퓨터를 이용한 질의응답식 학습프로그램을 복습에 활용하게 할 수 있을 것이다.

(2) 역량기반 교육과정

역량기반 교육과정이란 역량모델에 기초하여 개인의 교육수요를 확인하고 자체교육은 물론 기타 다양한 방법으로 교육하는 것이다. 역량모델이란 조직에서 역할을 효과적으로 수행하기 위해 필요한 핵심역량의 특정한 조합이다. 핵심역량이란 조직의 비전과 목표달성에 필수적인 과업을 수행하는 데에 필요한 핵심적인 특성이다. 역량이란 성과가 좋은 사람에게서 일관되게 관찰되는 특성으로 지식, 기능(skill), 태도 등이 상호작용하여 높은 성과로 이어지는 행동특성이다. 역량기반교육과정은 조직에서 필요로 하는 역량을 바탕으로 역량모델을 수립하고 이에 따라 조직이 필요로 하는 역량수준과 개인의 현재 역량수준의 차이를 확인하여 이의 해소책을 강구한다. 이 차이를 해소하기 위해 위탁교육, 워크숍, 세미나, 강연회, 독서 등 다양한 교육훈련 및 학습지원체제를 개발해야 한다. 앞으로 이 제도의 도입과 더불어 부서별 핵심역량 개발을 위한 교육프로그램의 다양화, 체계화가 필요하다(박천오, 강제상 등, 2010; 251-253).

(3) 혼합학습

혼합학습은 온라인 교육과 오프라인 교육을 병행하는 등 다양한 교육방식을 혼합한다. 교육입교 전에 온라인교육으로 교육과정을 소개하거나, 교육 중 또는 후에 복습할 수 있도록 교육프로그램을 설계할 수 있을 것이다. 혼합학습을 통해 교육훈련의 비용과 효과를 최적화할 수 있다(박천오, 강제상 등, 2010: 253-254).

(4) 재직자 교육에서의 분임토의와 사례연구

사례연구와 분임토의는 피교육생의 노하우를 이끌어 내는 방법으로도 사용될 수 있는데, 이를 이끌어 내자면 담당 교수요원의 적극적인 유도와 그런 유도를 잘할 수 있는 능력이 필요할 것이다. 토론문화에 익숙하지 않은 우리문화와 계급사회인 경찰문화에 비추어 볼 때 분임토의는 그 효과가 의문이다.

분임토의는 각 분임별 인원이 적어야 하며 담당 교수요원이 분임토의 기간 중 계속 배석하여 각자의 발언량이 비슷한지 확인하면서 토의 주제 관련 자료를 제공해 주는 등 개입하여야 한다. 그 교수요원에게는 브레인스토밍 기법과 델파이 기법 등의 응용능력이 필요하다. 또한 피교육생 개인별로 참여도와 기여도를 측정할 수 있는 평가체제가 확립되어 있어야 적극적인 참여를 이끌어 낼 수 있을 것이다.

사례연구는 적절한 사례의 발굴과 연구결과의 데이터베이스화 등 연구결과의 축적이 중요하며 이를 차기 이후 입교하는 피교육생이 활용할 수 있도록 하고 경찰업무의 발전에도 활용할 수 있도록 하는 것이 바람직하다. 자유롭게 의견을 개진할 수 있는 분위기와 그에 대한 행정적 면책이 보장되어 있어야 심층적인 노하우가 제출될 수 있을 것이며 데이터베이스화도 가능할 것이다. 그런 제도적 보장이 된다 하더라도 유출되어 기사화되거나 사회적 물의가 야기될 수도 있고 국회에서 제출을 요구하거나 타 사법기관에서 데이터베이스를 압수수색할 수도 있으므로 발표자의 익명화, 외부 노출될 경우 문제될 것으로 예상되는 사례연구 제목이나 내용 일부의 삭제 등 필요한 대비를 해 가면서 사례연구를 시키고 데이터베이스화 해야 한다.

오래된 일이지만, 과거 피교육생이던 어느 경정이 교육시간 중 보직의 자기추천제에 대한 의견을 말해보라는 권유를 받고 이에 대한 비판적인 발언을 했다가 감찰을 당하는 등 압력을 받고 함께 근무했던 직원들도 감찰을 받자 그들로부터 '당신은 어차피 살기 어려울 것 같으니 우리라도 살게 해 달라'는 간청을 받고 사표를 냈다고 하는 말을 들은 바 있는데 이 말이 사실이라면 이런 분위기 하에서 심층적인 연구와 토의가 어려울 것이다.

(5) 가치관, 감성, 인간관계 향상 교육

가치관, 태도, 감성 및 인간관계의 변화, 발전을 위한 교육에서는 감수성훈련과 역할연기 방법이 효과적이다. 특히 경찰교육원의 경찰핵심가치과정, 자기계발 향상과정, 공감 힐링 과정 등에서는 이런 방법의 교육이 더욱 필요하다고 본다.

역할연기법(role-playing)은 실무자나 관리자의 태도 개선 및 인간관계 기술을 향상시키기 위해 어떤 근무상황을 부여하고, 일부 피교육생은 가장 적절하다고 생각되는 행동 등 특정역할을 직접 연기하도록 하고 나머지는 관람하면서 비판적 시각에서 연기자의 입장을 인식하도록 하는 교육방법이다. 여기서 역할은 기대되는 행동패턴이다. 여자 부하에게 남자 상관의 역할을 부여하는 등 보통 자신의 현재 위치와 반대되는 위치를 부여하는데 대부분 반대되는 위치의 입장을 과장한다고 한다. 이러한 인식의 차이를 발견함으로써 상대방에 대한 이해와 관용을 키울 수 있다(유민봉, 1999: 223-224). 이 방법은 자세와 대인관계의 변화에 유용하며 피교육생에게 흥미와 체험감을 주고 자신의 약점 및 아는 것과 행동하는 것 사이의 차이를 인식할 수 있게 해 주는 장점이 있다(박경규, 2007: 326-327).

(6) 관리자 교육방법

(가) 관리자의 직무와 교육방법

한 조직이나 부서를 관리하는 관리자에 대한 교육은 실무자 교육과 교육목표나 교육방법의 측면에서 다르다. 관리자들의 공식적 임무는 치안전략에 대한 의사결정과 치안위기상황 대응, 언론매체 및 유관기관·단체와의 관계유지, 동기부여·조직관리 등 리더십 발휘와 부서 성과의 관리, 직원들에 대한 직무상 지도·감독, 근무평정·전보·승진·포상·징계 관련 업무 등 인사 관여, 예산의 배분과 집행, 상사의 보좌 및 직원의 보호 등이다. 고위 관리층에게는 의사결정능력과 타 기관과의 관계유지 능력 및 리더십이 중요하고, 중간 관리층에게는 의사결정능력도 필요하지만 인간관계 조정능력 및 직무지식이 중요하며, 하위 관리층에게는 실무능력 및 직원과의 친화력이 중요하다. 관리자들은 위에 위치할수록 공식적 임무보다 회의 참석, 사람 만나기, 전화 걸기, 식사나 골프 회동 등을 통한 인간관계 유지, 보고나 정보를 주고 받기 등에 많은 시간을 보낸다.

관리층에 대한 교육내용과 방법도 이런 구분에 따라 이들이 필요로 하는 능력을 신장시키는 측면에서 이루어져야 하며 앞에서 언급한 사례연구, 실연, 역할연기, 감수성 훈련 등이 실제 적용될 수 있는데, 이런 방법으로 관리층에게 필요한 교육을 모두 다 커버할 수 없으므로 각 분야의 외부 강사 특강으로 보완할 수밖에 없을 것이다.

(나) 관리자 교육에서 사례연구의 중요성

종합적 직무 노하우를 가진 관리층의 교육에서는 특히 사례연구가 중요하다고 보며, 연구자에게는 조교의 역할을 할 수 있는 사람을 붙여 사례연구 데이터베이스의 검색, 자료수집 등을 도울 수 있는 체제를 구축해야 할 것이다. 이런 사람은 사례연구를 하는 피교육생 5~6명당 1명 정도면 적당할 것이나, 교수요원, 치안연구소 연구원이나 직원으로 충당하기에는 부족할 경우가 많을 것이므로 이 경우 담당 피교육생을 늘릴 수밖에 없을 것이다. 경찰대학에 대학원이 설치되면 이 문제는 부분적으로 해결될 것이다.

또한 사례연구 결과가 축적되면 이를 토대로 가상 치안상황을 만들어 이 상황과 대응조치 관련 필요한 정보와 자료를 주고 피교육생이 문제해결 방안을 제시하게 하는 방법도 있다. 예를 들어 설명하자면, 피교육생이 어느 경찰서 정보과장이라는 직책을 부여받았다고 가정하고, 특정 정보상황을 가상으로 부여한 후, 관내 치안상황에 대한 일반 정보와 상황변동에 따르는 정보보고서 및 그가 활용할 수 있는 인적·물적 자원 등 정보과장으로서 알아야 할 것을 서류로 제시하고 이 상황의 처리방안과 지방청 정보과에 보고할 문서를 작성하게 하는 방식이다. 이는 인 바스켓 훈련(in-basket training)과 유사한 방식이다.

(다) 관리자의 해외기관 시찰

선진경찰의 모습을 살피고 우리 경찰의 나아갈 방향에 대한 감각을 익히게 하는 해외 경찰기관 시찰은 중간관리층 이상의 교육에서 의의가 더 크다. 그 기회는 늘려야 하나, 짧은 기간 동안 여러 곳을 다니다 보면 해외 관광 성격으로 변질될 수 있으므로 시찰기간과 시찰장소 선정에 유의하여야 하며 시찰결과 보고서에 대한 평가로 피드백이 이루어져야 한다.

제6절 교육훈련 담당자의 선정 및 육성

1. 교육훈련 담당자

경찰교육기관의 교육훈련 담당자는 경찰교육기관의 교수요원, 강사 등이고, 직장훈련 담당자는 원칙적으로 상사나 선임 동료경찰관이 될 것이다. 교수요원은 경찰교육기관에서 학생의 교육을 전담하는 자를 말한다. 직장훈련 담당자로 선임 경찰관을 넣은 이유는 소속부서 상사가 직장훈련을 할 시간적 · 정신적 여유가 없거나 실무를 잘 모를 경우에 실무를 잘 아는 선임 경찰관이 더 효과적으로 할 수 있기 때문이다. 특히 계급제 하에서는 더욱 그런 경우가 많을 것이다.

2. 교수요원의 선발과 계급

교수요원에 대해서는 교육대상과 교육수준에 맞는 경력과 경험을 갖춘 사람을 인선해야 함은 물론이고 교육 후 피교육생들로부터 강의에 대한 의견을 수렴하여 피드백이 되도록 해야 한다. 특히 실무 교육을 담당하는 경찰관 교수요원은 대학이나 대학원 졸업 후 그 분야의 일선부서(경찰서 등) 및 기획부서(경찰청 등)에서 실무자로서의 경험뿐만 아니라 중간감독자로서의 다년간 경험도 필요하다고 본다. 또한 그 정도 되자면 경정이나 총경은 되어야 하므로 앞으로 교수요원의 직급을 경찰대학과 경찰교육원부터 전면적으로 상향시켜야 한다고 본다. 중화민국의 중앙경관학교 경찰관 교수요원의 평균 직급이 우리나라 총경 또는 경정에 해당한다고 하는데 이는 일리 있는 제도라고 본다.

3. 교수요원에 대한 지원 및 순환근무

학과 담당 교수요원이 연구를 충실히 할 수 있도록 매년 일정량의 연구논문 작성의무 부과, 적정한 연구자료 수집비 지급 및 교육결과에 대한 외부평가실적에 근거한 상여금 지급 등으로 교육에 매진할 동기를 부여해야 할 것이다. 또한 선진국 교육기관 연수 및 시찰을 통해 좋은 교육내용을 벤치마킹하도록 해야 할 것이다. 아울러 2~3년 주기로 현장근무를 1~2년 하는 식으로 교육기관과 현장근무를 순환하게 하여 현장감각을 잃지 않도록 해야 한다. 현행 법령에서는 "교수요원의 임기는 2년으로 하고 특별한 사유가 있는 경우에는 중앙행정기관의 장이 일정한 기간을 정하여 근무기간을 단축하거나 연장할 수 있다. 교수요원 및 조교로서 복무기간이 만료된 자를 전보할 때에는 본인의 희망을 고려한다"고만 규정하고 있다.

4. 교수요원의 자격에 대한 법령 규정

현행 법령상 경찰교육기관의 교수요원 및 강사의 자격에 대한 규정을 보면 다음과 같다.

가. 강사

강사는 교수요원이 될 수 있는 자, 고등교육법과 대학교원 자격기준 등에 관한 규정에 따른 조교수 이상의 자격을 갖춘 자 및 담당할 분야와 관련된 학식과 경험이 풍부한 자이어야 한다.

나. 교수요원

(1) 적극적 자격

교수요원은 다음의 하나에 해당하는 자 또는 이에 상당하는 자격 또는 능력이 있다고 인정되는 자이어야 한다.

1) 경위이상의 경찰공무원으로서 담당할 분야와 관련된 석사이상의 학위 소지자 또는 그 분야 실무·연구 또는 강의경력이 3년 이상인 자. 단, 신임교육을 담당하는 교수요원 선발과정에서 이 같은 조건의 경위 이상 해당자가 없는 경우에는 경사 이상의 경찰공무원 중에서 이 같은 조건을 갖춘 자를 교수요원으로 할 수 있다.
2) 6급 이상의 일반직공무원 또는 고위공무원단에 속하는 공무원으로서 담당할 분야에 관련된 석사이상의 학위를 가진 자
3) 사격·무도훈련 또는 생활지도를 담당하는 교수요원의 경우에는 경찰공무원으로서 담당할 분야와 관련된 실무·연구 또는 강의경력이 있는 자
4) 담당할 분야와 관련된 자격증을 가진 사람 또는 담당할 분야에 대한 6개월 이상의 교육훈련을 이수한 사람

(2) 배제 사유

징계처분기간 중에 있거나 징계처분으로 인한 승진임용 제한기간이 경과하지 아니한 자는 교수요원 및 조교로 임용할 수 없다. 또한 징계처분을 받고 그 처분기간이 끝난 날부터 2년

이 지나지 아니하거나 직위해제처분이 끝난 날부터 1년이 지나지 아니한 사람은 교수요원으로 임용될 수 없다.

(3) 교수요원에 대한 교육 및 교육훈련 기관간 상호 협조

교육훈련기관의 장은 교수요원으로 임용될 사람 또는 임용된 사람에게 특별한 사유가 있는 경우를 제외하고는 강의 및 교육운영과 관련된 지식·기술 및 소양을 습득할 수 있도록 교수요원과정을 이수하게 하도록 규정되어 있는데, 이 과정은 경찰교육원에서 운영하고 있다. 또한 안전행정부장관은 교육훈련의 질적 향상과 인력 및 경비의 절약을 위하여 필요하다고 인정하는 경우에는 교육훈련기관을 설치·운영하는 기관의 장과 협의하여 교육훈련기관간에 교수요원과 교육훈련용 시설 및 기자재 등을 상호 활용하게 할 수 있다고 규정하고 있다.

제7절 교육훈련 효과의 측정

1. 교육효과 측정의 필요성

교육을 마치고 난 뒤 근무지에 복귀한 후에 교육효과를 측정하여 교육과정, 교육내용 등의 개선 발전에 활용하여야 한다. 자세·태도에 대한 교육효과는 교육직후에만 효과가 나타나는지 아니면 교육 후 지속되는지에 대해서도 파악할 필요가 있다. 교육 도중이나 종료 시에 시험을 치는 등 평가하여 일정한 기준에 도달하면 수료시키는데 그러한 평가가 타당성과 신뢰성 있는지도 파악하여 피드백해야 한다.

교육훈련 프로그램이 피교육생의 능력과 실적 향상에 얼마나 효과가 있는지를 측정하여 가시적으로 입증하는(demonstrate) 것은 항상 어렵다. 교육효과 측정을 하자면 교육훈련을 받은 실험집단과 이를 받지 아니한 통제집단을 구성하여 교육훈련 후 서로 비교, 측정하여야 하는데 양 집단의 능력과 실적의 차이는 교육훈련 외에 직무수행 환경이나 교육훈련 전부터 존재하던 능력·지능 차이 등 무수한 요인(혼란변수)에 의해 결정되기 때문이다. 또한 측정 예산, 인력의 부족으로 지속적인 추적조사도 어렵다. 관리직의 경우에는 그 직에 상응하는 핵심임무와 자질이 무엇인지도 정의하기 어려우므로 교육효과의 측정이 더욱 어렵다. 보통

교육 종료 직전에 피교육생들로부터 설문조사를 받는데 이는 교육에 대한 이들의 반응(reactions)이지 교육 후의 직무수행 능력과 실적에 대한 것이 아니다. 교육 중에 치르는 시험도, 이것이 교육후의 직무수행실적과 상관관계가 크다는 것이 입증된 것이 아니라면, 마찬가지의 문제가 있다(Felix A. Nigro & Lloyd G. Nigro, 1981: 378-380).

교육훈련에 대한 효과입증이 이렇게 어렵다 하더라도 이를 하지 않으면, 치안 상황이 어려울 때 교육 기간과 인원이 줄어들고, 경찰의 예산, 인력 사정이 어려울 때 교직원 및 교육예산 감축이 우선적으로 고려되는 경향이 있으므로 실시 가능한 교육효과 측정방법을 찾아 교육효과를 입증하기 위한 노력을 계속할 필요가 있다.

2. 교육효과 측정방법

교육효과 측정을 위한 자료는 교육훈련성적평정, 근무성적평정, 직무수행의 관찰기록, 인사기록, 피교육생에 대한 설문조사, 감독자 및 인사담당자에 대한 설문 및 면접조사 등이다. 교육효과 측정방법은 비실험적방법, 실험적방법, 자연실험, 연속비교법, 평균비교법 등이 있다.

연속비교법은 동일한 내용의 교육을 교재나 교관 등을 달리하여 여러차례 반복적으로 실시한 후 서로 비교하는 것이다. 평균비교법은 교육을 반복하는 경우 교육받은 집단의 교육효과의 평균치와 교육받은 특정집단의 교육효과를 비교함으로써 각 집단 간의 질적 차이가 교육효과에 미치는 영향을 파악한다.

가. 비실험적 방법

비실험적 방법은 전후비교법(before and after comparison)이라 할 수 있으며, 교육을 받고 근무지에 복귀한 사람이나 그의 상사, 동료, 부하에게 교육효과 관련 체크리스트 등의 설문지를 이용하거나 면접을 통해 교육효과를 파악하는 방법이다. 근무평정 시에 물어보는 방법도 있을 것이다. 또한, 이것을 한 후에 교육을 받지 않은 사람들로 집단을 구성하여 이들에 대한 직무능력과 태도 등의 조사를 하여 교육받은 사람들의 능력・태도와 비교해 보는 방법도 있다. 성적이 우수한 그룹과 저조한 그룹으로 나누어 비교해 볼 수도 있고 교육 후 시간의 경과에 따라 자세・태도의 변화도 파악해 볼 수 있다.

비실험적 방법으로 측정을 할 경우 시간의 경과에 따라 자연스럽게 달라지는 성숙효과와 교육대상자로 선정되어 교육을 받았다는 사실인식에 따른 선정효과가 개입되지 않도록 유의해야 한다. 비실험적 방법에 의한 측정은 실시가 비교적 용이하여 현실적으로 경찰에서 적용 가능하다는 장점이 있으나, 선정효과나 성숙효과의 개입 등으로 타당성과 신뢰성이 낮다는 단점이 있다. 비실험적 방법으로 측정을 하더라도 교육성적과 교육효과의 상관관계까지 측정하자면 더욱 복잡한 측정 설계를 해야 하므로 현실적으로 측정에 어려움이 클 것이다.

나. 실험적 방법

실험적 측정은 교육을 실시하기 전에 미리 교육을 받을 사람의 집단과 받지 않을 사람의 집단을 구성하여 전자를 실험집단으로서 이들에게 교육을 실시하고, 후자를 통제집단으로서 교육을 실시하지 않는다. 교육실시 후 양 집단의 능력·태도의 차이를 조사·비교하여 교육효과를 측정하는 방법이다. 실험적 측정방법에는 과학적 방법인 진(眞)실험과 과학성이 떨어지는 준(準)실험이 있다.

양 집단을 무작위로 추출하여 구성하는 것이 원칙이며, 이 경우 양 집단의 동질성이 보장되면 진실험이 되고, 그렇지 않게 구성하는 경우 양 집단의 동질성이 보장되지 않는 준실험이 된다. 진실험의 문제점은 예컨대, 실험집단이 법령의 개정내용을 교육받는 경우, 통제집단도 공문으로 이 개정내용을 알 수 있게 되면, 교육효과 측정에서 두 집단 간 차이가 줄어들게 되어(누출, 오염 현상), 측정이 정확하지 않게 된다. 준실험의 문제점은 두 집단의 성숙효과가 달라지거나 선정효과가 작용할 가능성이 있어 정확한 교육효과 측정이 어렵게 된다는 것이다. 또한 어느 실험방법이나 경찰교육효과를 측정하기 위해 적용하는 데는 절차의 번잡 등 현실여건상 어려움이 있다.

다. 자연실험방법법

자연실험은 우연한 사건이나 정치적·경제적·사회적·자연적 충격 등 외부로부터의 우연한 충격으로 자연스럽게 실험집단과 통제집단이 구분되어 실험환경이 조성되는 경우이다(정정길, 최종원, 이시원, 정준금, 정광호, 2014: 677-678). 예컨대 위기관리교육을 일부 경찰관들에게 실시한 후 어떤 두 지역에서 위기상황이 실제 발생했고 이 중 한 지역의 위기관리 담당 경찰관들만 위기관리교육을 받았을 경우에, 두 지역의 위기관리 과정과 결과를 비교하여 교육효과를 측정하는 것이다. 교육을 받은 경찰관들은 실험집단이 되고 받지 않은 경찰관들은 통제집단이 되는 셈이다. 이런 경우에는 구태여 인위적인 실험방법을 사용할 필요가 없다.

3. 교육훈련체제 전반에 대한 평가

교육훈련의 효과에 대한 측정은 매우 어렵다. 다만 선진국에서는 교육훈련체제 전반에 걸쳐 다음 사항에 대한 평가는 이루어져 왔다. ① 조직목적의 변화에 따라 교육프로그램도 변화하였는가? ② 교육훈련의 수요와 목표 결정에 계선간부들이 긴밀하게 관여하였는가? 또한, 그들은 직원의 직무수행 상 부족한 점이 무엇이라고 판단할 위치에 있는가? ③ 직원의 경력개발계획이 조직목표와 양립하고 조직목표를 지원하고 있는가? ④ 교육훈련 담당자들이 조직의 모든 계층의 인력기획수립에 참여하고 있는가? ⑤ 사회과학적 조사수준에는 못 미치더라도 조직의 직무수행에 미치는 교육훈련의 영향에 대한 연구가 이루어지고 있는가? ⑥ 교육훈련 담당자들의 전문성의 수준에 대한 검토가 이루어지고 있는가?(Felix A. Nigro & Lloyd G. Nigro, 1981: 380-381).

제5장 경찰관의 평가

제1절 근무성적 평정제도 개관

1. 근무성적 평정의 의의와 직무분석과의 관계

가. 근무성적 평정의 의의

근무성적 평정은 상여금 지급, 상벌, 승진, 보직 이동 등에 활용하기 위하여 조직구성원의 업무실적과 업무능력 및 근무태도와 성격, 가치관 등을 평가하여 기록하는 제도이다. 「국가공무원법」은 "각 기관의 장은 정기 또는 수시로 소속 공무원의 근무성적을 객관적이고 엄정하게 평정하여 인사관리에 반영하여야 한다. 근무성적평정 결과 근무성적이 우수한 자에 대하여는 상여금을 지급하거나 특별승급시킬 수 있다"고 규정하고 있다.

나. 직무분석과의 관계

근무성적 평정은 사람을 평가대상으로 한다는 점에서 직무의 가치를 평가대상으로 하는 직무평가와 구별된다. 그러나 근무성적 평정이 사람의 직무수행과 관련된 요소를 평가하는 것이기 때문에 직무와는 밀접한 관계를 가지고 있다. 그러므로 직무분석과 근무성적평정항목이 연계될 수 있다고 본다.

2. 근무성적 평정제도 변천 및 평정대상

가. 근무성적 평정제도 변천

우리 경찰은 1969년 「경찰공무원법」의 제정으로 독자적인 근무성적 평정제도를 갖추었으나, 1982년에 이 제도가 객관적인 평가를 하기 어렵다는 당시 안(安) 치안본부장의 생각에 따라 객관성을 강화한 경찰인사고과제가 별도로 시행되면서 두 제도가 병행하여 사용되게 되었다. 이 평가체제가 이중의 평가로 인한 단점을 노정하게 되자, 인사고과제는 폐지되고 근무성적 평정제도로 통합되었다.

나. 근무성적 평정대상

근무성적 평정은 총경 이하 경찰관에게만 실시하고 경무관 이상의 고위 경찰관은 제외되고 있다. 이는 일반직 공무원의 경우에 「국가공무원법」에 근거한 근무성적 평정을 5급 이하에만 실시하고, 4급 이상 및 고위공무원단 소속 공무원에 대해서는 성과계약 등에 의해 근무성적평정을 하는 것과 대조된다. 경찰 고위직의 직무가 국리민복의 차원에서 경찰조직을 관리하고 치안을 유지하는 것임에 비추어 이에 대한 평정요소와 평정방법의 개발이 쉽지 않았을 것이다.

그러나 고위공무원단에 속하는 일반직 공무원에 대한 성과계약의 평가항목을 성과목표 달성도, 부서운영 평가결과, 자질·능력 평가결과 등의 전부 또는 일부로 하고, 성과계약의 체결, 평가방법 등을 규정하고 있는 「공무원성과평가 등에 관한 규정」 상의 제도를 참고하여 개발할 수는 있을 것이다. 경찰고위직은 매우 좁은 승진관문을 뚫는 과정을 통해 근무능력이나 근무태도에 대한 검증을 거쳤고 단기의 계급정년제도가 있기 때문에 능력의 실증 등을 통해 승진하지 않으면 머지 않아 퇴직할 사람들이어서 필요성이 약하다고 볼 수도 있다.

3. 근무성적 평정제도의 기능

가. 승진, 전보 등 각종 인사관리의 기준

현행제도를 보면, 근무성적 평정의 결과는 승진, 전보, 특별승급 및 특별상여금 지급 등 각종 인사관리에 반영하도록 규정되어 있다. 실제로 근무성적 평정결과는 심사승진 대상자 명부작성 시에 점수의 50%의 비중을 차지하며, 시험승진대상자 명부작성 시에는 25%의 비중을 차지하므로 승진하려는 사람들이 크게 신경을 쓰고 있다. 근무성적평정은 과거에 대한 평가를 중심으로 하는데, 과거에 대한 평가자료를 가지고 미래예측이라 할 수 있는 승진 후 잘할 수 있는지의 판단을 하는 승진결정에 활용하는 것은 문제가 없지 않다. 때문에, 승진심사에서 다른 기준도 고려하고 또한 승진예정인원의 2배수 내에 든 자에 대해서는 심사위원 자유재량으로 이들 간의 합의 또는 투표로 최종결정을 하도록 하고 있다.

근무성적 평정결과가 상여금 지급액을 좌우하므로 승진에 큰 관심이 없는 사람에게도 동기부여 효과가 더 높아졌다. 근무성적 평가결과가 승진과 상여금 지급을 결정하는데 큰 영향을 미치므로 조직원들이 실적을 올리는 등 평정점수를 잘 따려고 애쓰는 한편, 평정자에게 잘 보이려고 노력하는 효과를 가져온다. 전보 시에 평정결과가 미치는 영향은 상대적으로 적다.

나. 동기부여 및 근무능률의 향상

근무성적 평정제도가 잘 짜여져 공정하게 시행되고 승진 등 각종 인사관리에 활용되면 직무수행을 적극적으로 할 동기를 부여할 수 있고 사기가 앙양되어 근무능률의 향상될 수 있다. 과거의 한 사례지만, 수행하는데 1시간도 안 걸리는 계획서 작성 업무를 두고 소관이 중첩된다고 해서 실무자 간에 몇 시간씩 서로 상대방 부서의 일이라고 다투는 장면을 본 일이 있는데 이런 현상은 근무성적평정제도의 개선을 통해 적극적 직무수행을 유도함으로써 해소될 수 있다고 본다.

다. 교육수요 조사, 조직의 취약점 진단, 직무재설계 등에 필요한 정보제공

근무성적 평정제도는 이러한 기능 외에도 교육훈련의 효과 측정, 교육수요의 조사, 시험의 타당성 평가, 조직의 취약점 진단, 직무평가나 직무재설계에 필요한 정보제공, 경찰관 개인의 능력발전 등으로 행정발전에 기여할 수 있다. 이 기능은 직무분석이 제대로 이루어져 있고 이에 따라 평가항목과 비중이 책정되어 있으며, 평가자가 평정제도에 대한 이해를 제대로 하고 이를 실행할 때 더 나타날 수 있다. 직무분석 없이 평정제도가 설계된 상태에서, 근무성적 평가가 정실과 근무경력 등 연공서열에 따라 상대평가와 역산제로 이루어지면 이런 기능을 하기 어렵다.

4. 근무성적 평정제도가 갖추어야 할 성질

근무성적의 평정은 사람이 하는 일이기 때문에 사람이 가지고 있는 심리적, 감정적, 인지적 한계를 초월할 수 없고 결국 주관성을 띨 수밖에 없다. 따라서 근무성적 평정제도를 객관적, 합리적으로 구성하고자 하는 노력이 공조직과 기업 등 사조직에서 오랫동안 있어 왔으나, 아직까지도 그 한계를 제대로 극복하지 못하고 있는 것으로 보인다.

가. 공정성과 수용성

공정성은 근무성적 평정이 지연, 혈연, 학연 등 연고나 금품, 향응접대, 아첨 등에 좌우되지 않고 엄격히 직무수행 실적·능력·태도에 근거하여 이루어지는 것이다. 이렇게 평가가 이루어지도록 근무성적 평정제도를 설계되어 있으면 공정성이 있는 평가제도라 할 수 있다. 다면평가나 3단계 평정과 같이 평가자를 여럿 두는 방법, 자기평정 등 몇 가지가 개발되었으나 이 방법도 문제가 있다. 수용성은 근무성적 평가제도와 평정결과가 공정하고 타당하여 신뢰할만하다고 조직원들로부터 인정받는 것을 말한다. 수용성을 넓게 보면 평정제도가 잘 설계되어 직무수행에 도움이 되고 경찰목표 달성에 기여할 수 있는 제도라고 평정하는 자도 인식하는 것까지 포함된다.

그러나 공산품 제작공정의 일부를 맡아 단순반복적인 업무를 하는 근로자와는 달리 업무상 상당한 재량이 부여되는 경찰공무원에 대해 이러한 이상적인 평정제도를 설계하는 것은 불가능에 가깝다. 평정에서 부당한 영향이 최소화될 수 있도록 우리 실정에 맞는 다양한 제도적 장치를 지속적으로 강구해 나가야 할 것이다.

공정성의 문제는 제도적 장치와 함께 평정하는 사람의 마음가짐과 평정방법에 대한 올바른 이해가 병행되어야 한다. 그러므로 평정자에 대한 교육과 인사업무에 대한 감사 시 평정의 타당성 검토를 통한 통제가 필요하다고 본다.

근무성적 평정의 공정성은 수용성과 함께 타당성, 신뢰성, 활용가능성과도 연계되어 있어 공정성이 약하면 타당성, 신뢰성, 활용가능성도 같이 떨어진다. 또한 근무성적 평정의 타당성과 신뢰성이 떨어지면 조직구성원들로부터 공정성도 인정받을 수 없게 되어 수용성도 떨어진다.

나. 타당성

평가의 타당성이란 직무수행 능력·실적·태도가 실제로 우수한 사람을 우수하다고 평정하고, 실제로 열등한 사람을 열등하다고 평가하는 것을 말한다. 이렇게 개인 간의 차이에 대한 우열을 판별하기 쉽도록 근무성적 평정제도가 설계되어 있으면 타당성이 있는 평정제도라 할 수 있다. 평정결과를 개인발전을 위한 정보를 파악하는 목적으로 사용하자면, 근무성적 평정제도가 개인별로 각 평정요소 간에 우수한 요소와 열등한 요소를 판단하기 쉬운 체제로 구성되어야 한다. 타당성을 갖추기 위해서는 공정성의 확보는 물론 직무수행으로 달성코자 하는 조직의 목표와 관련성이 있는 요소만이 평가요소로 포함되어야 하고 목표달성과 관련성이 많을수록 더 비중이 주어져야 한다. 이런 측면에서 총경 평정요소들의 비중이 동일한 것은 검토해 보아야 한다.

평정요소가 구체적인 행동에 대한 점수로 나타내기 쉬우면 주관성의 개입은 최소화할 수 있으나, 이렇게 하기 쉬운 것만 골라 평정요소로 하게 되면 오히려 타당성이 떨어질 가능성이 커질 수 있기 때문에 주의하여야 한다.

우리 경찰에서 평정자를 제3차 평정자까지 감독자 세사람으로 하는 것은 1인이 평정하는 것보다는 평가자의 주관적인 편견을 줄일 수 있는 장점이 없지 않으나 타당성의 측면에서 문제가 있다. 조직과 부서의 규모에 따라 차이가 있겠지만 평정대상자에 대해 가장 잘 아는 사람은 직근 상급 감독자와 부하 및 동료이며 3차 평정자는 특별히 잘하거나 못하거나 과거부터 알거나 튀는 사람들을 제외하고는 대상자를 잘 모른다. 동료나 부하직원을 평정자로 포함시킬 때 이들 중 일부를 평정자로 선택해야 하는데 그러면 샘플링 기준의 설정 및 적용, 동료나 부하 평정자의 평정요령 교육, 평정결과의 처리 등 평정업무가 번잡하고, 동료나 부하는 감독자와 입장이 달라 평정의 책임성이 떨어져 직무보다 인간관계에 의해 좌우될 가능성이 커지는 등의 문제점이 있다.

그런데 상대평가제도 하에서는 평정대상인원이 너무 작아서는 안 되므로 2차, 3차 평정자의 평정이 불가피한 경우가 많다. 1차 평정자가 평정에 서투르거나 인간이므로 평정을 잘못할 경우도 있다. 2차 평정자도 마찬가지다. 특히 일선에서는 3차 평정자가 되는 지휘관이 직원들로 구성된 시위진압·재해수습·작전부대 등을 진두지휘하는 경우에 긴박하게 돌아가는 위기관리 현장에서 중간감독자를 거치지 않고 직접 지시명령을 내려야 하는 상황도 있을 수 있다. 직원들이 복종하게 되는 심리적 요인 중에는 지휘관이 인사권과 감찰권을 가지고 있다는 인식이 적지 않게 차지한다.

일반직 공무원의 평정자는 피평정자의 상급감독자 중 소속장관이 지정하는 자가 되고, 그 평정자의 가장 가까운 상급감독자를 확인자로 하여 평정에 참여하는 감독자를 2명으로 하고 최종적으로 근무성적평정조정위원회에서 평정자와 확인자의 평정결과를 조정한다. 그러므로 평정대상자는 실제로 세번 평정 받는 셈이나 평정조정위원회 위원들이 다수의 상위 감독자이므로 그만큼 더 피평정자에 대해 제대로 알 가능성이 높다.

이런 점들을 고려하면, 1차평정자를 주된 평정자로 하여 배점을 많이 주고, 2차 및 3차 평정자는 평정조정자로 하되 1차평정자가 평정한 대상자 간 순서를 바꾸자면 반드시 1차평정자의 의견을 듣도록 하며, 2차평정자의 평정대상 인원이 충분히 클 때에는 3차 평정자가 개입하지 않는 것을 원칙으로 하는 방안도 검토할 필요가 있다. 일선 지휘관 등 3차평정의 필요성이 있는 경우에도 3차평정대상 전원을 일일이 평정하지 않고 평정자의 지시명령 이행을 특별히 잘하거나 못한 사실을 직접 알고 있는 경우에 해당하는 사람에 대해서만 약간의 가점이나 감점을 주는 형식으로 하는 방안도 검토해 볼 수 있다고 본다.

다. 신뢰성

여러 사람이 동시에 동일한 평정대상자를 각각 평가했을 때 근접한 평정결과가 나오면 신뢰성이 있다고 할 수 있다. 평정에서 주관적 요소를 최소화 했을 때 가능하나, 현실적으로 평정도 사람이 하는 것이고 사람을 보는 안목도 차이가 크므로 달성하기 어렵다. 평정자에 대한 평정체제에 대한 충분한 교육과 평정방법에 대한 훈련 및 공정성과 윤리성에 대한 정신교육으로 어느 정도의 효과는 기대할 수 있을 것이다. 평정업무에 교육훈련을 받은 평정자가 공정한 마음가짐으로 평정에 임한다 하더라도 평정체제가 너무 복잡하고 애매모호하여 평정자마다 달리 해석하는 부분이 생긴다면 평정자마다 평정결과가 달라 신뢰성이 저하될 수밖에 없을 것이다.

평정체제의 복잡성 문제는 근무성적평정에 있어서 어떤 것을 평정할 것이냐에 대한 문제, 즉 평정요소 문제와도 관계가 있다. 우리 경찰에서는 경정 이하 평정의 경우 객관적으로 점수화가 가능한 제1평정요소와 주관적인 평가를 하는 제2평정요소로 구분되어 있고, 총경은 제2평정요소만 있다. 총경 평정의 제2평정요소를 직무실적 · 직무수행능력 · 직무수행태도의 세 범주로 나누고, 이를 각각 몇 개씩으로 나누어 모두 10개의 요소로 하고, 각 요소에 대한 배점은 동일하다. 경정 이하의 평정의 제2평정요소는 직무실적 · 직무수행능력 · 직무수행태도의 세 요소로만 나누고 직무실적과 직무수행태도에 각각 6.5점을 배점하고, 직무수행능력에는 0.5점을 더 배정하고 있다.

평정요소의 수가 몇 개가 좋으냐 하는 문제는 평정의 신뢰도와 타당도를 높인다는 관점에서 보면 그 개수가 많을수록 좋다고 할 수 있으나, 그것이 너무 많으면 내용이 중복되고 평정자가 혼동을 일으키기 쉽다는 단점이 있다. 경정 이하 평정요소는 제1평정요소 중에 5개의 요소가 있으므로 이를 합하면 8개가 되는 셈이나, 제2평정요소만 놓고 보면 3개에 불과하다. 총경 평정의 각 요소들의 범주를 경정 이하 평정의 개별 요소로 그대로 옮겨 놓고, 그 개별 요소별 내용으로 총경 평정의 각 요소들을 그대로 기재하고 있다. 제1평정요소는 평정자의 판단이 개입할 소지가 거의 없으므로 평정자가 실제로 평가하는 제2평정요소가 경정이하는 3개에 불과하다는 것은 신뢰도와 타당도의 측면에서 문제가 있다고 본다.

라. 활용가능성

평정결과는 승진과 상여금 지급결정에 주로 활용되고 있고 그로 인해 동기부여의 효과가 생기는 한편, 평정자가 지도감독 기능을 수행하는데 필요한 힘이 부여되는 것과 같은 결과를 가져온다. 그러나 좋은 평정을 얻기 위해 피평정자가 평정자에게 과잉농조하거나 향응접대 등으로 아첨하는 등 부작용도 아울러 생긴다. 평정제도가 다양하게 활용되기 위해서는 평정이 공정하고 합리적으로 이루어져야 한다.

평정업무는 평정자에게 주된 업무가 아닌 부차적인 업무로서 귀찮게 생각되는 경우가 많다. 또한 평정결과가 공개되지 않는다지만 자기에 대한 평정결과를 아는 사람이 적지 않다는 것은 알려져 있다. 따라서 평정자는 공개될 것을 전제로 눈치를 보면서 적당히 평정하는 경향이 있다. 막연히 직무능력, 직무태도와 같은 추상적인 범주에 대해 점수를 주도록 되어 있는 등 평정제도가 아직도 직무분석이 이루어지지 않은 상태에서 설계되어 있고 평정자가 평정에 대한 교육이 제대로 안된 상태에서 평정하므로 현 평정제도 하에서 다양한 활용이 어려운 상황이다. 게다가 강제배분식 상대평가를 하다 보니 먼저 여러 가지 여건을 고려하여 서열을 성한 후 제2평징요소의 총점을 정하고 다음에 요소별로 직무실적, 직무능력, 직무태도에 점수를 할당하는 경우가 많아 더욱 다양한 활용을 어렵게 하고 있다.

평정자가 7월에 인사 이동된 경우에 10.31일 기준으로 평가하다 보면 불과 3~4개월 간 피평정자의 업무능력이나 업무태도를 관찰할 수 있다는데도 문제가 크다. 평정결과의 타당성을 높여 활용가능성을 높이자면 이 경우 평정권자의 위치에 있었던 전임자와 공동으로 평가하거나 문의를 하는 시스템이 없으므로 절차의 번잡을 피하면서도 이런 현상을 합리적으로 해소할 제도적 고려가 필요하다고 본다.

5. 지금까지 개발된 근무성적평정 방법

현재까지 개발된 근무성적평정의 방법은 평정척도법, 강제배분법, 서술법, 다면평가법, 산출기록법, 대인비교법, 체크리스트법 등 매우 다양하다. 모든 평정방법은 그 나름대로 장점과 단점을 가지고 있으므로 평정방법이 간단하다고 해서 무조건 조잡한 것이라 할 수는 없고 그 어떤 것도 완벽한 것은 없으며, 직무의 내용과 평정결과의 활용용도에 따라 적합성 여부를 판단해야 할 것이다. 현재 경찰에서는 제2평정요소에 대한 근무성적 평정에 평정척도법과 강제배분법에 따라 구성된 근무성적평정표를 사용하고 있다.

가. 평정척도법

평정척도법은 가장 전형적인 평정방법으로서 도표식 평정척도법이 대표적인 것이다. 이 평정양식은 여러 개의 평정요소와 각 평정요소별로 수준을 평가할 수 있는 등급으로 구성되어 있고, 평정요소와 등급을 상호교차하여 하나의 매트릭스 모양의 표로서 만들어져 있다. 평정요소는 직무실적과 사람의 능력 · 태도에 관한 것이다. 직무분석을 거치지 않는 경우에는, 모든 직무와 사람의 공통적 속성이라고 평정양식작성자가 직관적 · 경험적으로 판단한 것들로 평정요소가 구성된다.

이 방법은 작성이 간단하고 적용대상의 범위가 넓으며 평정대상자의 서열을 매기기 쉬워 승진이나 상여금 지급에 활용하기 좋다. 그러나 각 평정요소의 개념과 등급에 대한 해석이 평정자마다 각각 다를 수 있어 신뢰성이 떨어지고 달무리효과(halo effect), 논리적 오차, 관후화 경향, 집중화 경향의 문제도 생긴다.

나. 강제배분법

강제배분법은 도표식 평정척도법의 문제점을 완화하고 서열을 정하여 승진 등에 활용도를 높이고자 도표식 평정척도법에 보완적으로 사용되는 방법이다. 이 방법에서는 평정대상자가 받은 종합점수가 정규분포가 되도록 하거나 골고루 분포되어 서열이 나타나도록 평정등급에 일정한 비율을 강제로 배분되도록 한다. 이 방법의 치명적인 약점은, 평정자가 생각한 대상자별 서열에 따라 미리 대상자의 종합점수를 결정하고, 그 다음에 역으로 그에 해당하는 요소별 점수를 부여하는 역산제 평정을 할 가능성이 높아진다는 것이다. 또한 강제배분법에서는 우수한 사람이 많은 부서의 직원들이 손해를 보고 반대의 경우 이득을 보는 문제점도 생긴다.

이러한 문제점을 보완하기 위해서, 일반직 공무원의 경우, 평정자(경찰의 1차평정자)와 확인자(경찰의 2차평정자)의 평성과정에서는 강제배분을 적용하지 않고 있으며, 승진심사에 근무성적을 반영하기 위해서 근무성적평정위원회에서 기관의 전체 대상자를 대상으로 등급과 평점을 부여할 때에 강제배분을 적용하고 있다. 경찰에서 도입해야 할 제도라고 본다.

다. 서술법

서술법은 평가자가 평정대상자의 업적, 능력, 태도 기타 장단점에 대하여 자신의 견해를 서술식으로 쓰는 것이다. 서술방식을 평정자에게 완전히 맡기는 방법도 있으나, 서술법을 다른 평정방법에 보완적으로 사용할 때에는 정해진 형식에 따르도록 하는 것이 일반적이다. 대상자별로 일일이 작성하는데 시간과 노력이 많이 소요되므로 경찰에서 사용하기는 곤란한 방법이다. 다만, 승진에 활용할 목적의 평정을 별도로 하는 시스템으로 변경하는 경우에는, 승진소요 최저연한이 지난 자에 한해서 대상자의 장점과 단점을 소정의 방식에 따라 요약하여 서술하게 하면, 그 누적된 의견은 승진심사에서 활용가치가 있다고 본다.

라. 자기평가와 다면평가

(1) 자기평가

자기평정법은 평정대상자에게 자신에 대한 평가를 하게 하는 것이다. 이에는 여러 가지 형태가 있을 수 있으나 경찰에서 활용하기 좋은 것은 자기 스스로 어느 평가요소에 대해서는 우수하며, 어느 평가요소에 대해서는 열등한지 판단하게 하고 이를 감독자의 같은 요령의 평가결과와 비교하고 서로의 견해에 대한 의견교환을 하고 그 내용을 기록하는 것이다. 우수, 보통, 열등의 비율은 대략 1/3 정도로 하면 될 것이다. 이 방법은 승진, 상여금 지급 등에 활용하지 않는다는 전제 하에서 적용한다면 정직성과 객관성이 매우 높을 것이다. 이렇게 하여 얻은 결과는 자기계발에 유용한 자료가 될 뿐만 아니라 승진과 상여금 지급 외의 활용에 좋은 자료가 될 것이다. 이 경우에 승진 등에 활용할 목적의 평가를 별도로 해야 한다.

(2) 다면평가

근무성적 평정은 계층제의 원리에 비추어 볼 때, 직속상관이 하는 것이 타당하다. 그러나 경우에 따라서는 상급자, 동료, 부하직원, 고객 등 여러 사람이 동시에 평가하는 다면평가가 평정자들을 상급자들로만 구성할 때 생길 수 있는 평정자들의 편견 개입과 개인편차를 줄임으로써 객관성, 공정성을 더 높일 수도 있고 참여를 통해 평정에의 지지도를 높일 수 있다(유민봉, 1999: 523).

그러나 참여자들도 상급자와 똑같이 편견과 개인편차를 가지고 있고 평정대상자에 대해 상급자보다 더 모르거나 관심이 없을 수 있다. 또한 다면평가는 절차가 번잡하여 인사실무자는 물론 참여자에게 지나친 부담을 준다.

다면평가제를 실시한 일반행정기관의 사례에서 지적되는 부작용은 다음과 같이 세 가지로 요약될 수 있다. 첫 번째 부작용은 다면평가제도가 인사권자의 결정을 정당화하기 위한 절차로 전락되었다는 것이고, 두 번째 부작용은 종합평가결과가 일반적인 상식과 너무나 다르게 나온다는 것이며, 세 번째 부작용은 인기를 얻기 위한 불필요한 교제, 상하 동료 간의 관계 훼손 등 조직 내의 혼란과 낭비행정을 가져온다는 것이다(정성호, 조임곤, 김상구, 윤성철, 2003: 139).

경찰에서는 다면평가제의 적용범위를 대폭 축소하여 특진의 경우에, 그것도 극히 제한적인 경우에 적용할 수 있도록 하고 있다. 이 방법은 개인의 문제점 파악, 교육수요의 조사, 조직의 문제점 파악 등에 활용할 수 있을 것이다. 또한 설문내용을 달리하여 동료는 인간관계에 관하여, 부하는 리더십에 관하여, 민원인은 고객만족에 관하여 응답하게 하는 방법도 검토해 볼 만하다고 본다.

마. 서열법

서열법은 평정대상자들을 서로 비교하여 서열을 정하는 방법이다. 가장 간단한 형태는 평정대상자의 실적, 능력, 자질 등을 포괄적으로 판단하여 서열을 정하는 것이다. 더 복잡한 형태로는, 평정대상자를 두 사람씩 짝을 지어 비교하는 방식을 되풀이하여 서열을 정하는 2인 비교법, 평정대상자 중 가장 우수한 사람과 열등한 사람을 우선 뽑고 남은 평정대상자를 대상으로 같은 방식으로 계속 반복하여 서열을 정하는 방법, 평정요소별 각 등급에 해당하는 대표 인물을 정한 후 평정대상자를 한 사람씩 이와 비교하여 등급을 분류하거나 여러 피평정자 중 최우수자와 중간인 자 및 가장 열등자를 선정하여 그들을 평정기준으로 하여 서열을 정하는 대인비교법 등이 있다(박경규, 2007: 279-280).

서열법의 논리는 경찰에서 평정자가 역산제에 의한 평정을 하기 위해 미리 평정대상자 간 서열을 정할 때, 평정대상자들의 실적, 자질, 현 계급 승진연도, 현 부서 근무연한 등을 고려하는 것과 비슷하다. 승진에 활용할 목적의 평정을 별도로 하는 시스템으로 변경하는 경우에, 서열법을 주된 방법으로 하고 서술법을 보완적 방법으로 병행하는 것도 검토해 볼 만하다.

바. 목표관리제(MBO, management by objectives)

목표관리는 감독자와 피감독자가 함께 실적기준으로 사용할 목표를 설정한 다음, 설정된 기간 후 목표달성 정도를 측정하고 그 결과에 대해 감독자와 피감독자가 토의를 거쳐 새로운 목표를 설정하는 연속적 관리과정이다. 개인에 대한 목표관리 뿐만 아니라 부서에 대한 목표관리도 있을 수 있다(유민봉, 1999: 523).

경찰업무 중에는 측정가능한 목표를 설정하기가 쉽지 않은 업무가 적지 않고, 목표 자체가 이미 개인의 능력을 고려한 것이기 때문에 승진과 관련하여 목표달성도 측정결과를 개인 간의 비교를 위한 평정으로 사용하기 곤란한 점이 있다고 본다. 그러나 목표관리에서 목표는 평정기준으로 볼 수 있고, 목표달성도 측정에서는 결과로서 나타난 실적만이 대상이 되기 때문에 측정가능한 목표를 설정할 수 있는 경우에는 상여금지급 등 보상에 활용할 수 있다고 본다.

목표관리는 목표달성에 대한 동기 촉신과 실적향상, 목표의 이해와 수용성 향상, 개인의 목표와 조직의 목표와의 통합 등의 장점을 가지고 있다. 또한 평정대상자의 능력을 고려하여 개인별로 설정되므로 평정대상자의 수용성이 높으며 대상자의 자기계발에 도움이 된다. 목표관리는 능력과 자질이 현재로서는 부족한 직원도 끌고 나갈 수 있는 특별한 장점이 있으므로 제도개발과 운영에 많은 시간과 노력이 든다고 해서 포기하기는 너무나 매력적이다. 앞으로 경찰 평정제도를 변경할 때, 경찰에 적용할 수 있는 간편한 목표관리제도를 고안하여, 측정가능한 목표를 설정할 수 있는 직무수행자와 부서에 대해 실시하는 방안을 검토해 볼 필요가 있다.

사. BARS와 BOS

BARS(behaviorally anchored rating scales)와 BOS(behavioral observation scales)는 평정대상자의 행태에 관한 구체적인 사건과 사례를 기준으로 평정하는 것이다. 이 두 방법 모두 직무분석에 기초하므로 직무분석이 이루어지지 않은 경찰에서 이 방법을 적용하기는 곤란하다. 또한 개발에 많은 시간과 비용이 들어가는 단점도 있다.

BARS는 직무분석에 기초하여 직무를 구성하고 있는 중요 과업과 책임분야를 평정요소로 선정한다. 그 다음으로 각각의 분야에 대해, 가장 바람직한 과업행태에서부터 가장 바람직하지 못한 과업행태까지를 여러 개의 등급으로 구분하고, 각 등급마다 대표적인 행태를 구체적으로 기술한다. 마지막으로 피평자의 과업성과와 행동에 해당하는 대표적인 행태와 등급을 선택한다(박천오, 강제상 등, 2010: 335-336). BARS에서는 평정대상자의 가장 대표적인 행태 하나만을 선택하도록 하고 있는데, 이에 대해 인간행동의 다양성을 무시한다는 비판이 있다.

이런 비판을 고려하여 창안된 것이 BOS이다. BOS는 BARS와 마찬가지 방법으로 평정요소를 선정한다. 그 다음으로 각 평정요소에 대해 직무와 밀접한 관련성을 가진 구체적 행태를 평정항목으로 기술하고, 각 평정항목별로 행동의 빈도수를 관찰하여 등급으로 표시하는 척도를 구성한다. 등급에 있어서 우수·보통·미흡 등으로 표시하지 않고 평정항목에 기술된 행동이 얼마나 자주 관찰되느냐를 기준으로 하여 표시하기 때문에 평정자의 주관을 줄이는 효과가 있다.

아. 중요사건기록법

중요사건기록법은 평정대상자가 직무관련 수행한 행위 중 중요한 것을 평정자가 평정기간 동안 그때그때 바람직한 행동과 그렇지 못한 행동으로 구분하여 기록해 두었다가 평정할 때 이것을 취합한 것을 활용하는 방법이다. 교육훈련이나 평정대상자와의 상담시 중요한 정보를 제공하는 기능이 있으나, 평정자인 감독자에게 지나친 부담을 주므로 경찰에서 활용하기는 부적당한 방법이라고 본다.

자. 체크리스트법

체크리스트법은 일상 직무와 관련된 행동이나 태도를 열거하고 그 중에서 평정대상자에게 해당되는 항목을 체크하여 나가는 방법이다. 이 방법은 평정자가 직접 평정점수를 산출하는 작업을 하지 않고, 평정자가 체크한 자료에 의하여 인사부서에서 평정점수를 산출한다. 보통, 항목별로 가중치를 주되 가중치 점수는 평정자에게도 공개하지 않는다.

이 경우, 체크리스트 항목별로 몇 개의 선택지를 두고 이중 하나 또는 가장 해당되는 것과 해당되지 않는 것을 반드시 고르도록 하면 평정자가 의도적으로 좋은 점수를 주기 어렵다(유민봉, 1999: 529-530). 따라서 이 방법은 역산제 방지에 효과적이며 또한 평정결과가 점수로 환산되기 때문에 상대평가가 가능하여 능력계발은 물론 승진 등 다양한 목적으로 활용할 수 있다.

6. 근무성적 평정의 한계

부서에 따라 차이가 있지만 복잡 다양한 경찰업무의 내용에 비추어 볼 때, 근무성적평정에서 아무리 새로운 평가요소, 절차 및 기법을 개발한다고 하더라도 평정자의 주관을 배제하는 데는 아래에 열거한 바와 같은 뚜렷한 한계가 있다. 그렇다고, 주관성을 최대한 배제하여 객관성을 지나치게 강화시키면 결국 객관적으로 평가하기 쉬운 부분만 평가하게 되어 평정결과가 오히려 왜곡될 수 있다.

이러한 한계 내에서나마 비교적 공정하게 평가하자면 이에 대한 평정자의 의지와 도덕성은 물론 평정제도와 기법에 대한 이해가 우선적으로 필요하다. 아래에 열거한 한계요인을 고려하여, 일반직 공무원의 경우에는 근무성적평정조정위원회를 두고 여기에서 근무성적평정상 오차를 조정할 수 있도록 제도화하고 있다.

가. 평정자의 인간성

평정자가 공정하고 합리적인 평정을 하겠다는 의지와 사심에 흔들리지 않는 도덕성을 가지는 것이 무엇보다도 중요하다. 그러나 이런 점에 대해서는 평정자마다 큰 차이가 있다. 이런 부분이 평정자에 대한 윤리교육과 평정에 대한 인사감사가 꼭 필요한 이유가 된다.

나. 평정자의 평정절차와 기법에 대한 이해 부족

평정자가 평정절차에 대해 잘 알고 평정기법을 숙지하여 이를 적용할 수 있는 교육을 받고 숙지하고 있어야 한다. 평정자에 따라서는 평정하는 것을 직무 외의 부담으로 여기고 귀찮게 생각하며 평정 관련 교육을 회피하고 안내공문도 대충 읽고 평정하기도 한다. 이런 경우에 평정절차가 복잡하거나 평정요소별 범주에 대한 정의가 구체적이지 못하고 평정요소의 카테고리가 서로 중복되면 더욱 이해를 못하게 되어 피평정자들의 순서를 먼저 정해놓고 총점을 계산하여 항목별로 점수를 부여하게 된다.

다. 관후화 경향과 집중화 경향

이들 경향은 부하를 인정으로 돌봐주는 사회문화적 풍토와 피평정자에 대한 정보가 적어 생기는 경향이다. 무의식적으로 일관성을 유지하려는 인간의 심리적 경향과도 무관하지 않다. 관후화 경향은 우리 사회에서 나타나기 쉬운 현상으로서 가급적이면 높게 평가해 주려는 경향이다. 이와 반대로 엄격화되는 경향도 있을 수 있으나, 우리 사회풍토에서는 흔하지 않다. 집중화 경향은 대부분의 피평정자가 비슷비슷하고 차이를 식별할 만한 정보도 부족하여 부담스러우므로 이들에 대한 평정등급을 중간등급 정도에 두는 현상이다. 이들 현상을 막기 위해서 강제배분식의 상대평가제도를 보완적으로 함께 채택하는 경우가 많다(유민봉, 1999: 546-547).

라. 달무리 효과(halo effect), 편견, 근접 효과

이들 효과는 인간의 정신과 기억의 불완전성으로 인한 착각 내지 현혹으로 인해 생기는 여러 가지 현상이다. 평정자가 가장 중요하게 생각하는 요소에 대해 좋게 보거나 나쁘게 보면 다른 요소의 평가에도 연쇄적으로 영향을 끼치는 효과가 달무리(halo) 효과이다. 예컨대, 성실성이 좋으면 책임성도 좋다고 판단하는 경우 등이다. 이와 관련된 것으로 논리적 오차가 있는데 이는 여러 평정요소 사이에 논리적인 상관관계가 있는 경우에, 어느 한 요소에 대한 판단이 다른 요소에 영향을 줌으로써 생기는 오차이다. 이들 경향은 척도법에서 평정요소와 평정등급을 매트릭스에 정렬해 두었을 때 처음 평정요소에 대한 평정등급이 다른 요소에도 유사하게 나타나는 요인이 되기 쉽다. 이런 현상은 평정척도를 만들 때 등급을 서로 달리 하거나,

피평정자별로 평정하는 대신 평정요소별로 평정함으로써 완화할 수 있다(유민봉, 1999: 546).

편견은 출신지역, 교육수준과 출신학교, 성, 연령 등에 대한 평정자의 편견이 평정과정에서 작용하는 것이다. 근접효과는 평정하는 시점에 가까이 발생한 사건이나 업적일수록 평정에 더 크게 영향을 미치는 경향이며 인간의 기억이 시간이 지날수록 희미해지기 때문에 생기는 것이므로 평정일지를 계속 작성하는 중요사건기록법을 통해 예방할 수 있다.

제2절 현행 근무성적 평정제도

1. 근무성적 평정자와 평정대상자

근무성적 평정자는 3명으로 하되, 제1차평정자는 평정대상자의 바로 위 감독자가 되고, 제2차평정자는 제1차평정자의 바로 위 감독자가 되며, 제3차평정자는 제2차평정자의 바로 위 감독자가 된다. 경찰청장은 평정자를 특정하기가 곤란하다고 인정하는 경우에는 따로 평정자를 지정할 수 있다.

이는 바로 위 감독자만 평정자가 되고, 평정자의 바로 위 감독자는 확인자가 되는 일반직 공무원에 대한 평정제도와 대조가 되고, 일반직 공무원의 평정결과는 근무성적평가위원회의 조정을 거쳐 최종확정되므로 실질적으로 3단계를 거치는 셈이라는 점에 대해서는 앞에서 언급하였다.

평정대상은 총경 이하의 경찰공무원이며, 이들에 대해서 매년 10. 31을 기준으로 근무성적을 평정하여야 한다.

2. 다면평가제

「경찰공무원 승진임용규정」(대통령령)에서는 “임용권자나 임용제청〔추천〕권자는 승진심사를 거쳐 소속 경찰공무원을 승진임용하거나 승진임용을 제청〔추천〕할 때 승진심사대상자에 대한 동료 평가 및 민원 평가를 실시하여 그 결과를 반영할 수 있다. 이 경우 동료평가는 승진심사대상자의 상위 · 동일 · 하위 계급의 경찰공무원이 하고, 민원평가는 승진심사대상자의 업무와 관련된 민원인 등이 한다. 이 평가결과는 특별승급, 성과상여금 지급, 교육훈련, 보직관리 등 각종 인사관리에 반영할 수 있다"고 규정하고 있다.

이를 다면평가 또는 동료평가라 하며, 앞에서 언급한 바와 같은 장단점이 있고 경찰조직문화와도 잘 맞지는 않는 제도이다. 따라서 경찰에서는 총경과 경무관 승진 시 다면평가 결과를 반영한 적도 있었으나 2009년 폐지되었다.

다만, 「경찰공무원 승진임용규정 시행규칙」(부령)에서는 "행정능률 향상, 예산절감 등 능력이 탁월하여 경찰행정 발전에 기여한 공이 매우 크다고 소속기관장 등이 인정하는 경찰관을 특별승진임용을 하려는 경우에 승진심사대상자와 같은 계급 또는 하위 계급인 경찰공무원에게 대상자를 평가하게 하여 그 결과를 특진심사에 반영할 수 있다"고 규정하고 있다. 즉 이를 적용할 수 있는 경우를 특진의 경우에, 그것도 행정발전 유공의 경우에 한정하고, 또한 이 경우에도 '할 수 있다'고 규정하여 다면평가를 안 해도 되도록 규정하고 있는 것이다.

3. 근무성적의 평정요소

근무성적 평정요소는 제1평정요소와 제2평정요소로 구분되며, 총경의 근무성적은 제2평정요소로만 평정한다.

가. 제1평정요소

제1평정요소는 경찰업무발전에 대한 기여도, 포상실적 등이며, 경정 이하의 경찰관에 한해서 이 평정요소에 대해 평정한다.

나. 제2평정요소

제2평정요소는 근무실적, 직무수행능력, 직무수행태도를 말한다. 제2평정요소에 의한 근무성적 평정은 상대평가로서 평정대상자의 계급별로 '수' 20퍼센트, '우' 40퍼센트, '양' 30퍼센트, '가' 10퍼센트의 비율로 평정하며 평정결과 '가'에 해당하는 사람이 없는 경우에는 '가'의 비율을 '양'의 비율에 가산하여 적용한다.

다만, 행시 등 5급공무원 공개경쟁채용시험 또는 사법시험에 합격하여 경정 이하의 경찰공무원으로 특별채용할 수 있는 사람으로서 27세 미만의 경감 이하 경찰공무원과 경찰서 수사과에서 고소·고발 등에 대한 조사업무를 직접 처리하는 경위 계급의 경찰공무원을 평정할 때에는 이 비율을 적용하지 아니할 수 있다.

4. 근무성적의 평정방법

근무성적의 총평정점은 50점을 만점으로 하며 총경과 경정 이하에 대한 평정방법이 다르다. 평정결과는 아래 근무성적 평정표(경정이하 및 총경으로 구분)에 기재한다.

■경찰공무원 승진임용 규정 시행규칙[별지 제1호서식] 〈개정 2013.10.30〉

근무성적평정표(총경)

○ 평정대상자
소속 :
계급 :
성명 :

○ 평정기간
20 . . .부터 . . .부터
20 . . .까지 . . .까지

○ 평정 분포비율
•수(47점 이상) 20%
•우(40점 이상 47점 미만) 40%
•양(25점 이상 40점 미만) 30%
•가(25점 이하) 10%

1. 근무실적 · 직무수행능력 · 직무수행태도

평정자 \ 평가요소 및 배점		근무실적			직무수행능력				직무수행태도			1차평정자 계급 성명 ㊞
		①직무의 양	②직무수행의 정확성	③직무수행의 신속성	④지식 및 기술	⑤이해 및 판단력	⑥기획 및 창의력	⑦관리 및 지휘력	⑧성실성 및 규율준수	⑨친절 및 협조성	⑩적극성 및 책임성	
평정기준 / 평정점수		어느 정도로 많은 양의 담당 직무를 처리하고 있는가?	담당직무를 어느 정도로 우수하고 정확하게 처리하고 있는가?	담당직무를 미결없이 어느 정도로 신속히 처리하고 있는가?	담당 직무 수행에 필요한 지식과 기술을 가지고 활용하고 있는가?	담당 직무에 대하여 잘 이해하고 정확한 판단을 내리는가?	담당 직무를 수행할 때에 새로운 방법을 연구하여 개선하려고 노력하고 있는가?	부하직원과 인화단결하고 민주적인 방법으로 통솔하고 있는가?	담당 직무를 성실하게 수행하며 상사의 명령에 복종하고 규율을 준수하고 있는가?	상사동료간 및 대민(對民)관계에 서 인화 단결하며 협조하려고 노력하고 있는가?	직무를 수행할 때에 의욕과 열의 및 책임감과 실천력은 어느 정도인가?	2차평정자 계급 성명 ㊞ 3차평정자 계급 성명 ㊞
1차 평정자	점수	수 우 양 가 2.0 1.75 1.5 1.25	수 우 양 가 2.0 1.75 1.5 1.25	수 우 양 가 2.0 1.75 1.5 1.25	수 우 양 가 2.0 1.75 1.5 1.25	수 우 양 가 2.0 1.75 1.5 1.25	수 우 양 가 2.0 1.75 1.5 1.25	수 우 양 가 2.0 1.75 1.5 1.25	수 우 양 가 2.0 1.75 1.5 1.25	수 우 양 가 1.5 1.75 1.5 1.25	수 우 양 가 2.0 1.75 1.5 1.25	평정점수
	1차(20)											
2·3차 평정자	점수	수 우 양 가 1.5 1.25 1.0 0.5	수 우 양 가 1.0 0.75 0.5 0.25	수 우 양 가 1.0 0.75 0.5 0.25	수 우 양 가 1.0 0.75 0.5 0.25	수 우 양 가 1.5 1.25 1.0 0.5	수 우 양 가 2.0 1.75 1.5 1.0	수 우 양 가 2.0 1.75 1.5 1.0	수 우 양 가 2.0 1.75 1.5 1.0	수 우 양 가 1.5 1.25 1.0 0.5	수 우 양 가 1.5 1.25 1.0 0.5	평정점수
	2차(15)											
	3차(15)											
기타(참고사항)												총점

※ 평정 요령: 평정요소별 해당란에 "○" 표시를 합니다.

2. 성격(평정대상자의 특정적인 것 4가지 이상 선택하여 "○" 표시)

요소		1차평정	2차평정
⑪ 지도력	민주형		
	자유방임형		
	군림권위형		
⑫ 근면성실			
⑬ 무사안일주의			
⑭ 솔선수범			
⑮ 책임감결여			
⑯ 인화단결			
⑰ 파벌조성			
⑱ 협조적 · 타협적			
⑲ 이기적 · 독선적			
⑳ 겸손하고 예의바름			
㉑ 편견과 아집이 있음			
㉒ 순응적			
㉓ 반발적			
㉔ 자제적			
㉕ 감정적			
㉖ 적극적			
㉗ 소극적			

3. 적성

구분 / 요소	1차평정			2차평정		
	적합	보통	부적합	적합	보통	부적합
㉘ 지휘관						
㉙ 참모						
㉚ 기획요원						

4. 발전성

요소	1차평정	2차평정
㉛ 상위직 업무수행 능력이 우수하다		
㉜ 상위직 업무수행 능력이 보통이다		
㉝ 상위직 업무수행 능력이 부족하다		

5. 주변의 평판

㉞ 아주 좋다		
㉟ 보통이다		
㊱ 나쁘다		

6. 물욕관계(청렴도)

㊲ 문제될 것 없다		
㊳ 함부로 물품을 받는 버릇이 있다		
㊴ 대내외인에게 물품을 요구하는 버릇이 있다		

7. 음주관계

㊵ 전혀 마시지 않는다		
㊶ 분별하여 마신다		
㊷ 마시면 이성을 잃는다		

8. 이성관계

㊸ 문제될 것 없다		
㊹ 항상 문제가 된다		

9. 가족관계

㊺ 원만(건전)하다		
㊻ 보통이다		
㊼ 불건전하다		

10. 건강상태

㊽ 건전하다		
㊾ 보통이다		
㊿ 허약하다		
51 질병이 있다		

257mm×364mm[백상지 80g/㎡]

가. 총경의 근무성적평정점

총경인 경찰공무원의 근무성적평정점은 제2평정요소에 대하여 제1차평정자와 제2차평정자가 각각 15점을 최고점으로 하여 평정한 점수와 제3차평정자가 20점을 최고점으로 하여 평정한 점수를 합산한다. 총경이 평정대상자인 경우 제1차평정자와 제2차평정자는 평정대상자의 근무실적 3.5점, 직무수행능력 6.5점, 직무수행태도 5점을 만점으로 한다. 제3차평정자는 위의 각 요소에 대해 6점, 8점, 6점을 각각 만점으로 한다.

나. 경정 이하의 근무성적평정점

경정 이하 경찰공무원의 근무성적평정점은 제1평정요소와 제2평정요소에 대한 평정점을 산정하여 합산한다.

제1평정요소에 대한 평정점은 30점을 최고점으로 하고, 제2평정요소에 대한 평정점은 20점을 최고점으로 한다. 제1평정요소에 대해서는 제1차 평정자가 30점을 최고점으로 하여 평정한 점수를 제2차 평정자와 제3차 평정자가 확인한다. 제1평정요소는 경찰업무 발전기여도를 15점, 포상 5점, 직장훈련 5점, 첩보제출 3점, 근태 2점을 만점으로 한다. 포상평점에 있어서 신임교육 수료 시에 받은 포상은 임용예정 계급에서 수여받은 포상으로 본다.

제1평정요소에 대한 구체적 평가점수는 다음 부표 1~5에 나와 있는 바와 같다.

[부표 1] 〈개정 2013.3.18〉

경찰업무 발전에 대한 기여도 평가기준

평가요소	내용	단위	배점	
			시 소재지 이상 지역 근무자	군 단위 이하 지역 근무자
1. 중요 범죄 등 검거 실적	• 국가안전을 해치는 주모자급 검거 • 살인 · 강도 · 소매치기 등 강력범 검거 • 절도범 및 그 밖의 경비사범 검거 • 방범사범 단속	1건 1건 1건 1건	10 3 1 0.2	10 5 2 0.4
2. 홍보 및 제안 실적	• 보도매체에 의한 경찰홍보 실적 – 전국 일간지 게재 및 TV · 라디오 홍보 – 지방지 및 월간지 · 주간지 게재 • 제안 규정에 따른 장려상 이상 수상자	 1회 1회 	 5 2 10	 5 2 10
3. 경비업무 등 근무실적	• 다중 범죄 진압 · 출동 • 경호경비 및 산악수색 출동	1회 1회	0.2 0.2	0.3 0.2
4. 업무 기획 · 수립 및 민원업무 등 수행	• 행정연구서 채택 · 시행 • 경찰서 단위 이상 계획 수립 · 시행 • 제조사 사건처리 • 민원업무 처리	1건 1건 1건 1건	10 1 0.2 0.2	10 1.3 0.3 0.3
5. 경찰 경비정 · 항공기 운전 및 정비업무 수행	• 25일 이상 승무 · 승선 또는 정비 (조종사의 경우 20시간 이상) • 21일 이상 24일 이하 승무 · 승선 또는 정비 (조종사의 경우 10시간 이상 24시간 미만) • 20일 이하 승무 · 승선 또는 정비 (조종사의 경우 10시간 미만)	1개월 1개월 1개월	1.3 1.0 0.5	1.3 1.0 0.5
6. 통신기기 수리 및 근무실적	• 통신기기 등 수리 • 암호자재의 제작 · 편리 • 전산입력 시행	1건 1건 1건	0.2 0.5 0.2	0.2 0.5 0.2
7. 그 밖의 근무 실적	• 27일 이상 근무 • 24일 이상 26일 이하 근무 • 23일 이하 근무 (공가 · 출장 · 연가일수는 근무일수에 포함)	1개월 1개월 1개월	1.3 1.0 0.8	1.3 1.0 0.8

〈비고〉

1. 제7호의 그 밖의 근무실적: 학교 · 부속실 · 유치장 · 상황실 · 외딴섬 · 출장소 · 교통외근 · 초소 근무 및 과학수사업무 실적을 말한다.
2. 적용기간: 전년도 11월 1일부터 해당 연도 10월 31일까지로 한다.
3. 평정점: 평정대상자가 받은 점수로 하되, 최고 점수는 15점으로 한다.

[부표 2] 〈개정 2013.10.30〉

포상 등 평가기준

상		벌	
훈격 구분	점수가점	징계·경고 구분	점수감점
• 훈장	20	• 강등	30
• 포장	15	• 정직 3월	25
• 대통령 표창	12	• 정직 2월	20
• 국무총리 표창	7	• 정직 1월	15
• 각 부처 장관(장관급 공무원 및 처장을 포함한다), 경찰청장 및 검찰총장 표창	5	• 감봉 3월	10
		• 감봉 2월	8
		• 감봉 1월	6
• 각 청(廳)의 장, 각 군 참모총장, 고등검찰청검사장 및 군사령관 표창	4	• 견책(영창·근신을 포함한다)	4
		〈경고〉	
• 특별시장·광역시장·도지사·특별자치도지사·경찰대학장·경찰교육원장·중앙경찰학교장·경찰수사연수원장·지방경찰청장·지방검찰청검사장·군단장(교육사령관을 포함한다)표창	3	• 경찰청장	
		- 불문경고	2
		- 직권경고	1
		• 경찰대학장·경찰교육원장·중앙경찰학교장·경찰수사연수원장·지방경찰청장	
• 101단장·기동단장·사단장 표창	2	- 불문경고	1
• 경찰서장·기동대장·지방검찰청지청장 표창	1.5	- 직권경고	0.5
• 전투경찰중대장·연대장 표창	1	• 경찰서장·기동대장·전투경찰중대장	
		- 불문경고	0.5
		- 직권경고	0.25

〈비고〉

1. 군의 표창은 대간첩작전, 예비군·상근예비역 및 공익근무요원 관리업무에 따른 공로로 받은 표창만 "상"으로 인정한다..
2. 위 표에 규정된 것 외에 다른 기관장의 표창은 경찰업무와 관련된 특수범죄 수사 등의 공로로 받은 표창만 "상"으로 인정한다.
3. 상벌은 현재 재직중인 계급에서 적용하는 것을 원칙으로 한다. 다만, 승진후보자명부에 등재된 기간 중 포상을 받은 경우 승진임용예정계급의 "상"에 포함한다.
4. 평정점은 "상" 점수 합계에서 "벌" 점수 합계를 뺀 점수의 3분의 2로 하되, 최고점수는 5점, 최하점수는 0점으로 한다.

[부표 3] 〈개정 2013.3.18〉

직장훈련 평가기준

구분	배점		평가내용
사격훈련	6점	• 전반기: 3점 • 후반기: 3점 • 권총마스터로 지정된 사람: 6점 ※ 경정 및 경감은 제외한다.	• 연 2회(전반기 · 후반기) 사격훈련 시 기록사격의 득점만 평가 (전반기 속사 + 완사)/100 + (후반기 속사 + 완사)/100
체력단련	5점	• 무도훈련: 5점 $\text{무도훈련} = 5 \times \frac{\text{무도훈련 참석 횟수}}{24}$	• 무도훈련(호신체포술훈련 포함)은 소속 기관의 장이 인정한 훈련만 해당한다. • 월별 인정되는 참석 횟수는 최대 2회까지로 한다.
		• 체력검정: 5점 체력검정점수는 체력검정 평가 등급에 대하여 다음과 같이 배점한다. – 1등급(5점) – 2등급(4.5점) – 3등급(4점) – 4등급(3.5점) – 불참자(0점)	• 체력검정 자율실시자 중 불참자 및 검정제외자는 해당 연도를 포함하여 3년 내의 실제 검정기록 중 최근 성적을 부여하되, 3년 내에 실제 검정기록이 없는 경우에는 경찰청장이 정하는 바에 따른다.
직장교육	10점 ~ 4점	• 경정 및 경감 $10\text{점} \times \frac{\text{참석횟수}}{24}$ • 경위 이하 $4\text{점} \times \frac{\text{참석 횟수}}{24}$	• 직장교육은 소속 기관의 장이 인정한 훈련으로 한정한다. • 월별 인정되는 참석 횟수는 기관별 소집교육 1회를 포함하여 최대 2회까지로 한다.

〈비고〉

1. 교육, 파견, 출장 등 특별한 사유로 직장훈련에 참석할 수 없을 때에는 반기별로 실시하는 사격훈련 평정의 경우 직전회의 성적으로 갈음하고, 월별로 실시하는 직장교육 및 체력단련(무도훈련만 해당한다)의 경우 참석한 것으로 본다.
2. 부정행위자(대리 참석, 거짓 기재, 부정 평가 등을 한 사람)는 해당 훈련에 참석하지 않은 것으로 처리하고, 0점으로 처리한다.
3. 체력검정 평가등급, 체력검정 자율실시자 및 검정제외자에 관하여는 경찰청장이 정하는 바에 따른다.
4. 적용기간은 전년도 11월 1일부터 해당 연도 10월 31일까지로 한다.
5. 평정점은 평정대상자가 받은 점수 합계의 3분의 1로 한다.

[부표 4] 〈개정 2013.3.18〉

견문 제출 평가기준

<table>
<tr><th colspan="2">구분</th><th colspan="2">대상 및 방법</th></tr>
<tr><td rowspan="2">기본점수</td><td>배점</td><td>2</td><td>• 월별 견문(見聞) 기본 제출 건수
– 정보외근 근무자: 20건
– 수사・보안・외사・감찰외근 근무자, 지방경찰청(서) 기획정보 담당자: 4건
– 경찰청・지방경찰청 정보외근계장, 경찰서 정보과장(계장): 2건
– 내근 근무자 및 지구대, 파출소, 그 밖의 외근 근무자: 2건</td></tr>
<tr><td>평가방법</td><td colspan="2">① < 월별 평가점수 > = $\frac{\text{실제 제출 건수}}{\text{기본 제출 건수}} \times 30$
② < 최종 평가점수 > = 월별 평가점수의 합계 ÷ 180</td></tr>
<tr><td rowspan="2">능력점수</td><td>배점</td><td>1</td><td>• 능력점수 배점
– 자료: 1건당 5.0점 – 일보: 1건당 2.5점
– 통보: 1건당 1.0점 – 기록: 1건당 0.5점</td></tr>
<tr><td>평가방법</td><td colspan="2">① < 월별 평가점수 > = $\frac{\text{평정대상 득점}}{\text{단위 평정대상자 중 최고 득점}} \times 5$
② < 최종 평가점수 > = 월별 평가점수의 합계 ÷ 60
※ 소수점 이하 넷째자리에서 반올림하여 소수점 이하 셋째자리까지 평가한다.</td></tr>
</table>

〈비고〉

1. 적용기간은 전년도 11월 1일부터 해당 연도 10월 31일까지로 한다.
2. 최고 점수는 3점으로 한다. 다만, 기본점수의 월별 평가점수는 30점을 최고 점수로 한다.

[부표 5] 〈개정 2013.3.18〉

근무태도 평가기준

구분	감점점수
무단결근 근무 지시 위반 경위서 소집불응	1회당 0.1점

〈비고〉

1. 적용기간: 해당 연도
2. 근무태도는 감점 요소로 활용하되, 기본점수는 0점, 최하 점수는 -2점으로 한다.

제2평정요소에 대해서는 제1차 평정자와 제2차 평정자가 각각 7.5점을 최고점으로 하는데 이는 근무실적, 직무수행능력, 직무수행태도로 구분되며 각각 2.5점을 만점으로 한다. 제3차 평정자의 평정점은 5점을 최고점으로 하는데 이는 위와 같이 구분되나 근무실적과 직무수행태도는 1.5점, 직무수행 능력은 2점을 만점으로 한다. 이런 방법으로 1, 2, 3차 평정자가 평정한 점수를 합산하여 근무성적의 총점이 결정된다.

다. 제2평정요소에 대한 등급 구분

제2평정요소에 대한 수·우·양·가의 구분은 다음 표의 평정점에 따라 정한다.

계급 / 등급	총경	경정 이하
수	47점 이상	19점 이상
우	40점 이상 47점 미만	16점 이상 19점 미만
양	25점 이상 40점 미만	10점 이상 16점 미만
가	25점 미만	10점 미만

5. 근무성적평정의 예외 등

휴직 · 직위해제 등의 사유로 해당 연도의 평정기관에서 6개월 이상 근무하지 아니한 경찰공무원에 대해서는 근무성적을 평정하지 아니한다.

6개월 이상의 육아휴직, 국외파견, 그 밖의 교육훈련으로 인하여 근무성적을 평정할 수 없는 경찰공무원에 대해서는 직위에 복귀한 후 최초의 정기평정이 있을 때까지 직전 근무성적 평정 결과를 해당 기간의 근무성적 평정결과로 본다.

교육훈련 외의 사유로 국가기관, 지방자치단체 또는 안전행정부장관이 지정하는 기관에 2개월 이상 파견근무하게 된 경찰공무원에 대해서는 파견받은 기관의 의견을 고려하여 근무성적을 평정하여야 한다.

평정대상자인 경찰공무원이 전보된 경우에는 그 경찰공무원의 근무성적 평정표를 전보된 기관에 이관하여야 한다. 다만, 평정기관을 달리하는 기관으로 전보된 후 2개월 이내에 정기평정을 할 때에는 전출기관에서 전출 전까지의 근무기간에 대한 근무성적을 평정하여 이관하여야 하며, 전입기관에서는 받은 평정 결과를 고려하여 평정하여야 한다.

정기평정 이후에 신규채용되거나 승진임용된 경찰공무원에 대해서는 2개월이 지난 후부터 근무성적을 평정하여야 한다.

6. 근무 성적 평정결과의 비공개

근무성적 평정 결과는 공개하지 아니한다. 다만, 2013년부터 승진대상자 명부상 자신이 심사승진 예상인원의 5배수 내에 들어 있는지에 대해서는 개인별로 소속 관서에 통합포털메일로 신청을 하면 개인에게 통보해 주도록 하고 있다. 앞으로 일반직 공무원의 경우와 같이 공개하는 것을 검토해 보아야 할 것이다.

일반직 공무원의 경우는, 근무성적평정 결과는 본인에게 알려주도록 제도화되어 있다. 다만, 소속 장관이 필요하다고 인정하는 경우에는 달리 정할 수 있다. 근무성적평정 대상 (일반직)공무원은 평가자의 근무성적평정 결과에 이의가 있는 경우에는 확인자(경찰의 2차평정자에 해당)에게 이의를 신청할 수 있고 이를 처리하기 위하여 근무성적평가위원회를 두고 있다. 이 위원회는 원칙적으로 평가대상 공무원의 상급 또는 상위 감독자 중에서 임용권자가 지정하는 5명 이상의 위원으로 구성한다.

7. 근무성적 평정제도의 운용실태 및 발전방향

가. 운용실태

보통의 경우, 부서 직원이 10명이라면, 그들 사이의 능력이나 자질, 태도와 근무성과를 종합해서 볼 때, 다른 사람과 차이를 느낄 수 있을 정도로 일을 잘 하거나 못하는 사람이 1~2명 정도 있고, 나머지는 비슷비슷한 경우가 많다. 이 비슷비슷한 사람들 중에서도 근무자세나 태도가 더 좋은 사람, 성격이나 인간관계가 더 좋은 사람, 업무능력이 우수한 사람, 근무성과가 더 좋은 사람 등 어느 한 가지 특징만 가지고 보면 서로 차이가 난다.

승진하려는 사람들은, 대부분 각별히 노력하기 때문에 그들 간에 태도나 근무성과가 비슷비슷한 경우가 많다. 이 경우에 현부서 근무경력과 현계급 승진연한에 따라 승진이 이루어지면 뒷말이 나오지 않는다. 현 계급에서의 근무경력이 더 오래 되더라도 현 부서 근무경력이 일천하면 밀리게 되는데, 이것은 '굴러온 돌이 박힌 돌 뽑아낸다'는 불평이 생길 소지 때문에 나타나는 현상이다.

그렇기 때문에 공정한 평정자라 하더라도 승진대상이 되는 사람들의 능력, 자세, 업적이 비슷하면 그 부서에서의 근무경력, 현 계급에서의 승진연한에 따라 순서를 정해 놓고 그에 따라 근무성적 평정을 하는 경우가 적지 않다. 이를 인사실무에서는 역산제라 부르기도 했다. 현 평정제도가 상대평가인데다가 등급별로 '수'는 20%, 47점 이상(경정 이하는 19점 이상), '우'는 40%, 40점이상 47점 미만(경정이하는 16점 이상 19점 미만) 등으로 %기준과 점수기준을 함께 맞추자면 순서를 미리 정해서 하는 것이 편리한 점도 있다. 또한 갓 승진한 자가 종합적으로 가장 우수하여 평정자가 최고점을 주면 그에게는 승진 관련 실익이 없는 반면, 자기 부서에서 승진자가 안 나올 가능성도 생기기 때문이다.

또한 평가요소별로 먼저 평가한 후 종합점수를 내더라도 구성의 오류를 피할 수 없다. 구성의 오류란 부분의 총합이 전체가 되지 않는다는 것이다. 평정자가 보기에는 갑보다 을이 나은데, 평가요소별로 평가한 후 종합점수를 내어 보니 을의 점수가 갑보다 더 높은 경우가 생길 수 있는 것이다.

목표관리제 및 근무성적평정과 관련된 2003년의 인식조사에 따르면, 지방경찰청과 경찰서 근무 경장~총경 173명(설문배포 200명)의 응답자 중 근무성적 평정제도가 공정하다는 응답과 공정하지 않다는 응답이 각각 48.3%로 나타나 직원의 반수가 평정제도를 불신하고 있는 것으로 나타난 바 있다(윤태범, 김상규, 이동규, 2003: 90).

나. 발전방향

주관적 평정인 제2평정요소 평가에서, 서열이 나와야 하는 승진, 상여금 관련 평가는 상위직 수행능력, 근무성과 중심의 상대평가로 하고, 개인의 능력발전 등 여타 목적을 위한 평가는 서열이 나오지 않아도 되므로 개인별로 특징이 나타날 수 있도록 각 개인의 평가요소별 우열을 평가하는 방법을 검토해 볼 수 있다.

이 방법은, 승진대상자에 대해서는 평정자의 주관적인 서열과 그 서열을 준 사유 및 상위직 수행능력에 대한 종합적인 의견을 요지만 간단히 기록하도록 하여 승진심사 시 근무성과와 함께 참고할 수 있도록 하고, 상여금 지급과 관련하여서는 근무성과를 기초로 상여금 지급의 기준이 될 서열을 내도록 하는 것이다.

개인의 능력발전 등 기타 목적을 위한 평가를 할 때에는 각 개인이 먼저 근무자세, 직무수행능력, 실적 등에 관한 평가요소별로 자기평가를 하되, 전체 평가요소 중 1/3 정도씩 최상, 상, 중 등으로 평가하게 하여 자신의 장단점을 성찰해 보도록 하고, 다음에 1차평가자가 같은 요령으로 평가한 후에, 두 결과의 차이점를 두고 평가자와 피평가자 간에 의견을 교환한 후 그 내용도 기록토록 하자는 것이다. 이렇게 하면 역산제의 영향으로부터 벗어나 실상에 가까운 결과가 나올 가능성이 높아 평정결과를 다양한 목적으로 활용할 수 있게 될 것이다.

이렇게 할 경우 생기는 평정자의 부담을 줄이기 위해서는 승진, 상여급 관련 평가와 자기평가의 시기를 분리하고 평정요소별 범주가 명확히 구분되도록 정의하며 개조식으로 서술해야 할 경우에는 아래 첵크리스트법을 병용하고, 이런 평정제도에 대한 평정자 교육훈련이 선행되어야 할 것이다. 승진 관련 평가는 승진가능성이 있는 사람만 대상으로 하도록 일정한 기준을 세우는 것도 평정자의 부담을 줄여 줄 것이다.

제3절 경력평정제도

1. 경력평정의 의미와 평정자

가. 의미

경찰공무원의 경력평정은 주로 심사승진대상자명부 작성에 필요한 경력점수 계산을 위하여 이면 계급에서 재지한 근무연수를 주된 기준으로 하여 여기에 기본경력, 초과경력, 가점 등을 규정된 적용방식에 따라 계산하여 점수를 산정하는 것이다. 경찰기관의 장은 평정대상자가 요구할 때에는 경력평정 결과를 본인에게 알려 주어야 한다.

나. 평정자와 확인자

경력평정자는 평정대상자가 속한 소속기관의 인사담당 경찰공무원이 되고, 확인자는 평정자의 바로 위 감독자가 된다. 경력평정은 인사담당 실무자가 인사기록에 의거하여 규정된 적용방식에 따라 계산하는 것이므로 평가판단을 수반하지 않는다. 인사실무자는 필요한 경우에는 인사기록에 대해 조회할 수 있다.

2. 경력평정의 기준 및 대상

경력평정은 연 1회 실시하며, 12월 31일을 기준으로 한다. 다만, 총경과 경정의 경력평정은 10월 31일을 기준으로 한다. 경력평정은 해당 경찰공무원의 인사기록에 의하여 실시하며, 필요하다고 인정될 때에는 인사기록이 정확한지를 조회·확인할 수 있다.

경찰공무원의 경력평정은 승진소요 최저근무연수가 지난 총경 이하의 경찰공무원(사시, 행시 등 합격한 27세 미만의 경감 이하자는 제외)이 해당 계급에서 근무한 연수(年數)에 대하여 실시하며, 경력평정 결과는 승진대상자명부 작성에 반영한다.

3. 경력평정 대상기간

가. 기본경력과 초과경력

경력평정은 기본경력과 초과경력으로 구분하여 실시한다.

(1) 기본경력

기본경력은 총경·경정·경감·경위·경사는 평정기준일부터 최근 4년간이고 경장·순경은 평정기준일부터 최근 3년간이다.

(2) 초과경력

초과경력은 총경은 기본경력 전 3년간, 경정은 기본경력 전 5년간, 경감·경위는 기본경력 전 6년간, 경사는 기본경력 전 2년 6개월간, 경장은 기본경력 전 2년간, 순경은 기본경력 전 1년간이다.

나. 휴직기간 · 정직기간 또는 직위해제기간

휴직기간 · 정직기간 또는 직위해제기간은 평정에서 제외된다. 그러나 승진소요 최저근무연수에 산입되는 휴직기간은 경력평정 대상기간에 산입한다. 또한 직위해제 사유가 된 징계의 무효 · 취소나 무죄 확정의 경우, 직위해제기간은 경력평정 대상기간에 산입한다.

다. 시보임용, 재임용된 퇴직자, 강등된 자 등의 경우

퇴직하였다가 퇴직 당시의 계급 또는 그 이하의 계급에 재임용된 경찰관이 재임용된 계급 이상으로 근무하였던 전체 재직기간, 시보임용기간은 경력평정대상기간에 산입한다. 또한 사시출신 특채자의 사법연수생 수습기간, 5년 이상 타 부처 근무경력 있는 고시 출신 특채자의 타 부처 근무경력(20%), 시간제근무경찰공무원의 근무기간(전부 또는 일부), 강등되기 직전의 계급에서 재직한 기간도 경력평정대상기간에 산입한다.

경찰대학을 졸업하고 경위로 임용된 사람이 전투경찰대 대원으로 복무한 기간도 평정에서 제외한다.

라. 평정대상기간 계산단위

경력평정 대상기간은 경력기간을 월 단위로 계산하되, 15일 이상은 1개월로 하고 15일 미만은 경력에 산입하지 아니한다.

4. 경력평정의 계산방법 및 평정표의 작성 · 제출

가. 경력평정의 계산방법

경력평정의 총평정점은 35점을 만점으로 하고, 최고점 32점인 기본경력 평정점과 최고점 3점인 초과경력 평정점을 합산한다. 기본경력과 초과경력은 아래 별표 1, 별표 2를 각각 기준으로 계산한다.

[별표 1] 〈개정 2012.10.9〉

기본경력 평정점수표(제13조제2항 관련)

1. 총경 · 경정 · 경감 · 경위 · 경사

경력평정 대상기간	1년	2년	3년	4년
점수(월 0.667점)	8.004점	16.008점	24.012점	32점

2. 경장 · 순경

경력평정 대상기간	1년	2년	3년
점수(월 0.889점)	10.668점	21.336점	32점

[별표 2] 〈개정 2012.10.9〉

초과경력 평정점수표(제13조제2항 관련)

1.총경

경력평정 대상기간	1년	2년	3년
점수(월 0.084점)	1.008점	2.016점	3점

2. 경정

경력평정 대상기간	1년	2년	3년	4년	5년
점수(월 0.05점)	0.6점	1.2점	1.8점	2.4점	3점

3. 경감 · 경위

경력평정 대상기간	1년	2년	3년	4년	5년	6년
점수(월 0.042점)	0.504점	1.008점	1.512점	2.016점	2.52점	3점

4. 경사

경력평정 대상기간	1년	2년	2년 6개월
점수(월 0.1점)	1.2점	2.4점	3점

5. 경장

경력평정 대상기간	1년	2년
점수(월 0.125점)	1.5점	3점

6. 순경

경력평정 대상기간	1년
점수(월 0.25점)	3점

나. 평정표의 작성 · 제출

경력평정결과는 아래 서식의 경력 · 교육훈련 · 가점 평정표에 교육훈련 및 가점평정결과와 함께 적는다. 경력평정을 한 후에 평정사실과 다른 사실이 발견되었을 때에는 다시 평정하여야 한다.

경찰서장은 소속 경찰공무원에 대한 근무성적 평정표와 경력 · 교육훈련성적 · 가점 평정표를 평정일부터 20일 이내에 소속 시방경칠청장에게 제출하여야 한다.

총경 및 경정에 대하여 평정을 한 소속기관 등의 장은 각 평정표(서장으로부터 제출받은 각 평정표를 포함)를 지체 없이 경찰청장에게 제출하여야 한다.

■ 경찰공무원 승진임용 규정 시행규칙[별지 제3호서식] 〈개정 2013.3.18〉

경력 · 교육훈련성적 · 가점 평정표

평정 대상자	소속		평정자	직위	
	계급			성명	서명 ㊞
	성명		확인자	직위	
	현 계급임명 연월일			성명	서명 ㊞

경력	구분	현 계급 재직기간	산입 또는 제외기간	경력 평정기간	평정점
	기본경력				
	초과경력				
※ 신입 또는 제외 사유				계	

교육훈련	과정별	이수기간	성적	평정점

구분		종류	근무(이수)기간 또는 취득일	평정점
특수지(가 · 나 · 다 · 라 지역) 근무, 산악구조대, 독도경비대, 감찰실무				
언어능력	국어 검정점수			
	외국어 검정점수			
자격증				
전문지식	직무교육			
	학위취득			
			계	

〈비고〉

1. 경력평정 시 산입기간 또는 제외기간이 있는 사람은 해당란에 다음 구분에 따른 적용기간을 적는다.
   - 산입기간: 재임용 전의 경찰 경력, 사법연수원 연수기간, 5급공무원 5년 이상 근무경력 중 20퍼센트, 「경찰공무원 승진임용 규정」 제5조제6항에 따른 시간제근무경찰공무원 근무 포함 기간, 강등 직전 계급 재직기간
   - 제외기간: 휴직기간, 「경찰공무원 승진임용 규정」 제5조제2항제1호 및 제2호에 해당하는 경우를 제외한 직위해제 기간, 징계처분(정직)기간, 전투경찰대 대원 복무기간
2. 교육훈련성적 평정점은 교육훈련성적×15/100으로 한다.

제4절 가점 평정

1. 개요

경찰공무원 승진임용규정에서는, 섬, 외딴곳 등 경찰공무원 특수지근무수당 지급대상 지역이나 감찰부서에서 근무한 사람, 자격증 소지자, 국어 또는 외국어 능력이 우수한 사람, 재직 중 학사·석사 또는 박사 학위를 취득한 사람, 국외연수 경력이 있거나 직무전문화교육을 이수한 사람에게, 승진대상자 명부를 작성할 때 경찰공무원 승진임용규정 시행규칙에 따라 가산점을 줄 수 있다고 규정하고 있다.

가산점 제도는 기피지역이나 기피부서 근무를 장려하거나 자격증 취득, 어학능력 향상, 교육이나 연수를 장려하기 위해 시행해 온 제도로서, 그동안 시대상황의 변화에 따라 대상과 혜택의 크기가 여러 번 변경되어 왔다.

2. 특수지근무수당 지급대상자 및 감찰외근 근무자 가점

경찰관이 공무원 특수지근무수당 지급대상 지역에서 승진대상자 명부 작성기준일 전 10년 이내에 해당 계급으로 근무한 경력은 지역 등급에 따라 매월 소정의 점수를 가산한다. 특수지근무수당의 지급대상은 특수지역 및 특수기관 근무자이다. 경찰관이 경찰공무원 특수지근무수당 지급대상 지역에서 근무해 왔다 하더라도 그 기간이 승진조건부 의무복무 기간이나 경찰대학 출신 경위의 전투경찰대 복무기간에 해당할 때에는 그 근무기간은 가점대상이 아니다. 현장 외근 감찰근무자에 대해서도 매월 소정의 점수를 가산한다. 이 가산점은 모두 합하여 0.5점을 초과할 수 없다.

가. 특수기관 근무자

특수기관이란 산악구조대, 해발 800미터 이상에 위치한 기관, 유치장, 초소, 검문소 등 근무환경이 특수한 경찰기관을 말하나, 유치장·호송출장소·검문소·초소에서 근무한 기간은 가산대상에서 제외한다.

나. 특수지역 근무자

특수지역은 외딴 곳(벽지)과 섬(도서) 및 접적지역으로 대별되며 각각 가, 나, 다, 라 등급의 지역으로 구분된다. 특수지역의 가지역 또는 나지역에서 근무한 경력은 1개월마다 0.03점을, 특수지의 다지역에서 근무한 경력은 1개월마다 0.02점을, 특수지의 라지역에서 근무한 경력은 1개월마다 0.01점을 가점한다. 급지에 따라 6만원~3만원의 수당이 지급되고 백령도·대청도·소청도·연평도·소연평도에서 근무하는 경찰관에게는 3만원을 가산하여 지급한다.

외딴 곳이 3개소 이상 지정되어 있는 시·군은 영월군, 정선군, 태백시, 삼척시, 인제군, 고흥군, 문경시이며, 섬이 3개소 이상 지정되어 있는 시·군은 옹진군, 군산시, 완도군, 여수시, 진도군, 신안군, 울릉군, 제주시이다. 인천 팔미도, 옹진군 선미도·부도, 부산 오륙도, 울릉읍 독도, 신안 가거도, 진도 맹골도, 태안 가의도 등이 가급으로 지정된 섬이다. 접적지역이 4개소 이상 지정되어 있는 시·군은 옹진군, 파주시, 철원군이다.

다. 감찰 외근 근무자

현장에서 직접 감찰업무를 수행하는 경감 이하 경찰공무원에 대해서는 1개월마다 0.01점을 가산하여 평정한다.

3. 어학능력, 자격증, 직무전문화 교육, 학위취득 관련 가점

가. 어학능력 가점

경찰공무원이 국어능력이나 외국어능력이 있는 경우에는 아래 별표 3에 규정된 점수를 가산하여 평정하되, 모두 합하여 0.5점을 초과할 수 없다.

나. 자격증 소지자, 직무교육이수자 및 학위 취득자 가점

경찰공무원이 자격증을 소지하거나 직무전문화교육(지방경찰청장이 실시하는 직무교육과정을 포함)을 받은 경우 및 학위를 취득한 경우에는 별표 4에 규정된 점수를 가산하여 평정한다.

이때에는 모두 합하여 1점을 초과할 수 없다. 다만, 별표 4에 규정된 자격증을 두 가지 이상 소지한 경찰공무원에 대해서는 그 중 유리한 것 하나만을 가산하여 평정한다.

다. 하위계급에서 가점 평정한 사항의 재평정 금지

이렇게 어학이나 자격, 전문화교육, 학위 등으로 가산되는 경우에 하위 계급에서 가점으로 평정한 사항에 대해서는 다시 가점으로 평정하지 아니한다.

[별표 3] 〈개정 2013.3.18〉

언어능력 가산점(제15조제5항제1호 관련)

구분	국어능력(0.3)			외국어능력(0.5)		
	1급	2급	3급	토익 870점 이상	토익 790점 이상	토익 730점 이상
평정점	0.3	0.2	0.1	0.5	0.3	0.2

〈비고〉

1. 국어능력 가산점과 외국어능력 가산점은 합산하여 0.5점을 초과할 수 없고, 유효기간이 있는 경우 매년 가점 평정일을 기준으로 유효한 것이어야 한다.
2. 국어능력의 평정점은 「국어기본법」 제23조 및 같은 법 시행령 제18조에서 정한 국어능력 검정시험에서 취득한 자격등급에 따라 위 표를 적용한다. 다만, 시행기관이나 검정방법이 각각 다른 경우에는 경찰청장이 따로 정할 수 있다.
3. 토익 외에 텝스, 토플 등 영어시험과 그 밖의 외국어능력의 취득점수별 평정점은 위 표와 같은 수준으로 경찰청장이 따로 정한다.

[별표 4] 〈개정 2013.3.18〉

자격증 등 가산점(제15조제5항제2호 관련)

구분			평정점
자격증(0.5)	변호사, 변리사, 공인회계사, 공인노무사, 세무사, 통신·전자·교통·환경·건축·토목·항공·조선·화공·위험물·정보처리 분야의 기술사 및 기능장, 청소년상담사 1급, 상담심리사 1급, 화약류 관리기술사		0.5
	경비지도사, 통신·전자·교통·환경·건축·토목·항공·조선·화공·위험물·정보처리 분야의 기사, 청소년상담사 2급, 상담심리사 2급, 임상심리사 1급, 청소년지도사 1급, 화약류 관리기사, 도로교통사고 감정사, 컴퓨터활용능력 1급		0.3
	법무사, 행정사, 공인중개사, 통신·전자·교통·환경·건축·토목·항공·조선·화공·위험물·정보처리 분야의 산업기사, 청소년상담사 3급, 임상심리사 2급, 청소년지도사 2급, 화약류관리 산업기사, 워드프로세서, 컴퓨터활용능력 2급		0.2
전문지식(0.5)	직무전문화 교육 (지방경찰청장이 실시하는 직무교육과정 포함)	4주 이상	0.3
		3주 이상	0.225
		2주 이상	0.15
		1주 이상	0.075
	학위 취득	박사	0.5
		석사	0.3
		학사	0.2

〈비고〉

1. 자격증 가산점과 전문지식 가산점을 합산하여 1점을 초과할 수 없고, 해당 계급(승진후보자로 근무한 기간을 포함한다)에서 취득한 것이어야 한다.
2. 「경찰공무원 임용령」 제16조에 따라 특별채용 시 위 표에 규정된 자격증을 소지함으로써 필기시험이 면제되거나 응시자격이 주어진 경우에는 그 자격증에 대하여 다시 가산하여 평정할 수 없다.
3. 외국에서 취득한 자격증 중 위 표에 규정된 자격증과 같거나 같은 수준이라고 경찰청장이 인정하는 자격증은 위 표와 같은 수준으로 가산하여 평정할 수 있다.
4. 직무전문화교육은 경찰공무원 교육기관, 경찰청 정보통신2담당관실(지방경찰청정보통신담당부서를 포함한다)에서 이수하거나, 그 밖에 경찰청장이 인정한 직무전문교육 및 국내의 위탁교육을 이수한 근거가 있는 경우만 해당하며, 두 가지 이상의 교육을 수료한 경우에는 0.3점을 초과하지 않는 범위에서 합산할 수 있다.
5. 지방경찰청장이 실시하는 직무교육과정은 경찰청장이 승인한 교육과정에 대해서만 가산하여 평정할 수 있다.

제5절 교육훈련 평정제도

1. 평정시기와 평정자

교육훈련성적 평정은 경감 이하는 12월 31일을 기준으로, 총경과 경정은 10월 31일을 기준으로 연 1회 실시하는데 이 점은 경력평정과 같다.

교육훈련성적의 평정자는 평정대상자가 속한 소속기관 등의 인사담당 경찰공무원이 되고, 확인자는 평정자의 바로 위 감독자가 되는데 이 점도 경력평정과 같다.

2. 평정대상 및 평정결과 반영

경찰공무원의 교육훈련성적 평정은 총경 이하의 경찰공무원이 경찰공무원 교육훈련기관에서 받은 교육훈련성적에 대하여 실시하며, 교육훈련성적 평정결과는 승진대상자 명부 작성에 반영한다. 사시 및 5급 공무원 공채시험에 합격한 27세 미만의 경감 이하 경찰관에 대해서는 평정하지 않는다. 경찰공무원 교육훈련기관에서 받은 교육훈련성적이 만점의 60퍼센트 미만인 경찰공무원에 대해서는 교육훈련성적을 평정하지 아니한다.

3. 교육훈련성적 평정의 기준

교육훈련성적 평정은 경찰공무원 교육훈련규정에 규정된 치안정책과정교육(총경), 신임교육, 해당 계급별 기본교육 등에서 교육훈련 받은 성적을 바탕으로 한다.

교육훈련성적 평정은 15점을 만점으로 하고, 평정대상자가 받은 교육훈련성적의 15퍼센트를 평정점수로 한다. 이 때 산정한 평정점이 소수점 이하가 되는 경우에는 소수점 이하 셋째자리에서 반올림한다. 경찰기관의 장은 평정대상자가 요구할 때에는 교육훈련성적 평정결과를 본인에게 알려 주어야 하는데 이 점은 경력평정의 경우와 마찬가지이다.

제6장
재직경찰관의 보직관리, 휴직 및 승진

제1절 보직관리

1. 보직관리의 기능, 현실 및 방향

가. 보직관리의 기능과 현실

보직관리는 적재적소에 인적자원을 배치함으로써 조직의 효율성을 높이고, 다양한 직무경험을 쌓게 함으로써 인적자원을 개발하며, 원하는 곳에서 근무할 수 있게 해 줌으로써 조직 구성원의 사기증진에도 이바지할 수 있다. 보직관리는 인사이동을 통해서 이루어지며 경력개발의 수단이기도 하다. 인사이동은 승진과 적재적소의 인사배치를 통해 잠재적 능력을 최대한 발휘하도록 하는 수단이다. 경력개발은 개인의 경력욕구와 조직의 목표를 조화시켜 직무만족도를 높이고 조직목표를 효율적으로 달성하기 위한 장기적이고 계획적인 인사관리활동이다(박천오, 강제상 등, 2010: 265).

어떤 직무에 어떤 능력, 경력, 성격, 교육경험 및 자격을 가진 자가 적합한지에 대한 직무분석이 이루어지면 더욱 적정한 보직관리를 할 수 있을 것이나, 현재로서는 경과와 특기를 기준으로 직무를 개괄적으로 분류할 수밖에 없다. 실제로, 규모가 작은 기관에서는 직무분석이 없어도 어떤 자리에 어떤 사람이 적합한지 파악하기 어렵지 않다. 인사에 정실이 작용하지 않고 공정하고 합리적으로 이루어지면 직무분석이 없어도 큰 문제는 없을 것이다.

직원들은 일반적으로 편하고 책임질 일이 적은 보직과 집 가까운 장소에서 근무하기를 원한다. 그러나 심사승진을 희망하는 사람들은 승진가능성이 있는 때가 되기 오면 승진이 잘되는 자리로 가려고 하는데, 심사승진이 잘되는 자리는 대개 바쁘고 일이 어려우며 책임이 무거운 자리이거나 승진에 결정적인 권한을 가진 사람을 자주 대면하고 보좌하는 자리이다. 문제는 이런 자리로 가려는 경쟁이 치열하다보면 적임자가 탈락할 수 있는 데 있다. 직위공모제를 통해 이런 문제점이 부분적으로 완화되었다고는 하나 이 제도가 최적임자 선발을 보장해 준다고 보아서는 안 될 것이다.

경찰인사권자에게 접근하는 민간인은 대개 경찰인사청탁을 목적으로 하고 있다는 시각도 있다. 이런 현상이 생긴다면 그런 접근통로가 없는 대부분의 경찰관은 소외감을 느낄 것이다. 지금도 인사이동 시 희망지 내신을 받고 보직공모도 하고 있지만, 앞으로 경찰관이 자신의 보직 이동을 희망할 때 그 사유를 개진하고 가부 간에 설명을 들을 수 있는 제도적 통로가 확립되어야 할 것이다. 고충상담제도가 있기는 하지만 다급한 사정이 아니라면 이용하기가 거북할 것이다. 이런 사정은 인사제도의 개선과 인사과정의 공개 확대가 필요한 이유가 된다.

나. 보직관리 제도개선의 방향

보직관리는 경력개발을 주요한 목적으로 삼아야 한다. 경력개발은 경력목표의 설정과 이를 구체적으로 달성하기 위한 경력계획의 수립 등으로 이루어진다. 경력목표는 개인이 도달하고 싶은 미래의 직위이다. 경력계획은 경력목표에 도달하기 위하여 자신의 능력을 적극적으로 개발시켜 나가는 합리적인 활동이며 개인으로 하여금 경력목표에 도달할 수 있는 경력경로를 알게 해준다. 경력개발제도는 유능한 인재를 내부에서 양성하는 것을 원칙으로 하고 있고, 명확한 승진 및 보직경로가 확립되어야 하며 그것이 공무원 개개인의 적성, 지식, 경험 및 조직목표달성과 조화를 이루어야 한다. 경력경로의 유형은 경찰공무원의 전문성 수준이나 담당 직무의 특성에 따라 다양하게 이루어질 수 있다. 예컨대, 입직 후 한 전문분야에서만 종사하는 형태, 하위직급에서는 순환 없이 전문화하고 상위직급에서 폭넓게 순환하여 일반관리자를 육성하는 형태, 하위직급에서는 폭넓은 순환을 하고 상위직급에서 전문화시켜 전문참모를 육성하는 형태, 하위직급에서 어느 정도 순환을 실시하고 중간직급에서 전문화시켜 실무관리자를 육성하는 형태 등이 있다. 또한 이런 형태들을 혼합한 경력경로도 있을 수 있을 것이다(박천오, 강제상 등, 2010, 286-290).

이와 같은 경력개발제도를 앞으로 적극적으로 도입해야 하겠지만, 당장 중요한 것은 인사관리에서 효율성과 공정성을 찾으려고 노력하는 인사권자와 인사관리자의 마음가짐이다. 보직관리와 승진에서 이들의 자세 정립과 윤리적 의지가 전보와 승진의 적정성을 실질적으로 좌우한다고 본다. 이것이 선행되어야 경력개발제도를 도입하더라도 효과를 기대할 수 있을 것이다.

연공주의와 순환전보에 의한 보직인사가 직무와 성과 중심으로 변화하고 있는 추세에 따라 경찰청 내부에서 등장하였던 것이 신인사제도이다. 신인사제도는 경찰공무원이 자기의 희망보직을 스스로 제출케하는 인사자기내신제도, 부서장이 함께 근무할 자를 추천하는 부서장 추천제, 일정한 직위의 결원 발생 시 공개경쟁을 통하여 적격자를 선발하는 보직공모제 등이 주요 내용이다. 인사자기 내신제는 인사정보가 제공되지 않아 주관적인 자기내신이 되기 쉬웠고, 부서장추천제는 연고주의가 작용하였으며, 보직공모제는 객관적인 직무수행요건이 설정되지 않았던 문제가 있었다. 또한 연공서열이나 인간관계를 중시하고 경쟁을 부담스러워하는 조직풍토도 장애요인이었다. 따라서 직무분석을 통한 직위별 직무수행요건을 설정하는 등 객관적인 보직인사의 기준이 설정되어야 하고 조직의 안정성을 확보할 수 있도록 보직이동기간을 늘려야 하며 보직인사에서 연고주의를 탈피해야 한다(강제상, 오진선, 장영길, 2004: 99-101).

앞으로 인사자기내신제를 보완하여 모든 경찰관이 자기의 보직에 대한 희망을 제시하고 이에 대해 진지하게 검토해 줄 수 있는 제도적 제출통로와 검토절차를 확립해야 한다. 또한 인사과정의 투명성을 증대시키기 위해 인사결과만 발표할 것이 아니라 승진심사나 전보의 구체적 기준, 근무성적평정 결과 등 인사와 관련된 사항 중에서 공개하는 부분을 늘려야 한다.

정기인사 때가 되면 직원에 따라서는 어디로 이동하고 싶거나 그 자리에 그대로 있고 싶거나 꼭 이동해야 한다면 어디로 가고 싶다든지 하는 희망사항이 있을 것이다. 그리고 그런 희망을 하는데는 개인의 발전이나 개인적 생활문제 등 여러 가지 이유가 있을 것이다. 따라서 그런 희망들을 적어 넣는 양식을 만들어 모든 직원들이 정기인사 전에 제출하도록 제도화해야 한다. 현재도 정기인사 전에 주로 이동을 원하는 자를 대상으로 1차 및 2차 희망지 또는 3차 희망지까지 받는 경우가 많다. 더 나아가 이동 희망이유도 받고 현재 자리에 있고자 하는 직원의 잔류희망까지 받도록 제도화하자는 것이다. 그렇게 하면 왜 그런 희망을 하는지까지 파악할 수 있어 보직이동인사에 실질적인 도움이 되는 자료를 확보할 수 있을 것이고, 잔류희망자의 입장에서는 타인이 자기 자리에 오려는 경우 반대이유를 제시할 기회가 부여되는 셈이기 때문이다. 과거 인사자기내신제로 타인이 자기 자리에 옴으로써 있던 자리에서 옮기는 사람이 쫓겨나는 느낌을 받은 적도 있었다.

이렇게 제도화되면 검토해야 할 자료가 크게 늘어날 것이므로 제출자료가 제대로 검토되지 않을 가능성이 생긴다. 따라서 희망표시를 양식화하여 타당성 분석과 희망지 반영방안 정리를 용이하게 하고 처리절차를 구체적으로 제도화하여 직원들의 의사가 실질적으로 검토될 수 있도록 해야 할 것이다. 희망자의 자격이나 경력은 인사기록에 나와 있으나 그 외 특기나 장점을 적어 넣은 난(欄)도 필요할 것이다. 이 검토과정에서 인사대상자의 희망보직에 대한 1차 감독자의 의사는 특별한 사유가 없는 한 우선적으로 반영되는 것이 원칙이다. 그는 희망자와 호흡을 맞춰 같이 팀워크를 이룰 사람이자 희망자가 배치된 후 잘못하여 징계받을 때 1차 감독 책임을 지는 사람이기 때문이다.

다. 재직자 직무적성 검사결과의 참고

재직 경찰공무원에 대해서 성격과 적성에 대한 검사를 개인별로 매5년 주기로 시행하고 있다. 이를 경찰공무원 직무적성검사(NPAT) 프로그램이라 하는데, 인성검사와 적성검사의 두 부분으로 구성되어 있고, 검사결과는 검사받은 경찰관과 그의 소속기관에 통보해 준다. 적성검사 결과는 보직관리 등 인사관리에 참고할 자료가 될 수 있을 것이다.

인성검사 등의 기법은 계속 발전하고 있으므로 몇년마다 주기적으로 예산을 확보하여 검사 프로그램을 향상시켜 나가는 것이 필요하다. 사실 강도, 절도 등 엉뚱한 짓을 한 직원들이 평소 말이 적고 튀는 행동을 하지 않아 감찰활동만으로 감지가 어려운 경우가 있었다고 한다. 감독자들이 관찰과 지도만으로 이런 사건을 예방할 수 없는 경우도 있었다는 것이다. 어떤 경찰교육기관 직원은, 교육기간 중 말썽을 크게 부리거나 자퇴하거나 퇴교조치 당한 피교육생을 오랫동안 관찰해 보았더니, 모두 인성검사 결과가 나빴다는 공통점이 있었다며 인성검사 결과를 무시할 수 없다는 말을 하여 들은 바 있다. 앞으로 인성검사 프로그램이 더욱 발전하면 문제를 야기할 수 있는 직원들의 이상 징후를 사전에 감지할 수 있는 가능성도 생길 것이다.

2. 직위의 부여

가. 직위 부여의 원칙

임용권자 또는 임용제청권자는 소속경찰공무원에 대하여 하나의 직위를 부여하여야 한다. 그러나 국가공무원법에 의하여 별도정원이 인정되는 휴직자의 복직, 파견된 자의 복귀 또는 파면·해임·면직된 자의 복귀 시에 그에 해당하는 계급의 결원이 없는 경우에는 그 계급의 정원에 최초로 결원이 생길 때까지 당해 계급에 해당하는 경찰공무원을 보직 없이 근무하게 할 수 있다. 또한 직제의 신설・개폐 시 2월 이내의 기간 동안 기관의 신설준비 등을 위하여 보직 없이 근무하게 할 수 있다. 상위계급의 직위에 하위 계급자를 보직하는 경우에는 당해 기관에 상위계급의 결원이 있고, 승진임용후보자가 없는 경우에 한한다.

나. 보직관리 기준

경찰청장은 보직관리 관련 법령에 따라 경찰공무원에 대한 보직관리기준을 정하여야 한다. 경찰공무원을 보직함에 있어서는 경과・특기・교육훈련・근무경력 등을 고려하여 능력을 적절히 발전시킬 수 있도록 하여야 하고 특별한 사정이 없는 한 연고지를 고려하여야 한다. 즉 경과에 적합하게 하여야 하며, 특기・교육훈련・근무경력은 물론 근무성적 및 적성 등을 고려하여야 한다. 임용권자 또는 임용제청권자는 업무량, 직위의 중요도, 희망경향, 지역실정 등에 맞도록 계급별로 보직군을 설정하고 소속 경찰공무원의 경력과 실적에 따라 능력을 적절히 발전시킬 수 있도록 보직하여야 한다.

다. 특기자의 보직

일반특기자의 보직은 경찰지휘관, 참모부서 및 상급기관과 하급기관의 직위를 고루 경험할 수 있도록 하여야 한다. 전문특기자의 보직은 당해 전문특기 분야 내에서 상급기관과 하급기관의 직위를 고루 경험할 수 있도록 하며, 경찰지휘관과 당해 전문특기분야의 참모부서를 순환하도록 하여야 한다.

라. 위탁교육훈련을 받은 자의 보직

경찰청장이 경정 이하 경찰관을 국내 또는 국외 교육기관에 위탁교육훈련을 보낸 경우 이 사람의 최초 보직은 교육훈련기관의 교수요원으로 하여야 한다. 그 보직기간은 6월 이상의 장기교육 이수자는 2년 이상이고 외국 경찰교육기관의 기본교육 또는 2월 이상의 전문화 교육을 받은 자는 1년 이상이다. 다만, 교수요원으로 보직할 수 없거나 곤란한 경우에는 교육훈련과 관계되는 직위에 보직하여야 한다. 전문특기를 부여받은 경찰공무원은 당해 전문부서 또는 당해 전문분야의 교육을 위한 교수요원으로 보직하여야 한다.

3. 전보

전보는 동일계급 간의 수평적 이동이다. 전보는 경찰행정의 효율화와 민주화에 기여할 수 있도록 행해져야 한다. 전보의 기능은 적재적소 배치 및 직무의 부적응 해소, 장기근무로 인한 권태 방지, 순환보직을 통한 교육훈련, 기구개편에 따른 인력조정 등이다. 전보를 징계나 부패방지의 수단으로 삼거나 개인적 혜택을 주기 위한 수단으로 삼아서는 안 된다(박천오, 강제상 등, 2010: 277-279).

가. 정기인사

임용권자 또는 임용제청권자는 경찰공무원의 동일직위에서의 장기근무로 인한 직무수행의 침체현상을 방지하여 창의적이며 활력 있는 직무성과의 증진을 기하도록 하는 한편, 지나치게 잦은 전보로 인한 능률저하를 방지하여 안정적인 직무수행을 기할 수 있도록 특별한 사정이 없는 한 정기적으로 전보를 실시하여야 한다.

나. 단기 이동의 금지

임용권자 또는 임용제청권자는 소속공무원을 해당 직위에 임용된 날부터 1년 이내(감사요원은 2년 이내)에 다른 직위에 전보할 수 없다. 다만, 이에 대해서는 예외가 있다. 직제상의 최저단위 보조기관(계, 팀 등) 내에서의 전보, 경찰청과 소속기관(지방청, 교육기관, 경찰병원 등) 또는 소속기관 상호간의 교류를 위한 전보, 기구의 개편, 직제 또는 정원의 변경으로 인한 해당 경찰공무원의 전보, 승진, 특수한 기술을 가진 경찰공무원 또는 전문특기자를 당해 직무분야에의 보직, 징계 등의 경우에는 단기 이동이 가능하다.

또한 형사사건에 관련되어 수사기관에서 조사를 받고 있는 경우, 경찰기동대 기타 특수임무부서와의 정기적인 교체에 의하는 경우, 교육훈련기관의 교수요원으로 보직하는 경우, 시보임용중인 경우, 신규 채용된 경찰공무원의 순환보직 관련한 전보, 감사담당 경찰공무원 가운데 부적격자로 인정되는 경우에도 단기 이동이 가능하다.

직제상의 최저단위 보조기관 내에서의 전보, 승진 또는 강등 임용, 시보임용중인 경찰공무원의 정규경찰공무원으로의 임용은 전보제한기간을 계산함에 있어서는 새로운 임용으로 보지 아니한다. 또한 기구의 개편, 직제 또는 정원의 변경으로 인하여 담당직무의 변경은 없고 소속·직위만을 변경하여 재발령하는 경우의 그 임용도 새로운 임용으로 보지 아니한다.

다. 경찰교육기관의 교수요원의 전보

경찰대학 · 경찰교육원 · 중앙경찰학교 · 경찰수사연수원 또는 해양경찰학교의 교수요원으로 임용된 자는 그 임용일로부터 1년 이상 3년 이하의 범위 안에서 경찰청장 또는 해양경찰청장이 정하는 기간 안에는 다른 직위에 전보할 수 없다. 다만, 기구의 개편, 직제 · 정원의 변경 또는 교육과정의 개폐가 있거나 교수요원으로서 부적당하다고 인정될 때에는 그러하지 아니하다.

라. 조건부로 채용 또는 승진된 자의 전보

특정한 직무분야에 근무할 것을 조건으로 신규채용 또는 승진임용된 자는 5년(신규채용의 경우 휴직기간, 직위해제기간 및 정직기간은 포함하지 아니한다) 이내에 채용조건 또는 승진임용조건과 다른 직무분야에 전보할 수 없다. 다만, 기간을 정하여 임용한 경우에는 그 기간에 따른다. 섬, 외딴곳 등 특수지역에서 근무할 것을 조건으로 특별채용된 경찰공무원은 그 채용일부터 5년의 범위에서 경찰청장이 정하는 기간(휴직기간, 직위해제기간 및 정직기간은 포함하지 아니한다) 안에는 채용조건에 해당하는 기관 또는 부서 외의 기관 또는 부서로 전보할 수 없다.

마. 3년 이내에 정년되는 자의 보직 제한

3년 이내에 정년으로 퇴직할 경찰공무원은 회계에 관련된 직과 민원사무를 취급하는 부서의 직에 보임될 수 없다.

4. 경찰기관 사이의 인사교류

가. 인사교류계획의 수립과 경찰청장의 승인

임용권자 또는 임용제청권자는 인력의 균형 있는 배치와 효율적인 활용 및 경찰공무원의 종합적 능력발전기회의 부여 등을 위하여 경찰공무원의 인사교류계획을 수립하고 이를 실시하여야 한다. 지방청장, 교육기관장, 경찰병원장 등 소속기관 등의 장은 그 소속경찰공무원과 다른 소속기관 등의 경찰공무원의 인사교류를 할 때에는 미리 경찰청장의 승인을 얻어야 한다. 경찰관의 인사교류는 경찰청, 경찰교육기관, 경찰병원, 지방경찰청, 경찰서, 기동대 등의 경찰기관 사이의 인사이동을 말한다.

나. 특수지근무 경찰공무원의 인사교류

임용권자는 2년의 범위 안에서 경찰청장 또는 해양경찰청장이 정하는 기간이상 특수지에서 근무한 총경이하 경찰공무원에 대하여는 따로 인사교류계획을 수립하여 당해 지역외의 지역으로 전보를 하여야 한다. 이 경우 전보는 경찰청장이 정하는 범위안에서 본인이 희망하는 기관 또는 부서로 함을 원칙으로 한다. 본인이 다른 지역으로의 전보를 희망하지 아니하거나 기타 부득이한 사유가 있는 경우에는 전보대상에서 제외할 수 있다. 특수지의 범위, 교류대상·방법 기타 교류에 관하여 필요한 사항은 경찰청장이 정한다.

5. 파견근무

가. 연구기관·민간기관 및 단체에의 파견

임용권자 또는 임용제청권자는 연구기관·민간기관 및 단체에서의 관련업무수행·능력개발이나 국가정책수립과 관련된 자료수집 등을 위하여 필요한 경우에는 안전행정부장관과의 협의를 거쳐 2년 이내의 기간 동안 경찰관을 파견할 수 있으며, 필요한 경우에는 총 파견기간이 5년을 초과하지 않는 범위에서 파견기간을 연장할 수 있다.

다만, 안전행정부장관과 협의된 파견기간 범위에서 경감 이하 경찰공무원의 파견기간을 연장하거나 경감 이하 경찰공무원의 파견기간이 종료된 후 그 파견자를 교체하는 경우에는 안전행정부장관과의 협의를 생략할 수 있다. 소속기관 등의 장이 이런 파견을 하거나 그 기간을 연장하고자 할 때에는 경찰청장의 승인을 얻어야 한다.

나. 국가적 사업수행이나 행정지원 등을 위한 파견

국가기관 외의 기관·단체에서의 국가적사업의 수행을 위하여 특히 필요한 경우, 다른 기관의 업무폭주로 인한 행정지원의 경우 및 관련기관 간의 긴밀한 협조를 요하는 특수업무의 공동수행을 위하여 필요한 경우에도 위와 마찬가지이다. 다만, 파견 받을 기관 또는 단체의 장의 요청을 미리 받아야 한다. 또한 공무원교육훈련법에 의한 공무원교육훈련기관의 교수요원으로 선발된 경우에도 마찬가지인데, 다만 안전행정부장관과의 협의나 경찰청장의 승인은 필요 없고 파견기간은 1년 이내로 하되, 필요한 경우 총 파견기간이 2년을 초과하지 않은 범위에서 파견기간을 연장할 수 있다.

다. 교육훈련을 위한 파견 및 국제기구, 외국 정부 등에의 파견

「공무원교육훈련법」에 의한 교육훈련을 받기 위하여 필요한 경우에 필요한 기간 동안 파견할 수 있다. 또한 임용권자 또는 임용제청권자는 국제기구, 외국의 정부 또는 연구기관에서의 업무수행 및 능력개발을 위하여 필요한 경우에 안전행정부장관과의 협의를 거쳐 필요한 기간 동안 파견할 수 있고 소속기관 등의 장이 이런 파견을 하거나 그 기간을 연장하고자 할 때에는 경찰청장의 승인을 얻어야 한다.

라. 파견 등으로 인한 결원 보충

파견기간이 1년(교육을 위한 파견의 경우에는 6개월) 이상인 경우에는 파견 경찰공무원의 계급에 해당하는 정원이 따로 있는 것으로 보고 결원을 보충할 수 있다. 이 경우 경찰청장은 미리 안전행정부장관과 협의하여야 한다.

6. 경찰의 직위공모제

직위공모제도(Job Posting)는 해당직위의 임용자격요건을 설정하고 공직 내부로부터 적격자를 공개모집하여 충원하는 제도이며, 직위분류제가 확립되어 있는 미국 등에서 보편화되어 있는 제도이다. 2000년 공무원직위공모규정이 제정되었고, 경찰은 2003년부터 시행되고 있다. 2011년부터는 승신이나 전출로 공석이 된 경정 이하급 직위에 대해 실시하여 왔다. 직위공모를 통한 2011년 경찰청 선발인원은 경정 24명(70명 응모), 경감 이하 249명(766명 응모) 등 273명이었다(2012경찰백서, 2013: 288).

공모직위와 그 자격요건이 공고되면 본인이나 해당 기능의 상사, 동료 등이 인터넷이나 문서로 응모·추천하도록 하고 이들 대상자에 대해 인사과 및 해당 기능에서 자격심사와 제출자료의 평가를 하여 2배수 이상을 평가 위원회에 추천한다. 이런 과정을 거친 후 평가위원들의 면접을 거치는데 기능에 따라 외부전문가가 포함된다. 제출한 업무계획서, 연구실적, 자기소개 등과 면접을 토대로 평가한 종합점수가 높으면 최종선발될 가능성이 높다. 그러나 기존 보직자들보다 고참이 오면 반발이 있을 것이므로 이들과의 임용 시기를 고려하는 등 조정을 거치게 된다. 직위공모제는 부처 내에서의 폐쇄적인 인사관리를 탈피하자는 취지인데, 경찰 내에서만 이루어지는 직위공모제는 의미가 별로 없다고 본다.

제2절 휴직

휴직은 공무원이 법령상의 사유로 신분은 보유하나 직무에 종사하지 않게 되는 것을 말하며 휴직기간이 끝난 공무원이 30일 이내에 복귀신고를 하면 당연히 복직된다. 휴직 중인 공무원은 그 사유가 없어지면 30일 이내에 임용권자 또는 임용제청권자에게 신고하여야 하며, 임용권자는 지체 없이 복직을 명하여야 한다. 휴직은 본인의 의사와 관계 없이 일정한 사유가 발생하면 임용권자가 명하여야 하는 직권휴직과 공무원 본인의 희망에 따라 임용권자가 명할 수 있거나 명하여야 하는 의원휴직이 있다.

1. 직권휴직

가. 직권휴직 사유

경찰공무원이 신체·정신상의 장애로 장기 요양이 필요하거나 병역복무를 위하여 징집·소집되거나 천재지변·전시·사변 등으로 생사 또는 소재가 불명확하게 되거나 그 밖에 법률의 규정에 따른 의무를 수행하기 위하여 직무를 이탈하게 된 때에는 임용권자는 휴직을 명하여야 한다.

나. 휴직기간

휴직기간은 신체 · 정신상의 장애로 장기 요양이 필요할 때에는 1년이나 부득이한 경우에는 1년 더 연장할 수 있다. 이 장애가 공무상 질병 또는 부상으로 인한 경우에는 3년 이내이다. 3년 이내의 기간 동안 휴직하려면 「공무원연금법 시행령」에 따른 공무상 요양 승인을 받아야 한다. 다만, 공무상 요양 승인을 받은 사유와 같은 사유로 질병 또는 부상이 계속되는 경우에는 승인받은 공무상요양기간이 끝난 후에도 공무상 질병휴직을 인정할 수 있다.

생사 또는 소재가 불명확하게 되었을 때의 휴직기간은 법원의 실종선고를 받는 날까지이며, 이 경우 그 휴직자의 계급에 해당하는 정원이 따로 있는 것으로 보고, 결원을 보충할 수 있다. 천재지변 · 전시 · 사변 등의 상황에서 경찰관이 직무수행 중 실종될 가능성이 많아 일반공무원(휴직기간이 3개월 이내)에 비해 특례를 두었다고 본다. 병역복무를 위하여 징집 · 소집되거나 그 밖에 법률의 규정에 따른 의무를 수행하기 위하여 직무를 이탈하게 된 때에는 그 복무 또는 의무수행 기간이 끝날 때까지가 휴직기간이다.

2. 의원휴직

의원휴직에는 임용권자가 휴직을 명할 수 있는 경우와 특별한 사정이 없으면 휴직을 명하여야 하는 경우가 있다.

가. 임용권자가 휴직을 명하여야 하는 경우

임용권자가 대통령령으로 정하는 특별한 사정이 없으면 휴직을 행하여야 하는 경우는 만 8세 이하(취학 중인 경우에는 초등학교 2학년 이하)의 자녀를 양육하기 위하여 필요하거나 여성공무원이 임신 또는 출산하게 된 때이다. 이 때 휴직기간은 자녀 1명에 대하여 1년(여성공무원은 3년) 이내로 한다.

이 경우 휴직을 이유로 인사에 불리한 처우를 하여서는 아니 되며, 그 경찰공무원이 원하는 경우, 휴직기간을 분할하여 휴직하게 하거나 시간제근무 경찰공무원으로 지정할 수 있다. 시간제근무 경찰공무원의 근무시간은 1주당 15시간 이상 35시간 이하의 범위에서 경찰청장이 정한다. 출산휴가 또는 육아휴직 중인 공무원의 업무를 대행하는 공무원을 지정할 수 있으며 이들 공무원에게는 예산의 범위에서 「공무원수당 등에 관한 규정」에서 정하는 바에 따라 수당을 지급할 수 있다.

이와 같은 규정들은 임신, 출산, 양육을 인사관리 제도면에서 뒷받침해 주어 여성의 사회진출 여건을 조성하고 국가적 문제가 되고 있는 저출산 현상을 완화하고자 하는 취지라고 본다.

나. 임용권자가 휴직을 명할 수 있는 경우

다음의 경우에는 공무원이 휴직을 원하면 임용권자는 아래의 기간 동안 휴직을 명할 수 있다.

(1) 국제기구, 외국 기관, 국내외의 대학·연구기관, 다른 국가기관 또는 대통령령으로 정하는 민간기업, 그 밖의 기관에 임시로 채용될 때

이 때의 휴직기간은 그 채용기간으로 한다. 다만, 민간기업이나 그 밖의 기관에 채용되면 3년 이내로 한다. 여기서 민간기업은 합자회사, 유한회사, 주식회사 및 법률에 따라 설립된 법인·단체·협회 등으로서 국내에 소재하는 기관이며, 공직유관단체, 상호출자제한기업집단등에 속하는 회사, 금융지주회사 및 금융지주회사의 자회사, 법무법인, 법무조합, 회계법인 등은 제외된다.

공무원은 휴직예정일 전 5년 동안 소속하였던 부서의 업무와 밀접한 관련이 있는 민간기업등에 근무하기 위하여 휴직할 수 없다. 휴직공무원은 민간기업등의 이사, 감사, 업무를 집행하는 무한책임사원, 지배인, 발기인 및 이에 준하는 임원이 될 수 없으며, 해당 민간기업등으로부터 주식매수선택권 등의 특별한 혜택을 받아서는 아니 된다.

(2) 국외 유학을 하게 된 때나 외국에서 근무·유학 또는 연수하게 되는 배우자를 동반하게 된 때

이 때의 휴직기간은 3년 이내로 하되, 부득이한 경우에는 2년의 범위에서 연장할 수 있다.

(3) 중앙인사관장기관의 장이 지정하는 연구기관이나 교육기관 등에서 연수하게 된 때

이 때의 휴직기간은 2년 이내로 한다.

(4) 사고나 질병 등으로 장기간 요양이 필요한 조부모, 부모(배우자의 부모를 포함한다), 배우자, 자녀 또는 손자녀를 간호하기 위하여 필요한 때

이 때의 휴직기간은 1년 이내로 하되, 재직기간 중 총 3년을 넘을 수 없다. 다만, 조부모나 손자녀의 간호를 위하여 휴직할 수 있는 경우는 본인 외에는 간호할 수 있는 사람이 없는 등 대통령령으로 정하는 요건을 갖춘 경우로 한정한다.

3. 휴직자의 복무관리

임용권자 또는 임용제청권자는 휴직 중인 공무원이 휴직기간 중 휴직사유와 달리 영리업무 금지의무에 위반하는 등 휴직의 목적 달성에 현저히 위배되는 행위를 하는 경우에 복직을 명할 수 있다.

신체·정신상의 장애로 장기 요양이 필요하여 휴직한 경우와 의원휴직한 경우에, 휴직 중인 공무원은 안전행정부장관이 정하는 바에 따라 임용권자 또는 임용제청권자에게 복무상황에 대한 보고를 하여야 한다. 이 외에 휴직자의 복무관리에 필요한 사항은 안전행정부장관이 정한다.

제3절 승진

1. 개관

가. 경찰승진의 의미

경찰 승진은 상위계급으로의 이동을 말하며, 승진으로 보수가 올라가는 것은 공통되나, 승진 후 계급에 해당하는 직위의 권한과 책임이 높은 경우도 있고, 그렇지 않은 경우도 있다. 경감으로 승진하게 되면 지구대장이나 소규모 경찰서의 과장 등이 될 수 있고, 경정 이상으로 승진하게 되면 비교적 규모가 큰 경찰서의 과장, 경찰서장(총경), 지방경찰청장(치안감 등)

이 되는 것이므로 전자에 해당한다. 후자는 경위 이하에의 승진의 경우에 생기는데 근속승진 등의 결과로 경위이하 인원 대비 경위나 경사 비율이 높아 승진한다고 해서 책임 수준이 높은 직위로 이동한다는 보장이 없다.

나. 경찰관 승진제도의 중요성

승진하게 되면 직위의 상향 가능성, 보수 인상 외에도, 조직 내에서의 위상이 올라가고 사회적 인식도 올라가며, 경우에 따라서는 판공비 지급, 출장경비의 상향, 관용차 이용 등 여러 가지 부수적 혜택이 있으므로 경찰관에게 자신감 및 근무의욕 고취, 능력 신장 등의 동기부여 효과가 매우 강력하다. 특히, 계급사회인 경찰에서 승진에 따르는 조직 내·외의 인식 및 대우의 변화는 일반 공무원사회에서 승진에 따르는 변화보다 크다. 따라서 승진제도를 잘 활용하면 조직의 사기 앙양, 실적 증대와 함께 유능한 인재를 확보하고 경찰에 계속 봉직케 할 수 있어 조직의 효율성을 높일 수 있다.

승진제도 운용의 핵심은 공정성의 확보와 승진제도 운용을 통한 조직효율성의 증대이다. 승진인사에서 조직구성원들이 납득할 수 없는 부분이 있다면 이는 사기앙양은커녕 승진 탈락자들의 불만을 초래하고 더 나아가서 조직 전체 분위기에 악영향을 준다.

다. 외국 경찰의 승진제도

외국 경찰의 승진제도는 그 나라의 경찰제도가 역사적으로 형성된 것과 같이 역사적, 사회적 배경을 지니고 있으므로 어떤 나라의 승진제도가 좋다 나쁘다고 단정하기는 어려운 것이다. 그러나 그것이 승진제도의 한 형태로서 앞으로 우리 경찰승진제도의 개선방안을 검토할 때 참고가 될 수는 있다고 본다.

영국에서 경정으로의 승진은 서류심사와 면접의 두 단계를 거친다. 국장급 이상 고위직으로의 승진은 Bramshill Police College의 고위정책과정을 마치고 심층면접시험(Extended Interview Process)에 합격해야 한다(엄명용, 2002: 313).

영국에서 경위 이하로의 승진은 일반 승진제도와 고속(특별) 승진제도로 나누어지는데, 경위까지의 일반승진은 시험승진을 원칙으로 하되(승진 임용자의 75~90%), 시험에 합격한 후에도 승진심사위원회의 심사 및 교육을 이수한 후 승진되는 것이 우리와 다른 점이다. 특별(고속)승진제도는 소정의 자격을 갖춘 자를 뽑아 경찰 참모대학 특별과정에서 1년 간 교육 후,

1년 간 경사로 근무하면 경위로 승진시키는 제도이며, 대개 20대 중반에 경위로 승진한다고 한다. 일본은 경부 이하의 경찰관 승진은 시험승진을 원칙으로 하되, 대졸자의 승진소요최저연한이 고졸자보다 짧은 것이 우리와 다른 점이다. 미국은 지방마다 다르나, 시험승진이나 무사고 근무를 전제로 한 근속승진 등 다양한 승진방법이 있다(정진환, 1998: 116-121).

2. 경찰승진의 유형

경정 이하 계급으로의 경찰 승진에는 심사승진·시험승진·특별승진 제도가 있다. 심사승진과 시험승진은 매년 정기적으로 실시하고 있으며 전체 정기 승진인원의 반수를 시험승진으로 먼저 뽑는다. 이와는 별도로 경감까지의 근속승진 제도가 있는데, 승진임용규정에서는 이를 심사승진(제4장)과 같은 장에 규정하고 있으며, 특정 계급에서의 근속기간 등 일정한 요건을 갖추면 상위 계급으로 승진하게 된다는 점에서 심사 승진과 구별된다. 총경과 경무관으로의 승진은 심사승진에만 의하고 치안감 이상 계급으로의 승진은 승진심사위원회의 승진심사도 거치지 않는다. 승진제도 유형별로 현실적 필요성과 장·단점이 있다.

가. 심사승진

심사승진제도는 적정하고 공정하게 이루어질 수 있다면 승진의 타당성을 기할 수 있는 제도이다. 그러나 과거 경찰승진심사의 공정성에 대한 내부 평가는 부정적이었다.

나. 시험승진

시험승진제도는 경찰관들의 평균 학력이 낮을 때에 공부하게 만든다는 명분을 내세웠으나, 실제는 심사승진이 부적정·불공정하게 이루어지는 경우가 많아 업무만 열심히 해서는 승진하기가 극히 어려운 현실을 보완하는 기능을 해 왔다. 그러나 시험승진을 하려는 경찰관들이 시험공부 때문에 업무에 매진하기 어렵게 되는 등 부작용도 만만치 않다.

다. 특별승진

특별승진은 전사·순직자를 추서하거나 경찰업무 중 테러범, 폭력시위범, 간첩 검거 등 고위험·고난도의 업무수행에 임하는 일선 경찰관들의 헌신적 노력을 장려하기 위해 필요하나, 현 제도상 우수공무원, 특별경비부서 근무자 등 적용범위가 넓어 운영과정에서 공정성 시비가 있어 왔다.

라. 근속승진

근속승진은 애초 경장과 경사로의 승진에만 적용되다가 그 후 단계적으로 경위 및 경감으로의 승진에까지 규정되었다. 이렇게 경감계급으로의 승진에까지 근속승진이 규정된 것은 우리 경찰의 아래가 너무 넓은 피라미드형 계급구조가 불러 온 특이한 제도이다. 과거 경찰의 계급구조는 하위 계급의 비중이 경찰과 같은 집행적 성격의 업무가 많은 세무공무원이나 지방공무원에 비해서도 너무 높아서 시정이 요구되고 있었는데 인사 및 예산 관련 정부 부처의 근시안적 태도로 개선되지 못했다. 그러나 이에 대한 내부 불만과 9만 여명이나 되는 경위 이하 계급 경찰관들과 그 가족들의 유권자로서의 정치적 힘이 결합되어 근속승진 적용 계급이 경감까지 확대된 것이다.

3. 경찰 내부승진과 외부인사 채용

가. 내부승진의 원칙

「경찰공무원법」은 내부승진 원칙을 채택하여, 경찰공무원은 바로 아래 하위계급에 있는 경찰공무원 중에서 근무성적평정, 경력평정, 그 밖의 능력을 실증(實證)하여 승진임용하도록 규정하고 있다(동법 제11조). 그러나 주로 경정 이하 계급으로 신규 채용할 수 있는 길을 열어 두고 있는데(동법 제8조), 실제 이에 해당하는 채용 현실을 보면 경찰대학 출신자와 간부후보생 시험에 합격한 자를 경위로 채용하는 인원이 많아(합쳐서 160여명 전후) 경사에서 경위로 승진하는 인원을 적지 않게 줄이는 결과를 가져 오고 있는 부분이 문제였다. 다만, 경위 근속승진제도가 채택된 이후 경위로의 승진적체는 완화되었다.

나. 경찰간부로 외부인재 특채

조직 외부 인사의 중간계급으로의 채용은 내부 승진의 기회를 줄이지만 외부의 전문가나 창의성 있는 인재를 영입하여 조직에 신선한 바람을 불어 넣는 효과가 있는 것으로 알려져 있다. 그러나 경찰대학이나 간부후보생 제도 및 고시출신 특채의 효과를 과학적으로 측정하여 발표한 바 없는 상황에서 그 긍정적 효과에 대한 내부 공감대가 부족한 상황이다.

다. 간부후보생 제도

간부후보생 제도를 폐지한다는 전제 하에 경찰대학 정원을 책정하였다. 그러나 당시 경찰 중견간부의 상당수를 간부후보생 출신들이 차지하고 있었고, 그들의 존치 주장에 의해 내부 여론조사를 실시한 후 이를 토대로 계속 간부후보생 제도를 계속 존치키로 하였다. 결과적으로 경위 승진의 기회가 더 줄어지게 되었던 것이다. 간부후보생제도를 통해 전문 분야 인사를 영입하고 있고 다양한 학교 출신자들이 들어오고 있어 경찰대학 출신자들과 중견간부직을 분점하는 효과가 있어 제도의 필요성은 인정되나 적정 인원이 어느 정도인지는 검토해 보아야 할 것이다.

라. 경찰대학 제도

경찰대학 입학생들의 학력수준이 높아, 경찰간부 자질에 대한 외부 인식이 높아지는 효과가 있고 경찰의 기획업무 수준 향상에도 기여하였다고 여겨진다. 그러나 간부후보생 지원자들의 수준이 높아진 상황에서 고졸자를 매년 100명 정도 뽑아 극소수의 중간 탈락자를 제외하고 전원을 경위로 임명하는 제도의 타당성에 대해 의문시하는 시각이 있다. 이들은 승진시험에서 합격 가능성이 높아, 경정까지 비교적 빠르게 승진하여 결국 중견 간부직의 다수를 차지하게 된다. 동문 및 동기 의식이 강한 한국사회에서 특정 학교 동문들이 너무 많이 중견간부가 된다는 것은 조직 전체의 단합과 사기 약화, 서로 봐주기 등 여러 가지 폐해가 야기될 수 있다. 과거 세무대학이 폐지된 것도 이러한 이유가 작용했던 것으로 알려져 있다.

경찰대학 교직원 인건비, 시설유지비 등과 학생 숙식비, 피복비 등 경찰대학 출신 경위를 매년 110여명 양성하기 위해 들어가는 비용을 모두 합산하면 경찰 전체 교육경비 중 차지하는 비중이 커서 능률성이 떨어진다. 영국의 고속승진제도나 자유중국의 중앙경관학교의 제도에서 착안하여 현직 경찰관 중에서 자질 있는 사람을 골라 경찰대학에서 별도 교육 또는 편입시키는 방안도 검토될 수 있을 것이다. 치안업무를 하자면 사회를 경험적으로 잘 이해하는 것이 중요한데 사관학교식 학칙이, 학생 관리하는 입장에서는 편리하겠지만, 창의성을 약화시킨다는 것도 문제이다. 어떻든 경찰대학 제도에 큰 변화가 있어야 중간계급 신규채용의 취지를 살릴 수 있을 것으로 보인다.

마. 고위간부로 외부인사 채용문제

외부인사 채용문제의 핵심은 경찰청장 등 최고위직을 외부에서 임명하느냐의 문제이다. 이는 경찰인사관리의 민주성과 직결되는 문제이다. 민주성의 관점에서, 경찰청장이 국민에 의해 선출된 대통령의 뜻을 잘 이해하고 이에 따르며 대통령 선거권자인 전체 국민에게 업무를 통해 최선의 봉사를 하게 하기 위해서는 외부에서 임명해야 한다는 주장이 있다. 그러나 경찰청장 임기제가 사실상 사문화된 현실에서, 경찰청장이 대통령의 뜻을 잘 이해하지 못할 수는 있어도 대통령의 뜻을 알고도 따르지 않을 가능성은 거의 없을 것이다.

바. 경찰청장 내부 임용의 장단점

경찰청장 내부 임용의 장점은 승진대상자인 치안정감들이 그 동안의 경찰간부 경력을 통해 경찰업무에 대한 다방면의 경험과 최소한의 리더십을 보유하고 있다는 것이 보장된다는 것이다. 그러나 승진에 뜻을 둔 치안정감들이 업무발전과 직무수행에 매진하기보다는 정치권에 줄 대기, 경쟁자 흠집 내기 등에 치중하면 경찰의 정치적 중립성의 훼손은 물론 이들 간의 갈등이 커지고 파벌이 조성될 수도 있다. 그 결과 승자는 자신의 경쟁자와 가까웠던 사람에게 인사·승진 상 불이익을 주는 등 후유증이 생기기도 했었다. 오래된 일이지만, 새로이 경찰청장이 된 사람이, 전임 경찰청장이 재직 중 자신에게 섭섭하게 대했던 일이 있었거나, 자신 아닌 다른 치안정감을 승진경쟁에서 지원했다고 여겨지면 전임자와 가까웠던 간부들에게 인사·승진 상 불이익을 주기도 하였었다.

내부 승진한 경찰청장의 정치적 지지획득 능력이 부족할 경우에 경찰의 발전 동력이 되는 예산, 인력, 직무권한 등 치안정책 추진에 필요한 정치적 지원을 획득하는데 차질이 생기고 청장 임기 후반기에 레임덕 현상이 빨리 오는 경향이 오히려 문제이다.

4. 승진소요 최저연한과 승진임용의 제한

가. 승진소요 최저연한

승진하기 위해서 필요한 최저연한은 심사승진 및 시험승진에 똑같이 적용되며, 특별승진에도 원칙적으로 적용된다. 다만, 근속승진에는 별도의 승진소요 연한이 적용되는데, 이는 최저연한이 아니고 근속승진 소요연한이 충족되고 근속승진과 관련된 다른 종류의 요건도 충족되면 모두 승진하게 된다.

(1) 계급별 승진소요 최저연한

총경은 4년 이상, 경정 및 경감은 3년 이상, 경위 및 경사는 2년 이상, 경장 및 순경은 1년 이상 지나야 상위 계급으로 승진할 수 있다. 과거 경장 및 순경도 2년 이상의 기간이 지나야 승진할 수 있었으나, 이들 중 자질이 뛰어난 사람에게 고속 승진 기회를 주고 또한 짧아진 근속승진기간으로 인해 승진의 동기부여 효과가 격감하는 것을 방지하고자 변경한 것이다.

(2) 승진소요 기간계산

(가) 직위해제기간, 징계처분기간 및 징계처분 집행종료 후 승진임용 제한기산은 원칙적으로 승진소요 최저연한에 포함하지 아니한다. 휴직기간도 원칙적으로 포함되지 아니한다. 단, 공무상 질병 또는 부상으로 인하여 휴직한 기간, 병역복무기간(경찰대 출신 경위의 전경대원 복무기간은 제외), 국제기구나 연구기관 등 파견기간, 국외유학 기간, 임신·출산·양육기간 등은 휴직기간이라 하더라도 전부 또는 일부가 포함된다. 또한 직위해제의 사유가 된 징계처분, 형사처분이 무효·취소·무죄가 된 경우에도 직위해제기간이 승진소요 최저연한에 포함된다.

(나) 사시출신 특채자의 사법연수생 수습기간, 5년 이상 타 부처 근무경력 있는 5급시험 출신 특채자의 타 부처 근무경력, 시간제근무경찰공무원의 근무기간, 강등되기 직전의 계급에서 재직한 기간의 전부 또는 일부를 승진소요 최저연한에 포함한다.

(다) 승진소요 최저근무연수는 승진대상자 명부의 작성기준일을 기준으로 계산한다. 다만, 특별승진의 경우에는 승진심사위원회 의결일을 기준으로 계산한다. 퇴직한 경찰공무원이 퇴직 당시의 계급 또는 그 이하의 계급에 재임용된 경우에는 이 기준일 전 10년 이내의 기간 중 재임용된 계급 이상의 계급에서 재직한 기간은 현 계급의 재직연수와 합하여 승진소요 최저근무연수에 산입한다.

나. 승진임용의 제한

(1) 승진임용 제한 사유 및 기간

징계의결 요구, 징계처분, 직위해제, 휴직 또는 시보임용기간 중에 있는 경찰관과 계급정년이 연장된 경찰관은 승진임용될 수 없다.

또한 징계처분의 집행이 끝난 날부터 강등·정직의 경우 18개월, 감봉의 경우 12개월, 견책은 6개월 지나지 아니하면 승진임용될 수 없다. 이러한 징계처분이 금품 및 향응 수수, 공금의 횡령·유용에 따른 것일 경우에는 각각 3개월을 더한 기간이 지나지 아니하면 승진임용될 수 없다.

징계에 관하여 경찰공무원과 다른 법령을 적용받는 공무원으로 재직하다가 경찰공무원으로 임용된 사람이 종전의 신분에서 징계처분을 받은 경우 그 징계처분의 집행이 끝난 날부터 강등의 경우 18개월, 근신·영창 또는 그 밖에 이와 유사한 징계처분의 경우 6개월의 기간이 지나지 아니하면 승진임용될 수 없다.

(2) 승진임용 제한기간의 단축

경찰공무원이 징계처분을 받은 후 해당 계급에서 훈·포장, 모범공무원 포상 또는 국무총리 이상으로부터 표창을 받거나 제안이 채택·시행되어 포상을 받은 경우에는 이러한 승진임용 제한기간의 2분의 1을 단축할 수 있다.

(3) 제한기간 중 다시 징계처분을 받거나 휴직한 경우

승진임용 제한기간 중에 있는 사람이 다시 징계처분을 받은 경우 승진임용 제한기간은 전 처분에 대한 승진임용 제한기간이 끝난 날부터 계산하고, 징계처분으로 승진임용 제한기간 중에 있는 사람이 휴직하는 경우 징계처분에 따른 남은 승진임용 제한기간은 복직일부터 계산한다.

5. 승진임용 예정인원 책정

가. 계급별, 직무 분야별 승진임용 예정인원 책정

경찰청장은 해당 연도의 실제 결원과 예상되는 결원을 고려하여 승진임용 예정인원을 계급별, 직무 분야별로 정한다. 이 때 심사승진과 시험승진을 병행하거나 승진시험을 경과별, 직무 분야별로 구분하여 실시하는 경우에는 승진임용 예정인원을 계급별, 경과별(警科別), 직무 분야별 및 승진 구분별로 정하여야 한다.

나. 총경 및 경무관으로의 승진임용 예정인원 책정

경무관으로의 승진임용 예정인원은 경무관 정원의 25퍼센트를 초과할 수 없고, 총경으로의 승진임용 예정인원은 총경 정원의 20퍼센트를 초과할 수 없다. 그러나 이 비율에 따라 산정된 인원이 해당 연도 실제 결원과 정년퇴직으로 발생하는 결원보다 적을 때에는 이렇게 산정된 승진임용 예정인원에 그 부족한 인원을 더하여 승진임용 예정인원을 책정할 수 있다.

다. 특별승진임용 예정인원 책정

경찰청장이 경감 이하 계급으로의 승진임용 예정인원을 책정할 때에는 해당 계급으로의 승진임용 예정인원의 30퍼센트 이내에서 특별승진임용 예정인원을 따로 책정할 수 있다. 다만, 안전행정부장관이 지정하는 포상을 받은 우수경찰관, 명예퇴직자, 간첩·무장공비 사살·검거자, 특별경비부서 유공자에 해당하는 특별승진의 경우에는 그 비율을 초과하여 책정할 수 있다.

라. 승진구분별 승진임용 예정인원 책정

심사승진과 시험승진을 병행하는 경우에 계급별로 전체 승진임용 예정인원에서 특별승진임용 예정인원(따로 책정한 경우만 해당)을 뺀 인원의 50퍼센트씩을 각각 심사승진임용 예정인원과 시험승진임용 예정인원으로 한다. 승진시험을 먼저 실시한 경우에 그 최종합격자 수가 시험승진임용 예정인원보다 적을 때에는 심사승진임용 예정인원에 그 부족한 인원을 더하여 심사승진임용 예정인원을 산정한다.

마. 승진임용 예정인원 배정

경찰청장은 책정된 승진임용 예정인원을 승진대상자 명부를 작성한 기관별로 배정한다.

이 인원 배정은 각 기관별 승진대상자 명부에 기록된 인원의 비율에 의하되, 해당 계급으로의 근속승진 예정자 수 등 소속기관별 승진여건을 고려하여 조정할 수 있다.

일선공무원들이 수행해야 하는 업무량에 비해 일선에 제공되는 자원들은 만성적으로 부족하다. 부족한 인적자원으로 많은 업무와 사건을 처리해야 하기 때문에 일선공무원들은 자연히 업무를 수행할 시간이 절대적으로 부족하다. 일선의 인적자원이 수적으로 부족할 뿐만 아니라 숙련도 등 자질도 평균적으로 보아 미흡하다(조일홍, 2000: 150). 승진할만한 능력을 갖추고 성취욕구가 큰 사람일수록 승진이 잘되는 곳으로 몰리기 때문에 이런 현상이 심화된다. 따라서 일선에 근무하더라도 승진에 손해를 보지 않는다는 인식이 확산되도록 일선에 승진임용 예정인원을 더 많이 배정해야 국민들의 치안서비스에 대한 만족도가 향상될 것이다.

경찰청장은 특별승진임용 예정인원을 따로 책정하였을 때에는 경감 이하 계급으로 특별승진임용할 예정인원을 경찰대학・경찰교육원・중앙경찰학교・경찰수사연수원・경찰병원 및 지방경찰청의 장에게 통지하여야 한다.

6. 승진대상자 명부와 승진심사위원회

가. 승진대상자 명부

승진대상자 명부에 관해서는 「경찰공무원 승진임용규정」(대통령령)과 동 시행규칙(부령)에 규정되어 있으며 그 내용을 보면 다음과 같다.

(1) 작성자

총경 이하 경찰공무원에 대한 승진대상자 명부는 경찰기관의 장(승진대상자명부작성자)이 계급별로 작성하여야 한다.

경찰청장은 전국의 경정 이상 경찰공무원과 경찰청 소속 경위 이상 경찰공무원에 대해 작성하고, 경찰청 소속 경사 이하 경찰관에 대해서는 경찰청의 각 국 단위급 부서별 부서장이 작성한다. 경찰서 소속 경사 이하 경찰관에 대해서는 경찰서장이 작성한다.

이들을 제외한 경감 이하 경찰공무원에 대해서는 경찰대학 · 경찰교육원 · 중앙경찰학교 · 경찰수사연수원 · 경찰병원 및 지방경찰청장이 각각 작성한다.

(2) 작성방법

(가) 총 평정점

승진대상자 명부에 적는 총 평정점은 100점을 만점으로 하되, 가점 평정을 한 경우에는 2점 안에서 그 가산점을 합산한 점수를 총평정점으로 한다. 가산점은, 특수지근무수당 지급대상 지역이나 감찰부서 근무자, 자격증 소지자, 국어 또는 외국어 능력이 우수한 자, 재직 중 학위 취득자, 직무전문화교육을 이수한 자에게 승진대상자 명부를 작성할 때 소정의 점수를 주는 것이다.

(나) 근무성적, 경력, 교육훈련성적 평정 간의 반영비율

승진대상자 명부는 근무성적평정 점수 50퍼센트, 경력평정 점수 35퍼센트, 교육훈련성적 평정 점수 15퍼센트의 비율로 반영하여 작성한다. 다만, 5급 공채 또는 사시에 합격한 경감 이하 경찰공무원에 대해서는 그가 경정으로 승진할 때까지 근무성적 평정만으로 승진대상자 명부를 작성할 수 있다.

(다) 평정 연도별 반영비율

경사 이상의 근무성적 평정점은 명부 작성기준일부터 최근 3년 이내에 해당 계급에서 평정한 평정점을 대상으로 하여 최근 1년 이내에 평정한 평정점 50%, 최근 1년 전 2년 이내에 평정한 평정점 30%, 최근 2년 전 3년 이내에 평정한 평정점 20%를 합산하여 산정한다. 경장 및 순경의 근무성적 평정점은 최근 1년 이내에 평정한 평정점 60%, 최근 1년 전 2년 이내에 평정한 평정점 40%를 합산하여 산정한다.

(라) 작성기준일 및 효력발생일

승진대상자 명부는 매년 1월 1일을 기준으로 작성한다. 다만, 경무관 및 총경으로의 승진대상자 명부는 매년 11월 1일을 기준으로 작성한다. 승진대상자 명부는 승진대상자 명부 작성기준일부터 20일 이내에 소정의 서식에 따라 작성하여야 한다.

승진대상자 명부는 그 작성기준일 다음 날부터 효력을 가지며, 승진대상자 명부를 조정한 경우에는 조정한 날부터 효력을 가진다.

(마) 동점자에 대한 선순위자 결정

승진대상자 명부의 점수가 같을 때에는 근무성적이 우수한 사람, 해당 계급에서 장기간 근무한 사람, 바로 아래 계급에서 장기간 근무한 사람의 순으로 선 순위자를 결정한다.

(바) 승진대상자 명부의 조정

승진대상자명부 작성자는 승진대상자 명부 작성 이후에, 전출자나 전입자, 교육훈련을 받은 자, 징계처분이나 직위해제처분을 받은 자. 승진임용 제한기간 중에 있는 자, 휴직자나 퇴직자가 있거나 경력을 재평정한 경우에는 승진대상자 명부를 조정하여야 한다. 승진대상자 명부의 조정은 승진심사 착수일 전까지 조정사유가 확인된 경우에만 한다.

전출입자가 있는 경우에는 전출기관은 승진대상자 명부에서 전출자를 삭제하고 그 전출자의 평정 관계 서류를 전입기관에 이관하며, 전입기관은 이관 받은 평정 관계 서류에 따라 승진대상자 명부의 해당 순위에 전입자를 적는다.

또한 교육훈련을 받은 사람이 있는 경우에는 그 교육훈련성적의 평정결과에 따라 승진대상자 명부의 순위를 조정하고 승진임용의 제한사유에 해당되는 사람이나 퇴직자는 승진대상자 명부에서 삭제하며 경력을 재평정한 경우에는 정정사유도 적는다.

(사) 승진대상자 명부의 제출

경찰공무원 승진임용규정 시행규칙 등에서는 경위 이하 계급으로의 승진대상자(승진 전 시점의 계급으로 보면 경사 이하) 명부의 제출에 대해 다음과 같은 규정을 두고 있다.

① 경찰청장은 승진예정 인원 등을 고려하여 부득이할 때에는 경찰서의 보통승진심사위원회에서 실시할 경위 이하 계급으로의 승진심사를 지방경찰청의 보통승진심사위원회에서 하게 할 수 있다. 이 경우에 경찰서장은 소속 경찰공무원 중 경위 이하 계급으로의 승진대상자 명부를 지방경찰청장에게 작성기준일부터 25일 이내에 제출하여야 한다.

② 경찰청의 각 국장급 부서장은 소속 경찰공무원 중 경위 이하 계급으로의 승진대상자 명부를 경찰청장에게 작성기준일부터 25일 이내에 제출하여야 한다.

나. 승진심사위원회

(1) 종류, 구성 및 임무

승진심사를 하기 위하여 경찰청에 중앙승진심사위원회를 두고, 경찰청 · 지방경찰청과 대통령령으로 정하는 경찰기관에 보통승진심사위원회를 둔다. 승진심사위원회에 간사 1명과 서기 몇 명을 두며 간사와 서기는 승진심사위원회가 설치되어 있는 경찰기관 소속 인사담당 경찰공무원 중에서 그 경찰기관의 장이 임명한다. 간사는 위원장의 명을 받아 위원회의 사무를 처리하며, 서기는 간사를 보조한다.

(가) 중앙승진심사위원회

중앙승진심사위원회는 위원장을 포함한 5명 이상 7명 이하의 위원으로 구성하며 총경과 경무관에로의 승진을 관장하고 회의는 경찰청장이 소집한다. 중앙승진심사위원은 회의 소집일 전에 승진심사대상자보다 상위계급인 경찰공무원 중에서 경찰청장이 임명한다. 위원장은 위원 중 최상위계급 또는 선임인 경찰공무원이 된다.

(나) 승진심의위원회

경무관으로의 승진심사를 위하여 구성되는 중앙승진심사위원회 회의에 부칠 사항을 사선에 심의하기 위하여 중앙승진심사위원회에 복수의 승진심의위원회를 둘 수 있다. 이 복수의 사전 심의위원회는 군의 장군으로의 승진심사제도에서 착안한 것인데, 과거 운영실태를 보면 절차의 번잡만 초래할 뿐 심사의 공정성, 객관성 확보에는 도움이 되지 못했다고 본다.

(나) 보통승진심사위원회

보통승진심사위원회는 경찰청 · 소속기관 등 · 경찰서에 두며, 위원장을 포함한 5명 이상 7명 이하의 위원으로 구성한다. 소속기관 등이란 지방경찰청, 경찰교육기관, 경찰병원 등이다. 보통승진심사위원회 위원은 그 보통승진심사위원회가 설치된 경찰기관의 장이 승진심사대상자보다 상위계급인 경감 이상 소속 경찰공무원 중에서 임명하며, 위원장은 위원 중 최상위계급 또는 선임인 경찰공무원이 된다. 보통승진심사위원회가 설치된 경찰기관에 소속된 경감 이상 경찰공무원의 수가 5명 미만일 때에는 경위 이상 경찰공무원 중에서 위원을 임명할 수 있다.

보통승진심사위원회는 그 경찰기관 소속 경찰관의 경정 이하 계급으로의 승진을 심사하나 경찰서 소속 경위, 경감의 경감, 경정 승진은 지방경찰청 보통승진심사위원회에서 관장한다. 또한 경찰청장은 승진예정 인원 등을 고려하여 부득이할 때에는(승진예정인원이 매우 적을 때 등) 경찰서의 보통승진심사위원회에서 실시할 경위 이하 계급으로의 승진심사를 지방경찰청의 보통승진심사위원회에서 하게 할 수 있다. 보통승진심사위원회의 회의는 해당 경찰기관의 장이 경찰청장의 승인을 받아 소집하나 경찰서 보통승진심사위원회 회의의 경우 지방경찰청장의 승인을 받아 소집한다.

(2) 기능, 의결정족수 및 회의의 비공개

승진심사위원회는 승진대상자 명부에서 승진시험 합격자를 제외한 선순위자 순으로 승진시키려는 결원의 5배수의 범위에 있는 사람 중에서 승진후보자를 심사・선발한다. 승진심사위원회의 회의는 재적위원 과반수의 찬성으로 의결하며 비공개로 한다. 3단계 심사까지 끝나 최종 승진임용예정자가 결정되면 선발된 사람의 명부 등 소정의 서류를 작성하여 해당 지휘관에게 보고한다.

승진심사위원은 규정상으로는, 2단계 심사에서 적성 점수를 부여하는 권한, 3단계 심사에서 승진예정자 최종 결정권 등 막강한 권한이 부여되어 있다. 그러나 운영상 지휘관의 의중을 우선적으로 고려하므로 인사부서 등에서 작성한 승진관련 개인별 점수계산 자료 확인 등 실무적 측면에 역할이 더 큰 경우가 많다.

7. 승진심사

가. 승진심사의 방법과 시기

경찰공무원의 승진심사는 계급별로 하되, 경찰청장이 필요하다고 인정할 때에는 직무 분야별로 구분하여 실시할 수 있다. 경정 이하 계급으로의 승진심사는 1월 2일부터 3월 31일 사이에 연 1회 실시한다. 다만, 경찰청장이 그 기간 내에 승진심사를 할 수 없다고 인정할 때에는 기간을 연장할 수 있으며, 경찰공무원의 증원이나 그 밖에 특별한 사유가 있으면 추가로 승진심사를 할 수 있다.

나. 승진심사의 장소, 서약서 제출 및 승진심사 수칙 주지

승진심사는 비밀이 보장되는 장소에서 하여야 하고 그 장소에는 관계 경찰공무원이 아닌 사람이 접근하지 아니하도록 하여야 한다. 승진심사위원, 승진심의위원, 간사 및 서기는 승진심사가 끝날 때까지 심사장소 외의 장소에 출입하거나 외부와 연락을 하여서는 아니 된다. 임명·소집된 승진심사위원, 승진심의위원, 간사 및 서기는 회의 시작과 동시에 소정의 서약서를 회의를 소집한 경찰청장, 소속기관등의 장 또는 경찰서장에게 제출하여야 한다.

간사는 승진심사가 시작되기 전에 소정의 승진심사 수칙을 심사위원 또는 심의위원에게 배부하여 그 내용을 주지시켜야 한다. 간사와 서기는 해당 승진심사위원회 및 승진심의위원회의 의결에 영향을 미치는 행위나 발언을 하여서는 아니 된다. 그러나 현실적으로는 이것이 잘 지켜지지 않는 경우가 있다.

다. 승진심사 대상

승진심사는 승진대상자 명부의 선순위자(승진시험에 합격한 사람은 제외한다) 순으로 심사승진임용 예정인원의 5배수를 대상으로 한다. 다만, 경찰청장이나 해양경찰청장은 부득이한 사유가 있을 때에는 승진심사대상자의 범위를 심사승진임용 예정인원의 5배수 이하로 하게 할 수 있다.

이 5배수 제도는 일반공무원에 비해 대상자 범위가 너무 넓다. 일반직 공무원은 결원 인원에 따라 이 배수가 달라지는데, 결원이 5명 이내이면 4배수, 결원이 10명 이내이면 앞 단계 최고치 20명에 더하여 초과되는 결원에 대해서 3배수, 결원이 11명 이상이면 같은 요령으로 35명에 더하여 초과되는 인원에 대해서 2배수의 기준을 적용하고 있다. 따라서 결원이 10명이면 3.5배수를 대상으로 하게 되고, 결원이 100명이면 2.15배수를 심사대상으로 한다. 이에 비해 경찰에서 승진심사대상을 결원 5배수로 하는 제도는 승진경쟁의 과열을 초래하는 중대한 문제점이 있는 제도이다. 반드시 개선해야 할 부분이다.

경찰공무원이 승진의 요건이 되는 교육을 받지 아니하였거나 그 교육성적이 만점의 60퍼센트 미만인 경우, 승진임용의 제한사유가 있는 경우 및 부성행위 등으로 승진시험에 응시할 수 없는 경우 승진심사 대상에서도 제외된다.

라. 승진심사의 기준

승진심사위원회의 심사는 경험한 직책・승진기록・경찰직무와 관련된 교육 등 경력, 현 계급에서의 근무성적・상벌・소속 경찰기관장의 평가 등 근무성과, 국가관・청렴도・발전성・인품 등 적성을 기준으로 상위계급에서의 직무수행 능력 유무를 판단하도록 규정되어 있다.

실적주의적 기준은 근무성적, 상벌, 교육훈련 등이고, 경력과 관련된 기준은 경험한 직책, 승진기록 등이다. 실제로 2단계 심사의 기준은 ① 경험한 직책, ② 승진기록, ③ 교육훈련, ④ 상벌, ⑤ 근무성적, ⑥ 지휘관 추천, ⑦ 적성 등 7개 항목이다.

마. 승진심사의 자료 및 단계별 심사

승진심사는 승진심사계획서, 승진대상자 명부, 개인별 인사기록, 근무성적 평정표, 승진심사표 등의 서류에 의하며 승진심사위원회의 승진심사는 이 심사자료를 기초로 한다. 승진심사는 3단계로 구분하고, 각 단계별로 경찰청장이 정하는 심사기준에 따라 실시하며, 전(前) 단계 승진심사에서 배제된 사람은 다음 단계의 심사대상에서 제외한다. 다만, 경찰청장이 정한 단계별 심사기준을 적용하는 것이 적절하지 아니하다고 인정될 때에는 승진심사위원회는 그 의결에 따라 심사기준을 조정하여 적용할 수 있다.

(1) 제1단계 심사

제1단계 심사에서는 심사자료를 검토하여 필요한 경우 사실여부를 확인하고, 제1단계 심사기준에 맞지 않는 사람을 배제한다. 또한 경찰청장이 정한 심사기준에 대한 논의도 이루어질 수 있고, 이 과정에서 심사기준이 부적절하다고 인정되면 그 의결에 따라 심사기준을 조정할 수도 있다.

(2) 제2단계 심사

(가) 심사방법

제2단계 심사에서는 승진심사위원회의 위원이 제2단계 심사기준에 따라 근무성적 등을 수・우・양・가 4등급으로 평가하여 그 결과를 별지 승진심사표에 적고, 위원별 평가결과에 따른 개인별 성적을 집계하여 고득점자 순으로 승진심사 종합평가서를 작성하여 심사승진임용 예정인원의 2배수 내의 인원을 제3단계 심사에 회부한다.

(나) 제도적 허점

사실 대부분의 경우에, 현 계급 재직연한이 상당히 되는 사람이 성실하게 업무에 정진하면서 점수관리를 하면 5배수 내에 들어오기는 어렵지 않다. 심사승진대상자 명부 작성기준이 근무성적 50점, 경력평적 35점, 교육성적 15점, 가점 2점으로 배정되어 있고, 근무성적 중 주관적인 제2평정요소 외에는 모두 사실상 객관적으로 정해진다. 근무성적도 비공개로 한다지만, 자기 성적을 알아내는 사람도 있고 평정자도 이를 알기 때문에 심리적 부담으로 부당하게 하는데도 한계가 있게 되며, 5배수의 크기가 큰 숫자일 경우가 많기 때문이다.

그러나 2단계 승진심사기준에서 주관적 항목이 차지하는 비중이 사실상 크기 때문에 2배수 책정단계에서는 지휘관이나 심사위원들이 능력, 실적이나 자질에 상관없이 승진시켜주고자 하는 사람에게 주관점수를 많이 주고 나머지 사람에게는 적게 줄 수 있는 제도상 허점이 있다. 즉 2단계 심사기준 7개 항목 중 5배수 안에 들어 온 사람들의 경험한 직책, 승진기록, 교육훈련, 상벌, 근무성적 등 5개 항목 점수는 이미 정해져 있어 심사위원들이 어쩔 수 없는데다, 대부분 개인별로 근소한 차이밖에 나지 않는다. 그러나 7개 항목 중 지휘관 추천과 적성의 2개 항목은 최고점과 최하점의 차이를 크게 벌릴 수 있어 여기서 사실상 판가름 나는 경우가 많다. 지휘관추천은 자유재량이고 적성도 추상적으로 규정되어 있어 사실상 자유재량인데다 지휘관(부서장)의 추천서열이 높은 사람에게 적성점수도 많이 주게 마련이다. 승진심사위원회에서는 그 비공개성이 잘 지켜지는 편이어서 심사참여자들의 부담도 적다.

(다) 개선방안 검토

자유재량으로 점수를 줄 수 있는 주관적 2개 항목이 나머지 5개 항목보다 사실상 더 큰 영향력을 가지게 되는 제도적 결함은 개선되어야 한다. 특히 적성항목은 근무성적 평정 시에 근무성적 태도 등 주관적 평가부분에서 이미 평가되었기 때문에 없애는 것이 바람직하며 대신에 가점항목과 감점항목을 구체적으로 설정하여 적용하는 방안의 검토가 필요하다고 본다.

(3) 제3단계 심사

제3단계 심사에서는 승진심사위원 전원의 합의로 최종 심사승진임용예정자를 선발하되, 합의에 이르지 못한 경우에는 무기명투표를 실시하여 과반수의 찬성을 얻은 사람을 최종 심사승진임용예정자로 선발한다. 2배수 내에 들어 온 사람에 대해서는 심사위원들이 제도상 완전한 자유재량을 가지고 있고 심사위원들의 뜻을 기관장이 사실상 좌우하므로 승진인사의 공정성을 훼손할 위험이 커서 개선되어야 할 부분이다. 2배수 내에 들어 온 사람 중에 심사위원들이 잘 모르는 사람이 생길 경우도 있는데, 이 때 그 사람은 매우 불리하게 취급될 수 있는 것도 문제이다.

바. 현행 3단계 승진심사제도의 문제점과 개선방안

5배수 제도로 인한 승진경쟁 과열, 2단계 및 3단계 심사에 관해서 앞에서 언급한 문제점이 결합하면 상승효과가 생겨 승진심사의 공정성은 더 크게 훼손될 소지가 있다. 원칙적으로 1단계에서 정해진 점수 순으로 승진예정자를 정하되, 객관적이고 구체적인 기준과 증빙자료에 의해 특별히 뛰어난 능력, 자격 및 자질을 갖춘 자에게 가점을 주고 감찰적 문제가 있었던 자에게 구체적 기준에 따라 감점을 하며, 이 증빙자료는 감찰부서를 통해 승진예정자 결정전에 재확인하게 하는 제도도 하나의 대안이 될 수 있을 것이다. 그리고 감사원이나 상급 경찰기관에서는 정기감사 시에 이 부분을 확인하면 공정성 시비는 감소될 수 있다고 본다. 승진심사 대상자가 자신이 승진해야 할 이유 등을 적은 자기소개서를 제출케 하는 제도를 병행하는 방안도 검토해 볼 만하다고 본다.

지휘관(부서장)은 근무성적에서 평정하고 또한 2단계 심사에서 추천하며, 3단계 결정에도 사실상의 힘을 가지고 있으므로 승진심사에서 막강한 영향력을 가진다. 이런 막강한 지휘관이 새로 부임해 와 조직원에 대해 제대로 파악하지 못한 경우에도 지휘관 추천 등 승진을 좌우하는 것도 문제로 지적되어 왔다. 인사실무부서의 부담은 크겠지만, 이 문제를 해소하기 위해 계급별 승진인사 및 전보인사의 시기 조정, 새로 부임한 지휘관의 추천 시 전임 지휘관의 의견 반영 제도화 등을 검토해 볼 필요가 있다.

승진희망자는 많고 승진할 자리는 적기 때문에 불가피하게 많은 탈락자가 나온다. 이것이 불만과 사기저하로 연결되는 것을 방지하기 위해서는, 해당 분야의 전문인으로서 자부심, 자존심을 앙양시켜 과도한 승진욕구를 자제하는 분위기를 조성할 필요가 있다고 본다. 예컨대 특기를 가진 경찰관에 대해서는 계급과 병행하여 특기에 따른 별도 칭호와 경찰장을 사용하도록 하고 전문성의 정도에 따라 지급하는 수당의 신설 등의 방안도 검토할 수 있다. 앞으로 직무분석이 이루어져 직무분야별, 직위별 요구되는 능력과 자질이 구체적으로 분석되어 나오면, 경과별 승진예정인원 책정 및 승진 심사·시험에서 경과별로 심사항목과 시험과목을 달리하는 방안도 검토해 볼 수 있을 것이다. 또한 복수직급제와 대우 공무원 제도를 활성화하여 경찰서장, 지방경찰청장 등에 보임할 수 있는 계급의 범위를 넓히고, 지구대를 지구경찰서로 승격하는 등으로 몇몇 계급이 지휘관 보직을 독점하는 현상을 완화시키는 방안도 검토해 볼 수 있을 것이다.

사. 승진심사 결과의 보고 및 승진임용예정자 명부 작성

(1) 승진임용예정자 명부 작성

승진임용예정자로 선발된 사람의 명부는 승진심사 종합평가성적이 우수한 사람 순으로 작성한다.

동점자가 있는 경우에는 ① 근무성적이 우수한 사람, ② 해당 계급에서 장기간 근무한 사람, ③ 바로 아래 계급에서 장기간 근무한 사람의 순서로 선 순위자를 결정한다.

(2) 심사결과 보고

승진심사위원회는 승진심사를 마쳤을 때에는 지체 없이 승진심사 의결서, 승진심사 종합평가서, 승진임용예정자로 선발된 사람 및 선발되지 아니한 사람의 명부를 작성하여 중앙승진심사위원회의 경우에는 경찰청장에게, 보통승진심사위원회의 경우에는 그 위원회가 설치된 경찰기관의 장에게 보고하여야 한다. 승진심사위원회는 승진심사 결과를 보고할 때에는 아래 서식의 승진심사대상자 및 승진임용예정자 선발 통계표를 첨부하여야 한다.

■ 경찰공무원 승진임용 규정 시행규칙[별지 제11호서식] 〈개정 2013.3.18〉

(　　)승진심사대상자 및 승진임용예정자 선발통계표

1. 소속별

구분 / 소속	정원	현원	대비	총 승진 대상 인원	승진예정 인원	심사대상 인원 (5배수)	선발 인원	비고
계								

2. 경과별

구분 \ 경과	계	일반	해양	항공	통신	운전	비고
정원							
현원							
승진대상 인원							
심사대상 인원 (5배수)							
선발 인원							

3. 근속연수별

구분 \ 근속연수		계	2년 이상 3년 미만	3년 이상 4년 미만	4년 이상 5년 미만	5년 이상 7년 미만	7년 이상 10년 미만	10년 이상 12년 미만	12년 이상 15년 미만	15년 이상 20년 미만	20년 이상	비고
심사대상 인원 (5배수)	총 근속기간											
	현 계급 근속기간											
선발 인원	총 근속기간											
	현 계급 근속기간											

4. 연령별

구분 \ 연령	계	24세 이상 25세 미만	25세 이상 30세 미 만	30세 이상 35세 미만	35세 이상 40세 미만	40세 이상 45세 미만	45세 이상 50세 미만	50세 이상 55세 미만	55세 이상	비고
심사대상 인원 (5배수)										
선발 인원										

5. 학력별

학력 / 구분	계	대학원 졸업	대학 졸업	대학3년 수료	대학2년 수료	대학1년 수료	고교 졸업	고교 중퇴	중학교 졸업	중학교 중퇴	초등 학교 졸업	비고
심사대상 인원 (5배수)												
선발 인원												

8. 시험승진

경찰의 시험승진이란 경정 이하로의 승진임용예정인원의 일부를 승진시험을 통해 뽑아 승진시키는 임용방법이다. 경찰공무원의 승진시험은 경찰청장이 실시한다. 다만, 경찰청장은 경감 이하 계급으로의 시험을 소속기관 등의 장에게 위임할 수 있다. 경찰공무원의 승진시험은 계급별로 실시하되, 경찰청장이 필요하다고 인정할 때에는 경과별(警科別), 직무분야별로 구분하여 실시할 수 있고, 이 경우에는 승진임용 후 2년 이상 5년 이하의 범위에서 안전행정부장관이 정하는 기간 동안 경찰청장이 지정하는 직무부서에서 근무할 것을 조건으로 할 수 있다.

가. 응시자격

경찰공무원은 ① 시험을 실시하는 해의 1월 1일 현재 승진소요 최저근무연수 이상 해당 계급에서 재직하였고, ② 승진에 필요한 교육의 이수성적이 만점의 60퍼센트 이상이며, ③ 징계 등으로 승진임용 제한 사유에 해당하지 아니하여야 시험에 응시할 수 있다.

시험에서 부정행위를 한 경찰공무원에 대해서는 그 시험을 정지하거나 무효로 하며, 5년간 승진시험 응시자격을 박탈한다.

나. 시험위원

시험실시기관의 장은 해당 시험 분야에 대한 전문적인 학식이나 능력이 있는 사람, 임용예정 직무의 실무에 정통한 사람 중에서 시험시행에 필요한 사항을 담당할 시험위원을 임명하거나 위촉할 수 있다. 승진시험위원으로 임명되거나 위촉된 사람의 명단은 공개하지 아니한다.

다. 승진시험의 방법, 과목 및 배점

시험은 매년 1회 실시하며, 시험을 실시하려는 경우에는 그 일시 · 장소, 그 밖에 시험실시에 필요한 사항을 시험실시 15일 전까지 공고하여야 한다.

시험은 필기시험과 면접시험 및 실기시험으로 대별된다. 필기시험은 객관식으로 선택형이나 기입형이 있고, 주관식으로 단답형 또는 논문형이 있다. 면접시험은 직무수행에 필요한 응용능력과 적격성을 검정하며 경찰청장이 필요하다고 인정할 때에는 생략할 수 있다. 특수경과 및 경찰청장이 정하는 특수직무 분야의 경찰공무원에 대해서는 실기시험으로 하거나 실기시험을 병행할 수 있는데, 실기시험의 평가내용 및 평가방법은 경찰청장이 정한다.

(1) 3차 시험까지 있는 경우(경찰공무원 승진임용규정 제31조)

시험은 제1차시험, 제2차시험 및 제3차시험으로 구분하여 실시한다. 제1차시험에 합격하지 아니하면 제2차시험에 응시할 수 없고, 제2차시험에 합격하지 아니하면 제3차시험에 응시할 수 없다. 다만, 경찰청장이 필요하다고 인정하여 제1차시험과 제2차시험을 동시에 실시하는 경우에는 그러하지 아니하며, 이 경우에는, 제1차시험에 불합격한 사람의 제2차시험은 무효로 한다.

제1차시험은 선택형으로 하는 것을 원칙으로 하되, 과목별로 기입형을 포함할 수 있다. 제2차시험은 논문형으로 하는 것을 원칙으로 하되, 과목별로 주관식 단답형을 포함할 수 있다. 제3차시험은 면접시험으로 한다.

제1차시험 및 제2차시험의 시험과목과 과목별 배점비율은 경찰공무원 승진임용규정 시행규칙 별표 6과 같다. 아래 별표 6이 적용되는 경우를 구체적으로 보면 다음과 같다.

① 교수요원 승진시험을 제외한 일반경찰(수사경과, 보안경과 포함)과 정보통신경찰 및 항공경찰의 경감, 경정으로의 승진시험

② 경비경찰의 경정 이하 계급으로의 승진시험

③ 경정 이하 경위 이상으로의 교수요원 승진시험

경사 이하로의 교수요원 승진시험에 대해서는 규정이 없는데, 이는 사격·무도훈련 또는 생활지도를 담당하는 교수요원을 제외한 일반 실무학과 교수요원은 최소한 경사 이상이어야 하기 때문으로 보인다.

(2) 시험방법 등의 특례(경찰공무원 승진임용규정 제31조의2)

「경찰공무원 승진임용규정」에서는 "경감 이하 계급으로의 시험의 경우, 안전행정부령으로 정하는 직무분야에 대해서는 필기시험과 면접시험으로 구분하여 실시할 수 있다." 이 경우 필기시험은 "선택형으로 하는 것을 원칙으로 하되, 과목별로 기입형을 포함할 수 있고, 필기시험에 합격하지 아니하면 면접시험에 응시할 수 없다"고 규정하고 있다.

이 경우에 필기시험의 시험과목과 과목별 배정비율은 「경찰공무원 승진임용규정 시행규칙」 별표 7과 같다. 아래 별표 7이 적용되는 경우는 일반경찰(수사, 보안, 운전경과 포함), 정보통신경찰, 항공경찰에 대한 경위 이하 계급으로의 승진시험이다. 「경찰공무원 승진임용규정」에서는 경감 이하로의 승진까지 특례를 둘 수 있도록 규정하고 있으나, 「경찰공무원 승진임용규정 시행규칙」(안전행정부령)에서는 경위 이하로의 승진까지 특례를 두고 있는 것이다.

[별표 6] 〈개정 2013.3.18〉

경찰공무원 승진시험 과목(제28조 관련)

(단위: 퍼센트)

계급 \ 분야	시험	일반경찰(수사 경과 및 보안 경과 포함) 과목	배점비율	정보통신경찰 과목	배점비율	항공경찰 과목	배점비율	일반경찰(교수요원) 과목	배점비율	경비경찰(특공대, 전투경찰, 기동경찰) 과목	배점비율
경정	제1차 시험	헌법 경찰행정학	30 30	헌법 경찰행정학	30 30	형사소송법 경찰행정학	30 30	경찰실무(종합) 경찰행정학	30 30	경찰실무(종합) 경찰행정학 형사소송법	30 30 40
	제2차 시험	형사소송법	40.	정보체계론	40	항공법	40	형사소송법	40	체력검정 사격	70 30
경감	제1차 시험	경찰실무(종합) 형법	30 30	경찰실무(종합) 형법	30 30	경찰실무(종합) 형법	30 30	경찰실무(종합) 형법	30 30	경찰실무(종합) 형법 경찰행정법	30 30 40
	제2차 시험	경찰행정법	40	정보통신시스템	40	항공법	40	경찰행정법	40	체력검정 사격	70 30
경위	제1차 시험							필수: 형법 형사소송법	35 35	형법 형사소송법 경찰실무(종합)	35 35 30
	제2차 시험							선택: 경찰실무(1) 경찰실무(2) 경찰실무(3) 중 택1	30	체력검정 사격	70 30
경사	제1차 시험									형법 형사소송법 경찰실무(1)	35 35 30
	제2차 시험									체력검정 사격	70 30
경장	제1차 시험									형법 형사소송법 경찰실무(1)	35 35 30
	제2차 시험									체력검정 사격	70 30

〈비고〉

1. 경찰실무(1)은 경무(윤리 포함)와 경비·교통을 포함하고, 경찰실무(2)는 생활안전·수사를 포함하며, 경찰실무(3)은 정보·보안·외사를 포함한다.
2. 경찰행정법의 출제 범위는 행정법총론(행정법Ⅰ)과 행정법각론(행정법Ⅱ) 중 경찰행정법 분야로 한정한다.

[별표 7] 〈개정 2013.4.22〉

경찰공무원 승진시험 과목(제28조 관련)

(단위: 퍼센트)

분야		일반경찰 (수사경과 · 보안경과 및 운전경과 포함)		정보통신경찰		항공경찰	
계급	시험	과목	배점 비율	과목	배점 비율	과목	배점 비율
경위	필수	형법 형사소송법 실무종합	35 35 30	형법 형사소송법	35 35	형법 형사소송법	35 35
	선택			정보통신기기론 컴퓨터일반 중 택 1	30	항공법 항공역학 중 택 1	30
경사	필수	형법 형사소송법	35 35	형법 형사소송법	35 35	형법 형사소송법	35 35
	선택	경찰실무(1) 경찰실무(2) 경찰실무(3) 중 택 1	30	정보통신기기론 컴퓨터일반 중 택 1	30	항공기체 항공발동기 중 택 1	30
경장	필수	형법 형사소송법	35 35	형법 형사소송법	35 35	형법 형사소송법	35 35
	선택	경찰실무(1) 경찰실무(2) 경찰실무(3) 중 택 1	30	정보통신기기론 컴퓨터일반 중 택 1	30	항공기체 항공발동기 중 택 1	30

〈비고〉

경찰실무(1)은 경무(윤리 포함)와 경비 · 교통을 포함하고, 경찰실무(2)는 생활안전 · 수사 및 윤리를 포함하며, 경찰실무(3)은 정보 · 보안 · 외사 및 윤리를 포함한다.

마. 시험의 합격자 결정

최종합격자의 결정은 최종단계의 시험에 합격한 사람을 대상으로 필기시험성적 60%(1, 2차로 구분하든 안하든 동일), 근무성적 25%, 교육훈련성적 15%를 합산하여 결정한다.

해당 계급에서의 근무성적은 경장 이하 경찰공무원의 경우에는 시험실시연도 기준일부터 최근 1년 이내에 그 계급에서 평정한 평정점에 의하여 산정하며, 경사 이상 경찰공무원의 경우에는 시험 실시연도 최근 1년 이내에 평정한 평정점 60%와 최근 1년 전 2년 이내에 평정한 평정점 40%를 합산하여 산정한다.

최종합격자를 결정할 때 동점자가 있는 경우에는 ① 근무성적이 우수한 사람, ② 해당 계급에서 장기근무한 사람, ③ 바로 아래 계급에서 장기근무한 사람의 순서에 따라 선 순위자를 합격자로 한다.

앞에서 구분하여 설명한, 3차시험까지 있는 경우와 특례의 경우를 구체적으로 보면 다음과 같다.

(1) 3차시험까지 있는 경우

제1차시험 및 제2차시험에서는 각 과목 만점의 40퍼센트 이상 득점한 사람 중에서 선발예정 인원을 고려하여 고득점자 순으로 합격자를 결정한다. 제3차시험에서는 합격 · 불합격만을 결정한다.

최종합격자는 제3차시험에 합격한(면접시험을 생략한 경우에는 제2차시험에 합격한) 사람 중에서 ① 제1차시험성적 36퍼센트(경비경찰의 경우에는 30퍼센트), ② 제2차시험성적 24퍼센트(경비경찰의 경우에는 30퍼센트), ③ 해당 계급에서의 근무성적 25퍼센트, ④ 교육훈련성적 15퍼센트를 합산한 성적의 고득점자 순으로 결정한다.

(2) 시험방법 등의 특례의 경우

필기시험에서는 각 과목 만점의 40퍼센트 이상 득점한 사람 중에서 선발예정 인원을 고려하여 고득점자 순으로 합격자를 결정하고, 면접시험에서는 합격 · 불합격만을 결정한다.

최종합격자는 면접시험에 합격한 사람(면접시험을 생략한 경우에는 필기시험에 합격한 사람) 중에서 ① 필기시험성적 60퍼센트, ② 해당 계급에서의 근무성적 25퍼센트, ③ 교육훈련성적 15퍼센트를 합산한 성적의 고득점자 순으로 결정한다.

9. 특별승진

가. 특별승진제도의 의의

특별승진제도는 특별한 공로가 있는 경찰관, 다른 공무원의 귀감이 되는 경찰관 등에 대해서 시험 또는 심사승진과 다른 요건과 절차에 따라 승진시키는 제도이다. 특별승진의 요건은 대부분 공로나 업적에 초점을 두고 있으며 절차도 공로나 업적을 확인하는 절차를 제외하고는 비교적 간단하여 신속히 진행할 수 있도록 되어 있다.

특별승진 사유에 따라서는 승진소요 최저근무연수나 승진임용의 제한 관련 요건도 적용되지 아니한다. 특별승진은 1계급 승진이 원칙이나, 경위 이하의 경찰공무원으로서 모든 경찰공무원의 귀감이 되는 공을 세우고 전사하거나 순직한 사람에 대하여는 2계급 승진시킬 수 있다.

나. 특별승진의 시기

경찰공무원의 특별승진은 경찰청장이 특히 필요하다고 인정하는 경우에 수시로 실시할 수 있다. 다만, 행정능률 향상, 예산절감 등 직무수행능력이 탁월하여 경찰행정 발선에 기여한 공이 매우 큰 경찰공무원의 특별승진은 경찰청장이 정하는 바에 따라 매분기 또는 매월 실시한다.

다. 특진 사유

(1) 우수공무원 등의 특별승진 사유 해당자

(가) 청렴하고 투철한 봉사정신으로 직무에 모든 힘을 다하여 공무집행의 공정성을 유지하고 깨끗한 공직사회를 구현하는 데에 다른 공무원의 귀감(龜鑑)이 되는 자로서 안전행정부장관이 정하는 포상을 받은 자는 경정 이하까지 승진할 수 있다.

(나) 행정능률을 향상시키고 예산을 절감하는 등 직무수행능력이 탁월하여 경찰행정 발전에 기여한 공이 매우 크다고 소속기관 등의 장이 인정하는 자는 경감 이하까지 승진할 수 있다. 이 경우 승진심사대상 경찰공무원과 같은 계급 또는 하위 계급인 경찰공무원에게 승진심사대상 경찰공무원을 평가하게 하여 그 결과를 특별승진심사에 반영할 수 있다.

(다) 제안의 채택 · 시행으로 국가예산을 절감하는 등 경찰행정 발전에 뚜렷한 실적이 있는 자로서 「공무원제안규정」에 따른 창안등급 동상 이상을 받은 자는 경감 이하까지 승진할 수 있다.

위 (가), (나), (다)의 특별승진대상자가 승진에 필요한 교육을 수료하지 아니한 경우에는 그 교육을 수료한 후에 특별승진 심사를 받게 하여야 한다.

(라) 20년 이상 근속하고 정년 1년 전까지의 기간 중 자진하여 (명예)퇴직하는 사람으로서 재직 중 특별한 공적이 있다고 인정되는 자는 치안정감 이하까지 승진할 수 있다. 이 경우 승진소요 최저근무연수는 적용되지 아니한다.

(2) 전사하거나 순직한 사람

전투, 대(對)간첩작전, 그 밖에 이에 준하는 업무수행 중 현저한 공을 세우고 사망하였거나 부상을 입어 사망한 자와 직무수행 중 다른 사람의 모범이 되는 공을 세우고 사망하였거나 부상을 입어 사망한 자는 치안정감까지 승진할 수 있다. 이 경우 승진소요 최저근무연수와 승진임용 제한 관련 규정은 모두 적용되지 아니한다.

(3) 직무수행 중 현저한 공적을 세운 사람

(가) 헌신적인 노력으로 간첩 또는 무장공비를 사살하거나 검거한 자 및 첩보 제공 등 공조수사를 하여 사건 해결에 결정적인 기여를 한 자는 경감 이하까지 승진할 수 있다. 이 경우 계급정년 연장근무자에 대한 승진임용 제한 규정 및 승진소요 최저근무연수가 적용되지 아니한다.

(나) 국가안전을 해치는 중한 범죄의 주모자를 검거한 자 및 첩보 제공 등 공조수사를 하여 사건 해결에 결정적인 기여를 한 자는 경감 이하까지 승진할 수 있다. 이 경우 승진소요 최저근무연수는 적용되지 아니한다.

(다) 전시 · 사변 또는 이에 준하는 비상사태에서 위험을 무릅쓰고 헌신 · 분투하여 사태 진압에 특별한 공을 세운 자는 경감 이하까지 승진할 수 있다. 이 경우 승진소요 최저근무연수는 적용되지 아니한다.

(라) 살인 · 강도 · 조직폭력 등 중한 범죄의 범인 검거에 헌신 · 분투하여 그 공이 특별히 현저한 사람 및 첩보 제공 등 공조수사를 하여 사건 해결에 결정적인 기여를 한 자는 경감 이하까지 승진할 수 있다. 이 경우 승진소요 최저근무연수는 적용되지 아니한다.

(마) 천재지변이나 그 밖의 재난 발생 시 위험을 무릅쓰고 인명을 구조하거나 재산을 보호한 공이 특별히 현저한 자는 경감 이하까지 승진할 수 있다. 이 경우 승진소요 최저근무연수는 적용되지 아니한다.

(바) 특별경비부서에서 헌신적으로 직무를 수행한 공이 있고, 상위직의 직무수행능력이 있다고 인정되는 자는 경위 이하까지 승진할 수 있다. 이에 해당하는 자가 승진에 필요한 교육을 수료하지 아니한 경우에는 그 교육을 수료한 후에 특진 심사를 받게 하여야 한다. 여기서 특별경비부서는 서울특별시지방경찰청 101경비단, 22경찰경호대 및 국무총리공관경비파견대이다.

라. 특별승진의 실시 및 절차

(1) 특별승진의 실시

임용권자나 임용제청권자는 소속 경찰공무원을 특별승진시키려면 중앙승진심사위원회의 심사를 거쳐야 한다. 다만, 경위 이하 경찰공무원을 특별승진시키려는 경우에는 경찰청장이 정하는 바에 따라 보통승진심사위원회의 심사로 중앙승진심사위원회의 심사를 갈음할 수 있다.

(2) 특별승진의 절차

임용권자나 임용제청권자는 소속 경찰관을 특별승진시키기 위하여 승진심사위원회의 심사를 받게 하려는 경우에는 해당 경찰관의 공적조서와 인사기록카드를 승진심사위원회가 설치되는 경찰기관의 장에게 제출하여야 한다. 이 경우 승진심사위원회를 관할하는 경찰기관의 장은 해당 경찰관이 소속된 부서의 장에게 공적의 내용을 현지 확인하게 하거나 그 공적을 증명할 수 있는 자료를 제출하게 할 수 있다.

특별승진심사에서는 찬반 투표 결과 과반수의 찬성을 얻은 사람을 승진임용예정자로 결정한다. 승진심사위원회는 특별승진심사를 마쳤을 때에는 승진심사 의결서와 특별승진임용예정자 명부 및 특별승진심사 탈락자 명부를 첨부하여 그 결과를 승진심사위원회를 관할하는 경찰기관의 장 등에게 보고하여야 한다.

10. 근속승진

가. 의의

경위 이하 계급의 경찰관이 그 계급에서 법정된 기간 재직하는 등 소정의 요건을 갖추면 승진임용하는 제도이다. 한 계급에서 오래 재직함으로 인한 사기 저하 방지와 정신적 침체를 해소하는 기능이 있다고 본다.

근속승진 소요연한은 그동안 단축되어 왔고 적용되는 계급은 확장되어 왔으며 여러 가지 경찰행정환경에 비추어 앞으로 더 단축될 가능성이 있다. 이런 기간 단축은 변경 시행 당시는 내부 만족을 크게 높이는 효과가 있었겠으나, 곧 당연시되고 중장기적으로 볼 때에는 경위와 경감이 많아져 승진이 권한과 책임의 상승과 연결될 수 없게 될 것이므로 근속승진의 동기부여 효과가 점차 줄어들 것이다. 허쯔버그의 2요인 이론에 비추어 보면, 동기요인으로 작용하는 부분보다 위생요인으로 작용하는 부분이 커진다고 볼 수도 있다. 앞으로는 경찰의 업무영역을 확대하여 자리를 늘리고 계급별 정원을 상향 조정하여 승진의 문호를 넓히면서도 승진이 직책의 상향과 연계되도록 해 나가야 할 것이다.

나. 근속승진 소요연한

순경에서 경장으로 근속승진하기 위해서는 순경에서 5년 이상, 경장에서 경사는 경장에서 6년 이상, 경사에서 경위는 경사에서 7년 6개월 이상, 경위에서 경감은 경위에서 12년 이상 근속해야 한다.

2005년까지는 순경에서 7년, 경장에서 8년 있으면 근속승진 되었으나, 2006년부터는 순경에서 6년, 경장에서 7년, 경사에서 8년 있으면 근속승진 되도록 변경되었다. 그 후 2011년 7월부터 현행과 같이 변경되었다.

다. 근속승진 기간 계산

근속승진 기간은 승진소요최저근무연수의 계산방법에 따라 계산한다. 따라서 직위해제 기간, 징계처분 기간 및 징계처분 집행종료 후 승진임용 제한기간은 원칙적으로 근속승진 기간 계산에 포함하지 아니한다. 휴직기간도 원칙적으로 포함되지 아니한다.

단, 공무상 질병 또는 부상으로 인하여 휴직한 기간, 병역복무기간(경찰대 출신 경위의 전경대원 복무기간은 제외), 국제기구나 연구기관 등 파견기간, 국외유학 기간, 임신·출산·양육기간 등은 휴직기간이라 하더라도 전부 또는 일부가 포함된다. 또한 직위해제의 사유가 된 징계처분, 형사처분이 무효·취소·무죄가 된 경우에도 직위해제 기간이 근속승진 기간 계산에 포함된다. 시간제근무경찰공무원의 근무기간, 강등되기 직전의 계급에서 재직한 기간의 전부 또는 일부도 근속승진 기간계산에 포함한다.

승진소요 최저근무연수는 근속승진 대상자 명부의 작성기준일을 기준으로 계산한다. 퇴직한 경찰공무원이 퇴직 당시의 계급 또는 그 이하의 계급에 재임용된 경우에는 이 기준일 전 10년 이내의 기간 중 재임용된 계급 이상의 계급에서 재직한 기간은 현 계급의 재직연수와 합하여 근속승진 기간에 산입한다.

라. 근속승진과 계급별 정원과의 관계

「경찰공무원법」은 "근속승진한 경찰공무원이 근무하는 기간에만 그에 해당하는 직급의 정원이 따로 있는 것으로 보고, 종전 직급의 정원은 감축된 것으로 본다"고 규정하고 있다.

마. 근속승진 심사

「경찰공무원법」에서는 일정 기간 경위 이하의 계급에서 재직한 사람을 경찰청장이 "근속승진 임용할 수 있다. 근속승진임용의 기준, 절차 등에 관하여 필요한 사항은 대통령령으로 정한다"라고 규정하고 있고, 대통령령인 「경찰공무원승진임용규정」에서는 "근속승진 방법 및 인사운영에 필요한 사항은 경찰청장이 정한다"고 규정하여, 경찰청장에게 재량권이 있다고 해석할 수 있는 문구를 사용하고 있다.

특히 경찰서의 경감 숫자가 경찰서 계장, 팀장(반장), 지구대장 및 파출소장의 숫자보다 훨씬 많아지면 계장, 팀장 등도 경감이고 산하 직원들도 경감이 되는 상황이 오게 되는 문제가 생긴다. 그래서 '경찰공무원 근속승진 운영규칙'과 같은 훈령이나 개별지침을 통해 근속승진 대상자 명부작성 시에 근무성적이나 경력을 반영하는 기준을 정하고 근속승진 임용을 제한하는 것이 위법하다고 할 수는 없다. 그러나 심사, 시험승진과 특진제도가 있는데도 근속승진제도를 둔 입법취지를 고려하면 지나친 제한을 가해서는 안 된다고 본다.

「경찰공무원 승진임용규정」에서는 "임용권자는 경감으로의 근속승진임용을 위한 심사를 연 1회 실시할 수 있고, 근속승진 심사를 할 때마다 해당 기관의 근속승진 대상자의 20%에 해당하는 인원수(소수점 이하가 있는 경우에는 1명을 가산)를 초과하여 근속승진 임용할 수 없다. 임용권자는 인사의 원활한 운영을 위하여 필요하다고 인정되는 경우에는 경위 재직기간별로 승진대상자 명부를 구분하여 작성할 수 있다"고 규정하고 있다. 이 20% 비율도 앞으로 더 높아질 가능성이 많다고 본다.

11. 승진후보자 명부의 작성

경찰청장 등 임용권자나 임용제청권자는 승진시험에 합격한 사람 또는 승진심사 위원회에서 승진후보자로 선발된 사람을 시험 또는 심사 승진후보자 명부에 등재하여야 하며, 승진후보자 명부에 기록된 사람이 승진임용되기 전에 정직 이상의 징계처분을 받은 경우에는 승진후보자 명부에서 그 사람을 제외하여야 한다.

경무관 이하 계급으로의 승진임용은 이 명부의 등재 순위에 따르고, 심사승진후보자와 시험승진후보자가 있을 경우에 승진임용 인원은 각각 승진임용 인원의 50퍼센트로 한다.

승진후보자 명부의 유효기간은 2년이며 경찰청장은 필요에 따라 1년간 연장할 수 있다.

가. 심사승진후보자명부

임용권자나 임용제청권자는 승진심사위원회에서 승진임용예정자로 선발된 사람에 대하여 심사승진후보자 명부를 작성하여야 한다. 이 경우에는 승진심사 종합평가성적이 우수한 사람 순으로 작성하되, 동점자가 있는 경우에는 ① 근무성적이 우수한 사람, ② 해당 계급에서 장기간 근무한 사람, ③ 바로 아래 계급에서 장기간 근무한 사람 순서에 따라 선순위자를 결정한다. 심사승진임용은 심사승진후보자 명부에 기록된 순서에 따라 결원이 있을 때마다 수시로 한다.

나. 시험승진후보자 명부의 작성

임용권자나 임용제청권자는 시험에 합격한 사람에 대하여 각 계급별로 승진후보자 명부를 합산성적 고득점자 순으로 작성하고 이 명부에 기록된 순서에 따라 승진임용하여야 한다.

다. 특별승진후보자 명부의 작성 등

임용권자나 임용제청권자는 특별승진임용예정자로 선발된 사람에 대하여 특별승진후보자 명부를 작성하여야 한다. 특별승진임용은 특별한 경우 외에는 이 명부에 기록된 순서에 따른다.

특별승진후보자 명부에 기록하는 순서는 ① 승진심사위원회의 특별승진 의결일 순으로 하되, ② 의결일이 같을 경우에는 근무성적 평정점 순으로 한다.

라. 근속승진후보자 명부의 작성

근속승진 후보자 명부는 계급에 따라 매년 1. 1일 또는 7. 1일을 기준으로 계급별로 작성하며, 계급에 따라 최근 2~3년간의 근무성적평정 점수를 반영하는 외에 경력평정 점수를 가미하기도 한다.

12. 대우공무원 제도

가. 대우공무원의 의의 및 선발기준

대우공무원제도는 경찰공무원 중 해당 계급에서 총경과 경정은 7년 이상, 경감 이하는 5년 이상 근무하고 승진임용 제한 사유가 없는 근무실적 우수자를 바로 위 계급의 대우공무원으로 선발하는 제도이다. 아래가 지나치게 넓은 피라미드형 경찰계급구조로 인해 승진이 어려운 점을 고려하면 이 제도는 앞으로 적극적으로 활용되어야 한다.

근무기간의 산정은 승진소요 최저근무연수 산정방식에 따른다. 퇴직하였다가 퇴직 당시의 계급 또는 그 이하의 계급에 재임용된 경찰관의 근무기간을 산정할 때에는 재임용된 계급 이상에 해당하는 퇴직 전의 재직기간은 현 계급의 재직기간과 합하여 근무기간에 산입하되, 대우공무원 발령 기준일(매분기 첫 달의 1일) 전 10년 이내의 재직기간만 산입한다.

나. 대우공무원의 선발 절차 및 시기

임용권자나 임용제청권자는 매분기 말 5일 전까지 대우공무원 발령일을 기준으로 하여 대우공무원 선발요건을 충족하는 대상자를 결정하여야 하고, 그 다음 분기 첫 달 1일에 일괄하여 대우공무원으로 발령하고 인사기록카드에 적어야 한다.

다. 대우공무원수당의 지급

대우공무원으로 선발된 경찰공무원에게는 공무원수당 등에 관한 규정에 따라 대우공무원수당을 지급한다. 대우공무원이 징계 또는 직위해제 처분을 받거나 휴직하여도 대우공무원수당은 계속 지급한다. 다만, 공무원수당 등에 관한 규정에서 정하는 바에 따라 대우공무원수당을 줄여 지급한다. 대우공무원의 선발이나 수당 지급에 중대한 착오가 발생한 경우에는 임용권자나 임용제청권자는 그 잘못을 정정하고 대우공무원수당을 소급하여 지급할 수 있다.

라. 대우공무원의 자격 상실

대우공무원이 승진임용되거나 강등되는 경우 승진임용일이나 강등일에 대우공무원의 자격은 별도 조치 없이 당연히 상실된다.

제7장 경찰공무원의 권리 · 의무

제1절 경찰공무원의 권리

1. 개관

경찰공무원은 국가경찰기관의 구성원이라는 지위와 국민으로서의 지위를 함께 가진다. 경찰기관의 구성원으로서의 지위에서 경찰공무원은 일반 국민이 가지지 않는 권리, 권한 및 의무를 가지고 책임을 진다. 또한, 일반 국민으로서의 지위에서 헌법상 규정된 기본권을 가지고 의무를 진다.

헌법에 규정되어 있는 병역의무는 전투에 직·간접으로 투입되기도 하는 경찰업무의 성격상 예비군 편입 등에서 예외가 주어진다. 기본권은 국법질서의 구성요소이자 동시에 개인이 공법관계에서 국가에 대하여 가지는 권리인 개인적 공권이다. 이에는 참정권·수익권·자유권·생활권(생존권)·근로권 및 노동 3권·환경권 등이 있는데, 이 중 경찰공무원은 참정권의 제약이 있고 노동3권(단결권·단체교섭권 및 단체행동권)은 인정되지 아니하는 등 기본권 제한을 일반 국민보다 더 받고 있다. 또한 「경찰공무원법」에서는 위급사태 등의 경우나 단체행동의 경우 일반직 공무원보다 더 무거운 형사책임을 부과하고 있다.

국가와 경찰공무원 간의 관계는 과거 한때 받아들여졌던 특별권력관계가 아니라 법치주의가 적용되는 권리·의무 관계이므로 경찰공무원의 기본권을 제한하기 위해서는 헌법과 법률에 그 근거가 있어야만 한다. 그러나 급박하게 돌아가는 위기상황에서 그런 것을 따질 계제가 안 될 때가 있는 것이 일선 치안 현장의 현실이기도 하다. 이런 현실적 특성은 선진국에서 경찰공무원에게 일반직 공무원보다 더 많은 보수를 주는 이유 중의 하나가 된다고 본다.

2. 직무집행권

가. 직무집행권의 법적 성질과 직무집행의 자세

권리법력설(Rechtsmachttheorie)에 의하면 권리는 일정한 생활이익을 누릴 수 있도록 법이 인정하는 힘이다. 권한은 타인을 위하여 그 자에 대하여 일정한 법률효과를 발생케 하는 행위를 할 수 있는 법률상의 자격을 말한다. 권한을 가지는 자가 타인을 위하여 그러한 효과를 발생케 하는데 이익을 가지는 때에는 이를 권리라고 하여도 상관없을 것이다(곽윤직, 1982: 86). 권한을 지휘통제의 관점에서 보면, 지휘하고 통제할 수 있는 합법적인 힘을 뜻하며, 법규에 근거한 지휘와 통제는 정당성을 지닌 것으로서 논쟁의 여지가 없는 것이다(이황우, 2003: 106).

권리는 그것을 부여하는 근거인 법이 공법인 경우 공권이라 하며, 그 주체가 국가 등인 경우를 국가적 공권이라고 한다. 이에는 명령을 내리는 하명권, 국민의 신체 · 재산에 강제력을 행사하는 강제권, 법률관계를 설정 · 변경 · 소멸하게 하는 형성권 등이 있다.

이렇게 볼 때, 지리안내 등 단순한 봉사활동 성격의 사실행위를 제외하고는, 경찰공무원의 직무집행은 국가를 위해서 국가가 가진 공권을 행사하는 것이며, 경찰공무원은 공권을 행사할 권한이 있고 또한 공권을 행사해야 할 때 그 권한을 행사해야 할 의무가 있다고 보는 것이 맞다고 생각한다. 그렇기 때문에 국가가 경찰관의 적법한 직무집행으로 인하여 손실을 입은 자에 대하여 정당한 보상을 하고 위법한 직무집행으로 인하여 손실을 입은 자에 대해 손해배상을 하는 것이다. 형법이 공무집행을 방해하는 자에 대한 처벌 규정을 둠으로써 공무원의 직무집행을 제도적으로 보호하는 것도 공무원의 편리를 위해서가 아니라 그 직무가 국가적 공권을 집행하는 것이기 때문에 특별히 둔 규정으로 해석한다. 다만, 직무집행으로 인한 개인적 이익이 경찰관에게 있을 때에 한하여 이 권한은 권리의 성격을 가진다고 볼 수 있을 것이다.

공무원은 직무집행을 권리행사로 생각하지 않고 의무를 수행하는 것이라 생각하고, 직무관련 전문성 향상에 노력하여 최적의 직무집행을 함으로써 국민으로부터 신뢰를 받아야 할 것이다. 이것이 민주주의 국가에서 공무원에게 요구되는 직무집행의 자세라고 본다.

나. 경찰관직무집행법 상의 직무집행권

「경찰관직무집행법」에 의하면, 경찰관의 직무 범위는 ① 국민의 생명·신체 및 재산의 보호, ② 범죄의 예방·진압 및 수사, ③ 경비·요인경호 및 대간첩작전수행, ④ 치안정보의 수집·작성 및 배포, ⑤ 교통의 단속과 위해의 방지, ⑥ 기타 공공의 안녕과 질서유지이다. 이것들은 경찰법상 국가경찰의 임무와도 일치한다. 따라서 경찰관 직무집행법에 규정된 아래의 직무집행권은 이 직무범위 내에서 행사할 수 있다. 경찰관의 직무집행권은 다른 법률의 규정에 의해서도 더 주어질 수 있다.

(1) 불심검문

경찰관은 수상한 거동 기타 주위의 사정을 합리적으로 판단하여 어떠한 죄를 범하였거나 범하려 하고 있다고 의심할 만한 상당한 이유가 있는 자 또는 이미 행하여진 범죄나 행하여지려고 하는 범죄행위에 관하여 그 사실을 안다고 인정되는 자를 정지시켜 질문할 수 있다. 질문을 할 때에 흉기의 소지여부를 조사할 수 있고 일정한 경우 부근의 경찰관서 등에 동행할 것을 요구할 수 있다.

(2) 보호조치권

경찰관은 정신착란 또는 술취한 상태로 인하여 자기 또는 타인의 생명·신체와 재산에 위해를 미칠 우려가 있는 자와 자살 기도자 또는 미아·병자·부상자 등으로서 보호자가 없으며 응급의 구호를 요하는 자를 발견한 때에는 보건의료기관 등에 긴급구호를 요청하거나 경찰관서에 보호할 수 있다.

(3) 위험발생의 방지권

경찰관은 인명, 신체, 재산에 중대한 피해를 끼칠 우려가 있는 천재, 사변, 공작물 손괴, 교통사고, 위험물 폭발, 광견·분마류 등의 출현, 극심한 혼잡 기타 위험한 사태가 있을 때에는 관계인에게 경고를 발하거나, 위해를 받을 우려가 있는 자를 필요한 한도 내에서 억류하거나 피난시키거나, 관계인에게 위해방지 조치를 하게 하거나 스스로 그 조치를 할 수 있다.

(4) 범죄의 예방과 제지권

경찰관은 범죄행위가 목전에 행하여지려고 하고 있다고 인정될 때에는 이를 예방하기 위하여 관계인에게 필요한 경고를 발하고, 그 행위로 인하여 인명·신체에 위해를 미치거나 재산에 중대한 손해를 끼칠 우려가 있어 긴급을 요하는 경우에는 그 행위를 제지할 수 있다.

(5) 위험방지를 위한 출입권

경찰관은 위험한 사태가 발생하여 인명·신체 또는 재산에 대한 위해가 절박한 때에 그 위해를 방지하거나 피해자를 구조하기 위하여 부득이하다고 인정할 때에는 합리적으로 판단하여 필요한 한도 내에서 타인의 토지·건물 또는 선차 내에 출입할 수 있다.

또한 경찰관은 대간첩작전수행에 필요한 때나 범죄의 예방 또는 인명·신체와 재산에 대한 위해예방을 위해 흥행장·여관·음식점·역 기타 다수인이 출입하는 장소에 그 영업 또는 공개시간 내에 출입할 수 있다.

(6) 사실의 확인 등

경찰관서의 장은 직무수행에 필요하다고 인정되는 상당한 이유가 있을 때에는 국가기관 또는 공사단체 등에 대하여 직무수행에 관련된 사실을 조회할 수 있는데, 긴급을 요할 때에는 소속경찰관으로 하여금 현장에 출장하여 당해 기관 또는 단체의 장의 협조를 얻어 그 사실을 확인하게 할 수 있다.

또한 경찰관은 미아를 인수할 보호자의 여부, 유실물을 인수할 권리자의 여부 또는 사고로 인한 사상자를 확인하기 위하거나 행정처분을 위한 교통사고조사상의 사실을 확인하기 위하여 필요한 때에는 관계인에게 출석을 요하는 사유·일시 및 장소를 명확히 한 출석요구서에 의하여 경찰관서에 출석할 것을 요구할 수 있다.

(7) 경찰장비의 사용권

경찰관은 직무수행 중 경찰장비(무기, 경찰장구, 최루제 및 그 발사장치, 감식기구, 해안 감시기구, 통신기기, 차량·선박·항공기 등 경찰직무수행을 위한 장치·기구)를 사용할 수 있다.

경찰공무원은 장구와 무기를 법령에 규정된 조건 하에서 규정된 방법으로 사용할 수 있다. 이 경우 조리 상의 원칙(비례의 원칙, 보충성의 원칙 등)은 명문규정이 없더라도 준수되어야 한다고 본다. 이렇게 한 결과 타인에게 피해가 발생하였더라도 위법성이 없어져 경찰공무원에게 책임이 없다.

이를 위해 경찰공무원에게 경찰봉, 수갑, 방패 등 직무의 내용에 따라 필요한 각종 장구를 대여한다.

(가) 경찰장구 사용권

경찰관은 현행범인인 경우와 장기 3년 이상의 죄를 범한 범인의 체포·도주의 방지, 자기 또는 타인의 생명·신체 방호, 항거의 억제를 위하여 필요하다고 인정되는 상당한 이유가 있을 때에는 그 사태를 합리적으로 판단하여 필요한 한도 내에서 수갑·포승·경찰봉·방패 등 경찰장구를 사용할 수 있다.

(나) 분사기와 최루탄 사용권

경찰관은 범인의 체포·도주의 방지 또는 불법집회·시위로 인하여 자기 또는 타인의 생명·신체와 재산 및 공공시설안전에 대한 현저한 위해의 발생을 억제하기 위하여 부득이한 경우 현장책임자의 판단으로 필요한 최소한의 범위안에서 총포·도검·화약류 등 단속법의 규정에 의한 분사기와 최루 등의 작용제 또는 최루탄을 사용할 수 있다.

(다) 무기 사용권

경찰관은 경찰장구를 사용할 수 있는 경우에 대체로 무기를 사용할 수는 있으나 정당방위와 긴급피난에 해당하는 경우와 다음의 예외적인 경우를 제외하고는 무기사용으로 사람에게 위해를 주어서는 아니 된다.

예외적인 경우는, ① 장기 3년 이상에 해당하는 죄를 범하거나 범하였다고 의심할 만한 충분한 이유가 있는 자가 경찰관에 대하여 항거하거나 도주하려고 할 때 또는 제삼자가 그를 도주시키려고 항거할 때, ② 영장을 집행할 때에 경찰관에 대하여 항거하거나 도주하려고 할 때 또는 제삼자가 그를 도주시키려고 항거할 때, ③ 범인 또는 소요행위자가 무기·흉기등 위험한 물건을 소지하고 3회 이상의 투기명령 등을 받고도 이에 불응하면서 계속 항거할 때, ④ 대간첩작전수행에 있어 무장간첩이 경찰관의 투항명령을 받고도 이에 불응하는 경우이다.

예외적인 경우에 해당하더라도, 대산첩작전 시를 제외하고는, 보충성(저항 방지 또는 체포하기 위해 무기를 사용하지 아니하고는 다른 수단이 없다고 인정되는 상당한 이유가 있을 때)을 요구하고 있다. 총을 쏘아야 할 정도로 급박한 상황에서 이런 판단을 하기가 어렵기 때문에 아예 총을 쏘지 않으려는 경향이 있다. 또한, 대간첩작전 시에 고도의 특수훈련을 받아 경찰관보다 훨씬 신속 정확한 사격을 할 수 있는 무장 간첩에게 그런 훈련을 받지 않은 경찰관이 쏘기 전에 사전 투항명령을 하도록 요구하는 것은 무리한 요구라고 본다. 다음 사례는 그런 점을 잘 알 수 있게 해준다.

간첩 김동식 사건과 관련된 사례다. 어느 경찰서 경찰관들이 간첩을 추격하고 있었는데 추격당하던 간첩이 두 차례에 걸쳐 뒤돌아서면서 바로 쏘고 또 뒤돌아서서 달아났는데 두 번 다 추격하던 경찰관을 정확히 맞추어 사망하게 했다.

3. 그 외의 권리 및 권한

가. 신분 보유권

헌법에서 공무원의 신분은 법률이 정하는 바에 의하여 보장된다고 규정하고 있고, 국가공무원법도 공무원의 신분을 보장하는 규정을 두고 있어 공무원은 법정사유와 절차에 의하지 아니하고는 그 신분을 박탈당하지 아니한다.

나. 제복 착용, 직명사용권

경찰공무원은 제복을 착용하고 직명을 사용할 권리를 가진다. 제복을 착용할 권리는 동시에 제복을 착용해야 할 때에 착용해야 하는 의무이기도 한다. 제복착용을 위해 '경찰공무원 급여품 및 대여품 규칙'에 따라 제복, 경찰모, 경찰화, 계급장 등 휘장류, 넥타이, 허리띠 등 부속물을 지급받고 흉장 등 표지장을 대여받는다. 지급품과는 달리 대여품은 퇴직 시 반납하여야 한다. 경찰공무원을 사칭하거나 제복을 착용하면 경범죄가 된다.

다. 행정쟁송 제기권

공무원은 위법·부당하게 징계 등 불이익처분을 받은 때에는 소청을 제기할 수 있고, 그 결정이 이루어진 후에는 행정소송을 제기할 수 있다. 보통의 행정쟁송절차와는 달리 소청의 경우에만 행정소송을 제기하기 전에 반드시 소청절차를 거치도록 한 것은 개인적 공권을 제약하는 것이라 생각한다.

또한 공무원이 징계, 휴직, 직위해제, 면직처분 등 신상에 불리한 처분을 받은 경우 본인에게 그 사유에 대한 설명서를 교부하도록 인사관리 법령에서 규정하고 있다. 이 설명서의 교부가 처분의 효력발생요건이 아닌 한, 이를 교부하지 않았다고 해서 원처분의 효력을 다투는 행정쟁송은 제기할 수 없다고 본다.

라. 고충심사 청구권

공무원은 인사, 처우 등 각종 직무조건과 그 외의 여러 가지 신상문제에 대하여 인사상담이나 고충심사를 청구할 수 있다.

마. 보수청구권

공무원은 법령의 규정에 따라 보수를 받을 권리를 가진다. 보수는 봉급과 수당을 합한 것이다. 「국가공무원법」에서는 공무원의 보수를 표준생계비, 민간임금 등을 고려하여 직무의 곤란성, 책임의 정도에 따라 지급토록 규정하고 있다.

보수청구권은 공법상의 권리이므로 양도하거나 포기할 수 없고 보수청구권의 소멸시효는 예산회계법의 적용을 받는 등 사법상 채권과 다른 특성이 인정된다.

바. 실비변상 청구권

공무원은 보수를 받는 외에 직무수행에 소요되는 실비변상을 받을 수 있다. 국내여비규정 또는 국외여비규정에 의한 출장여비가 그 대표적인 것이다. 당직근무나 동원근무 시 지급 받는 급식비도 실비변상에 해당한다. 그러나 정액급식비나 직급보조비가 실비변상에 해당하느냐에 대해서는 이론이 있을 수 있다.

사. 연금청구권

「공무원 연금법」에서는 퇴직급여 외에도 공무로 인한 부상·질병·폐질에 대하여 당해 공무원 과 가족의 생활안정을 위해 보상적인 성격의 급여도 지급할 수 있다. 따라서 공무원에게 이와 같은 법률상의 사유가 발생한 때에는 급여를 청구할 수 있는 청구권이 생긴다.

4. 노동3권 및 직장협의회 문제

가. 노동3권

헌법은 제33조제2항에서 “공무원인 근로자는 법률이 정하는 자에 한하여 단결권, 단체교섭권, 단체행동권을 가진다”고 규정하고 있다. 「국가공무원법」에서는 “공무원은 노동운동 기타 공무 이외의 일을 위한 집단적 행동을 하여서는 아니 된다. 다만, 사실상 노무에 종사하는 공무원은 예외로 한다”고 규정하고 있다. 「공무원의 노동조합 설립 및 운영 등에 관한 법률」에서는 6급 이하의 일반직 공무원 등에 대해 가입을 허용하고 있고 단체교섭도 인정하고 있으나 쟁의행위는 금지된다. 단체협약의 내용 중 법령·조례 또는 예산에 의하여 규정되는 내용 등은 단체협약으로서의 효력을 가지지 아니하므로 노사협상 대상의 범위가 좁다.

일본 최고재판소(1977. 5. 4)는 “공무원의 근무조건은 국회에서 법률과 예산으로 결정되고, 단체교섭에 의한 합의로 결정되는 것이 아니기 때문에 단체교섭권이나 쟁의권의 보장은 없다”고 판시한 바 있다(소법전, 2006: 10). 공무원 노조의 단체협상은 그 결과로 보수 인상 등 예산이 수반되게 되면, 국민의 호주머니에서 그 돈이 나오게 된다는 특성이 있다.

공무원 노조의 허용문제는 이런 법논리에 따라 이루어지는 것은 아니고, 그 나라의 공무원 노조 활동의 역사적 배경과 공무원노조에 대한 사회적 인식에 달려 있다. 우리의 「공무원의 노동조합 설립 및 운영 등에 관한 법률」은 경찰공무원의 노동3권을 모두 인정하지 않는다.

그러나 독일, 프랑스, 이탈리아, 스페인 등 유럽대륙의 국가 중 상당수는 경찰공무원노조 활동이 인정되고, 미국도 여러 지역에서 이를 인정하고 있다(신현기, 2012: 435-441). 공무원 노조에 대한 우리 사회의 인식은 보수측이냐 진보측이냐에 따라 서로 다른 것으로 보인다. 전국공무원노동조합에서 2006년 을지연습 폐지를 주장하면서, 북한의 대남투쟁 노선인 반미자주화, 반파쇼민주화, 연방제 통일노선을 연상케 하는 자주, 민주, 통일을 언급한 바 있다(신현기, 2012: 427). 이런 활동은 보수세력 사이에서 공무원 노조에 대한 부정적 인식을 확산시켰다고 본다. 2006년 경찰에 근무하는 일반직, 기능직 공무원들이, 안전행정부 공무원 노동조합 지부 형태로, 경찰청 노동조합을 설치하였다. 그러나, 우리 사회(유권자)의 보수화 경향 등 현실적 여건을 볼 때 경찰공무원 노조의 합법화는 먼 미래의 일로 보인다.

나. 공무원 직장협의회

공무원의 업무능률 향상, 근무환경 개선 및 고충해소 등을 위해 각 행정기관 단위로 공무원직장협의회를 설립할 수 있다. 그러나 경찰공무원은 「공무원 직장협의회의 설립 · 운영에 관한 법률」에 의해 직장협의회를 설립하거나 가입할 수 없다. 직장협의회는 조직원들의 고충을 수렴할 수 있는 창구로서 긍정적 기능을 무시할 수 없다는 점에서 이를 막는 현행 제도는 문제가 있다고 본다.

제2절 경찰공무원의 의무

1. 공무원의 복무관련 법령과 공무원 행동지침

헌법 제7조에서는 "공무원은 국민전체에 대한 봉사자이며, 국민에 대하여 책임을 진다"고 규정하고 있다. 공무원의 법적인 의무와 책임은 여기서 출발한다. 또한 현실적으로 볼 때, 공무원이 받는 보수는 국민의 세금으로부터 나온다. 그러므로 공무원의 실질적인 사용자는 납세자이다.

따라서 공무원은 국민에게 친절 · 공정하고 성실하게 대해야 하며, 청렴해야 하고 국민과 국회가 제정한 헌법과 법률을 준수해야 한다. 공무원은 국민전체에 대한 봉사자이고 성실의무를 지기 때문에 전력을 다하여 맡은 직무를 수행할 직무전념의무가 있으며 이를 위해서 직장이탈의 금지 및 직무수행거부의 금지, 상사의 허가 없는 겸직금지 의무, 정치운동 및 집단행위 금지의무가 생긴다.

또한 공무원의 의무에 대해서는 복무관련 법령 외에도 「공직자윤리법」(재산등록 등), 「국회에서의 증언감정 등에 관한 법률」(출석증언의무), 「형사소송법」(사법경찰관리의 의무) ,「부패방지 및 국민권익위원회의 설치 및 운영에 관한 법률」(부패행위 신고의무) 등 다른 법률에서도 규정하고 있음을 유의하여야 한다.

공무원의 자율적 윤리의무에 대해서는 공무원윤리헌장, 공무원윤리헌장 실천강령, 공무원 복무선서 등에 그 내용이 있다. 경찰관의 자율적 윤리의무에 대해서는 경찰헌장, 경찰서비스 헌장 등에 그 내용이 있다.

경찰공무원의 복무에 관해서는「경찰공무원법」(거짓보고 등)과「경찰공무원 복무규정」에서 규정하고 있고 여기에 규정이 없는 사항에 대해서는「국가공무원법」제7장(복무)과 국가공무원 복무규정이 적용된다. 국가공무원법과 경찰공무원법은 일반법과 특별법의 관계에 있기 때문이다.

2. 공무원에 공통되는 의무규정

「국가공무원법」에서는 공무원의 선서의무, 법령준수 및 성실의무, 상사명령에 복종의무, 종교중립의무, 품위유지의무, 친절 · 공정 의무, 금품수수 금지 등 청렴의무, 직장이탈 · 비밀누설 · 영리업무 및 겸직 금지 의무, 정치운동 및 집단행위 금지 의무를 규정하고 있다. 또한 공무원이 외국 정부로부터 영예나 증여를 받을 경우에는 대통령의 허가를 받도록 하고 있다.

「국가공무원 복무규정」(대통령령)에서는「국가공무원법」의 이런 내용을 구체화면서 책임완수 의무, 근무기강확립 의무 등을 더 규정하고 있다. 또한「공직자윤리법」과 동 시행령에서는 재산등록, 선물신고, 퇴직공직자 취업제한 등에 대해 규정하고 있고,「부패방지 및 국민권익위원회의 설치 및 운영에 관한 법률」에서는 공직자의 부패행위 신고의무와 내부고발자 보호 및 국민감사청구에 대하여 규정하고 있다.

공무원의 의무는 헌법의 관련 규정에서 도출할 수 있는 경우가 적지 않음을 유의하여야 한다.

가. 선서의무

공무원은 취임할 때에 소속 기관장 앞에서 아래의 선서를 하여야 한다. 다만, 불가피한 사유가 있으면 취임 후에 선서하게 할 수 있다.

〈선서〉
나는 대한민국 공무원으로서 헌법과 법령을 준수하고, 국가를 수호하며, 국민에 대한 봉사자로서의 임무를 성실히 수행할 것을 엄숙히 선서합니다.

나. 법령 준수 및 성실 의무

모든 공무원은 법령을 준수하며 성실히 직무를 수행하여야 한다. 법령을 준수할 의무는 공무원뿐만 아니라 모든 국민에게 있기 때문에 일반 국민의 법령준수의무와 공무원의 법령준수 의무가 무엇이 다른지 살펴볼 필요가 있다.

법령준수의 의무 속에는 공무원이 직무수행 상 법령을 조리 또는 상식에 맞게 적용해야 하는 의무도 포함된다. 비례의 원칙에 맞게 행위를 해야 하고, 재량권의 행사도 재량권 일탈이나 남용이 없어야 하며, 비록 재량권의 범위 내에 있다 하더라도 조리나 상식에 비추어 흠이 없어야 한다. 이 법령에는 헌법도 포함되며, 특히 기본권은 모든 공권력적 국가작용을 직접 구속하는 효력을 가진다(권영성, 2002: 310). 그러므로 법령준수의무는 매우 광범위한 것이 된다. 예컨대 헌법 제7조에서 "공무원은 국민전체의 봉사자이며, 국민에 대하여 책임을 진다"는 규정을 준수하자면 주어진 직무범위 내에서 국민보호를 위한 신속한 조치는 물론 관련되는 각종 안내, 통지, 정보를 적시에 정확하게 제공해야 할 것이다.

법령에는 모든 법률은 물론 법규명령(행정입법)도 포함된다. 사법경찰관리는 「형사소송법」 제196조에 의해서 검사의 수사지휘가 있는 때에는 이에 따라야 하는데, 검사는 소속 상관이 아니므로 여기서 복종의무는 「국가공무원법」상의 복종의무는 아니다. 사법경찰관리가 검사에 수사지휘에 따르는 것은 법령 준수의무를 이행하는 것이다.

다. 복종의 의무

공무원은 직무를 수행할 때 소속 상관의 직무상 명령에 복종하여야 한다. 그러나 직무명령이 불법인 경우에는 거부해야 하고 그대로 행했을 때는 징계책임은 물론 민사책임이나 형사책임(경우에 따라 정범 또는 공범)까지 져야 한다. 직무명령이 불법은 아니나 부당한 경우에는 그것이 재량권의 일탈·남용인 것이 명백하지 않는 한 복종해야 할 것이다. 그러나 그런 직무명령을 거부하기 전에 충분한 근거와 자료를 가지고 상관을 이해시키는 것이 더 중요하다.

자신의 직무범위 외의 사항에 대한 지시에 대해서는, 자신에게 그 직무를 수행할 권한이 없거나 자신의 직무와 연관성이 전혀 없음이 분명하지 않는 한 거부할 수 없다고 본다. 공무원은 국민전체의 봉사자라는 지위를 가지고 있고, 상관이 보는 업무 시야가 더 넓은 경우가 많으며 직무와의 연관성 여부도 잘 알 수 있기 때문에, 거부하기 전에 대화를 통해 그런 지시를 하게 된 의도와 배경을 파악해 보아야 한다.

직속 상급자와 그의 위 상급자의 명령이 다를 때에는, 그 명령받은 직무와 관련된 법령규정의 입법취지와 소속 기관장(관청)의 의도를 종합하여 그 직무에 대한 전문가로서의 판단을 가지고 상사들을 설득해야 한다. 아니면 그들보다 높은 고위 상급자의 조정을 요청해야 한다. 모든 권한은 관련 법령으로부터 나오고 최종결정권은 관청에게 있는 것이며 보조기관의 권한은 관청으로부터 위임된 것에 불과하기 때문이다.

「경찰공무원법」은, 경찰공무원으로서 전시·사변, 그 밖에 이에 준하는 비상사태이거나 작전 수행 중인 경우나 집단살상의 위급사태가 발생한 경우에 소속 상관의 직무상 명령에 복종하지 아니한 사람은 7년 이하의 징역이나 금고에 처한다고 규정하고 있다. 전시 작전수행 중의 경우에는 명령불복종에 대한 처벌만 무거워지는 것이 아니고 명령 거부 요건도 사실상 한층 더 엄격해진다는 점을 유의하여야 한다. 전시에는 계엄사령부 지역사령관 등의 작전통제 또는 지시를 받아 작전을 수행하게 되는데, 군인과 경찰공무원이 보는 시각이 현저히 다른 경우가 흔히 발생한다. 다음사례는 6·25 당시, 이런 점이 나타난 사례라고 본다.

> 한국전쟁 당시 차일혁 전투경찰대대장은 지리산에서 활약하는 빨치산의 근거지를 없앤다는 이유에서 국보인 화엄사를 소각할 것을 명령받았다.
> 그는 (절의 문짝만 없어도 빨치산의 은신을 막을 수 있다며) 국보인 화엄사 각황전의 문짝을 떼내어 불태우고는 상부에 화엄사를 소각하였다고 보고하였다(금강송, 빨치산 토벌대장 차일혁, 2008.03.18. 10:50, http://blog.daum.net/mahatma-jhk/3022874).
>
> ---
>
> 저자가 ○○지역주민들로부터 1987년에 들은 이야기다.
> 6·25 당시 ○○경찰서장은 ○○경찰서 관할지역 이북이 북한군에게 점령된 상황에서, 이미 점령된 지역의 ○○○단체원들이 우익인사 등의 처단에 앞장서고 있다는 이유로 ○○○단체원들을 검거하여 쏘라는 지시를 받았다.
> 그 서장은 '검거된 ○○○단체원들을 주민들에게 안 보이는 곳으로 데려가 도주할 여유를 주면서 쏘라'고 지시하여 큰 희생을 막았다.

라. 직장 이탈 금지

공무원은 소속 상관의 허가 또는 정당한 사유가 없으면 직장을 이탈하지 못한다. 그 공무원이 맡은 국가기능의 공백이 생기지 않도록 하기 위한 것이다. 「경찰공무원법」은 경찰공무원으로서 전시·사변, 그 밖에 이에 준하는 비상사태이거나 작전 수행 중인 경우 및 집단살상의 위급사태가 발생한 경우에 직장이탈을 하면 엄중한 형벌에 처하도록 규정하고 있다.

수사기관이 공무원을 구속하려면 그 소속 기관의 장에게 미리 통보하여야 한다. 다만, 현행범은 그러하지 아니하다. 국가기능의 부분적 공백을 메꿀 기회를 그 소속 기관의 장에게 주기 위한 규정이다.

마. 친절 · 공정의 의무

헌법 제7조는 "공무원은 국민전체에 대한 봉사자"라고 규정하여 공무원이 일부 국민을 편들고 다른 국민을 홀대할 수 없다. 또한 헌법 제10조는 "모든 국민은……행복을 추구할 권리를 가진다"고 규정하고 있는데, 공무원이 국민에게 불친절하거나 불공정하면 국민이 행복할 수 없으므로 헌법에 위배된다 하겠다. 또한 헌법 제11조는 "모든 국민은 법 앞에 평등하다"고 규정하고 있는데 공무원의 공정의무도 이를 구현하기 필요하다고 본다.

「국가공무원법」은 "공무원은 국민 전체의 봉사자로서 친절하고 공정하게 직무를 수행하여야 한다"고 규정하고 있다.

바. 종교중립의 의무

공무원은 종교에 따른 차별 없이 직무를 수행하여야 한다. 공무원은 소속 상관이 이에 위배되는 직무상 명령을 한 경우에는 이에 따르지 아니할 수 있다.

사. 비밀엄수의 의무

공무원은 재직 중은 물론 퇴직 후에도 직무상 알게 된 비밀을 엄수하여야 한다. 공무원이거나 공무원이었던 사람은 직무상 알게 된 다음의 사항을 타인에게 누설하거나 부당한 목적을 위하여 사용해서는 아니 된다. 다만, 법령에 따라 공개하는 경우는 제외한다.

① 법령에 따라 비밀로 지정된 사항
② 정책 수립이나 사업 집행에 관련된 사항으로서 외부에 공개될 경우 정책 수립이나 사업 집행에 지장을 주거나 특정인에게 부당한 이익을 줄 수 있는 사항
③ 개인의 신상이나 재산에 관한 사항으로서 외부에 공개될 경우 특정인의 권리나 이익을 침해할 수 있는 사항
④ 그 밖에 국민의 권익 보호 또는 행정목적 달성을 위하여 비밀로 보호할 필요가 있는 사항

아. 청렴의 의무

공무원은 직무와 관련하여 직접적이든 간접적이든 사례·증여 또는 향응을 주거나 받을 수 없다. 공무원은 직무상의 관계가 있든 없든 그 소속 상관에게 증여하거나 소속 공무원으로부터 증여를 받아서는 아니 된다.

이와 관련하여, 2003년에 '경찰공무원의 청렴유지 등을 위한 행동강령 규칙'이 제정되었다. 그 내용은 공정한 직무수행을 현저히 저해하는 상급자의 지시는 그 사유를 소명하고 따르지 아니할 수 있으며 4촌 이내의 친족과 이해관계가 있는 직무를 회피할 수 있도록 하였다. 또한 부득이한 경우에도 3만원 이상 가액의 금품과 향응 수수를 금지하고 경조금품도 가액 3만원을 초과하여 수수할 수 없도록 규정하였다.

사. 외국 정부의 영예 등을 받을 경우

공무원이 외국 정부로부터 영예나 증여를 받을 경우에는 대통령의 허가를 받아야 한다.

아. 품위유지의 의무

공무원은 직무의 내외를 불문하고 그 품위가 손상되는 행위를 하여서는 아니 된다.

자. 영리업무 및 겸직 금지

공무원은 공무 외에 영리를 목적으로 하는 업무에 종사하지 못하며 소속 기관장의 허가 없이 다른 직무를 겸할 수 없다.

차. 정치운동의 금지

헌법은 제7조 제2항에서 "공무원의 정치적 중립성은 법률이 정하는 바에 의하여 보장된다"고 규정하고 있다. 또한 「국가공무원법」은 "공무원은 정당이나 그 밖의 정치단체의 결성에 관여하거나 이에 가입할 수 없다"고 규정하고 있다. 정무직, 교수 등 이 조항의 예외가 허용되는 공무원이 적지 않음을 유의하여야 한다.

「경찰공무원법」은 경찰공무원으로서 정치적 중립의무를 위반한 사람은 3년 이하의 징역과

3년 이하의 자격정지에 처하고, 그 죄에 대한 공소시효의 기간은 「형사소송법」 제249조제1항(장기 5년 미만의 징역 또는 금고에 해당하는 범죄에는 5년)에도 불구하고 10년으로 한다고 규정하고 있다. 2014년 1월의 「경찰공무원법」의 개정으로 처벌이 강화된 것인데 「국가공무원법」의 법정형도 같은 시기에 경찰공무원법과 같은 내용으로 개정되었다. 「경찰공무원법」에서는, 그 전에는 집단행위의 금지 위반의 경우와 같이 2년 이하의 징역 또는 200만원 이하의 벌금형이 법정형이었다.

공무원의 정치적 중립의무에 대해서는 앞에서 논한 바 있다.

카. 집단행위의 금지

공무원은 노동운동이나 그 밖에 공무 외의 일을 위한 집단행위를 하여서는 아니 된다. 다만, 사실상 노무에 종사하는 공무원은 예외로 한다. 「경찰공무원법」은 공무 외의 일을 위한 집단행위를 한 사람은 2년 이하의 징역 또는 200만원 이하의 벌금에 처한다고 규정하고 있다. 이 경우 「국가공무원법」 상의 법정형은 1년 이하의 징역 또는 500만원 이하의 벌금이다.

타. 책임 완수

공무원은 국민 전체의 봉사자로서 직무를 민주적이고 능률적으로 수행하기 위하여 창의와 성실로써 맡은 바 책임을 완수하여야 한다.

파. 근무기강의 확립

공무원은 법령과 직무상 명령을 준수하여 근무기강을 확립하고 질서를 존중하여야 한다. 공무원은 집단·연명으로 또는 단체의 명의를 사용하여 국가의 정책을 반대하거나 국가정책의 수립·집행을 방해해서는 아니 된다.

하. 권한남용 금지 및 인권존중

헌법은 제10조에서 '인간의 존엄성과 기본인권' 제하에 "모든 국민은 인간으로서의 존엄과 가치를 가지며……국가는 개인이 가지는 불가침의 기본적 인권을 확인하고 이를 보장할 의무를 진다"고 규정하고, 제37조에서는 "국민의 자유와 권리는 헌법에 열거되지 아니한 이유로 경시되지 아니한다"고 규정하고 있다. 또한 「국가공무원법」은 "공무원은 인권을 존중하고 권한을 남용하여서는 아니 된다"고 규정하고 있다.

3. 공무원의 덕목과 행동지침

공무원 복무에 관한 법령의 규정과는 별도로, 공무원의 덕목과 행동지침을 공무원윤리헌장(대통령 훈령), 공무원윤리헌장 실천강령(국무총리 훈령)에서 규정하고 있다.

공무원윤리헌장은 이전의 공무원의 신조를 발전시킨 것인데, 국가에 대한 헌신과 충성, 국민에 대한 정직과 봉사, 직무에 대한 창의와 책임, 직장에서의 경애와 신의, 생활에서의 청렴과 질서 등을 내용으로 하고 있다. 이런 헌장 또는 신조의 원조는 1950년 제정된 '관리 좌우명'(시간 지키기, 명령에 복종, 책임완수, 청렴공정, 단결 등 규정)이 아닌가 생각된다(오석홍, 1998 :326).

경찰관에 대해서는 1966년에 경찰윤리헌장이 제정되었다. 1991년에 경찰청이 출범하면서 경찰헌장이 제정되어 기존의 경찰윤리헌장을 대신하게 되었다. 경찰헌장의 내용은 친절하고 의로운 경찰, 양심에 따라 법을 집행하는 공정한 경찰, 근면·성실한 경찰, 깨끗한 경찰이었다.

1998년에는 경찰서비스 헌장이 제정되었으며 그 내용은 국민이 필요로 하면 바로 달려가 돕고 민원을 친절·신속·공정하게 처리하며 국민의 안전·편의 우선 및 성실한 직무수행, 인권존중과 권한남용 금지를 강조하는 것이었다. 또 이 헌장의 운영에 관한 규칙에서는 고객중심, 서비스기준의 구체성, 최고수준의 서비스 제공, 비용·편익 형량, 체계적 정보제공, 고객참여, 시정 및 보상조치 명확화의 원칙을 제시하고 있다.

이들은 법규범으로 보기는 어렵고 윤리규범으로 이해된다. 또한 그 내용이 추상적인데다가 너무 길어 제대로 아는 공무원이 드물 것이므로 그 효용도 미미한 것으로 보인다.

4. 경찰공무원법 상의 의무

「경찰공무원법」에서 경찰직무의 특성을 고려하여 공무원에 공통되는 의무규정에 더하여 경찰공무원의 의무를 별도로 규정하고 있다.

가. 거짓보고, 직무유기 등의 금지의무

「경찰공무원법」(제18조)에서는, 경찰공무원은 직무에 관하여 거짓으로 보고나 통보를 하여서는 아니 되고, 직무를 게을리하거나 유기(遺棄)해서는 아니 된다고 규정하고 있다. 이것들은 상식에 속하는 것인데도 구태여 규정하게 된 것은 경찰업무의 성격상 이런 행위가 국민에게 큰 피해를 줄 수 있다는 점과 과거 경찰에서 이런 행위로 큰 물의가 야기된 적이 가끔 있었다는 점 때문이라고 본다.

경찰공무원으로서 전시 · 사변, 그 밖에 이에 준하는 비상사태이거나 작전수행 중인 경우 또는 집단살상의 위급사태의 경우에, 거짓 보고나 통보를 하면, 7년 이하의 징역이나 금고에 처하도록 법정형을 규정하고 있다.

집단살상의 위급사태 시의 직무 소홀 또는 직무 유기에 대해서는 7년 이하의 징역이나 금고에 처하도록 법정형을 규정하고 있다. 특히 경찰공무원으로서 전시 · 사변, 그 밖에 이에 준하는 비상사태이거나 작전수행 중인 경우에 직무 소홀 또는 직무유기에 대해서는 3년 이상의 징역이나 금고를 법정형으로 규정하고 있다.

나. 지휘관 및 감독자의 직무거부 등 금지(제19조)

경찰의 지휘관 및 감독자는 전시 · 사변 등 비상사태이거나 작전수행 중인 경우 또는 많은 인명 손상 등의 우려가 있는 위급한 사태가 발생한 경우, 정당한 사유없이 그 직무 수행을 거부 또는 유기하거나 경찰공무원을 지정된 근무지에서 진출 · 퇴각 또는 이탈하게 하여서는 아니 된다. 이런 상황에서 이런 행위가 있으면 국민이나 국가안보에 미치는 영향이 크기 때문에 특별히 규정한 것이라고 본다.

전시 · 사변 등 비상사태이거나 작전수행 중인 경우의 이런 행위에 대해서는 3년 이상의 징역이나 금고를, 집단살상의 위급사태의 경우의 이런 행위에 대해서는 7년 이하의 징역이나 금고를 법정형으로 규정하고 있다.

5. 경찰공무원 복무규정 상의 의무

대통령령인 「경찰공무원 복무규정」에서는 경찰공무원이 복무 시 따라야 할 기본강령과 복무자세 및 금지사항을 규정하고 있다. 따라서 강령이 법규범으로 격상되었는데, 강령은 그 내용이 포괄적이어서 경찰관이 구체적인 상황에서 행동지침으로 삼기는 어려운 반면에 경찰관을 징계할 때 빌미로 하기는 좋으므로 징계권 남용의 가능성을 높인 것으로 보인다.

이 점은 「국가공무원법」의 복무에 관한 규정상 품위유지 의무나 성실·친절·공정의무도 그 내용이 포괄적이므로 이에 관해서도 마찬가지로 말할 수 있다.

가. 기본강령

경찰관이 복무 시 따라야 할 기본강령은 다음과 같다.

① 경찰사명

경찰공무원은 국가와 민족을 위하여 충성과 봉사를 다하며, 국민의 생명·신체 및 재산을 보호하고, 공공의 안녕과 질서를 유지함을 그 사명으로 한다.

② 경찰정신

경찰공무원은 국민의 수임자로서 일상의 직무수행에 있어서 국민의 자유와 권리를 존중하는 호국·봉사·정의의 정신을 그 바탕으로 삼는다.

③ 규율

경찰공무원은 법령을 준수하고 직무상의 명령에 복종하며, 상사에 대한 존경과 부하에 대한 신애로써 규율을 지켜야 한다.

④ 단결

경찰공무원은 주어진 사명을 다하기 위하여 긍지를 가지고 한마음 한뜻으로 굳게 뭉쳐 임무수행에 모든 역량을 기울여야 한다.

⑤ 책임

경찰공무원은 창의와 노력으로써 소임을 완수하여야 하며, 직무수행의 결과에 대하여 책임을 진다.

⑥ 성실·청렴

경찰공무원은 성실하고 청렴한 생활태도로써 국민의 모범이 되어야 한다.

나. 복무자세

① 예절, 용모, 복장 및 환경정돈

경찰공무원은 고운 말을 사용하도록 노력하여야 하며, 국민에게 겸손하고 친절하여야 한다. 경찰공무원은 상·하급자 및 동료 간에 서로 예절을 지켜야 한다.

경찰공무원은 용모와 복장을 단정히 하여 품위를 유지하여야 한다. 경찰공무원은 사무실과 그 주변환경을 항상 깨끗하게 정리·정돈하여 명랑한 분위기를 유지하여야 한다.

② 일상행동

경찰공무원은 공·사생활을 막론하고 국민의 모범이 되어야 하고, 상·하급자 및 동료를 비난·악평하거나 서로 다투는 행위를 하여서는 안 되며, 항상 협동심과 상부상조의 동료애를 발휘하여야 한다. 또한 경솔하거나 난폭한 행동을 하여서는 안 되며, 항상 명랑·활날하여야 하고 건전하지 못한 오락행위를 하여서는 안 된다.

다. 기타 의무 및 금지 사항

① 지정장소 외에서의 직무수행 금지

경찰공무원은 상사의 허가를 받거나 그 명령에 의한 경우를 제외하고는 직무와 관계없는 장소에서 직무수행을 하여서는 안 된다.

② 근무시간 중 음주금지

경찰공무원은 근무시간 중 음주를 하여서는 안 된다. 다만, 특별한 사정이 있는 경우에는 예외로 하되, 이 경우 주기가 있는 상태에서 직무를 수행하여서는 안 된다.

③ 민사분쟁에의 부당개입금지

경찰공무원은 직위 또는 직권을 이용하여 부당하게 타인의 민사분쟁에 개입하여서는 안 된다. 그러나 일상생활에서 벌어지는 다툼과 사고는 민사와 형사가 어우러진 경우가 적지 않다. 특히, 사기죄와 같은 유형의 범죄에서 그러하다.

부당개입이란 표현을 쓰고 있으나 부당여부와는 상관없이 사건처리과정에서 합의에 개입하여 당사자의 한 쪽에서 이의가 제기되면 이 조항에 의해 징계 받는 경우가 생긴다.

④ 상관에 대한 신고·보고와 통보

경찰공무원은 신규채용·승진·전보·파견·출장·연가·교육훈련기관에의 입교 기타 신분관계 또는 근무관계 또는 근무관계의 변동이 있는 때에는 소속 상관에게 신고를 하여야 한다. 경찰공무원은 치안 상 필요한 상황의 보고 및 통보를 신속・정확・간결하게 하여야 한다.

⑤ 여행의 제한

경찰공무원은 휴무일 또는 근무시간 외에 2시간 이내에 직무에 복귀하기 어려운 지역으로 여행을 하고자 할 때에는 소속 경찰기관의 장에게 신고를 하여야 한다. 다만, 치안상 특별한 사정이 있어 경찰청장 또는 경찰기관의 장이 지정하는 기간 중에는 소속 경찰기관의 장의 허가를 받아야 한다.

특별한 치안상 사정이 있는 경우 허가제로 하는 것은 별문제가 없다. 그러나 전시・사변이나 위기 등 비상시에 한정하지 않고 평상시에 기관이나 부서의 구분 없이 일률적으로 신고하도록 할 만한 타당한 이유도 없으며, 경찰관의 자유를 지나치게 제약하는 측면을 내포하고 있다. 또한 현실적으로 잘 지켜지지도 않는 것으로 보인다. 이 부분은 경찰관이 일반 공무원보다 보수를 더 받아야 되는 근거의 하나가 될 수 있다고 본다.

⑥ 비상소집

경찰기관의 장은 비상사태에 대처하기 위하여 필요하다고 인정할 때에는 소속경찰공무원을 긴급히 소집하거나 일정한 장소에 대기하게 할 수 있다.

⑦ 특수근무자의 근무수칙 등

경찰청장은 대간첩작전을 주된 임무로 하는 경찰공무원, 경찰기동대의 대원 기타 특수근무경찰공무원에 대한 근무수칙・내무생활 기타 복무에 관하여 필요한 사항을 따로 정하여 실시할 수 있다. 경찰청장은 필요하다고 인정할 때에는 이러한 복무에 필요한 사항의 일부를 당해 경찰기관의 장이 정하여 실시하게 할 수 있다.

제3절 경찰공무원의 책임

1. 개관

경찰공무원이 책임이란 경찰공무원이 의무에 위반함으로써 법률상·행정상의 제재 또는 불이익을 받게 되는 지위를 말한다. 이 책임 중에 행정상의 책임 또는 공무원법상의 책임은 경찰공무원이 경찰관으로서의 의무에 위반함으로써 공무원관계 내부에서 국가에 대해 지는 책임으로 징계책임과 변상책임이 이에 속한다. 또한 경찰공무원의 책임 중에는 형사책임과 민사책임이 있는데, 이는 공무원이 자신의 의무위반이 동시에 일반법익의 침해를 가져 옴으로써 지게 되는 책임이다.

이 절에서는 공무원의 변상책임, 형사책임 및 민사책임에 대해 설명한다. 징계책임에 대해서는 형사책임과의 차이만 밝히고, 징계제도의 구체적인 내용에 대해서는 다른 장에서 자세히 설명하겠다.

2. 징계책임과 형사책임의 차이

가. 징계책임과 형사책임의 의의

징계란 공무원의 의무위반·직무태만·위신손상 등에 대하여 징계권자가 공무원 조직의 질서를 유지하기 위하여 부과하는 행정적 제재로서의 처벌을 말한다. 이 처벌을 징계벌이라고도 하며, 징계벌을 받게 될 공무원의 지위가 징계책임이다.

공무원의 형사책임이란 공무원의 의무위반행위가 형벌규정으로 보호하는 사회법익을 침해한 경우에 기소와 재판과정을 통해 과하여지는 형벌을 받을 지위를 말한다.

징계벌과 형벌은 권력의 기초, 목적, 내용, 대상 등에서 다음과 같은 차이가 있으므로 양자를 같이 부과할 수 있다. 징계벌은 국가 등이 공무원관계 내부질서유지를 목적으로 사용주 입장에서 가지는 권력이고, 형벌은 일반법질서유지를 목적으로 일반통치권에 근거하고 있다. 또한 징계벌은 공무원으로서의 의무위반에 대해 신분적, 재산적 이익의 전부나 일부를 박탈하나 형벌은 자유나 생명까지도 박탈한다.

나. 권력의 기초

징계는 공무원관계 내부에서 행정권에 근거하고 있으나, 형벌은 일반통치권의 하나인 형벌권에 근거하고 있다. 징계권은 임용권에 포함되는 것이므로 징계권자는 임용권자가 되는 것이 원칙이나 「경찰공무원법」 등에서는 기관장의 계급 등에 따라 정해지는 특정 계급 이하의 경찰관 징계에 대해서는 징계권을 소속기관장에게 주고 있다. 형벌은 수사기관의 수사를 거쳐 검사의 기소와 법원의 판결에 의해 결정된다.

다. 목적

징계는 공무원조직의 내부질서 유지를 목적으로 하고 있으나, 형벌은 사회의 법질서 유지를 목적으로 하고 있다.

라. 제재의 내용

징계는 행위 공무원의 신분을 박탈하거나 신분적, 재산적 불이익을 주는 것을 제재의 내용으로 하나 형벌은 신분, 재산상 불이익은 물론 자유나 생명도 박탈하는 것을 그 내용으로 한다.

마. 대상

징계는 공무원법상의 의무위반을 대상으로 하지만 형벌은 형사법상의 의무위반을 그 대상으로 한다.

바. 고의, 과실 요건

징계는 행위결과의 심각성과 행위공무원의 판단착오, 고의, 과실, 태만, 무능을 함께 고려하지만, 형벌은 구성요건해당성, 위법성, 책임성, 처벌저각사유의 부존재 등 일반적인 성립요건과 함께 고의·과실을 요건으로 하고, 과실의 처벌은 과실처벌규정이 있는 예외적인 경우에만 가능하다.

행위결과가 심각하고 사회여론과 정치권이 희생양을 요구할 때에는 징계방침을 먼저 정해놓고 공무원법상의 의무위반이 무엇인지 찾게 되는 경우도 현실적으로 생길 수 있다.

3. 변상책임

가. 의의

경찰공무원의 변상책임은 경찰공무원이 그 의무를 위반함으로써 국가에 대해 재산상의 손해를 발생하게 한 경우에 국가에 대하여 「국가배상법」 또는 「회계관계직원 등의 책임에 관한 법률」이 정하는 바에 의하여 부담하는 손해배상책임을 말한다.

나. 국가배상법상의 변상책임

「헌법」 제29조에서는 "공무원의 직무상 불법행위로 손해를 받은 국민은 법률이 정하는 바에 의하여 국가 또는 공공단체에 정당한 배상을 청구할 수 있고, 이 경우 공무원 자신의 책임은 면제되지 아니한다"고 규정하고 있다.

헌법규정을 근거로 제정된 「국가배상법」은 「자동차손해배상보장법」에 의한 손해배상의 책임이 있는 경우의 국가의 손해배상책임까지 더 규정하고 있다. 또한 공무원 자신의 책임이 면제되지 아니하여 국가에 구상권이 있는 경우는 공무원에게 고의 또는 중과실이 있는 때로 제한하고 있다.

또한 도로·하천 기타 공공의 영조물의 설치·관리에 흠이 있거나 공무원의 사경제적 직무행위로 인해 타인에게 손해를 가한 경우에 국가가 손해배상을 한 경우에도 고의나 과실로 잘못한 공무원에 대한 국가의 구상권을 인정하고 있다.

다. 회계관계직원 등의 변상책임

회계관계직원은 고의 또는 중대한 과실로 법령 기타 관계규정 및 예산에 정하여진 바에 위반하여 국가 등의 재산에 대하여 손해를 끼친 때에는 변상책임을 진다. 현금 또는 물품을 출납, 보관하는 자가 그 보관에 속하는 현금 또는 물품을 망실, 훼손하였을 경우에 선량한 관리자의 주의를 태만히 하지 아니한 증명을 못하였을 때에는 변상책임을 진다.

이 경우에 손해가 2인 이상의 회계관계직원의 행위로 인하여 발생하였을 때에는 각자의 행위가 손해발생에 미친 정도의 한계에 따라 각각 변상의 책임을 지며, 그것이 분명하지 아니한 때에는 그 정도가 동일한 것으로 본다.

회계관계직원은 세입징수관, 재무관, 지출관, 출납공무원, 도급경비 취급공무원, 물품관리관, 물품운용관, 물품출납공무원, 물품사용공무원, 재산관리관 등과 이런 사람의 대리자, 분임자 또는 대리분임자 등이 있다.

배상금액을 정할 때에는 회계관계직원이 평소 예산절약 등에 기여하였는지, 국가 등에도 공동책임이 있는지, 회계관계직원의 과실이 손해발생에 미친 정도, 손해확대방지를 위한 회계관계직원의 노력 등 많은 사정을 고려하여 감면해줄 수 있도록 하는 규정을 두고 있다.

4. 형사책임

가. 직무범

직무범이란 공무원이 직권을 남용하는 등 직무집행행위 그 자체가 일반사회법익을 침해하는 형태의 범죄이다. 형법상 직무범죄의 예를 들자면, (해당)공무원의 직무유기죄, 타인의 권리행사 방해죄, 불법 체포·감금죄, 폭행·가혹행위죄, 피의사실공표죄, 공무상비밀누설죄, 선거방해죄 등이 있다.

나. 준직무범

준직무범은 직무행위 그 자체가 범죄로 되는 것이 아니라, 일정한 행위를 한 자가 공무원의 신분을 가졌기 때문에, 또는 그런 행위가 직무집행과 관련된 것이기 때문에 범죄가 되는 경우를 말한다. 예컨대, 수뢰죄, 제3자 뇌물제공죄, 사후수뢰죄, 알선수뢰죄, 증뇌물전달죄 등이 있다.

다. 행정형벌

공무원의 의무위반행위가 행정법령에 의하여 보장된 법익을 침해하는 경우에 행정형벌을 받게 된다.

5. 민사책임

판례는 공무원의 고의나 중과실로 인한 민사책임은 공무원의 책임이나 외관상 직무집행으로 보여질 때는 중첩적으로 국가책임이 인정되고, 경과실로 인한 민사책임은 전적으로 국가책임으로 본다.

즉,「헌법」제29조 제1항과「국가배상법」제2조의 입법취지에 비추어 공무원이 경과실로 손해를 입혀 국가가 배상한 경우에, 공무원 개인은 손해배상책임을 부담하지 않는다고 보며, 「헌법」제29조 제1항 단서는 국가 등이 배상책임을 진다고 할지라도 그 때문에 공무원 자신의 민사, 형사 및 징계책임은 면제되지 아니한다는 원칙을 규정한 것이고, 이 조항 자체로 공무원 개인의 구체적인 손해배상책임의 범위까지 규정한 것으로 보기 어렵다는 것이 대법원 판례의 태도이다(대판 1996. 2. 15, 95다38677).

그렇다면, 예컨대 "군인, 군무원, 경찰공무원 기타 법률이 정한 자는 전투나 훈련 등 직무집행과 관련하여 받은 손해에 대해서 법률이 정하는 보상 외에 국가 또는 공공단체에 공무원의 직무상 불법행위로 인한 배상은 청구할 수 없다"는 헌법 규정 때문에 손해배상을 못 받은 부분이 있다면, 손해를 입힌 공무원에 대해서 그 부분에 대한 민사책임을 물을 수는 있지 않느냐는 해석도 가능하다고 본다.

제8장 경찰관의 사기, 보수, 후생복지 등

제1절 사기에 영향을 미치는 요인

1. 사기의 의의

사기(morale)란 조직 내의 개인 또는 집단이 조직의 목표달성을 위해서 협력하려는 직무수행의욕 내지 그 심리적 상태이다. 공무원 사기 앙양을 위해 고안된 제도로 제안제도 · 고충처리제도 등이 있다.

사기를 직무수행동기라고도 한다. 사기는 직무와 관계된 동기 · 만족이라야 하고 객관화할 수 없는 주관적이고 상황적인 개념이며 개인적인 현상일 뿐만 아니라 집단적인 현상이므로 리더십과 직결되어 있다. 또한 사기의 영향 요인은 모두 인간의 물질적 · 심리적 욕구 충족과 관계된 것인데 사람에 따라 상황에 따라 개별 요인들이 영향을 미치는 정도가 다르다. 사기는 조직원의 생산성 · 전문성 · 창의성을 높이고 집단에 대한 충성심 · 자부심과 집단의 동질화를 향상시키며, 조직원들이 자발적으로 조직의 규범을 지키게 하는 역할을 한다(백완기, 2000: 608-611).

사기에 영향을 미치는 요인은 보수 등 경제적 욕구, 직무에 대한 적성, 사회적 욕구라 할 수 있는 참여감 · 소속감 · 개인적 인정감 · 직장동료들과의 인간관계, 신분보장, 승진의 기회, 리더십의 스타일, 의사소통, 공정한 인사관리 등 동기부여에 영향을 미치는 요인과 많이 중복된다. 인간의 욕구가 충족되면 사기가 올라가고 충족되지 못하면 사기가 떨어지므로 사기에 대한 이론은 욕구충족이론과 일맥상통하는 경우가 많다.

또한 적절한 휴식은 생리적 욕구와 관계될 뿐 아니라 재충전을 통한 업무능률 향상에도 기여하므로 적절한 휴식이 주어지지 않으면 사기가 떨어지는 경우가 많다. 또한 특별한 비상시가 아닌데도 규정상 정해진 휴가가 주어지지 않으면 마찬가지로 사기저하를 초래할 것이다.

경찰공무원의 사기진작 및 휴가·휴식에 대해서는 「경찰공무원 복무규정」(대통령령)에서 규정하고 있다. 여기서 사기진작에 대해서는 "경찰기관의 장은 소속 경찰공무원에 대한 인사상담·고충처리 기타의 방법으로 직무의욕을 고취시키고 사기진작에 노력하여야 한다"고만 규정하여 간단한 방향만 제시하고 있다. 반면에 휴가·휴식에 대해서는 하나의 장을 설정하여 몇가지 사항을 규정하고 있다.

2. 사기와 동기부여, 직무만족과의 관계

가. 동기부여

경찰조직의 성과는 경찰관의 직무수행 능력과 직무의욕에 달려 있고, 자발적 직무수행의욕을 고취시키는 것이 동기부여이다. 같은 능력을 갖춘 조직원이라 하더라도 동기부여 수준에 따라 성과가 크게 늘 수 있고 또한 크게 줄 수도 있다는 주장도 있다. 동기부여가 근무실적 등에 미치는 기여도를 고려할 때 인사관리에서 중요한 위치를 차지한다는 것을 알 수 있다. 다양한 보상 프로그램, 참여적인 의사결정, 직무설계 등이 동기부여에 영향을 미친다고 한다(박경규, 2007: 494).

나. 직무만족

직무만족은 직무에 대해 얼마나 '흐뭇하게', '흡족하게', '우호적으로' 느끼고 있는지의 마음상태를 뜻한다. 직무에 만족하는 사람은 조직에 대한 충성도와 일에 대한 집중도가 높고 만족으로 인해 삶의 질이 높아지는 반면, 불만족한 사람은 반대 현상이 나타난다(유민봉, p.206). 직무만족은 만족한 마음상태를 강조하고, 근로자의 삶을 풍요롭게 한다는 가치 자체를 중요한 목표로 한다.

경찰관의 직무만족은 '경찰관이 주어진 직무자체나 직무수행과정에서 느끼게 되는 정서적인 충만'으로 정의할 수 있고 이는 개인의 행태, 직무몰입, 조직분위기, 생산성 및 직무성과에 영향을 미치므로 경찰조직이 추구하여야 할 중요 가치 중의 하나이다. 경찰조직 내의 사회자본은 경찰조직 구성원들 사이에 형성된 신뢰, 네트워크, 규범 등이며 경찰관들의 직무만족을 높이는데 기여한다(문유석, 허용훈, 김형식, 2009 : 101, 109, 131).

다. 사기와 동기부여 및 직무만족과의 관계

동기부여는 직무수행의욕을 고취시키는 것이므로 사기는 동기부여의 결과 나타나는 심리적 상태라고 볼 수도 있다. 또한 직무만족은 마음상태인 점에서 주관적인 심리상태인 사기와 유사하나, 사기는 직무수행과 관련된 의욕이므로 단순히 개인적으로 느끼는 만족감과 일치하지는 아니한다.

인간관계론에서는 직무만족이 동기부여를 통해 근무실적이 향상된다고 주장한다. 기대이론에서는 실적이 높은 사람에게 상응한 보상이 더 주어지면 만족이 커지고 같거나 반대의 보상이 주어지면 불만이 초래된다고 주장한다. 아직 실적과 보상 간의 관계 규명이 불명확하나 직무불만족이 이직률·결근율과 높은 상관관계가 있고 업무착오 유발과 공용물 훼손 등을 초래한다는 연구결과가 나오고 있다. 그러나 직장에 만족하면서도 요령 피우는 사람이 있는가 하면 근무실적은 좋지만 직상에 불만인 사람도 있는 것이 현실이다(박경규, 2007: 210-211).

3. 동기부여이론

가. 개요

동기부여이론에는 '무엇이 개인의 동기를 유발시키는가?'를 다루는 내용론과 '의욕이 어떤 과정을 거쳐 실적으로 바뀌는가?'의 과정을 다루는 과정론이 있다. 내용론에는 욕구단계론, ERG이론, 2요인 이론이 있고, 과정론에는 기대이론, 형평이론 등이 있다.

동기부여의 공헌도에 대해 회의적인 입장은 '의욕이 행동으로 바뀌는 과정에서 리더십 스타일, 조직풍토, 기술수준 등 상황적 요인들이 작용한다'거나 '능력 측면이 더 중요하다'고 주장한다(박경규, 2007: 365).

나. Maslow의 욕구 단계론

마슬로우는 인간의 욕구를 생리적, 안전, 사회적, 존경, 자아실현 욕구 등 5난계로 구분하였다. 생리적 욕구는 음식·수면 등 생존을 위해 충족시켜야 할 욕구이고, 안전욕구는 위험으로부터 방어하고자 하는 욕구이며, 사회적 욕구는 사회적 소속감, 동료관계 유지욕구이며, 존경욕구는 존경과 위신에 대한 욕구이며, 자기실현 욕구는 성취감, 자기완성 욕구이다.

마슬로우는 하위계층의 욕구(예컨대 안전욕구)가 충족되어야 상위계층의 욕구(예컨대 사회적 욕구)가 나타나고 충족된 하위계층의 욕구는 더 이상 동기부여로 작용하지 못한다고 보았다.

경찰관의 인사관리 측면에서 보면, 생리적 욕구는 최소한의 의·식·주에 필요한 수입 확보, 복리후생, 휴식 등이, 안전욕구는 안전장구의 보급, 안전한 근무여건과 근무환경, 직무상 사고에 대한 과도한 징계 지양 등 신분보장이, 사회적 욕구는 동료 간 인화단결, 상사의 민주적 감독 등이 각각 해당될 것이다. 또한 존중욕구는 경찰직에 대한 사회적 인정, 경찰권위의 제도적·실질적 상승 등이, 자기실현 욕구는 창의력을 발휘할 수 있는 재량권 확대, 승진 등 자신이 정한 도전적 목표 달성이 각각 해당될 것이다.

유의할 것은 오늘날 자본주의 사회에서 금전은 생리적 욕구충족에만 필요한 것이 아니고, 튼튼한 자동차, 방범시설을 잘 갖춘 주거, 건강에 좋은 음식과 의복의 확보수단이라는 점에서 안전욕구 충족에도 필요하다는 것이다. 또한 밥값 잘 내고 돈 잘 쓰는 것이 동료관계 유지와 사회적 활동에 유리할 뿐만 아니라 주변의 존경과 위신 상승에도 관계가 있다는 점에서 사회적 욕구 및 존경욕구의 충족에도 돈이 필요하다. 따라서 보수를 단순히 생리적 욕구충족의 수단으로만 볼 것이 아니다.

이 이론을 개인에게 적용시켜 생각해 볼 때, 이들 욕구단계에서 하나의 욕구가 충족되었다고 해서 다른 욕구가 사라지는 것은 아니며, 또한 반드시 이런 단계에 따라 욕구가 나타나는 것도 아니다. 욕구는 개인의 가치관과 성향에 따라 다르게 나타날 수 있기 때문이다. 다만, 평균적인 사람을 기준으로 단계에 따라 어떤 욕구가 지배적으로 나타나느냐 하는 점을 제시한 점에서 이 이론의 우수성이 있다고 본다.

다. 앨더퍼의 ERG 욕구단계

엘더퍼(C. Alderfer)는 개인의 욕구가 어디에 초점을 두느냐에 따라 ERG(existence, relatedness, growth), 즉 생존욕구, 관계욕구, 성장욕구로 범주화하였다. 생존욕구는 마슬로우의 생리적 욕구 및 안전욕구와, 관계욕구는 사회적 욕구 및 존중욕구와, 성장욕구는 자기실현 욕구와 대비될 수 있지만, 엘더퍼는 마슬로우의 안전욕구 중 신분보장에 대한 욕구를 관계욕구에 포함시켰다. 엘더퍼도 전 단계의 욕구가 충족되어야만 다음 단계의 욕구가 중요시된다고 하였지만, 상위단계의 욕구가 충분히 채워지지 않게 되면 하위 단계 욕구의 중요성이 커진다는 점도 주장하였다(유민봉, 1999: 371-372).

생각건대 엘더퍼의 욕구단계도 마슬로우의 욕구단계의 문제점을 그대로 가지고 있으나, 상위단계의 욕구가 좌절될 때 하위단계의 욕구가 더 중요해진다는 현상을 밝힌 점에서는 의의가 있다. 승진을 추구하는 사람과 승진을 포기한 사람의 행태가 다르고 후자는 실적보다 건강, 휴식이나 삶의 질을 더 생각하는 현상을 경찰조직 내에서 가끔 볼 수 있기 때문이다. 군에서도 '장포대'라는 말이 있었는데, 그 뜻은 '장군 되기를 포기한 대령은 못 말린다'는 뜻이라고 하며 유사한 현상을 빗댄 말이라고 생각된다.

라. 2요인 이론

허쯔버그(Herzberg)는 욕구가 충족되었다고 해서 모두 동기부여로 이어지는 것은 아니고, 어떤 욕구(위생요인:hygiene factor)는 충족되어도 단순히 불만을 예방하는 효과만 가져오고 어떤 욕구(동기요인:motivator)는 충족되면 동기부여 효과를 가져 온나고 주장하였다. 허쯔비그는 동기요인으로 마슬로우의 자아실현욕구와 존중욕구 등의 상위욕구를, 위생요인으로 나머지 욕구를 대응시켰다. 허쯔버그의 동기요인에는 직무수행과 관련된 성취감과 책임감, 승진, 타인의 인정 등이 포함되고, 위생요인은 신분보장, 동료관계, 근무환경, 상관의 감독방식 등이 포함된다(유민봉, 1999: 374).

생각건대, 이런 구분은 두 요인의 차이를 명시한데 의미가 있으나 그 차이는 상황과 개인적 가치관에 따라 상대적이며, 특히 보수가 낮고 별도의 부수입이 없는 경우에는 위생요인들도 강력한 동기요인이 된다는 것은 조직생활의 경험을 통해 쉽게 알 수 있는 이치이다.

마. 기대이론

기대이론은 브룸(Victor Vroom)이 최초로 종합적으로 체계화시켰으며 그 뒤 롤러(Lawler), 포터(Porter) 등 많은 학자들에 의해 발전되어 왔다. 기대이론은 직무수행을 했을 경우 예상되는 목표달성 가능성과 보상이 주어질 가능성 및 그 보상에 대한 만족의 강도에 의해 동기부여의 정도가 결정된다는 것이다. 즉 직무에 대한 동기의 정도는 그 산출물인 목표달성 기대가능성(기대치, E, expectancy), 보상이 주어질 확률(수단치, I, instrumentality), 보상에 대한 만족의 강도(유인가,V, valence)에 대한 주관적 믿음에 의해 결정된다(박경규, 2007: 497).

브룸은 이를 식으로 공식화하여, "동기부여 = $E \times \sum(I \times V)$"라고 표현했다. 즉 동기부여와 노력의 정도는 실적목표를 성공적으로 달성할 가능성과 목표달성 시 보상이 실현될 것인지에 대한 믿음 및 그 보상이 개인에게 얼마나 매력적인 것인지를 곱하여 얻은 수치로 나타난다고 했다(유민봉, 1999: 375-378).

생각건대, 기대이론은 동기의 정도를 성공가능성, 보상가능성에 대한 주관적 확률로 결정하기 때문에 동기요인(예컨대 영전)들이 실제 이루어지기 이전에 그 가능성(예컨대 영전의 기회부여)에 의해 동기부여가 된다는 측면을 포착한 점과 개인의 욕구만 아니라 개인의 능력(목표달성 가능성에 영향), 가치관(만족 정도에 영향), 직무상황 요인(보상 확률에 영향) 등이 추가로 고려되고 있다는 점에 우수성이 있다. 그러나 기대치, 수단치, 유인가를 구체적으로 산정하기 어렵고 특진을 조건으로 하는 범인검거령이나 제안 공모 등의 경우를 제외하고는 일상의 직무에서 보상을 제시하는 경우도 드물 것이므로 이 이론의 현실적인 적용에는 한계가 있다.

바. 형평이론(equity theory)

개인은 자신의 노력과 시간, 경험과 교육, 지식과 기술 등 직무수행에 들인 투입과 그 결과로 받은 보수, 포상, 승진, 성취감 등 보상의 크기를 비교평가하고 그 결과를 다른 사람들의 그러한 평가결과와 대조하여 만족도와 행동을 결정한다. 그러므로 투입과 산출 사이에는 형평이 성립되어야 하며 과대보상이나 과소보상은 동기부여 효과를 훼손한다는 이론이다(유민봉, 1999: 382-386).

생각건대, '남의 떡이 커 보인다'는 속담과 같이 남의 보상은 커 보일 뿐만 아니라 자신의 투입도 커 보이는 것이 우리의 경험칙이므로 투입과 산출 비교는 주관적인 판단개입에 의한 오류 가능성이 크다. 그러나 개개인의 판단과 달리 조직구성원들의 여론은 집단지혜의 작용에 의해 비교적 객관적인 판단으로 수렴하는 경향이 있다. 그러므로 전보인사나 승진이 있었을 때, 공식적 배경 설명은 물론 상담이나 쌍방향 의사소통으로 개개인의 인식 오류를 바로잡고 다른 조직구성원들에게도 이해를 시키는 자료를 제공해야 한다고 본다.

사. 강화이론과 보상이론

강화이론(reinforcement theory)에 의하면 보상 받는 행동은 반복되는 경향을 보이지만, 보상 받지 못한 행동은 반복되지 않는 경향을 보인다. 또한 어떤 행동이 계속적으로 일어나게 하고자 한다면 일어난 행동에 뒤따라서 바로 보상을 함으로써 그 행동과 보상과의 연관성을 분명하게 인식할 수 있도록 해야 한다(박경규, 2007: 497-498).

직무만족 측면에서 보상을 본 것이 보상이론(rewards theory)으로 생각된다. 만족은 개인이 받은 보상에 의해 결정되고 가치가 큰 보상이 제공될수록 만족의 정도가 크다는 주장이다(유민봉, 1999: 207).

4. 직무만족의 결정이론

직무만족의 결정요인에 관한 이론에는 욕구충족이론(need fulfillment theory), 보상이론, 불일치이론, 형평이론, 상호작용모형이 있다(유민봉, 1999: 207).

동기부여와 직무만족은 밀접한 관계가 있다. 단순히 상황 요소의 조작으로 직무만족과 동기부여 효과를 둘 다 가져올 수 있는 등 상당부분 중복된다. 직무만족 연구의 1차적 관심은 만족수준을 측정하는 것이며, 동기부여 연구는 만족을 포함한 여러 요소들이 구체적 근무의욕으로 변환되는 과정의 규명이 1차적 관심이다. 앞에서 설명한 마슬로우와 허쯔버그의 욕구이론이나 아담스의 형평이론을 학자에 따라 만족이론에 포함시키기도 한다(박경규, 2007: 366).

가. 불일치이론(discrepancy theory)

개인이 추구하는 바람직한 상태와 실제로 실현된 현재의 상태에 대한 인식의 차이가 크면 클수록 만족도가 낮고 반대의 경우에는 만족도가 높다는 것이다.

나. 상호작용모형

상호작용모형(interaction model)은 불일치이론을 토대로 하고 있다. 바람직한 상태에 대한 인식은 개인특성과 상황특성 요인에 의해 결정되고 현재 상태에 대한 인식은 실제의 직무조건에 관한 것으로 모형화한다. 바람직한 상태(should be)에 대한 인식과 현재 상태(what is now)에 대한 인식차가 크면 불만족도 크다는 것이다.

바람직한 상태에 대한 기대수준은 개인의 욕구, 능력, 가치관 등의 개인특성요인과 개인을 둘러싸고 있는 준거집단, 유사직무수행자 등 상황특성 요인에 의해 결정된다. 현재상태에 대한 인식은 직무 자체, 보상, 상관의 감독, 신분보장, 승진기회, 근무환경 등 직무와 관련된 현실수준에 대한 인식이다(유민봉, 1999: 208-209).

5. 경찰공무원의 삶의 질

사기는 삶의 질과도 비례한다. 경찰공무원의 삶의 질이 낮으므로 사기도 낮다. 삶의 질을 향상시키는 요인과 사기를 높이는 요인이 비슷하다.

가. 삶의 질의 개념

삶의 질에 대한 개념 정의는 매우 다양하며 삶을 영위하는데 필요한 조건과 환경에 대한 주관적인 평가로 이해될 수 있다. 높은 보수, 교육이나 여가생활과 관련된 부대혜택, 가정과 일의 균형 배려 등이 공무원의 삶의 질을 향상시키는데 기여한다는 것에 대해서는 이론이 없다. 우리는 공무원의 삶의 질 향상을 위해 주5일 근무제, 맞춤형 복지제도 도입을 확대하였다(박천오, 강제상 등, 2010: 303-308).

나. 경찰공무원의 삶의 질

경찰공무원은 과거 박봉과 격무에 시달렸으나, 그동안 부분적으로 개선되었다. 아직도 보수는 낮은 편이며 부대혜택도 적다. 안정된 직장, 연금의 혜택은 크다고 할 수 있으나 과거 경찰관이 누리던 권력은 약해졌다. 권한에 비해 책임은 무겁고 승진기회가 부족하며 징계가 과중한 점도 여전하다. 일과 가정의 균형을 찾을 수 있도록 배려가 안되고 있다는 점도 여전하다.

다. 경찰공무원의 삶의 질 향상방안

경찰공무원의 삶의 질을 향상시키는 방안은 앞에서 언급한 문제점을 해소하는 것이다. 특히 가정친화적 프로그램을 수립하고 억압적인 조직분위기와 과중한 업무부담을 해소하는 등 일과 삶의 균형 정책을 추진해 나가야 한다.

라. 우리나라의 가정친화적 인사정책

가족생활여건 향상을 위해 가족수당, 주택수당, 가계지원비, 특수지근무수당, 자녀학비보조수당 등을 지급하고 있고, 공무원 가족의 건강을 위하여 가사휴직, 남자도 신청 가능한 육아휴직 등의 제도가 있다. 정부기관 청사 내 보육시설도 늘려나갈 계획이다.

경감이상 경찰공무원의 전보인사시 가급적 출퇴근이 가능하도록 배려하는 것이 중요하다.

제2절 경찰공무원의 보수

1. 보수의 의의

「공무원 보수규정」(대통령령)에 의하면, 보수란 봉급 또는 연봉과 그 밖의 각종 수당을 합산한 금액이다. 봉급이란 직무의 곤란성과 책임의 정도 및 재직기간 등에 따라 계급별, 호봉별로 지급되는 기본급여이고, 수당이란 직무여건 및 생활여건 등에 따라 예산의 범위에서 봉급 외에 지급되는 부가급여를 말한다.

보수는 공평해야 하는데 이에 대해서는 세 가지 관점에서 볼 수 있다. 첫째는 내부적 공평성인데, 동일한 업무에 대한 동일한 수준의 보수를 의미한다. 둘째는 외부적 공평성인데, 보수가 유시한 업무를 수행하는 다른 조직들과 공평성을 지녀야 한다는 것을 의미한다. 셋째는 개인적 공평성인데, 동일한 직위에 있다 하더라도 근무연한, 성과, 직책을 고려하여야 한다는 의미이다(박천오, 강제상 등, 2010: 369-370).

가. 경찰공무원 보수의 특성

경찰공무원의 보수는 근로의 대가라는 점에서 다른 공무원이나 민간단체·기업의 임금과 유사하다. 하지만 경찰공무원이 제공하는 치안 서비스는 대부분 민간부문에서 찾아보기 어려운 용역으로 이에 대한 시장가치가 시장에서 형성되어 있지 않고 직무평가가 안된 상태에서 측정하기도 어렵다는 차이가 있다.

경찰공무원의 보수는 타 공무원의 보수와 같이 예산과 관련 법령의 제약 아래 있고 타 공무원과 균형을 맞추어야 하며 물가와 임금에 미치는 영향을 고려해야 하고 예산담당 부처와 국회의 통제를 받는다는 점에서 융통성이 별로 없다. 그러나 경찰관과 그 가족의 표를 의식한 정치권의 경찰 보수 인상 주장이 선거철을 전후해서 나오곤 했고, 잔존 경찰부패 해결을 위해, 일반 공무원보다 경찰관의 보수수준이 높은 선진국의 예를 따라, 경찰관 보수인상을 주장하는 경찰 내·외 시각도 있다.

마슬로우는 보수를 생리적 요인으로 분류하고 있고, 허쯔버그의 2요인 이론은 보수는 위생요인으로서 적게 주면 불만을 야기하여 직무성과의 저하 등 부작용이 초래되지만, 많이 준다고 해서 그만큼 동기부여를 통해 직무성과가 올라가는 것은 아니라고 한다.

그러나 마슬로우는 자본주의 사회에서 금전이 상위욕구의 충족에도 기여할 수 있다는 측면을 무시하고 있고, 허쯔버그의 2요인 이론의 위생요인 부분은 민간기업에서 공무원보다 훨씬 많은 임금과 상여금을 줄 때 적용될 수 있다고 본다. 공무원의 보수는 대기업에 비해 상당히 낮은 수준이므로, 공무원 보수수준은 직무성과와 정비례하지는 않겠지만 상관관계가 매우 높아 동기요인으로 작용한다고 본다.

보수는 사기증진과 동기부여 측면에서 중요하고 자본주의 경제를 근간으로 하는 사회에서 보수수준은 생활의 품위와 사회적 신분을 나타내는 지표이기도 하다. 그러므로 적정한 보수수준 확보는 유능한 인재확보와 재직자의 이직 방지에 가장 중요한 요소이다. 그러나 경찰공무원의 숫자가 많고 경찰예산에서 차지하는 인건비의 비중이 매우 높기 때문에 일률적인 인상이 어렵고, 직급(계급)별로 일반 공무원의 보수수준과 연동되어 있기 때문에 더욱 경찰관 보수인상이 어렵다.

나. 공무원 보수수준의 결정

공무원의 보수수준을 정할 때 고려할 요인은 건강과 체면을 유지할 수준의 생계비, 인재확보에서 경쟁관계에 있는 민간부문 보수, 정부의 재정형편, 물가수준, 공무원이 누리는 각종 권익과 특혜 등이다(박천오, 강제상 등, 2010: 378-380).

따라서 공무원의 보수의 일반수준은 정부재정과 국민 평균수준의 의식주 및 문화생활을 유지하는데 필요한 생계비를 고려하고, 정부 직무 중 대표성 있고 민간부문 직무와 비교 가능한 직무들에 대한 기업들의 임금수준을 고려하여 결정하는 것이 바람직하다. 그래서 「공무원 보수규정」에서는 안전행정부장관은 보수를 합리적으로 책정하기 위하여 민간의 임금, 표준생계비 및 물가의 변동 등에 대한 보수자료조사를 하도록 규정하고 있다. 그러나 이는 참고자료로 활용되고 실제로는 전년도 임금수준에 재정 형편, 민간임금 인상에 대한 정부의 입장 등 정치적 고려를 하여 전년도 대비 몇% 인상이라는 식으로 결정되는 것으로 보인다. 공무원의 보수는 납세에 의존하고 있고 정부예산에서 차지하는 비중이 크며 국회를 통과해야 하므로 경직성이 클 뿐만 아니라 공무원이 제공하는 서비스에 대한 시장가치를 평가하기 어렵기 때문이다.

다. 경찰공무원의 보수수준

경찰공무원이 일반공무원과 다른 특정직으로 했지만, 다른 특정직인 판사, 검사, 직업군인 등과는 달리 일반공무원과 보수수준이 같다는 것은 시정되어야 한다고 본다. 경찰공무원은 일반공무원에 비해 심신의 건강을 서서히 멍들게 하는 긴장과 불쾌감 및 법적 시비가 따르는 물리적 규제업무와 심야·새벽 근무 및 위기관리 성격의 업무가 많고, 근무시간 외에도 2시간 이내 근무지 도착 거리에 있어야 하는 등 사생활의 제약이 많으며, 위험한 업무가 많아 순직, 부상 가능성이 상대적으로 높기 때문이다. 해외 일부 국가에서는 경찰공무원에게 민간경비 분야 종사 등 부업을 허용하기도 하는데 우리나라에서는 이것이 금시되어 있다.

라. 경찰개혁과 경찰보수

경찰제도가 일찍 발달했던 외국의 사례를 보면, 창설 초기에는 경찰공무원의 보수가 열악하여 부패가 만연했다가, 대폭적인 보수 인상을 포함한 일련의 개혁조치로 정화되는 과정을 겪었다. 런던, 뉴욕, 도쿄 경찰책임자 보수가 시장의 보수보다 높다고 한다. 사실, 불법행위를 하려거나 하는 자들은 어떻게 해서든지 경찰과 친해짐으로써 법망을 피해 가려고 하므로 경찰관이 경제적으로 궁핍하면 이들의 교묘하고 반복된 접근 시도에 넘어가는 사람이 더 생길 수 있다.

또한 사회의 부패 수준이 OECD국가 중 최하위 권에 머물고 있어 대한민국이 선진국으로 가자면 사회 전체의 부패에 대한 통제를 강화해야 하는데, 이는 검찰이나 감사원 등 사정기관의 소수 인력만으로 부족하며 거미줄처럼 전국에 퍼져 있는 경찰이 먼저 바로 서서 앞장서야 할 것이다. 그러므로 경찰공무원의 보수는 의식주와 자녀 학자금 때문에 고민하지 않고 근무에만 전념할 수 있는 수준이 되어야 하고, 계급과 호봉이 낮은 신임직원이라 하더라도 돈에 쪼들려서 초심을 굽히는 경우가 없도록 보수체계를 바꾸어야 하며, 이렇게 하자면 인건비의 주된 상승요인인 인력의 규모보다 경찰조직목표에 기여하는 정도를 따지는 개인별 생산성을 중시하는 풍토를 확립하고 이에 적합한 제도를 강구하여야 한다.

그러한 제도로서 검토대상 중의 하나가 총액인건비 제도이다. 총액인건비제는 각 부처에서 주어진 인건비 예산의 총액한도 안에서 인력의 직급별 규모, 기구의 설치 및 인건비 배분에 대하여 부처의 업무특성에 맞게 자율적으로 운영하여 성과를 향상시키는 제도이다. 공무원보수규정과 공무원 수당 등에 관한 규정에 총액인건비제에 관한 근거조항이 있다. 경찰의 전문성에 대한 국민의 요구수준에 높아지고 있는 현실에 부응하자면, 전문특기를 가진 경찰관을 우대할 필요가 있다.

또한 지금까지 각 분야 전문가 채용 시 경위나 경정 계급을 주었는데 이에 따른 조직 내 위화감, 조기퇴직 등의 문제가 많았고 뽑는 인원도 제한적일 수밖에 없었다. 총액인건비제로 전문가 수당, 특기 수당 등을 주게 되면 이런 문제는 부분적으로 해소될 수 있을 것이다. 또한 격무부서나 기피부서에 대한 수당의 추가신설로 조직운영의 효율성을 높일 수도 있을 것이다.

2. 현행 보수제도

가. 경찰공무원의 보수와 성과 상여금

(1) 경찰공무원의 보수

경찰공무원의 보수는 원칙적으로 「공무원보수규정」에 따른다. 경찰공무원의 봉급월액은 「공무원보수규정」 별표 10에 명시된 봉급표에 의하는데 경찰공무원의 보수수준은 일반공무원 및 소방공무원의 보수수준과 같고, 공안업무 등에 종사하는 공무원(교도관 등)의 보수보다 낮은 수준이다.

경찰공무원의 보수체계는 기본급과 부가급으로 구성되어 있다. 기본급은 봉급이며 고정급이고 각종 수당이나 연금을 산정하는 기준이 된다. 부가급은 특수한 근무조건 및 생활조건을 고려하거나 행정능률의 증진을 위한 목적으로 지급되는 부수적인 보수이며 수당이라고도 한다.

(2) 경찰공무원의 성과상여금

기본급과 부가급 외에 성과상여금 제도가 있다. 경찰서 및 기동대는 기관별로 평가한다. 비중은 치안종합성과평가 70%, 지휘관 관서평가 20%, 심사위원회평가 10%이다. 계급별로 균등지급 받는다.

본청, 지방청 및 직할대 근무자는 개인별로 치안종합성과평가, 지휘관추천평가, 근무성적 등을 합산하여 평가하는데 비중은 치안정감~경무관, 총경, 경정 이하가 각각 다르고 경정이하는 심사위원회 평가도 10%가 합산된다. 지급결정에 대해 이의제기할 수 있고, 시정되지 않으면 성과상여금심의위원회에 재심사요구가 가능하다. 이 제도의 운영과정에서 공정성 논란이 작지 않다. 앞으로 평가기준이 계급별, 경과별로 구체적이고도 현실의 직무를 잘 반영토록 보완되어야 하고, 평가과정이 모두 공개되어야 하며, 평가자에 대한 평가교육 강화는 물론 평가자와 피평가자 간에 평소에 신뢰가 확립되도록 조직 운영을 해야 한다(송하종, 2013: 48-62).

나. 호봉획정 및 승급

호봉 획정 및 승급은 법령의 규정에 따른 임용권자(임용권의 위임 받은 자 포함) 또는 임용제청권자가 시행한다. 신규채용할 때에는 초임호봉을 획정하는데, 초임호봉은 「공무원보수규정」 별표 15의 공무원의 초임호봉표에 따라 획정한다. "승급"이란 일정한 재식기산의 경과나 그 밖에 법령의 규정에 따라 현재의 호봉보다 높은 호봉을 부여하는 것을 말한다.

경찰공무원이 승진하는 경우에는 승진된 계급에서의 호봉을 「공무원임용령」 별표 28에서 정하는 바에 따라 획정한다.

경찰공무원이 강등되는 경우에 강등된 계급에서의 호봉 획정은 「공무원임용령」 별표 28에서 정하는 승진 후 호봉을 강등되기 전의 계급의 호봉으로 보고 이에 해당하는 승진 전 호봉을 강등되는 계급의 호봉으로 획정한다. 이 경우 강등되는 계급에서 획정되는 호봉이 2개 이상이면 그 중 가장 높은 호봉으로 획정한다. 또한 강등된 계급에서의 호봉을 획정할 때 강등되는 공무원이 강등일 현재 강등 전의 계급에서 호봉에 반영되지 아니한 잔여기간이 12개월 이상인 경우에는 강등일에 강등 전의 계급에서 승급시킨 후에, 강등된 계급에서의 호봉을 획정한다. 이 경우 승급발령은 하지 아니하며 강등된 계급에서의 호봉 획정으로 갈음한다. 강등되기 전 계급에서의 호봉에 반영되지 아니한 잔여기간은 강등된 계급에서의 다음 승급기간에 산입한다.

통상적인 근무시간보다 짧게 근무하는 공무원의 근무기간은 정상근무시간을 기준으로 근무시산에 비례하여 승급기간에 산입하되, 통상적인 근무시간보다 짧게 근무하는 총 근무기간 중 최초 1년 이하의 기간은 승급기간에 전부 산입한다. 공무원의 호봉은 매달 1일자로 승급하나 승급제한을 받고 있는 공무원은 승급제한 기간이 끝난 날의 다음 날에 승급한다.

호봉의 획정 또는 승급이 잘못된 경우에는 그 잘못된 호봉발령일로 소급하여 호봉을 정정한다. 호봉의 정정은 해당 공무원의 현재의 호봉 획정 및 승급 시행권자가 하며, 필요하면 종전의 호봉 획정 및 승급 시행권자에게 호봉 정정을 위하여 필요한 사항을 확인할 수 있다.

다. 승급의 제한

징계처분, 직위해제 또는 휴직중인 사람 등은 승급이 제한된다. 단, 공무상 질병으로 인한 휴직기간, 병역법이나 그 밖의 법률에 따른 의무를 수행하기 위하여 직무를 이탈하게 되어 휴직한 기간, 국제기구, 외국기관, 국내외 대학, 국내외 연구기관, 재외국민교육기관, 다른 국가기관 등에서 근무하기 위하여 휴직하는 경우 그 휴직기간(비상근으로 근무한 경력에 대해서는 그 휴직기간의 50퍼센트에 해당하는 기간)과 외국유학을 하기 위하여 휴직한 기간 등은 승급기간에 포함된다.

또한 징계처분의 집행이 끝난 날(강등의 경우에는 직무에 종사하지 못하는 3개월이 끝난 날)부터 강등·정직은 18개월, 감봉은 12개월, 영창, 근신 또는 견책은 6개월 동안 승급이 제한된다. 아울러 이런 징계가 금품 및 향응 수수, 공금의 횡령·유용으로 인한 것이면 승급제한기간이 각각 3개월 연장된다.

공무원이 징계처분을 받은 후 해당 계급에서 훈장, 포장, 국무총리 이상의 표창, 모범공무원 포상 또는 제안의 채택으로 포상을 받은 경우에는 최근에 받은 가장 중한 징계처분에 대해서만 승급제한 기간의 2분의 1을 단축할 수 있다. 승급제한기간 중에 있는 사람이 다시 징계처분이나 그 밖의 사유로 승급을 제한받는 경우 그 승급제한 기간은 앞의 승급제한 기간이 끝난 날부터 기산한다.

라. 보수지급

보수는 다른 법령에 특별한 규정이 있는 경우를 제외하고는 현금 또는 요구불예금으로 지급한다. 보수는 본인에게 직접 지급하되 출장, 항해, 그 밖의 부득이한 사유로 본인에게 직접 지급할 수 없을 때에는 본인이 지정하는 자에게 지급할 수 있다.

재외공관 근무 공무원 및 1년 이상 국외파견공무원에 대해서는 부임 전에 3개월분의 범위에서 봉급을 선지급할 수 있다. 재외공무원의 보수는 재외공관 소재국 화폐로 환산하여 본인에게 지급하되, 형편에 따라 그 일부 또는 전부를 미국 화폐로 지급할 수 있다. 다만, 본인이 원할 때에는 그가 지정하는 국내 거주자에게 대한민국 화폐로 지급할 수 있다.

보수지급기관은 법령이나 법원의 재판에 따라 원천징수 등을 하여야 하는 경우와 고용보험료나 공제회 부담금에 대하여 원천징수 등을 하는 경우를 제외하고는 보수에서 일정 금액을 정기적으로 원천징수, 특별징수 또는 공제할 수 없다. 단, 본인이 1년의 범위에서 서면 제출 또는 전자인사관리시스템을 통하여 「회계관계 직원 등의 책임에 관한 법률」에 따른 지출관(대리지출관, 분임지출관 및 대리분임지출관은 제외)에게 동의한 사항에 대하여는 원천징수 등을 할 수 있다.

마. 보수 계산

공무원의 보수는 법령에 특별한 규정이 있는 경우를 제외하고는 신규채용, 승진, 전직, 전보, 승급, 감봉, 그 밖의 모든 임용에서 발령일을 기준으로 그 월액을 일할계산하여 지급한다. 보수의 일할계산이란 그 달의 보수를 그 달의 일수로 나누어 계산하는 것을 말한다. 법령의 규정에 따라 감액된 봉급을 지급받는 사람의 봉급을 다시 감액하려는 경우(동시에 두 가지 이상의 사유로 봉급을 감액하고자 하는 경우를 포함)에는 중복되는 감액기간에 대해서만 이미 감액된 봉급을 기준으로 계산한다.

재외공무원의 보수계산은 근무지에 도착한 날부터 귀국(출장 목적의 귀국은 제외한다)의 명을 받아 본국에 도착하기 전날 또는 새로운 근무지로 전보의 명을 받아 새로운 근무지에 도착하기 전날까지로 한다. 다만, 국내에서 근무하는 사람이 국외 근무의 명을 받은 경우 그 근무지에 도착하기 전날까지의 기간에 대해서는 국내 근무에 준하여 보수를 지급한다.

2년 이상 근속한 공무원이 면직(금고 이상의 형을 받거나 탄핵, 파면 또는 해임에 의하여 면직되는 경우와 그 달 1일자로 면직되는 경우는 제외) 또는 「병역법」이나 그 밖의 법률에 따른 의무를 수행하기 위하여 휴직한 경우에는 면직되거나 휴직한 날이 속하는 달의 봉급 전액을 지급한다. 다만, 공무원이 재직 중 공무로 사망하거나 공무상 질병 또는 부상으로 재직 중 사망하여 면직(그 달 1일자로 면직되는 경우는 제외) 또는 제적된 경우에는 2년 이상 근속 여부와 관계없이 면직 또는 제적된 날이 속하는 달의 봉급 전액을 지급한다. 이 경우 징계처분이나 그 밖의 사유로 봉급이 감액(결근으로 인한 봉급의 감액은 제외)되어 지급 중인 공무원에게는 감액된 봉급을 계산하여 그 달의 봉급 전액을 지급한다.

법령에 따라 퇴직 또는 직위해제처분이 소급 적용되는 사람에게는 그 소급 적용된 날 이후의 근무에 대한 보수를 지급한다. 교통의 불편 등의 사유로 면직 통지서의 송달이 지연되어 면직일을 초과하여 근무한 사람에게는 면직일부터 그 통지서를 받은 날까지의 근무에 대한 보수를 일할계산하여 지급한다. 면직된 사람이 법령의 규정에 따라 사무인계 또는 잔무처리를 위하여 계속 근무한 경우에는 15일을 초과하지 아니하는 범위에서 실제 근무일에 따라 면직 당시의 보수를 일할계산하여 지급할 수 있다.

바. 징계, 결근 등으로 인한 보수 감액

징계처분에 따른 보수의 감액은 정직은 2/3, 감봉은 1/3을 감하고, 강등되어 직무에 종사하지 못하는 3개월 동안 보수를 감할 때에는 강등된 후의 보수를 기준으로 3분의 2를 감하여 지급한다.

결근한 사람으로서 그 결근 일수가 해당 공무원의 연가 일수를 초과한 경우에는 그 초과한 결근 일수의 매 1일에 대하여 봉급 일액의 3분의 2를 감하여 지급한다. 무급휴가를 사용하는 경우에는 그 일수만큼 봉급 일액을 빼고 지급한다.

휴직기간 중에는 원칙적으로 봉급을 지급하지 아니한다. 그러나 신체상 · 정신상의 장애로 장기요양을 위하여 휴직한 공무원에게는 그 기간 중 봉급의 70퍼센트를 지급하고, 결핵성 질환으로 인하여 휴직한 경우에는 그 기간 중 봉급의 80퍼센트를 지급하며, 공무상 질병으로 휴직한 경우에는 그 기간 중 봉급 전액을 지급한다. 외국유학 또는 1년 이상의 국외연수를 위하여 휴직한 공무원에게는 그 기간 중 봉급의 50퍼센트를 지급할 수 있다. 이 경우 지급기간은 3년을 초과할 수 없다.

직위해제된 사람에게는 봉급의 80퍼센트를 지급한다. 다만, 징계의결이 요구 중이거나 형사사건으로 기소되어 직위해제된 사람이 직위해제일부터 3개월이 지나도 직위를 부여받지 못한 때에는 그 3개월이 지난 후의 기간 중에는 봉급의 50퍼센트를 지급한다.

사. 수당

수당은 「공무원 수당 등에 관한 규정」(대통령령)에서 규정하고 있으며 근무환경, 근무시간, 위험도, 실비보전 등의 지급사유에 따라 크게 상여수당, 가계보전수당, 특수근무수당, 초과근무수당, 특수지근무수당, 실비변상 등으로 구분할 수 있다.

결근한 사람에게는 결근 매1일에 대하여 특수지근무수당 · 위험근무수당 · 특수업무수당 · 업무대행수당 · 정액급식비 및 직급보조비의 일액(월액을 그 달의 일수로 나눈 금액)을 빼고 지급한다.

강등・정직・직위해제 또는 휴직(공무상 질병으로 인한 휴직은 제외)으로 근무하지 아니한 달의 특수지근무수당・위험근무수당・특수업무수당・업무대행수당 및 실비변상 등은 지급하지 아니한다. 감봉기간 중에는 특수지근무수당・위험근무수당・특수업무수당・업무대행수당의 3분의 1을 감액 지급하며, 국외출장이나 국외파견기간(출장기간 및 파견기간이 30일 이상인 경우) 중에는 특수지근무수당・위험근무수당・특수업무수당・업무대행수당 및 연가보상비를 지급하지 아니한다. 다만, 월중에 강등・정직・직위해제 또는 휴직처분을 받거나 복직한 경우에는 실제로 근무한 일수에 따라 일할 계산하여 지급한다.

연가・병가・공가・특별휴가 및 공무상 질병으로 인한 휴직기간 중에는 수당 등을 지급한다. 다만, 무급인 특별휴가에 대해서는 특수지근무수당・위험근무수당・특수업무수당・업무대행수당・정액급식비 및 직급보조비의 일액(월액을 그 달의 일수로 나눈 금액)을 빼고 지급한다.

파면・해임・강등 또는 정직에 해당하는 징계 의결이 요구 중인 자나 형사사건으로 기소된 자가 징계위원회의 의결에 따라 징계의결요구가 기각되거나 법원에서 무죄선고를 받은 경우와, 징계처분이나 면직처분 또는 직위해제처분이 소청심사위원회의 결정이나 법원의 판결로 무효 또는 취소된 경우에는 직위해제처분 등으로 지급하지 아니한 수당 등(연가보상비는 제외)을 소급하여 지급한다.

정년퇴직・명예퇴직・조기퇴직 또는 자진 퇴직하는 공무원 등에 대해서는 퇴직한 날이 속하는 달의 수당 등(징계처분 등으로 수당 등이 감액된 경우에는 감액된 금액)의 전액을 지급한다. 다만, 그 달 1일자로 퇴직하는 경우는 제외한다

공무원이 재직 중 공무로 사망하거나 공무상 질병 또는 부상으로 재직 중 사망하여 면직(그 달 1일자로 면직되는 경우는 제외) 또는 제적된 경우에도 면직 또는 제적된 날이 속하는 달의 수당 등(징계처분 등으로 수당등이 감액된 경우에는 감액된 금액)의 전액을 지급한다.

(1) 상여수당

(가) 대우공무원수당

대우공무원으로 선발된 사람에게는 예산의 범위에서 해당 공무원 월봉급액의 4.1퍼센트를 대우공무원 수당으로 지급할 수 있다. 다만, 대우공무원수당과 월봉급액을 합산한 금액이 상위직급으로 승진 시의 월봉급액을 초과할 경우에는 해당 직급 월봉급액과 상위 직급 월봉급액의 차액을 대우공무원수당으로 지급한다. 정직・감봉・직위해제 및 휴직으로 봉급이 감액 지급되는 사람에게는 대우공무원수당을 감액하여 지급한다.

(나) 정근수당

공무원에게는 예산의 범위에서 근무연수에 따라 매년 1월과 7월의 보수지급일에 「공무원 수당 등에 관한 규정」에 따라 정근수당을 지급한다. 다만, 전투경찰순경 · 경찰대학생 · 경찰간부후보생 등에게는 정근수당을 지급하지 아니한다. 정근수당은 지급대상기간 중 징계처분을 받은 공무원에게는 지급하지 아니하며, 신규임용된 공무원과 직위해제나 휴직처분을 받은 공무원의 경우에는 해당 지급대상기간 중 공무원으로 실제 근무한 기간에 따라 소정의 계산식에 의해 지급하되, 실제 근무한 기간을 계산할 때 15일 이상은 1개월로 계산하고 15일 미만은 계산하지 아니한다.

(다) 성과상여금

치안정감 이하의 경찰공무원 중 근무성적, 업무실적 등이 우수한 사람에게는 공무원수당 등에 관한 규정에 따라 성과급심사위원회의 심사를 거쳐 예산의 범위에서 성과상여금을 지급한다.

(2) 가계보전수당

(가) 가족수당

부양가족이 있는 사람에게는 예산의 범위에서 공무원 수당 등에 관한 규정에 따른 가족수당을 지급하되, 부양가족의 수는 4명 이내로 한다. 다만, 자녀의 경우에는 부양가족의 수가 4명을 초과하더라도 가족수당을 지급한다. 부양가족이란 부양의무를 가진 공무원과 주민등록표상 세대를 같이하는 사람으로서 해당 공무원의 주소나 거소에서 현실적으로 생계를 같이 하는 배우자, 본인 및 배우자의 60세(여성인 경우에는 55세) 이상의 직계존속과 60세 미만의 직계존속 중 장애의 정도가 심한 사람, 본인 및 배우자의 20세 미만의 직계비속과 20세 이상의 직계비속 중 장애의 정도가 심한 사람, 본인 및 배우자의 형제자매 중 장애의 정도가 심한 사람 등이다.

같은 부양가족에 대하여 부양하는 공무원이 2명 이상인 경우나 부부가 공무원인 경우에는 그 중 1명의 공무원에게만 수당을 지급한다. 부부 중 1명은 공무원이고 배우자는 「국가재정법」, 「지방재정법」, 「지방자치단체 기금관리기본법」 등에 따른 회계 또는 기금에서 인건비가 보조되는 사립학교, 공공기관, 지방공단 또는 별정우체국에서 근무하면서 해당 기관에서 가족수당을 지급받고 있는 경우에 해당 공무원에게는 가족수당을 지급하지 아니한다.

강등, 정직, 감봉, 직위해제 및 휴직으로 봉급이 감액 지급되는 사람에게는 봉급 감액과 같은 비율로 가족수당을 감액하여 지급한다.

(나) 자녀학비보조수당

고등학교에 다니고 있는 자녀가 있는 공무원에게는 예산의 범위에서 자녀학비보조수당을 지급한다. 다만, 자녀가 법령에 따라 학비가 면제되거나 학비가 무상인 학교에 다니고 있는 경우 등에는 지급하지 아니한다. 강등・정직・감봉・직위해제 및 휴직으로 봉급이 감액 지급되는 공무원에게는 봉급 감액의 비율로 자녀학비보조수당을 감액 지급한다.

(다) 육아휴직수당

육아휴직수당은 육아휴직 개시일을 기준으로 월봉급액의 40퍼센트에 해당하는 금액으로 한다. 육아휴직수당의 상한액은 월 100만원이고 하한액은 월 50만원이며 육아휴직수당의 15퍼센트에 해당하는 금액을 빼고 남은 금액을 지급한다. 공제한 부분은 육아휴직 종료 후 복직하여 6개월 이상 계속하여 근무한 경우에 합산하여 일시불로 지급한다. 다만, 빼고 남은 금액이 월 50만원 미만일 경우에는 월 50만원을 지급한다. 육아휴직수당의 지급기간은 휴직일부터 최초 1년 이내로 한다.

(3) 특수근무수당 등

(가) 위험근무수당

공무원으로서 위험한 직무에 종사하는 사람에게는 예산의 범위에서 공무원 수당 등에 관한 규정에 따라 위험근무수당을 지급한다.

(나) 특수업무수당

정보통신 경과, 운전 경과, 선상 근무하는 한강순찰대 소속 경찰공무원에게는 예산의 범위에서 공무원의 수당 등에 관한 규정에 따라 특수업무수당을 지급한다. 공무원 수당 등에 관한 규정 별표 11의 특수업무수당은 같은 별표에 따른 수당 간에 함께 지급할 수 없다.

(다) 업무대행수당

출산휴가나 육아휴직 중인 공무원의 업무를 대행하는 공무원과 시간제근무공무원의 근무시간 외의 업무를 대행하는 공무원에게는 예산의 범위에서 월 5만원의 업무대행수당을 지급한다. 다만, 같은 업무를 대행하는 공무원이 여러 명인 경우에는 각각 월 3만원의 업무대행수당을 지급한다.

(4) 초과근무수당 등

(가) 시간외근무수당

근무명령에 따라 규정된 근무시간 외에 근무한 사람에게는 예산의 범위에서 시간외근무수당을 지급한다. 시간외근무수당은 매시간에 대하여 해당 공무원에게 적용되는 기준호봉의 봉급액의 55퍼센트의 209분의 1의 150퍼센트를 지급한다. 기준호봉은 「공무원의 수당 등에 관한 규정」의 별표 12와 같다.

시간외근무명령에 따라 근무한 시간은 월(月)별로 산정하며 1일 시간외근무시간은 분(分) 단위까지 더하여 월별 시간외근무시간을 산정한 후 1시간 미만은 버린다. 단, 해당 일(日)의 시간외근무시간이 1시간 미만인 경우에는 더하지 아니하고 1시간 이상이면 거기서 1시간을 빼고 합산한다. 그러나 공휴일 및 토요일은 해당 일의 시간외근무시간 전체를 합산한다.

(나) 관리업무수당

총경 이상의 경찰공무원에게는 예산의 범위에서 월 봉급액의 9%를 관리업무수당으로 지급한다. 그러나 강등 · 정직 · 직위해제 또는 휴직(공무상 질병으로 인한 휴직은 제외) 중에 있는 사람, 직제와 정원의 개폐나 예산의 감소 등에 따른 폐직 · 과원 등의 사유로 보직을 받지 못한 사람(소속 기관장으로부터 특정한 업무를 부여받은 사람은 제외)에게는 관리업무수당을 지급하지 아니한다. 관리업무수당을 지급받는 사람에게는 시간외근무수당, 야간근무수당 및 휴일근무수당을 지급하지 아니한다.

(5) 특수지근무수당

교통이 불편하고 문화 · 교육시설이 거의 없는 지역이나 근무환경이 특수한 기관에 근무하는 경찰공무원에게는 예산의 범위에서 공무원 수당 등에 관한 규정에 따른 특수지근무수당을 지급한다. 다만, 경찰대학생과 경찰간부후보생에게는 이를 지급하지 아니한다.

특수지근무수당의 지급대상지역에 관한 실태조사는 5년마다 정기적으로 실시한다. 다만, 특수지근무수당 지급대상지역의 급격한 환경 변화 등으로 지급대상지역을 조정할 필요가 있는 경우에는 수시로 실태조사를 할 수 있다.

(6) 실비변상 등

(가) 정액급식비

예산의 범위에서 월 13만원의 정액급식비를 보수지급일에 지급한다. 다만, 전투경찰순경 · 경찰대학생 · 경찰간부후보생에게는 정액급식비를 지급하지 아니한다. 또한 강등 · 정직 · 직위해제 또는 휴직(공무상 질병으로 인한 휴직은 제외) 중에 있는 사람, 직제와 정원의 개폐나 예산의 감소 등에 따른 폐직 · 과원 등의 사유로 보직을 받지 못한 사람(소속 기관장으로부터 특정한 업무를 부여받은 사람은 제외)에게는 이를 지급하지 아니한다.

(나) 명절휴가비

설날 및 추석날 현재 재직 중인 공무원에게는 예산의 범위에서 명절휴가비를 지급한다. 다만, 전투경찰순경 · 경찰대학생 · 경찰간부후보생에게는 이를 지급하지 아니한다. 명절휴가비는 지급기준일 현재 월봉급액의 60퍼센트를 보수지급일 또는 명절 전후 15일 이내에 각 기관장이 정하는 날에 각각 지급한다. 다만, 지급기준일 현재 징계처분에 따른 감봉으로 봉급이 감액 지급되는 경우에는 감액되기 전의 월봉급액을 기준으로 지급한다.

(다) 연가보상비

연가보상비는 해당 연도 6월 30일 및 12월 31일 현재의 월봉급액(해당 연도 중 퇴직한 경우, 퇴직일 전일의 월봉급액, 강등된 경우, 강등 후의 월봉급액)을 기준으로 나누어 지급하되, 징계처분 · 휴직, 그 밖의 사유로 봉급이 감액 지급되는 경우에는 감액되기 전의 월봉급액을 기준으로 지급한다. 6월 30일 기준 연가보상비는 6월 30일 현재 연가잔여일수가 10일 이상인 사람에 대하여 지급한다.

(라) 직급보조비

공무원에게는 예산의 범위에서 공무원 수당 등에 관한 규정에 따라 직급보조비를 보수지급일에 지급한다. 직급보조비는 계급별로 차등이 있으나 순경과 경장, 경위와 경감은 동일하다. 공무원의 직책수행을 위한 경비로 보아 비과세 대상이나 과세 여부가 논의되고 있다.

제3절 경찰관의 후생복지

1. 경찰관의 후생복지의 의의와 종류

경찰관의 후생복지는 급여, 수당 등 보수 이외에 제공되는 다양한 형태의 편익을 의미한다. 후생복지는 보수와 마찬가지로 근무의욕 향상, 우수인력 유치 및 퇴직 방지 등 인력의 유지 활용에 필수적인 요소이다. 특히 야간근무와 위험한 근무가 많은 경찰관에게는 직무수행 현장에서의 안전 향상과 적정한 휴식기회 부여를 통한 건강보호가 매우 중요하며 이런 요소들을 경찰관에 대한 후생복지 제공 차원에서 다루어야 할 것이다. 또한 출퇴근이 불가능한 지역으로의 이동이 잦은 경정 이상의 주거 문제도 일반 공무원과는 다른 점이고 특별한 대책이 요구되는 부분이다.

경찰관의 후생복지는 크게 보아, 직무수행 관련 안전, 보건 향상 및 책임보험 제공, 휴식 및 휴가 보장, 의식주 및 문화생활 편의 제공, 공무원 연금공단 및 경찰공제회를 통한 혜택 등이다. 또한 '위험직무관련 순직공무원 보상에 관한 특별법'이 제정되어 순직자들에게 주어지는 보상금액이 크게 높아졌다.

가. 직무수행 관련 안전 향상

경찰관은 체포, 진압, 재난 구조 등의 직무수행 중 사망하거나 부상당하는 경우가 가끔 생긴다. 경찰관의 안전을 향상시키기 위해서는 효과적인 안전장구의 개발 지급과 자기방어에 필요한 안전교육의 기회를 제공하고 법적 보호장치를 강화하여야 한다.

현재 「경찰관직무집행법」에서 무기사용의 요건을 까다롭게 규정하고 있다. 즉, 사형·무기 또는 장기 3년 이상의 징역이나 금고에 해당하는 죄를 범하거나 범하였다고 의심할 만한 충분한 이유가 있는 자가 경찰관의 직무집행에 대하여 항거하거나 도주하려고 할 때 또는 제삼자가 그를 도주시키려고 경찰관에게 항거할 때에 이를 방지 또는 체포하기 위하여 무기를 사용하지 아니하고는 다른 수단이 없다고 인정되는 상당한 이유가 있을 때 등이다. 특히, 다른 수단이 있는지와 상당한 이유가 있는지의 판단은 주관적인 것으로 동일한 상황에서 사람마다 판단이 다르다. 감찰이나 검사나 판사가 어떻게 판단할지 누가 자신하겠는가? 급박한 상황에서 이런 요건들을 판단한다는 것은 사실상 불가능에 가깝기 때문에 총기 사용을 주저하다보면 경찰관이 위험해질 수밖에 없다.

따라서 가볍고 편리한 최첨단의 안전장구가 필요한 것이다. 법령 규정도 경찰관의 안전 측면에서 경찰관의 신체안전과 무관한 도주의 경우와 안전을 위협하는 항거의 경우를 분리하여 경찰관을 향해 흉기를 꺼내거나 주먹이나 발로 얼굴, 가슴, 급소를 가격할 때 등 구체적인 경우를 열거하고 이때에 무기사용을 할 수 있도록 개정해야 할 것이다.

진압복도 더 튼튼해지고 가벼워지고 내화성이 강화되어야 하며, 다른 진압장비도 지속적으로 개발되어 나가야 한다. 진압모나 진압복에 첨단 카메라와 실시간 전송장치를 부착하여, 마스크를 쓰고 공격도구를 휘두르며 시위대 전열에 서서 진압경찰을 폭행하는 자들의 홍채, 얼굴이미지, 기타 용모·복장 등을 촬영하여 의법조치함으로써 경찰관을 보호하는 방안도 추진해야 한다. 도주하는 차량을 추적할 경우가 생길 수 있는 외근 경찰관들에게 추격운전훈련을 받을 기회를 제공하여 이들을 교통사고로부터 보호할 필요가 있다.

나. 경찰관 보건 향상 및 휴식 보장

심야근무, 그 중에서도 새벽 2시에서 5시 사이의 근무는 젊은 경찰관에게도 알게 모르게 건강에 타격을 준다. 이 시간대에는 바이오리듬이 최저 상태로 상황실 내근자처럼 움직이지 않는 근무를 하면 깨어 있지만 순간순간 가수면 상태에 있게 된다. 외근 근무자는 가수면도 불가능한 경우가 많으므로 더욱 건강에 영향이 크다. 근무에 들어가기 전에 미리 잠을 자 두면 견디기는 좀 낫지만, 그래도 장기간 주기적으로 야근근무를 하다보면 몸이 서서히 나빠진다.

경찰업무는 규제업무와 위기관리 성격의 상황처리 업무가 많은 편이다. 민주주의 사회에서 항의와 불평을 하는 타인을 맞상대 못하고 규제하는 업무를 계속하다보면 경찰관에 따라서 차이가 있지만, 대개 스트레스가 점점 쌓이게 되고 나이가 들면 성인병으로 나타나게 된다. 사후에 언론과 감찰의 엄중한 평가가 따르는 위기관리 상황 처리를 하다보면 더욱 그렇다.

따라서 경찰관들에게 건강관리에 대한 지식과 정보, 정기적인 진단과 처방의 제공은 물론 바이오리듬을 고려한 근무시간 설계가 필요하다. 「경찰공무원 복무규정」(대통령령)에서는 경찰기관의 장은 특별한 사정이 없는 한, 연일근무자 및 공휴일근무자에 대하여는 그 다음날 1일의 휴무를 허가하고, 당직 또는 철야근무자에 대하여는 다음 날 오후 2시를 기준으로 하여 오전 또는 오후의 휴무를 허가하도록 규정하고 있다. 또한 근무 및 대기 장소와 차량의 냉난방, 공기정화, 세탁 등 위생적인 환경이 필요하다. 스트레스는 가족과의 인간관계도 해치므로 이에 대한 교육과 상담기회도 제공해야 한다. 인사관리에 있어서도 가급적 가족과 떨어져 근무하는 기간을 단축시키는 노력이 필요하다.

다. 책임보험 제공 등

경찰관의 직무는 물리적 힘을 사용하는 때가 많아 상대방이 다치거나 재산적 손실을 입는 경우가 생기고 이로 인해 민사상, 형사상으로 피소당할 수가 있다. 일단 피소당하면 유능한 변호사를 고용하여 대응해야 하고 검찰과 법원을 들락거려야 하며, 이런 과정에서 정신적 고통도 크다. 잘잘못을 떠나 상대방을 찾아 유감을 표시해야 할 경우도 있는데, 이 때 빈손으로 가기도 어렵고 찾아 가서 봉변을 당하기 일쑤이다.

이때에 대비해서 책임보험 등 필요한 보험을 들어 두어야 하는데, 이는 경찰직무의 특성상 불가피하게 수반되는 일이므로 경찰관 개인에게 부담시켜서는 안되고 국가가 부담해야 된다고 본다. 보험으로 보장되는 범위도 변호사 비용은 물론 사건 종료시까지 들어가는 비용 전액이 포함되어야 할 것이다. 경찰에서도 이런 배려를 시도 중에 있고 경찰공제회에서 피소 경찰관에 대한 지원을 선별하여 하고 있는데 극히 일부만이 혜택을 보고 있다.

라. 의식주 및 문화생활 편의제공

전국 경찰관의 급여가 계급별, 호봉별로 동일하나, 생활비는 지역별로 차이가 있고, 생활비가 많이 드는 지역일수록 주택 및 전세가격이 높고 이웃의 소비수준이 높아 상대적으로 빈곤감을 더 느끼게 된다. 무주택 경찰관에 대한 지원, 저가로 생활필수품을 구입할 수 있는 전용매점의 개설, 휴양시설 · 문화행사 · 체육시설 · 극장에 대한 접근 지원, 본인과 가족의 교육비, 의료비 지원 및 경찰병원 이용 혜택 등 다양한 의식주 및 문화생활 편의제공 방법이 강구되어야 한다.

경찰이 자체 휴양시설들을 확보하고 있으나 수요에 비해 턱 없이 부족하므로 더 확충될 필요가 있다. 스트레스를 많이 받는 직무의 특성을 고려하면 다양한 방법으로 건전한 문화생활을 유도하여 정서를 순화시키는 것이 본인의 건강과 조직의 자체사고 예방을 위해 중요한 요소이다.

2005년부터 모든 공무원에게 지급되는 맞춤형 복지포인트는 기본이 30만원 포인트이고 근속연수와 배우자 유무에 따라 포인트가 추가된다. 이를 생활편의 제공으로 보아 비과세 대상으로 하고 있으나, 이를 보수로 보는 사람도 있어 이에 대한 과세 주장이 제기되고 있다.

또한 야간·명절·공휴일 근무가 많은 직무 특성상 저렴한 가격으로 위생적인 식단을 제공하는 구내식당의 운영과 통근버스 등 이동편의의 제공 확대 등으로 생활비의 절감과 함께 경찰관의 건강과 안전을 증진시켜야 한다.

마. 적절한 휴가 및 육아의 보장

바쁘게 돌아가는 경찰직무 여건 때문에 경찰공무원이 규정대로 휴가를 다 찾아서 누리기 어려운 분위기가 경찰조직 내에 있어 왔다. 미사용 연가에 대해서 수당지급을 하지만 스트레스를 많이 받는 경찰직무의 특성을 고려할 때 휴가 가는 인원을 고려한 여유인원을 확보하여 휴가를 제대로 보내어 심신의 활기를 되찾게 하는 것이 원칙이라고 본다. 휴가제도에 대해서는 뒤에 자세히 설명한다.

또한 육아휴직제도를 두고 원하는 경우 이를 분할하여 할 수 있으며, 1주당 15시간 이상 35시간 이하의 범위에서 시간제근무로 전환하여 근무할 수 있다. 출산휴가 또는 육아휴직을 하거나 시간제근무를 할 때에는 그 사람의 업무를 대행하는 사람을 지정하고 그에게 수당을 지급할 수 있도록 하여 제도적으로 업무공백을 방지하고 있다. 아이를 양육하는 여자경찰관들이 보통 탁아소, 어린이 집 등에 아이를 맡기거나 시부모, 친정부모에게 맡기는 경우가 많다. 그런데 아이가 아프거나 하면 근무 중에 수시로 전화하는 등 직무에 몰입하지 못하는 사람도 있으므로 본인이 원하는 경우, 원하는 기간만큼의 추가 무급 휴가를 주고 조직전체에서 이런 공백만큼 여유 인원을 채용할 수 있도록 제도화하는 것이 본인을 위해서나 직무수행의 적정을 위해서나 필요하다고 본다.

바. 공무원 연금공단 및 경찰공제회를 통한 혜택

공무원 연금공단은 공무원의 공무로 인한 질병·부상과 재해 및 장애에 대하여 각종 급여를 지급하고 있는데, 이 돈은 공무원의 기여금을 적립한 기금에서 나가는 것이 아니고 정부나 지방자치단체에서 최종적으로 부담한다. 경찰공제회는 가입한 경찰관으로부터 매달 받은 돈으로 사업을 하여 시중의 제1금융권 금리 이상의 부가금을 붙여 퇴직시나 본인이 원할 때 반환하고 있고 이 부가금에는 금리보다 저율의 세금이 부과되므로 경찰관이 비교적 고이율의 안정적인 저축을 할 수 있는 수단이라고 생각된다.

전국 경찰관 대부분의 저축 재산을 관리하는 등 중요한 기능을 수행하는 경찰공제회는 과거 PF 등에 투자한 돈의 일부가 무수익자산으로 변하여 어려움이 지속되고 있다. 이런 현상의 가장 큰 원인은 고위험이 따르는 고수익을 추구하고 리스크 관리가 약하였던데 있었던 것으로 보인다. 또한 임원 4명 중 3명과, 투자에 대한 최종 결정권을 행사하는 운영위원회의 운영위원 전원이 경찰관 출신 또는 현직 경찰관이어서 금융투자에 대한 지식과 경험이 부족한데도 그 원인이 있었다고 본다. 특히 임원은 임기가 짧아서 단기성과에 집착하게 되고, 투자의 논리와 실상은 커녕 금융용어도 제대로 파악하기 전에 임기 말이 다가오게 된다.

경찰공제회는 2009년 리스크 관리체제를 강화한 바 있으나 면허시험장 신체검사장에서 들어오던 수입이 제도변경으로 대폭 줄어 어려움이 커졌다. 이제 수익을 의미있게 낼 수 있는 경찰 관련 사업장은 경찰병원 장례식장 뿐이다. 그래서 회원들에게 주는 부가율을 낮출 수밖에 없는 상황이었으나, 최종 인가권자인 경찰청장이 회원들의 입장을 고려하여 주저하는 경우도 있어 회계상 흑자를 내기가 더욱 어려웠다. 인가를 거부하기 전에 경제정보 부서를 통해 금융전문가들의 의견수렴을 해 보았더라면 좋았을 것이라는 아쉬움이 있었다. 이런 어려움 때문에 경찰공제회 이사장이 사임하기도 했다.

경찰공제회는 투자 전에 지역 경찰관서에 대해 외부의 투자 제안에 대한 사실 확인을 요청한 바 있는데, 그 결과 놀랄 정도로 정확하고 상세하게 파악할 수 있었던 경험이 있었다. 이것이 경찰에서 경찰공제회에 지원해 줄 수 있는 것 중 가장 중요하다고 본다.

2. 경찰공무원에 대한 보건, 안전 및 복지에 대한 현행 제도

경찰공무원은 일상업무가 타인을 규제하는 업무이고 사실상 분쟁에 개입하게 되는 경우가 많을 뿐만 아니라, 폭력시위 진압, 테러 대응, 대규모 인명피해를 가져오는 사건 · 사고 대처 등 치안상 위기관리 직무를 수행하고 있다. 이런 업무는 위험하고 스트레스를 많이 받는 직무이므로 경찰공무원의 안전과 건강을 항상 위협한다.

이런 점을 고려하여 2013. 2월 경찰공무원에 대한 「경찰공무원 보건안전 및 복지기본법」과 그 시행령이 제정되었다. 또한, 「경찰공무원 복무규정」에서는 경찰기관의 장은 소속 경찰공무원의 건강유지와 체력향상에 관한 보건대책을 강구하여야 하고, 경찰공무원은 항상 보건위생에 유의하여 건강을 유지하고 체력을 증진하는데 노력하여야 한다는 원칙을 규정하고 있다.

「경찰공무원 보건안전 및 복지기본법」의 제정목적은 경찰공무원에 대한 보건안전 및 복지정책의 수립·시행 등에 필요한 사항을 규정함으로써 경찰공무원의 근무여건 개선과 삶의 질 향상을 도모하는 한편, 경찰공무원의 위상과 사기를 높이고 치안업무에 전념할 수 있도록 하는 것이다. 그 주요 내용을 보면 다음과 같다.

가. 경찰공무원에 대한 보건, 안전 및 복지정책의 기본방침

이 법에서는 경찰관 복지정책의 수립, 시행을 국가의 책무로 규정하는 등 다음과 같은 4개의 기본방침을 제시하고 있다.

① 국가는 경찰공무원이 재직 중에는 그 직무수행에 전념하고, 퇴직 후에는 안정된 생활을 할 수 있도록 경찰공무원의 보건안전 및 복지증진을 위한 여건을 조성하여야 한다.

② 국가는 경찰공무원의 보건안전 및 복지증신에 관하여 필요한 시책을 수립·시행하여야 한다.

③ 국가는 경찰공무원의 근무환경 개선을 통하여 위험한 근무여건이나 과도한 업무량 등으로 인한 경찰공무원의 건강장애 예방 및 치유에 노력하여야 한다.

④ 국가는 이 법에 따른 경찰공무원의 보건안전 및 복지증진을 위한 정책에 소요되는 재원의 조성에 적극 노력하여야 한다.

나. 경찰공무원 보건안전 및 복지증진 계획의 수립 및 현황조사

(1) 기본계획과 시행계획의 수립 등

(가) 기본계획의 수립

경찰청장은 5년마다 경찰공무원 보건안전 및 복지증진 기본계획을 경찰공무원 보건안전 및 복지증진 정책심의위원회의 심의를 거쳐 기본계획 시행연도의 전년도 6월 30일까지 수립하여야 한다. 이에 따라 수립된 기본계획은 관계 중앙행정기관의 장과 협의한 후 같은 해 11월 30일까지 대통령의 승인을 받아 확정된다. 수립된 기본계획을 변경하고자 할 때에도 또한 같다.

기본계획에는 경찰관의 보건안전 및 복지증진 정책의 기본목표 및 추진방향, 근무여건 개선, 복지시설과 체육시설의 설치·운영, 건강검진 및 정신건강검사 등 의료지원, 이러한 사업에 사용되는 재원의 조달, 보건안전 및 복지증진을 위한 연구에 관한 사항 등 경찰관의 보건안전 및 복지증진을 위하여 필요한 사항이 포함되어야 한다.

(나) 시행계획의 수립, 시행

경찰청장은 각각 기본계획에 따라 매년, 시행계획 시행연도의 전년도 12월 31일까지 연도별 시행계획을 수립·시행하여야 한다.

(2) 중앙행정기관의 장, 그 밖의 관계 기관 및 단체 등에 대한 자료제출 요구

경찰청장과 해양경찰청장은 기본계획 또는 시행계획의 수립·시행 등을 위하여 중앙행정기관의 장, 그 밖의 관계 기관 및 단체에 필요한 자료의 제출을 요청할 수 있다. 이 경우 중앙행정기관의 장, 그 밖의 관계 기관 및 단체는 특별한 사정이 없으면 그 요청에 따라야 한다.

(3) 현황조사

경찰청장과 해양경찰청장은 5년마다 기본계획 시행연도의 전년도 3월 31일까지 경찰공무원의 보건안전 및 복지 현황에 관한 조사를 실시하고, 그 결과를 기본계획에 반영하여야 한다.

정기현황조사에는 경찰공무원의 소득, 지출, 자산 등 경제상태, 혼인, 출산, 양육, 부양, 동거 가족형태 등 가족관계, 복지시설 및 체육시설의 분포, 이용 정도 및 수요, 경찰공무원 의료지원기관의 여건 등 의료지원 실태, 경찰공무원의 질병 및 건강, 여성 경찰공무원의 임신, 출산, 육아 등에 관한 사항이 포함되어야 한다. 또한 직원숙소(경찰관 주거안정을 위하여 신축, 매입 또는 임차한 건물과 관사)의 이용 여부, 자택 보유 여부 등 경찰공무원의 주거에 관한 사항, 근무환경 실태 등 경찰공무원의 보건안전 및 복지에 관한 사항으로서 경찰청장이 필요하다고 인정하는 사항이 포함되어야 한다.

경찰청장은 경찰공무원 보건안전 및 복지와 관련된 사회환경의 변화 등으로 추가조사가 필요하게 된 경우에는 정기현황조사 외의 현황조사를 실시할 수 있다.

(4) 2013년 및 2014년의 계획 수립·시행과 현황조사

경찰청장은 2014년을 첫 번째 수립하는 기본계획의 시행연도로 보아 기본계획 및 시행계획을 수립하고, 정기현황조사를 실시하여야 하며, 2013년도에 대해서는 기본계획과 시행계획을 구분하지 아니하고 2013년도 경찰공무원 보건안전 및 복지증진 계획을 수립·시행할 수 있다. 경찰청장은 2013년도 경찰공무원 보건안전 및 복지증진 계획 수립을 위하여 필요한 경우 정기현황조사 외의 현황조사를 실시하여 2013년도 경찰공무원 보건안전 및 복지증진 계획에 반영할 수 있다.

다. 경찰공무원 보건안전 및 복지증진 정책심의위원회

(1) 위원회의 구성 등

경찰공무원에 대한 보건안전 및 복지증진 정책의 수립과 그 시행 등에 관한 사항을 심의하기 위하여 경찰청에 경찰공무원 보건안전 및 복지증진 정책심의위원회를 둔다. 이 위원회는 위원장 1명을 포함한 11명 이내의 위원으로 구성되며 위원장은 경찰청 차장이 된다. 이 위원회의 위원은 경찰공무원의 보건안전 및 복지에 관한 학식과 경험이 풍부한 사람, 고위공무원단에 속하는 관계 중앙행정기관의 일반직 공무원, 경찰청 소속 공무원 중에서 경찰청장이 위촉 또는 임명한다.

위원 중 경찰공무원의 보건안전 및 복지에 관한 학식과 경험이 풍부한 사람으로서 위촉된 위원은 5명 이내로 한다. 관계 중앙행정기관은 기획재정부. 안전행정부, 보건복지부, 여성가족부 그 밖에 경찰청장이 경찰공무원 보건안전 및 복지와 관련하여 필요하다고 인성하는 중앙행정기관이다. 위촉위원의 임기는 2년으로 하며, 한 차례만 연임할 수 있다.

위원회의 사무를 처리하기 위하여 위원회에 간사 1명을 두되, 간사는 각각 경찰청과 해양경찰청 소속 공무원 중에서 위원장이 지명한다.

(2) 위원회의 심의사항

위원회는 경찰공무원 보건안전 및 복지증진 정책의 목표 및 기본방향에 관한 사항, 경찰공무원 보건안전 및 복지증진을 위한 법령 및 제도 개선과 예산지원에 관한 사항, 기본계획의 수립에 관한 사항, 보건안전 및 복지 현황에 관한 조사에 관한 사항 기타 경찰공무원 보건안전 및 복지증진과 관련하여 위원장이 제안하는 사항을 심의한다.

(3) 위원회의 운영

위원장은 위원회를 대표하고 위원회의 업무를 총괄하며 위원회의 회의를 소집하고 그 의장이 된다. 위원장이 부득이한 사유로 그 직무를 수행할 수 없을 때에는 위원장이 미리 지명한 위원이 그 직무를 대행한다.

위원장이 위원회를 소집하려는 경우에는 회의의 일시·장소 및 심의 안건을 정하여 회의 개최일 7일 전까지 각 위원에게 서면으로 통지하여야 한다. 다만, 긴급한 사유가 있는 경우에는 그러하지 아니하다. 위원회의 회의는 위원장을 포함한 재적위원 과반수의 출석으로 개의하고, 출석위원 과반수의 찬성으로 의결한다.

위원회는 직무를 수행하기 위하여 필요하다고 인정하는 경우에는 관계 중앙행정기관의 장, 연구기관, 단체 등에 자료 또는 의견의 제출 등을 요구할 수 있으며 관계 공무원 또는 전문가를 참석하게 하여 의견을 들을 수 있다. 위원회의 회의에 출석하는 위원 또는 전문가 등에게는 예산의 범위에서 수당과 여비를 지급할 수 있다. 다만, 공무원인 위원 또는 관계 공무원이 그 소관 업무와 직접 관련하여 출석하는 경우에는 그러하지 아니하다. 기타 위원회 운영에 필요한 사항은 위원회의 의결을 거쳐 위원장이 정한다.

라. 보건안전 및 복지증진 세부 내용

(1) 의료지원

(가) 의료지원 제공 및 실시기관

국가는 경찰공무원의 체력과 건강관리를 위하여 경찰공무원에게 업무적 특성을 감안한 건강검진 및 정신건강검사와 진료 등의 의료지원을 제공할 수 있다. 경찰공무원에 대한 의료지원에 필요한 사항 중 경찰공무원 보건안전 및 복지기본법과 그 시행령에 규정이 없는 사항은 경찰청장이 정한다.

이러한 의료지원은 경찰병원이나 공공보건의료에 관한 법률에 따른 공공보건의료기관 중 종합병원 이상의 의료기관에서 실시하되, 필요한 경우 민간의료기관에 의뢰하거나 위탁할 수 있다.

(나) 건강검진의 검사항목

검사항목은 야간근무 및 장시간 집중근무로 인한 심장·뇌혈관·근골격계 질환, 매연 및 가스로 인한 호흡기 질환 등 경찰활동과 그와 관련된 환경요인에 의한 질병의 조기발견에 필요한 검사 등 경찰공무원의 건강 보호 및 유지를 위하여 경찰청장이 필요하다고 인정하는 검사이다.

(다) 건강검진 대상 등

건강검진 대상은 야간 교대근무의 누적기간, 중요 범죄수사, 대규모 집회·시위 관리, 경호 등을 위한 장시간 집중근무 빈도, 혹한, 혹서, 매연, 소음, 진동, 전자기파, 실내공기 오염 등 위해환경의 노출 빈도 등 근무의 형태, 나이, 성별 등을 고려하여 정한 기준에 해당하는 경찰관으로 한다.

건강검진은 2년에 1회 이상 실시하되, 경찰청장이 필요하다고 인정하는 경우에는 수시로 실시할 수 있다.

(라) 정신건강검사

정신건강검사의 항목은 외상 후 스트레스 장애 검사 등 경찰공무원의 정신건강 보호 및 유지를 위하여 경찰청장이 필요하다고 인정하는 검사로 한다.

정신건강검사는 외상 후 스트레스 장애 등 정신질환이 의심되는 경찰공무원을 대상으로 한다. 이 경우 경찰청장은 정신건강검사 대상자를 판정하기 위하여 필요하면 민간심리상담 전문기관에 경찰공무원의 정신건강 상태 진단을 의뢰할 수 있다.

경찰청장은 건강검진 및 정신건강검사 결과 치료가 필요하다고 인정되는 경우에는 해당 경찰공무원이 즉시 진료를 받을 수 있도록 조치하여야 한다.

(2) 직원숙소 지원

경찰청장은 경찰공무원이 안정된 주거생활을 함으로써 근무에 전념할 수 있도록 하기 위하여 비연고지에 근무하는 경찰공무원에게 직원숙소(경찰공무원의 주거안정을 위하여 신축, 매입 또는 임차한 주거용 건물과 관사)를 제공할 수 있다.

직원숙소의 입주자는 직원숙소에서 함께 거주할 경찰공무원 가족의 수, 연고지와의 거리, 연고지가 아닌 근무지에서의 근무기간, 복무기간, 무주택기간, 장애인 또는 65세 이상자 부양 여부, 비상사태나 긴급하고 중요한 치안상황의 대비 등 업무의 특성, 섬, 외딴 곳 등 근무지의 특성 등의 사항을 종합평가하여 선정한다.

경찰청장은 입주자 선정을 위하여 각급 경찰관서에 직원숙소운영위원회를 구성·운영할 수 있다. 직원숙소 입주자에 대한 세부 선정기준과 직원숙소운영위원회의 설치·운영에 필요한 사항 및 직원숙소의 규모 및 시설기준과 그 관리 등에 관한 사항은 경찰청장이 정한다.

(3) 복지시설 등의 설치 · 운영

경찰청장은 경찰공무원의 복지증진과 체력의 유지 · 향상을 위하여 기본계획과 시행계획에 따라 복지시설 등을 설치 · 운영할 수 있다. 여기서 복지시설이란 경찰관서의 구내식당, 매점, 휴게실, 주유소, 보육시설, 주거시설, 수련원, 연수원, 경찰공무원 및 그 가족의 여가나 문화활동을 위한 시설 등 경찰공무원의 복지를 증진하기 위하여 운영되는 시설을 말한다.

다만, 보육시설 및 체육시설을 설치하기 어려운 경우에는 국가 또는 지방자치단체가 운영하는 시설이나 민간시설을 이용하게 할 수 있으며, 해당 시설을 이용하는 경찰공무원에게 그 소요비용을 지원할 수 있다.

경찰청장은 복지시설 등의 효율적인 운영을 위하여 필요한 경우에는 경찰공무원과 경찰공무원 가족 외의 사람에게도 복지시설 등을 이용하게 할 수 있고 복지시설 등의 효율적인 운영을 위하여 필요한 경우에는 위원회의 심의를 거쳐 복지시설 등을 민간업체에 위탁하여 운영할 수 있다. 복지시설 등을 민간업체에 위탁하여 운영할 수 있는 경우는 복지시설 등의 운영예산이 절감되는 경우, 이용자의 편익이 증가하는 경우 등 경찰청장이 위탁 운영이 효율적이라고 인정하는 경우이다.

경찰청장은 해당 경찰관서의 후생복지 업무를 담당하는 공무원을 소관 복지시설 등의 관리책임자로 지정하여야 한다.

3. 경찰공무원의 휴가

가. 휴가제도 개관

경찰공무원의 휴가에는 연가, 병가, 공가 이외에도 특별한 사유가 있을 때 사용할 수 있는 특별휴가가 있다. 경찰공무원의 휴가에 대해서는, 「경찰공무원 복무규정」에서 포상휴가와 연일근무자 등의 휴무에 대해서만 규정하고 있고, 휴가와 관련된 사항의 대부분은 「국가공무원 복무규정」과 「국가공무원 복무징계 관련 예규」 제9장에서 규정하고 있다. 국가공무원 복무규정에서 정한 휴가일수를 초과한 휴가는 결근으로 본다.

휴가기간 중의 토요일 또는 공휴일은 그 휴가일수에 산입하지 아니한다. 다만, 휴가일수가 30일 이상 계속되는 경우에는 그 휴가일수에 토요일 또는 공휴일을 산입한다. 공무원은 휴가기간의 범위에서 공무 외의 목적으로 국외여행을 할 수 있다.

나. 연가

(1) 연가일수

재직기간	연가일수
3개월 이상 6개월 미만	3
6개월 이상 1년 미만	6
1년 이상 2년 미만	9
2년 이상 3년 미만	12
3년 이상 4년 미만	14
4년 이상 5년 미만	17
5년 이상 6년 미만	20
6년 이상	21

위의 표에서 재직기간에는 휴직기간, 정직기간, 직위해제기간 및 강등처분에 따라 직무에 종사하지 못하는 기간은 산입(算入)하지 아니한다. 다만, 다음 임신과 출산 및 육아에 따른 휴직(자녀 1명당 1년 이내, 셋째 자녀부터는 휴직기간 전부), 법령에 따른 의무수행으로 인한 휴식, 공무상 질병 또는 부상으로 인한 휴직기간은 산입한다.

(2) 연가일수의 가산

연가는 1월 1일부터 12월 31일까지 1년 단위로 실시하며, 미사용 연가가 있더라도 다음해로 이월할 수 없는 것이 원칙이다.

그러나 연도 중 결근·휴직·정직·강등 및 직위해제된 사실이 없는 공무원으로서 병가를 받지 아니한 공무원 및 연가보상비를 받지 못한 연가일수가 남아 있는 공무원에 대해서는 다음 해에만 재직기간별 연가일수에 각각 1일을 더한다. 이 제도는 1년 미만 근무한 공무원(1월 2일 이후 일자 신규임용자)에게는 적용되지 아니한다.

(3) 연가계획 및 허가

행정기관의 장은 공무원의 연가가 특정한 계절에 치우치지 아니하고 공무원 및 그 배우자의 부모 생신일 또는 기일(忌日)이 포함되도록 연가계획을 수립하여 실시하여야 한다. 연가일수가 7일을 초과하는 공무원에 대해서는 연 2회 이상으로 나누어 허가한다. 다만, 공무 외의 국외여행이나 그 밖의 특별한 사유가 있는 공무원에 대해서는 그러하지 아니하다. 연가는 오전 또는 오후의 반일(半日) 단위로 허가할 수 있으며, 반일 연가 2회는 연가 1일로 계산한다.

행정기관의 장은 연가 신청을 받았을 때에는 공무수행에 특별한 지장이 없으면 허가하여야 한다. 공무상 연가를 허가할 수 없거나 해당 공무원이 연가를 활용하지 아니한 경우에는 예산의 범위에서 연가일수에 해당하는 연가보상비를 지급하는 것으로 연가를 갈음할 수 있다. 이 경우 연가보상비를 지급할 수 있는 연가대상 일수는 20일을 초과할 수 없다.

행정기관의 장은 소속 공무원에게 해당 연도의 남은 연가일수를 초과하는 휴가사유가 발생한 경우에는 다음 해의 연가일수를 해당 연도에 미리 사용하게 할 수 있다. 이 경우 다음 해 연가를 미리 사용할 수 있는 사유는 안전행정부장관이 정하며, 미리 사용할 수 있는 연가일수는 다음 해 연가일수의 2분의 1 이내로 한다.

(4) 연가일수에서의 공제

결근 일수, 정직 일수, 직위해제 일수 및 강등처분에 따라 직무에 종사하지 못하는 일수는 연가일수에서 뺀다. 질병이나 부상 외의 사유로 인한 지각·조퇴 및 외출은 누계 8시간을 연가 1일로 계산한다.

휴직(법령에 따른 의무 수행이나 공무상 질병·부상으로 인한 때에는 제외)의 경우에는 연가일수에서 다음 계산식에 따라 산출된 일수를 뺀다. 이 경우 해당 연도 휴직기간은 개월 수로 환산하여 계산하되, 15일 이상은 1개월로 계산하고 15일 미만은 산입하지 아니하며, 계산식에 따라 산출된 소수점 이하의 일수는 반올림한다.

$$\frac{\text{해당 연도 휴직기간(개월)}}{\text{12(개월)}} \times \text{해당 연도 연가일수}$$

나. 병가

행정기관의 장은 소속 공무원이 질병 또는 부상으로 인하여 직무를 수행할 수 없을 때나 감염병에 걸려 그 공무원의 출근이 다른 공무원의 건강에 영향을 미칠 우려가 있을 때에는 연 60일의 범위에서 병가를 허가할 수 있다. 이 경우 질병이나 부상으로 인한 지각·조퇴 및 외출은 누계 8시간을 병가 1일로 계산한다.

병가일수가 7일 이상일 경우에는 의사의 진단서를 첨부하여야 한다. 병가 중 연간 6일을 초과하는 병가일수는 연가일수에서 뺀다. 다만, 의사의 진단서가 첨부된 병가일수는 연가일수에서 빼지 아니한다. 의사의 진단서를 첨부하지 않아 연가 일수에서 빼는 병가는 병가일수에 산입하지 아니한다.

행정기관의 장은 소속 공무원이 질병 또는 부상으로 직무를 수행할 수 없거나 요양이 필요하고, 그 질병 또는 부상이 공무로 인한 것일 경우에는, 연 180일의 범위에서 병가를 허가할 수 있다.

다. 공가

행정기관의 장은 소속 공무원이 다음의 어느 하나에 해당하는 경우에는 이에 직접 필요한 기간을 공가로 허가하여야 한다.

① 「병역법」이나 그 밖의 다른 법령에 따른 징병검사 · 소집 · 검열점호 등에 응하거나 동원 또는 훈련에 참가할 때
② 공무와 관련하여 국회, 법원, 검찰 또는 그 밖의 국가기관에 소환되었을 때
③ 법률에 따라 투표에 참가할 때
④ 승진시험 · 전직시험에 응시할 때
⑤ 원격지(遠隔地)로 전보(轉補) 발령을 받고 부임할 때
⑥ 「국민건강보험법」 등에 따른 건강검진을 받을 때
⑦ 「혈액관리법」에 따라 헌혈에 참가할 때
⑧ 「공무원 교육훈련법 시행령」에 따른 외국어능력에 관한 시험에 응시할 때
⑨ 올림픽, 전국체전 등 국가적인 행사에 참가할 때
⑩ 천재지변, 교통 차단 또는 그 밖의 사유로 출근이 불가능할 때

라. 특별휴가

(1) 입양, 출산 및 경조사별 휴가일수

공무원은, 배우자가 출산하거나, 그 밖의 입양 또는 경조사가 있을 경우에는 다음의 별표 2의 기준에 따른 경조사휴가를 받을 수 있다.

[별표 2] 〈개정 2011.7.4〉

경조사별 휴가일수표(제20조제1항 관련)

구분	대상	일수
결혼	본인	5
	자녀	1
출산	배우자	5
입양	본인	20
사망	배우자, 본인 및 배우자의 부모	5
	본인 및 배우자의 조부모 · 외조부모	2
	자녀와 그 자녀의 배우자	2
	본인 및 배우자의 형제자매	1

〈비고〉
입양은 「입양촉진 및 절차에 관한 특례법」에 따른 입양으로 한정하며, 입양 외의 경조사휴가를 실시할 때 원격지일 경우에는 실제 왕복에 필요한 일수를 더할 수 있다.

(2) 출산휴가

행정기관의 장은 임신 중인 공무원에 대해서는 그 출산 전후를 통하여 90일의 출산휴가를 허가하되, 출산 후의 휴가기간이 45일 이상이 되게 하여야 한다.

(3) 여성보건휴가

여성공무원은 생리기간 중 휴식과 임신한 경우의 검진을 위하여 매월 1일의 여성보건휴가를 받을 수 있다. 다만, 생리기간 중 휴식을 위한 여성보건휴가는 무급으로 한다.

(4) 모성보호시간

임신 중인 여성공무원으로서 임신 후 12주 이내에 있거나 임신 후 36주 이상에 해당하는 공무원은 1일 2시간의 범위에서 휴식이나 병원 진료 등을 위한 모성보호시간을 받을 수 있다.

(5) 육아시간

생후 1년 미만의 유아를 가진 여성공무원은 1일 1시간의 육아시간을 받을 수 있다. 유아가 만 1세 되는 날의 전일까지 허가한다.

(6) 한국방송통신대학교 수업휴가

한국방송통신대학교에 재학 중인 공무원은 「한국방송통신대학교 설치령」에 따른 출석수업에 참석하기 위하여 연가일수를 초과하는 출석수업 기간에 대한 수업휴가를 받을 수 있다.

(7) 재해구호 휴가

풍해 · 수해 · 화재 등 재해로 인하여 피해를 입은 공무원과 재해지역에서 자원봉사활동을 하려는 공무원은 5일 이내의 재해구호휴가를 받을 수 있다.

(8) 유산휴가 또는 사산휴가

행정기관의 장은 소속 여성공무원이 유산(「모자보건법」에 따라 허용되는 경우 외의 인공임신중절에 의한 유산은 제외)하거나 사산한 경우 해당 공무원이 신청하면 임신기간에 따라 5일~90일 간 유산휴가 또는 사산휴가를 주어야 한다.

(9) 불임치료를 위한 휴가

인공수정 또는 체외수정 등 불임치료 시술을 받는 공무원은 시술 당일에 1일의 휴가를 받을 수 있다. 다만, 체외수정 시술의 경우 난자 채취일에 1일의 휴가를 추가로 받을 수 있다.

(10) 포상휴가

경찰기관의 장은 근무성적이 탁월하거나 다른 경찰공무원의 모범이 될 공적이 있는 경찰공무원에 대하여 1회 10일이내의 포상휴가를 허가할 수 있다. 이 경우의 포상휴가기간은 연가일수에 산입하지 아니한다.

(11) 연일근무자 등의 휴무

경찰기관의 장은 특별한 사정이 없는 한, 연일근무자 및 공휴일근무자에 대하여는 그 다음 날 1일의 휴무를, 당직 또는 철야근무자에 대하여는 다음 날 오후 2시를 기준으로 하여 오전 또는 오후의 휴무를 허가하여야 한다.

(12) 퇴직준비 휴가

정년 잔여기간이 1년 이내에 있는 사람이 퇴직 후의 사회적응능력 배양을 위하여 연수하게 된 경우(계급정년 해당자는 본인의 신청이 있는 경우)에는 「국가공무원법」에 따라 정원이 따로 있는 것으로 보고 결원을 보충할 수 있다. 즉 제도상으로는 다른 공무원처럼 공로연수를 보낼 수 있게 되어 있다. 대부분의 정부부처에서 시행하고 있는 공로연수제를 경찰만 시행하지 않을 경우 경찰공무원의 상대적인 박탈감은 클 것이다(강욱, 김석범, 백창현, 2013: 252). 공로연수 인원만큼 정원을 추가 확보하여 신규채용하고, 급작스러운 통일 국면 전개상황 등 치안 인력수요 급증 시에는 공로연수 중인 사람을 바로 투입할 수 있도록 하는 것은 정부 위기관리 차원에서 필요한 것인데도 오히려 경찰만 공로연수를 안 준다면 그런 결정을 한 사람의 단견을 드러내는 것이다.

제4절 경찰공무원에 대한 상훈 및 표창

상훈과 표창은 그 자체가 영광일 뿐만 아니라 근무성적 평정(경찰발전기여도)과 상벌상계 등 징계 감경에도 반영되기 때문에 경찰관의 사기와 동기부여에 영향을 미치는 요인이 된다. 상훈에 대해서는 「상훈법」에서 규정하고 있고 표창에 관해서는 대통령령인 「정부표창규정」에서 규정하고 있다. 경찰관의 표창에 대해서는 훈령인 '경찰표창규칙'에서 세부사항을 규정하고 있다. 과거 일선근무 경찰관들 사이에서는 특별한 공적이 있는 경우 외에는 훈격이 높은 상훈이나 표창을 일선에서 받기 어렵다는 불만이 있어왔다.

상훈과 표창 외에 유사한 성격의 제도로서는 포상휴가제도와 경찰지휘관 · 장기근속자에게 수여하는 경찰기장제도가 있다. 포상휴가는 근무성적이 탁월하거나 다른 경찰공무원의 모범이 될 공적이 있는 경찰공무원에 대하여 1회 10일 이내의 연가일수에 산입하지 아니하는 휴가를 허가하는 것이다.

1. 훈장과 포장

훈장과 포장의 종류, 서훈의 기준과 추천, 서훈의 공표 및 취소, 서훈의 패용 등에 관해서는 「상훈법」에서 규정하고 있다. 경찰관에게 가장 많이 주어졌던 훈장과 포장은 그 직무에 부지런히 힘써 공적이 뚜렷한 사람 등 성실히 장기 근무한 자에게 주어지는 근정훈장과 근정포장이었다. 보안업무 공적 등으로 보국훈장을 받는 등 다른 종류의 훈장이나 포장을 받는 사례도 있었다. 서훈 대상자는 국무회의의 심의를 거쳐 대통령이 확정한다. 경찰청장은 국무위원이 아니므로 경찰관은 이 점에서 불리하다.

상훈의 추천은 중앙행정기관의 장 등이 한다. 훈장 또는 포장을 받을 사람이 사망하였거나 사고로 인하여 직접 수령할 수 없는 경우에는 그 유족 또는 대리인이 본인을 갈음하여 훈장 또는 포장을 받을 수 있다. 훈장 또는 포장을 받은 사람이 이를 분실하였거나 파손하였을 때에는 대통령령으로 정하는 바에 따라 유상(有償)으로 다시 교부받을 수 있다. 훈장 및 포장은 본인만 패용하며, 사후에는 그 유족이 보존하되, 이를 패용하지 못한다. 훈장 또는 포장을 받지 아니한 사람이나 유족이 훈장 또는 포장을 패용한 때에는 6개월 이하의 징역 또는 500만원 이하의 벌금에 처한다.

2. 표창

대통령령인 「정부표창규정」상 표창은 공적상(功績賞)·창안상(創案賞)·우등상 및 협조상으로 구분되며, 경찰표창규칙에는 창안상에 대한 내용이 없다. 우등상의 종류는 각 중앙행정기관의 장이 따로 정할 수 있다.

공적상은 성실히 직무를 수행하여 근무성적이 탁월하여 경찰업무발전에 뚜렷한 공적을 세운 경우와 헌신적으로 봉사하여 국가 또는 사회의 이익과 발전에 이바지한 경우에 수여한다.

우등상은 각종 교육에서 우수한 성적을 받거나 각종 전람회·경기 및 경연대회에서 우수한 성적을 거둔 경우에 수여한다. 경찰의 경우, 경찰기관장이 경찰교육성적 우수자 또는 경찰이 주관하거나 후원하는 각종 경기대회에서 우수한 성적을 거둔 개인 및 단체에게 수여한다.

창안상은 행정능률의 향상을 위한 건설적이고 창의적인 의견 또는 방안을 제안하여 국가 또는 사회의 이익과 발전에 이바지한 경우에 수여한다.

협조상은 (경찰)행정업무 수행에 적극 협조하여 현저한 공적이 있거나 대외적으로 국가의 명예와 국위를 선양하거나 헌신적으로 봉사하여 국가 또는 사회의 이익과 발전에 이바지한 경우에 수여한다. 수여대상에는 외국인과 단체도 포함된다.

대통령 또는 국무총리가 하는 표창은 공적상 및 창안상에 해당하는 표창장, 우등상에 해당하는 상장, 협조상에 해당하는 감사장으로 구분된다. 대통령과 국무총리 이외의 기관이 하는 표창도 이 구분에 따른다. 대통령 표창장이나 국무총리 표창장을 수여할 때에 그 표창을 받은 자가 개인인 경우에는 개인표창 수장(綬章)을, 단체인 경우에는 단체표창 수치(綬幟)를 표창장과 함께 수여한다. 대통령 개인표창 수장 및 국무총리 개인표창 수장은 오른쪽 가슴에 단다. 대통령 단체표창 수치 및 국무총리 단체표창 수치는 단체기의 깃봉과 깃면 사이에 단다. 대통령 개인표창 수장과 국무총리 개인표창 수장을 함께 달 때에는 대통령 개인표창 수장을 먼저 달며, 둘 이상의 같은 등급 개인표창 수장을 달 때에는 수여받은 순서에 따라 단다.

표창은 대통령·국무총리와 각 중앙행정기관의 장 및 각급 기관의 장이 한다. 경찰의 경우, 경찰서장 이상의 각급 경찰기관장(경찰병원장 포함)이 표창권자이다. 표창권자는 공적심사위원회를 통하여 표창대상자의 공적조서(功績調書)에 의한 공적을 심사하거나 상급 표창권자에게 표창을 추천하여야 한다. 다만, 우등상의 경우에는 공적심사위원회의 심사를 생략할 수 있다. 공적심사위원회는 위원장을 포함한 3인 이상 7인 이하의 위원으로 구성하며 재적위원 과반수의 찬성으로 의결한다.

각급 표창권자는 동일한 공적에 대하여 이중으로 수여할 수 없다. 경찰기관장은 징계상계를 위하여 포상을 남발하거나 과도한 훈격의 포상을 해서는 안 된다.

경찰기관의 장은 소속 경찰관이 징계처분을 받은 것을 이유로 공적심사에서 배제하여서는 안 되며 징계처분 집행 중에도 그 공적에 상응한 포상을 하여야 한다. 다만, 정기표창의 경우에는 예외로 한다. 정기표창은 경찰의 날, 연말 종무일, 개교·발대·창설기념일에 수여하는 표창이다.

대통령 표창 또는 국무총리 표창의 대상자는 중앙행정기관의 장 등이 공적심사를 거쳐 추천한다. 대통령 표창 또는 국무총리 표창을 받을 사람이 사망하였거나 부득이한 사유로 직접 수령할 수 없는 경우에는 그 유족 또는 대리인이 본인을 갈음하여 받을 수 있다.

대통령 개인표창 수장 또는 국무총리 개인표창 수장, 대통령 단체표창 수치 또는 국무총리 단체표창 수치를 받은 자가 이를 분실하였거나 파손하였을 경우에는 다시 발급받을 수 있다. 대통령 표창장·상장 및 감사장과 국무총리 표창장·상장 및 감사장은 다시 발급하지 아니한다. 다만, 안전행정부장관은 본인 또는 유족이나 그 대리인의 신청에 따라 대통령 또는 국무총리 표창장 · 상장 및 감사장의 수여증명서를 발급할 수 있다.

3. 상벌상계

경정이하의 경찰공무원에 적용되는 상벌상계에 대해서는 경찰청 예규인 '경찰공무원 상벌상계 규칙'에서 정하고 있다. 상벌상계제도는 징계처분 또는 계고를 받은 경찰관이 직무수행 중의 공적에 의한 포상이 있으면 이를 감경하는 제도이다. 상과 벌은 상벌평점기준표에 의하여 각각 점수로 계산하고 상계되는 상 또는 벌을 받은 날로부터 30일 이내에 그 상벌의 점수를 서로 상계한다. 상과 벌은 각각 해당 계급에서 받은 것에 한한다.

상벌이 상계된 때에는 원칙적으로 다른 기관으로의 전출 등 불이익한 전보대상이 되지 아니하며 승진심사 시에 상계된 징계를 벌로 평가하지 아니한다.

4. 경찰관 기장제도

경찰공무원 기장은 경찰청장이 수여하며, 경정 이상의 경찰기관장에게 수여하는 경찰지휘관장과 10년 이상 장기 근속자에게 수여하는 경찰근속기장으로 구분한다. 경찰근속기장은 근속연한에 따라 성실장, 봉사장, 충성장, 평생장으로 구분되며 특별한 사정이 없는 한 매년 경찰의 날에 수여된다.

5. 모범공무원 제도

5년 이상 재직한 경감 이하 경찰관 중에서 직무를 성실히 수행하여 공적이 탁월한 공무원을 발굴 포상하고 인사 상 특전을 부여하는 제도이다. 이 제도는 1969년부터 6급 이하 전 공무원을 대상으로 시행해 온 제도이다. 경찰관이 모범공무원으로 선발되면 국무총리 표창과 동일한 포상 점수를 주고, 이후 3년간 매월 5만원씩 모범공무원 수당을 준다. 또한 모범공무원에게는 심사승진 시 포상점수를 만점으로 평정한다.

기관장의 입장에서는 모범공무원으로 선발되게 해 주었으니 심사승진에서 부담을 덜 느낄 수도 있어, 모범공무원 선발과 승진의 상관관계가 크다고 볼 수만은 없다.

제5절 제안제도

1. 제안제도 개관

가. 제안제도의 의의

제안제도는 행정 운영의 능률화와 경제화를 위해 소속 공무원으로부터 창의적인 의견이나 고안(考案)을 제안받아 심사하여 채택된 제안은 행정운영의 개선에 반영하고 포상 등으로 이를 장려하는 제도이다. 제출한 제안이 채택되고 시행되어 국가예산을 절약하는 등 행정 운영 발전에 뚜렷한 실적이 있는 자에게는 상여금을 지급할 수 있으며 특별승진이나 특별승급을 시킬 수 있다.

우리나라에서 정부기관 전체가 제안제도를 실시하게 된 것은 제안제도 운영의 절차를 규정하는 제안규정(대통령령)이 1973년에 제정된 이후이다. 최근, 경찰공무원의 제안 제출 실적은 다른 공무원에 비해 매우 저조하고, 이 중 제안채택 비율도 저조하다. 그러나 채택된 제안 중 중앙우수제안으로 결정되는 비율은 매우 높다.

행정안전통계연보와 경찰통계연보에 따르면, 2010년에는 전체공무원의 제안제출 건수, 제안채택 건수, 중앙우수제안 결정 건수가 각각 99,112건, 4,578건, 76건인데 비해, 경찰공무원의 경우는 이것이 각각 472건, 3건, 2건이다.

2011년에는 전체공무원의 경우 이것이 각각 79,874건, 12,620건, 71건인데 비해, 경찰공무원의 경우 이것이 각각 390건, 9건, 3건이다. 이러한 현상은 경찰공무원의 제안의 수준이 낮아 채택될만한 것이 적다기보다는 경찰의 제안채택 심사가 너무 엄격하여 채택건수도 적고 결과적으로 경찰관들이 제안제도에 흥미를 잃은 것 아니냐는 생각을 자아낼 수 있다.

경찰공무원의 제안에 대해서는 국가공무원법, 공무원제안규정(대통령령), 공무원제안규정 시행규칙(부령) 및 경찰청공무원제안제도 운영규칙(훈령)에서 규정하고 있다.

나. 제안심사의 대상과 배제 대상

(1) 제안의 대상과 제안의 구분

제안대상은 행정제도·행정서비스·행정문화 및 행정운영의 개선과 관련된 의견 또는 발명이나 고안이며 다음과 같이 구분된다.

① 아이디어제안
제안자가 자기 또는 다른 공무원의 업무에 대한 개선 아이디어를 제출하는 제안이다.

② 실시제안
제안자가 개선 아이디어를 담당 업무에 적용한 결과 종전보다 나은 성과가 있는 경우에 제출하는 제안이다.

③ 공모제안
중앙행정기관의 장이 과제를 지정하여 공개적으로 모집하는 경우에 제출하는 제안이다.

④ 발명이나 고안
행정제도·행정서비스·행정문화 및 행정운영의 개선과 관련된 발명이나 고안이다.

(2) 제안 배제대상

제안은 다음의 어느 하나에 해당하지 아니하는 것을 말한다. 접수된 제안의 내용이 이 중의 하나에 해당하는 경우에는 그 사유를 명기하여 이를 제안자에게 반려하여야 한다. 경찰청 공무원제안제도 운영규칙에서는 반려할 수 있다고 규정하고 있으나 이는 상위법령인 공무원제안규정과 합치하지 않는다고 본다.

① 타인이 취득한 특허권·실용신안권·디자인권 또는 저작권에 속하는 것이거나 「공무원 직무발명의 처분·관리 및 보상 등에 관한 규정」에 따라 보상이 확정된 것
② 이미 채택된 제안이거나 그 기본구상이 이와 유사한 것
③ 일반 통념상 그 적용이 불가능하다고 판단되는 것
④ 단순한 주의환기·진정(陳情)·비판·건의이거나 불만의 표시에 불과한 것
⑤ 국가사무에 관한 사항이 아닌 것

2. 제안심사의 주체

가. 제안의 채택과 자체 · 중앙 우수제안의 결정과정

경찰공무원의 제안은 경찰청의 각 국 · 관이 주관하여 심사하며, 채택되면 '채택제안'이 된다. 이에 대해 제안심사위원회에서 평가하여 창안등급, 부상, 상여금, 자체우수제안 등에 심의 · 의결한다. '자체우수제안'이란 채택제안 중 그 내용이 우수하다고 인정하여 안전행정부장관에게 추천한 제안을 말한다. 안전행정부장관은 자체우수제안을 제출받았을 때에는 그 내용을 심사하여 중앙우수제안으로의 채택 여부를 결정하여야 한다. '중앙우수제안'은 자체우수제안 중 그 내용이 특히 우수한 제안이라 할 수 있다. 안전행정부장관도 제안을 공정하게 심사하기 위하여 심사위원을 위촉할 수 있다.

나. 경찰청의 제안심사위원회

(1) 구성

제안심사위원회의 위원장은 기획조정관으로 하고 위원은 경찰청 국 · 관의 각 과장 및 담당관 중에서 위원장이 임명한다. 위원장은 제안내용에 대한 전문적인 심사가 필요한 경우 해당 분야의 전문지식이 있는 경찰공무원 또는 외부전문가 중에서 필요한 수의 전문위원을 위촉할 수 있다. 공무원이 아닌 전문위원에게는 예산의 범위 안에서 수당과 여비를 지급할 수 있다. 제안심사위원회에 간사 1인을 두며 간사는 기획조정담당관으로 한다.

(2) 운영

위원장은 필요에 따라 위원회 회의를 소집할 수 있다. 위원회 회의는 재적위원 과반수의 출석으로 개의하고 출석위원 과반수의 찬성으로 의결한다. 다만, 위원장이 필요하다고 인정하는 경우에는 서면심의를 할 수 있다.

(3) 심의 · 의결 사항

① 채택제안의 창안등급
② 부상금 및 상여금의 지급금액
③ 제안 실시성과의 평가

④ 제안자와 실시계획을 수립·시행한 자(이하 "실시자"라 한다)의 기여도
⑤ 자체우수제안의 선정
⑥ 기타 제안제도의 운영 및 개선에 관한 사항

3. 제안의 모집 및 제안 준비 지원

가. 제안의 모집

제안은 연중 수시로 모집하되, 필요한 경우 기간을 정하여 모집할 수 있다. 경찰청장은 공무원이 제안활동에 적극 참여할 수 있도록 필요한 홍보를 하여야 한다.

안전행정부장관은 해마다 1회 이상 제안의 종류·심사방법 및 제안에 대한 보상과 그 밖에 제안에 관한 사항을 온라인 국민참여포털 등 인터넷에 게재하거나 중앙행정기관에 지침을 통보하는 등의 방법으로 공무원에게 알려야 한다.

나. 제안 준비자에 대한 지원

경찰청장은 소속 공무원인 제안 준비자가 제안서를 작성하거나 시제품 등을 제작할 때 해당 기관이 보유하고 있는 시설·설비 또는 각종 자료 등을 이용할 수 있도록 편의를 제공하여야 한다.

4. 제안의 제출

가. 제안의 제출 방법과 시기

아이디어제안 및 실시제안을 제출하고자 하는 경찰공무원은 공무원 제안규정 시행규칙 별지1호의 서식에 따른 제안서를 경찰청장(기획조정관)에게 제출한다. 공모제안의 경우에는 공모를 실시한 중앙행정기관의 장에게 제안서를 제출한다. 제출은 방문·우편·팩스 또는 온라인 국민참여포털 등 인터넷을 통하여 하여야 한다. 실시제안의 경우에는 개선 아이디어를 담당 업무에 적용한 후 그 성과가 나타난 날부터 1년 이내에 제출하여야 한다.

공동으로 제안을 제출하는 경우에는 제안에 참여한 공무원별로 분담 내용을 적고 기여도에 관한 사항을 백분율로 표시한 업무분담내용 기술서(경찰청 공무원 제안제도 시행규칙 별지 1호 서식)도 제출하여야 한다.

둘 이상의 중앙행정기관의 소관 업무와 관련된 제안의 경우에는 제안의 주된 내용이 속하는 중앙행정기관의 장에게 제출하여야 한다. 국방·군사에 관한 내용의 제안은 국방부장관에게 제출하여야 한다.

나. 제안 제출 시 첨부 서류

(1) 아이디어제안·실시제안 및 공모 제안을 제출할 때

이때에는 제안서에 다음의 서류를 첨부하여야 한다.

① 제안내용 설명서

② 예산절감 및 국고·조세수입 증대 금액 산출 명세서

③ 실시제안의 경우 개선 아이디어를 담당 업무에 적용한 근거자료

④ 그 밖의 참고자료

(2) 제안 내용이 발명이나 고안(考案)일 때

이때에는 설계서·도안·사진 등 제안 내용을 실제로 증명할 수 있는 자료를 첨부하여야 하며, 실물로 제작된 발명 또는 고안은 실물을 심사자료로 제출할 수 있다.

다. 제안의 우선순위

접수한 제안 중 그 내용이 같은 제안이 있는 경우에는 먼저 접수한 제안이 우선한다.

라. 제안의 접수, 보완

기획조정관은 제출된 제안에 대하여 경찰청 소관업무와 관련된 제안인지의 여부, 제안자의 자격 등을 검토한 후 접수여부를 결정한다.

기획조정관은 접수된 제안의 서식, 예산절감 및 국고 조세수입 증대액 산출내역서, 실시제안 근거자료 및 기타 참고자료 등에 흠결이 있다고 인정될 때에는 제안서를 접수한 날로부터

7일 이내에 제안의 내용에 따라 상당한 기간을 정하여 제안자에게 보완을 요구할 수 있다. 이 기간 내에 보완하지 아니할 경우에는 제안서 제출을 철회한 것으로 보고 제출된 제안을 제안자에게 반려할 수 있다.

제출된 제안이 경찰청 소관 업무에 관한 사항이 아닌 경우에는 해당 중앙행정기관의 장에게 이송하고, 그 사실을 제안자에게 알려야 한다.

5. 제안의 심사 및 재심사

가. 심사항목과 배점기준 등

접수된 제안의 심사항목과 배점기준은 아래의 경찰청공무원 제안제도운영규칙 별표 1과 같다. 불채택제안의 재심사에서도 심사항목과 배점기준이 심사에서와 동일하다.

이 기준의 주요 항목은 ① 창의성, ② 능률성 또는 경제성, ③ 계속성, ④ 적용 범위, ⑤ 노력의 정도이다. 경제성을 판단하는 경우에, 직접적인 경비 절감의 추정 금액을 회계적인 방법으로 산정하기 어려운 경우에는 그 밖의 적절한 방법으로 측정한 금액으로 판단하여야 한다.

[별표 1]

제안심사 배점기준표

<table>
<tr><th colspan="2">심사항목</th><th>검토할 사항</th><th colspan="5">배점</th></tr>
<tr><td colspan="2">창의성
(20)</td><td>• 독창적이며 새로운 내용인가?
• 타 사례를 일부 참고하거나, 전부 모방하였는가?</td><td>20
획기적인 착상</td><td>16
다소 독창적</td><td>12
보통</td><td>8
일부 모방</td><td>4
전부 모방</td></tr>
<tr><td rowspan="2">경제성 또는 능률성
(30)</td><td>경제성
(30)</td><td>• 예산절감 및 국고수입 증대의 효과가 있는가?</td><td>30
5억 이상</td><td>24
3억 이상</td><td>18
1억 이상</td><td>12
5,000만원 이상</td><td>6
5,000만원 미만</td></tr>
<tr><td>능률성
(30)</td><td>• 인력, 시간, 비용 등의 투입에 대한 개선효과는 어떠한가?
• 행정목적을 효율적으로 달성하는 데 얼마나 기여하였는가?</td><td>30
매우 크다</td><td>24
다소 크다</td><td>18
보통 이다</td><td>12
약간 있다</td><td>6
없다</td></tr>
<tr><td colspan="2">계속성
(20)</td><td>• 제안실시의 효과가 장기간에 걸쳐 지속될 수 있는가?
• 행정환경이 변하면 제안의 실효성이 떨어지거나 없어지는가?</td><td>20
10년 이상</td><td>16
5년 이상</td><td>12
3년 이상</td><td>8
1년 이상</td><td>4
1년 미만</td></tr>
<tr><td colspan="2">적용범위
(15)</td><td>• 전부서에 적용할 수 있는가?
• 일부 부서에 한정하여 적용이 가능한가?
• 실시 횟수나 빈도 및 수혜대상자가 많은가?</td><td>15
전 부서 적용</td><td>12
다수 부서 적용</td><td>9
일부 부서 적용</td><td>6
소속 부서 적용</td><td>3
소속부서 일부 적용</td></tr>
<tr><td colspan="2">노력도
(15)</td><td>• 자료화 정도·완성도 및 연구·추진기간에 대한 제안자의 노력 정도는 어떠한가?
• 실시과정에서 발생한(할) 장애요인의 정도와 극복 노력은 어떠한가?</td><td>15
매우 크다</td><td>12
다소 크다</td><td>9
보통 이다</td><td>6
약간 있다</td><td>3
없다</td></tr>
</table>

〈비고〉

1. 심사항목 중 경제성 및 능률성의 평가는 제안의 내용에 따라 1개 평가항목을 선택하여 평가한다.

나. 채택 여부의 결정

접수된 제안은 접수한 날(공모제안의 경우에는 공모기간이 끝나는 날)로부터 1월 이내에 제안의 내용과 관계되는 국·관이, 소속 과장급을 심사관으로 국장급을 확인관으로 하여, 제안의 채택여부에 대한 심사를 하여, 아래 경찰청공무원 제안제도운영규칙 별표 2의 기준에 따라 채택여부를 결정한다. 소관 국·관 또는 위원회는 제안의 채택 및 자체우수제안으로의 추천을 위한 심사 등을 위해 필요한 경우에는 제안자 및 실시자 등 관계인의 출석을 요구하여 설명을 들을 수 있다.

심사결과는 소정의 서식에 따라 제안평가서를 작성하여 기획조정관에게 통보하여야 한다. 기획조정관은 소관 국·관으로부터 통보 받은 심사결과를 제안자에게 통지하여야 한다.

[별표 2]

채택여부 결정 기준

구분	점수
채택	70점 이상
불체택	70점 미만

다. 재심사

자신의 제안이 채택되지 않았음을 통지받은 경찰공무원은 그 통지를 받은 날부터 15일 이내에 재심사를 요청할 수 있다. 또한 경찰청장은 행정환경의 변화 등으로 불채택제안임에도 불구하고 이를 시행하는 경우에는 그 시행 사실을 제안자에게 알리고 이를 재심사하여 채택여부를 결정하여야 한다. 단, 그 불채택제안이 관리기간(2년) 중에 있어야 한다.

재심은 채택여부를 결정한 소관 국·관의 장을 위원장으로 하는 심사위원회를 구성하여 채택여부를 재심사하며 이 위원회의 위원은 소관 국·관 경정급 이상 중에서 위원장이 임명하되 위원장을 포함하여 3인 이상 5인 이내로 구성한다. 채택여부는 위원의 평균점수로 결정하며 재심에서의 결정기준은 위의 저음 심사에서의 결징기준(경찰청공무원 제안제도운영규칙 별표 2)과 같다.

기획조정관도 소관 국·관의 불채택 결정에 대하여 이견이 있는 경우에는 재심사를 요구할 수 있다.

라. 의견조회 등

경찰청장은 제안의 창의성 및 능률성 등을 판단하기 위하여 필요한 경우에는 관계 기관 또는 전문가에게 필요한 실험·조사 등을 의뢰하고 의견이나 자료의 제출을 요청할 수 있다. 경찰청장은 제안이 「특허법」, 「실용신안법」, 「디자인보호법」 또는 「저작권법」에 따라 이미 등록되거나 출원된 내용인지 확인하기 위하여 필요한 경우에는 특허청장 또는 문화체육관광부장관에게 의견을 조회할 수 있다. 경찰청장은 실험·조사 등에 드는 비용을 예산의 범위에서 지급할 수 있다.

이와 같은 요청을 받은 관계 기관의 장은 특별한 사유가 없으면 협조하여야 하고, 특별한 사유가 없으면 그 요청을 받은 날부터 15일 이내에 그 기관의 의견 등을 회신하여야 한다.

마. 채택제안의 창안등급 결정

채택된 제안의 창안등급은 특별상·우수상 및 우량상 등으로 구분하며, 경찰청공무원 제안제도운영규칙 별표 1 및 별표 3의 기준에 따라 심사에 참가한 심사위원의 평균점수로 결정한다. 그 창안등급에 해당하는 제안이 없는 경우에는 해당 창안등급을 부여하지 아니한다. 채택된 제안의 제안자에 대하여는 경찰청장이 표창한다. 다만, 채택되지 아니한 제안에 대하여도 제안자의 노력도 및 경찰업무발전에의 기여도를 감안하여 경찰청장이 표창할 수 있다.

[별표 3]

채택제안의 등급결정 기준

창안등급	심사위원 평균점수
특별상	90점 이상
우수상	80점 이상 90점 미만
우량상	70점 이상 80점 미만

바. 자체우수제안의 결정

위원회는 채택제안의 등급결정 결과 우수상 이상의 창안등급에 해당하는 제안 중 내용이 우수하다고 인정되는 제안에 대하여는 자체우수제안으로 결정하여 안전행정부장관에게 제출한다. 이 경우 자체우수제안 추천서에 다음 각 호의 서류를 첨부하여야 한다.

① 자체우수제안 실시계획서(별지 제4호서식의 자체우수제안 실시계획서)

② 제안내용 설명서

③ 예산절감 또는 국고·조세수입 증대 금액

④ 제안심사 관계서류 사본

⑤ 그 밖의 참고자료

사. 중앙우수제안의 결정 및 그 창안등급 결정

안전행정부장관은 경찰청장으로부터 자체우수제안을 제출받았을 때에는 그 내용을 심사하여 중앙우수제안으로의 채택 여부를 결정하여야 한다. 안전행정부장관이 중앙우수제안으로의 채택 여부를 결정할 때에는 자체우수제안 결정 시의 심사기준, 의견조회에 관한 규정을 준용한다.

중앙우수제안의 창안등급은 금상·은상·동상 및 장려상으로 구분하며, 그 창안등급에 해당하는 제안이 없는 경우에는 해당 창안등급을 부여하지 아니한다. 중앙우수제안의 창안등급을 부여받은 제안자에게는 「국가공무원법」, 「상훈법」, 「정부 표창 규정」 또는 「모범공무원 규정」에서 정하는 바에 따라 안전행정부장관이 정하는 기준에 따라 서훈(敍勳) 또는 표창을 하거나 모범공무원으로 선발할 수 있다.

6. 제안에 대한 포상 및 보상 등

가. 인사상 특전

(1) 현행 제도

경찰청장은 아이디어제안이 채택되어 실시되거나 채택된 실시제안의 경우에는 그 제안자에게 인사 관계 법령에서 정하는 바에 따라 특별승급의 인사상 특전을 부여하여야 한다.

중앙우수제안(아이디어제안의 경우에는 실시된 경우만 해당)의 제안자에게는 인사관계 법령에서 정하는 바에 따라 아래 별표 1에 따른 특별승진 또는 특별승급의 인사상 특전을 부여하여야 한다.

[별표 1] 〈개정 2011.6.8〉

인사상 특전 부여 기준표(제17조제2항 관련)

<table>
<tr><th>창안등급</th><th>인사상 특전의 종류</th><th>인사상 특전 부여의 대상자</th></tr>
<tr><td rowspan="2">금상
·
은상
·
동상</td><td>특별승진</td><td>• 5급 이하의 일반공무원 · 국가정보원직원 · 경호공무원 및 군무원
• 경위 이하의 경찰공무원
• 소방위 이하의 소방공무원
• 교육공무원
• 기능직공무원</td></tr>
<tr><td>특별승급</td><td>• 4급 이상의 호봉제 적용을 받는 일반직공무원 · 국가정보원직원 · 경호공무원 및 군무원
• 호봉제 적용을 받는 외무공무원
• 경감 이상의 경찰공무원
• 소방경 이상의 소방공무원
• 특별승진을 부여하기 곤란한 교육공무원 · 고용직공무원 등
• 군인</td></tr>
<tr><td>장려상</td><td>특별승급</td><td>• 경력직공무원
• 특수경력직공무원</td></tr>
</table>

〈비고〉

1. 2명이 공동으로 제안한 경우 주제안자에게는 창안등급에 따라 특별승진 또는 특별승급을 부여하고, 부제안자에게는 창안등급에 상관없이 특별승급의 인사상 특전을 부여한다.
2. 3명 이상이 공동으로 제안한 경우에는 인사상 특전을 부여하지 않는다.
3. 호봉제가 적용되지 않는 등 인사상 특전부여의 대상자에 해당하지 않아 특별승진 또는 특별승급을 부여하기 곤란한 채택제안의 제안자에게는 성과평가 시 실적 가점으로 반영하는 등 적절한 보상을 할 수 있다.

경찰청장이 인사상 특전을 부여하려는 경우에는 안전행정부장관과 협의하여야 한다. 이런 협의 요청을 받은 안전행정부장관은 제안의 실시 여부를 확인하고 특전 부여 대상자 명단을 작성하여 경찰청장에게 통보하여야 하며, 통보를 받은 경찰청장은 특별한 사유가 없으면 이에 따른 인사 상 특전을 부여하고 그 결과를 지체 없이 안전행정부장관에게 통보하여야 한다.

경찰청장은 제안자가 인사상 특전의 대상자에 해당하나 소속 공무원이 아닌 경우에는 특전부여 대상자명단을 작성하여 제안자가 소속된 기관의 장에게 인사상 특전을 부여할 것을 요청하고 제안자에 대한 포상 사실을 통보하여야 한다. 이에 따라 인사상 특전을 부여할 것을 요청받은 기관의 장은 특별한 사유가 없으면 지체 없이 제안자에게 인사상 특전을 부여하여야 한다.

(2) 문제점

중앙우수제안으로 선정되어 창안등급이 금상, 은상, 동상에 해당할 때 일반직 공무원, 국가정보원 직원, 경호공무원, 군무원은 5급 직원도 특진을 할 수 있으나, 경찰은 경위 이하만 특진할 수 있도록 규정되어 있다. 이러한 차별은 경찰의 제안제출 실적이 부진한 현상과 무관하다고 보기 어렵다. 조속히 개정을 요하는 불합리한 차별이다.

나. 부상의 지급

(1) 채택제안의 제안자에 대한 부상

공무원 제안규정에서는 채택제안의 제안자에 대한 부상(副賞)은 300만원을 최고액으로 한다고 규정되어 있다. 그러나 경찰청공무원 제안제도운영규칙에서는 다음과 같이 규정하여 최고 100만원까지 지급하도록 규정하고 있다. 부상을 받는 경우에, 공동으로 제안을 제출하거나, 아이디어 제안의 경우 제안자와 실시자가 다른 때에는 각자의 기여도에 따라 부상금을 지급한다.

① **특별상**: 50만원 이상 100만원 이하

② **우수상**: 20만원 이상 50만원 이하

③ **우량상**: 10만원 이상 30만원 이하

(2) 중앙우수제안자에 대한 부상

중앙우수제안의 제안자에게는 다음의 기준에 따라 부상을 지급한다. 다만, 공동으로 제안을 제출한 경우에는 각자의 기여도에 따라 해당 부상금액을 나누어 지급한다. 3명 이상이 공동으로 제안한 경우에는 제안자의 수를 고려하여 안전행정부장관이 정하는 바에 따라 부상금을 가산하여 지급할 수 있다.

① **금상**: 하나의 제안당 500만원 이상 800만원 이하

② **은상**: 하나의 제안당 300만원 이상 500만원 이하

③ **동상**: 하나의 제안당 100만원 이상 300만원 이하

④ **장려상**: 하나의 제안당 50만원 이상 100만원 이하

다. 우수기관 등에 대한 포상 등

경찰청장은 제안의 심사 또는 실시, 그 밖에 제안의 활성화에 이바지한 사람 또는 기관에 대하여 포상을 하거나 예산의 범위에서 부상을 지급할 수 있다.

라. 상여금의 지급

다음의 어느 하나에 해당하는 경우에는 채택제안의 제안자에게 상여금을 지급한다. 다만, 공동으로 제안을 제출하거나, 아이디어제안의 경우로서 제안자와 실시계획을 수립 · 시행한 공무원이 서로 다른 경우에는 각자의 기여도에 따라 상여금을 나누어 지급한다.

① 제안의 실시로 예산절감에 직접적이고 현저한 효과가 있는 경우
② 제안의 실시로 국고 또는 조세수입 증대에 막대한 효과가 있는 경우
③ 제안의 실시로 행정개선에 획기적인 효과가 있는 경우
④ 상여금 지급액은 실시성과의 평가결과를 근거로 하되, 그 금액은 3천만원 이하의 범위에서 아래 별표 2의 기준에 따라 산정한다.

[별표 2] 〈개정 2011.6.8〉

상여금 지급액 기준표(제20조제2항 관련)

<table>
<tr><th colspan="2">지급 대상</th><th>상여금 지급액 기준</th></tr>
<tr><td rowspan="3">예산 절감</td><td>1천만원 이하</td><td>상여금＝예산절감액×30/100</td></tr>
<tr><td>1천만원 초과
1억원 이하</td><td>상여금＝(예산절감액－1천만원)×20/100＋3백만원</td></tr>
<tr><td>1억원 초과</td><td>상여금＝(예산절감액－1억원)×10/100＋2천1백만원</td></tr>
<tr><td colspan="2">국고 또는 조세 수입 증대</td><td>국고 또는 조세 수입 증대액의 10퍼센트 범위에서 지급</td></tr>
<tr><td colspan="2">행정 개선</td><td>• 수: 1천만원 이상~2천만원 이하
• 우: 5백만원 이상~1천만원 이하
• 미: 5백만원 이하</td></tr>
</table>

마. 상여금 지급 시의 평가방법

예산의 절감 또는 국고·조세 수입의 증대 금액을 평가할 때에는 회계적인 방법에 따름을 원칙으로 하며, 그 금액을 산출할 때에는 해당제안을 실시하는 데에 든 경비를 빼야 한다.

행정개선의 획기적인 효과는 다음의 사항에 기여한 정도를 수·우·미·양·가로 구분하여 평가한다. 이 경우 평가를 위한 사항별 배점기준은 경찰청장이 정한다.

① 행정서비스의 질적 수준 향상
② 행정제도·행정운영의 효율성 제고
③ 사고의 예방 또는 재해의 제거
④ 근무환경·근무조건의 개선
⑤ 보건·위생 등 건강관리의 개선
⑥ 그 밖에 안전행정부장관이 정하는 사항

바. 제안실시 평가서의 제출 및 상여금 지급 결정

기획조정관은 평가결과 그 내용이 상여금 지급대상에 해당되는 경우에는 위원회 심의를 거쳐 제안실시평가서를 안전행정부장관에게 제출한다. 안전행정부장관은 상여금 지급이 결정되었을 때에는 지체 없이 상여금 지급기관의 장에게 결정사실을 통보하여야 한다.

통보 받으면, 당해 연도의 예산에서 이를 지급한다. 다만, 상여금의 전부 또는 일부를 당해 연도의 예산에서 지급할 수 없는 경우에는 다음 연도의 예산에 이를 계상하여 지급한다. 상여금 지급기관이 둘 이상인 경우에는 관계 기관이 협의하여 상여금 분담액을 정한다.

사. 퇴직 또는 사망 후의 상여금, 제안 관리 기록부 등

제안이 채택된 후 제안자가 퇴직하거나 사망한 경우에도 상여금을 지급하되, 제안자가 사망한 경우의 상여금은 제안자가 지정한 자, 상속인의 순으로 지급한다.

안전행정부장관 및 경찰청장은 제안의 전시 등을 위하여 제안자로 하여금 시제품을 제작하게 하는 경우에는 예산의 범위에서 제작에 든 실비를 보상할 수 있다.

경찰청장은 제안관리기록부를 갖춰 놓고, 해마다 제안자에 대한 인사상 특전 부여 현황, 제안의 실시상황과 실시성과의 평가결과 등을 기록·관리하여야 한다.

7. 직무제안에 대한 권리의 국가승계 등

국가는 채택제안이 성질상 국가의 업무범위에 속하고 공무원의 현재 또는 과거의 직무에 속하며 또한 발명진흥법에 따른 직무발명에 해당하는 경우에는 그 권리를 승계한다. 이 경우 권리의 국가 승계 및 보상 등에 관하여는 「공무원 직무발명의 처분·관리 및 보상 등에 관한 규정」(등록보상금에 관한 규정은 제외)을 적용한다.

8. 채택제안의 사후 관리

가. 채택제안의 시행 등

채택된 제안에 대하여 소관 국·관은 제안을 실시할 수 없는 특별한 사유가 없는 한 실시계획을 수립하여 지체 없이 시행하여야 하며, 이를 기획조정관에게 통보하여야 한다. 소관 국·관은 제안내용의 일부보완이나 계속적인 연구검토가 필요하다고 인정되는 경우에는 연구기관·시험기관 등에 의뢰하여 그 내용을 수정·보완한 후 실시할 수 있다.

소관 국·관은 채택된 제안에 대하여 실시할 수 없는 사유가 있는 경우에는 구체적인 실시불가사유 및 관계기관의 의견 등을 첨부한 소명서를 작성하여 지체없이 기획조정관에게 통보하여야 한다. 이 때 소명서를 제출받은 기획조정관은 당해 제안자와 소관 국·관의 관계자를 참석시켜 의견을 진술하게 할 수 있으며, 소명내용에 대하여 검토한 결과 실시불가사유가 타당하지 않을 경우에는 소관 국·관에 당해 제안의 실시를 요청할 수 있다.

나. 관리 기간 및 실시 결과의 평가

(1) 채택제안의 관리 기간 및 실시 결과 평가 보고

소관 국·관은 채택된 제안에 대하여 채택결정일로부터 3년간 실시여부의 확인 등 필요한 관리를 하여야 한다. 이 기간을 산정할 때 해당 제안이, 채택 결정된 후에 그 내용을 수정·보완하여 실시한 제안인 경우에는 그 수정·보완에 걸린 기간은 관리기간에 산입하지 아니한다.

소관 국·관은 매년 제안실시 상황 및 결과를 평가하여 기획조정관에게 제출하여야 한다. 기획조정관은 관리기간 동안 제안관리기록부를 통해 채택된 제안의 제안자에 대한 인사상 특전부여현황, 제안의 실시상황 및 실시성과의 평가결과 등을 매년 관리하여야 한다.

경찰청장(기획조정관)은 그 평가 결과를 안전행정부장관에게 제출하여야 하고, 안전행정부장관은 전문기관 또는 관계기관에 실시성과의 평가결과에 관한 확인을 의뢰할 수 있다. 실시성과의 평가기간은 다음과 같다. 이 기간 내에 제안의 실시성과가 나타나지 않는 경우에는 제안의 실시성과가 없는 것으로 본다.

① **예산 절감 또는 국고·조세수입 증대**: 제안이 실시된 후 최초로 성과가 나타나는 날의 다음 달부터 1년간

② **행정 개선**: 채택 결정일로부터 3년간

(2) 불채택 제안의 관리기간 및 활용

소관 국·관은 채택되지 아니한 제안에 대하여 그 결정일로부터 2년간 이를 보존·관리하여야 하며, 채택되지 않은 제안 중 활용이 가능한 것은 이를 홍보하여 정책 입안과 행정 개선 등에 적극 활용하도록 하여야 한다.

다. 타 기관 실시의 권고

경찰청장은 채택제안이 다른 기관에서도 적용 가능하다고 인정될 경우에는 다른 기관에 그 제안의 내용을 제공하여 실시를 권고할 수 있다. 경찰청장은 다른 행정기관이 제안내용을 공유할 수 있도록 채택제안의 주요 내용과 실시성과 등을 해마다 1월 30일까지 행정정보통신망에 게재하여야 한다.

제9장 공무원의 부패와 징계

제1절 공무원의 부패

1. 공무원부패

가. 부패의 의미

공무원의 부패(corruption)는 부정행위로 인한 행정 기능의 약화 또는 비능률과 공익의 손실을 의미한다고 할 수 있다. 여기서 부정행위(misconduct)란 비정상적이고 규범 외적 방법으로 공무수행에 있어서 사적인 이익을 추구하는 것이다(전수일, 2004: 279). 부정행위는 부조리와도 유사한 개념이나 그 범위가 좁다. 정치, 경제, 사회, 문화, 체육, 군사 등 우리나라 각계각층에 부패 또는 부조리 문제가 있으나, 행정부, 입법부, 사법부 등의 공무원 사회가 그 중심에 있다. 또한 공무원의 재량권이 확대되고 있고 공무원의 활동이 국민생활에 영향을 주는 범위가 넓어지고 있으며 공무원이 국가 정책의 결정과 집행을 사실상 주도 또는 뒷받침하고 있기 때문에 더욱 그러하다. 따라서 부패척결의 일차적 대상도 공무원 사회가 된다. 다만, 세계적인 추세가 통치에서 협치(from government to governance)로 이행되고 있어(추성수, 2004: 78-79), 우리나라도 기업 등 시장과 시민단체 등 제 사회세력의 정치적 힘이 세어지고 있으므로 앞으로 이런 분야의 부패문제도 커질 것이다.

나. 부패의 폐해

부패는 인사관리도 오염시켜 무능과 결합되고 자본주의가 고도로 발달한 현대사회의 부패는 선출직 · 임명직 고위공직자 등으로 구성된 복합적 부패 네트워크의 형성을 초래하여 금권정치(Kleptocracy)와 정치적 · 행정적 무능으로 연결된다. 그 결과 중요한 정책결정, 예산의 편성과 집행, 금융감독, 세제, 법안, 사법시스템 등이 왜곡된다(황장수, 2013: 26).

또한 금권정치는 재정건전성을 훼손하고 해외투자를 감소시키며 경제성장을 위축시키고 법체계와 사법체제에 대한 신뢰를 잠식하여 법에 의한 지배구조와 민주주의를 위협한다. 아울러, 자원배분이 왜곡되어 효율이 저하되고 잘못된 정책과 규제가 만들어지며, 공공수입은 주는 대신 공공지출은 늘고 빈부격차와 실업이 늘며, 기업비용 증가와 정치적 불안 및 범죄 증가의 요인이 된다(e Journal USA, 2006. 12: 27).

이로 인해 국가경쟁력이 서서히 잠식되어 나가다가 결국 나라와 사회에 위기를 초래하여 많은 국민들을 일시에 불행으로 몰아넣기도 한다. 국가채무와 공공부문 채무가 과다하여 많은 국민이 고통을 겪고 있는 일부 유럽국가가 이런 사례이다. 첨단기술사회에서 부패는 원전 폭발사고 등 대형 인명 사고의 소지를 증가시킨다. 또한 부패는 외국에서 도입하였거나 자체 개발한 무기 및 방어시설이 제대로 작동하지 아니하여 전시에 위기를 초래하는 요인이 될 수 있다. 이런 상황까지 가지 않는 경우에도 국가경쟁력을 훼손시키는 부패는 우리가 선진국으로 가는 길목을 막고 있으므로 다른 유형의 부패보다도 최우선적으로 척결해야 할 것이다.

부패척결은 경찰기관 혼자만에 해당되는 일이 아니고 경찰기관 홀로 대응할 일도 아니므로 우리 사회 전체를 보면서 공직사회 전체를 대상으로 원인을 진단하고 대책을 강구해야 한다는 관점에서 앞으로 논의를 전개해 보고자 한다.

2. 공무원부패의 원인

종래 공무원 부패의 원인을 다각도로 진단하고 이에 따라 부패에 대한 처방도 다양하게 내려졌으나 획기적이라 할 만한 뚜렷한 성과는 없었다. 부패의 문제를 종래의 관점에서 벗어나, 사회화와 생활 여건의 측면에서 볼 필요가 있다고 본다.

이런 관점에서, 공무원의 부패요인에 대해 개인적 인식·태도 요인과 제도를 포함한 사회환경적 요인을 중심으로 진단하고자 한다. 부패에 대한 태도와 신념 등 개인적 요인은 개인이 사회적 존재로 변화하는 사회화와 직결되는데 사회화 자체가 환경적 요인에 의해 영향을 받는다. 또한, 비록 개인이 청렴하고자 하는 의욕이 있다 하더라도 사회환경적 여건이 이를 가로막는다면 부패 추방이 어려워진다. 아울러, 과거 반부패운동이 실패한 이유 중의 하나로 반부패운동의 주도세력 문제를 언급하겠다.

가. 공무원부패의 원인에 대한 전통적 관점

종래 공무원부패의 원인으로 꼽히는 것들을 추려 보면,

첫째는 공무원 개인의 윤리의식 부족 때문이다. 이는 급격한 경제·사회 구조 변동으로 인한 규범적 혼란과 현대적·합리적 생활질서의 요청에 부응하지 못하는 전통적·권위주의적 가치관과 관습에 기인하는 부분도 있다. 관직사유의식이나 권위주의적 복종 및 권력남용도 이에 해당한다.

둘째는 사회전반의 물질만능주의와 부조리 만연 등 낙후된 시민문화로 공무원들도 이에 휩쓸린다는 것이다. 기업으로부터 정치자금을 받고 공무원 조직을 통해서 이권이나 각종 혜택을 주는 취약한 정치문화도 공무원을 오염시킨다. 셋째 원인은 공무원의 승진 기회부족과 민간기업에 비해 낮은 보수로 인해, 경제적 여유와 성공을 획득하고자 하는 개인적 목표와 그 합법적 달성수단 간의 거리가 크므로 부패에 연루될 가능성이 높아진다는 것이다. 이 세번째 원인은, 목표와 수단 간의 괴리로 인한 심리적 긴장상태(Anomie)가 범죄원인이라는 사회긴장론(Strain Perspective)이나(김진환, 2010: 37-38), 사회적·존중 욕구와 같은 상위단계의 욕구가 채워지지 않으면 생리적·안전 욕구와 같은 하위단계의 중요성이 커진다는 엘더퍼의 주장과도 일맥상통한다고 본다.

넷째 원인은 공무원의 규제 대상이 되는 사람들 중에 법위반을 일삼는 사람들이 많고 이들과의 친밀한 접촉을 통해 비행 가치나 태도를 학습하기 때문이라는 것이다(차별적 접촉이론, Differential Association Theory). 시민의식의 미발달이 궁극적인 부패의 소지라고 볼 수도 있다(오석홍, 1998: 322). 다섯째 원인은 조직 내 비리에 대한 비밀주의, 감싸주기 등 공무원의 조직에 대한 충성과 폐쇄주의 및 지나친 동료애 때문이라는 것이다. 여섯째 원인은 조직원들이 동료나 상사의 부패행위를 보고 자신의 부정행위를 합리화시킨다(중화이론, Neutralization Theory). 일곱째 원인은 장기적인 안목에서 부패를 예방하고 대응할 수 있는 내부통제시스템이 미흡 때문이다(남재성, 2004: 347-351).

여덟째 원인은 불공정한 승진·배치와 불합리한 퇴직제도이다. 유능하고 열심히 일하는 지원이 탈락하고 그렇지 아니한 사람이 승진하거나 영전했을 때, 그것이 조직의 부패에 미치는 악영향은 크다고 본다. 따라서 감찰과 징계보다 공정한 인사관리가 부패 소지를 줄이는데 훨씬 효과적이라고 본다. 아홉째 원인은 누구도 지키기 어려운 공식적·법적 규범을 양산하여 누구나 털면 먼지 나게 제도를 만들어 놓고 처벌기준도 비현실적인데다가 이를 일관성 없게 차별적으로 적용하는 통제체제이다. 실제로 지켜지지 않는 공식적 규범을 계속 표방하지만, 이를 위반하여 부패를 저지르는 사람들 중에 줄이 좋은 자는 암암리에 빠져나간다는 것이다(오석홍, 1998: 321-322).

이 외에도, 우리는 전통적으로 가족이익의 증진을 공익보다 중시하고 인간관계에서의 잘못을 가장 큰 패륜으로 여기는 문화풍토를 가지고 있었기 때문에 사적 인간관계를 공적 직무자세보다도 중시한다는 점을 부패의 원인으로 드는 사람도 있다(이서행, 2004: 302).

나. 사회화와 부패

사회화는 개인이 어떤 사회에서 살아가는 법을 배우는 과정이며, 경험을 통해 그의 행동과 역할에 대한 타인의 기대를 인식하게 되고, 사회집단이나 사회의 규범·도덕·가치·신념 등을 배우며, 사회의 문화가 전승되는 과정이다. 사회화를 통해서 개인은 인간다운 품성과 자질 등 정체성을 갖추어 나가며 사회적으로 바람직한 방법으로 욕구 충족을 할 수 있다[매스컴 대사전, 1993.12, 한국언론연구원(현 한국언론진흥재단) 및 위키백과].

사회화는 상이한 세대들을 서로 연결시키며, 개인이 지속적으로 사회와의 상호작용을 통해 사회적 역할을 이해해서 수용하게 하고 인간의 행위가 이루어지게 한다는 점에서 일생동안 이루어지는 과정이고, 자신들을 발전시키고 자신의 잠재력을 드러낼 수 있도록 하며, 적응하는 법을 배워 그것을 활용하게 한다. 사회적 역할이란 주어진 사회적 지위에 있는 사람이 따르는 사회적으로 규정된 기대를 의미한다.

사회화과정에서 우리들 각자는 정체성을 발전시키거나 독립된 사고를 할 수 있는 능력을 고양시킨다. 정체성은 사람들이 스스로를 누구라고 여기는지 또한 자신에게 중요한 것은 어떤 것인지를 이해하는 것과 관련되어 있고, 사회적 정체성(social identity)과 자기 정체성(self-identity)으로 구분되기도 한다. 사회적 정체성은 다른 사람이 특정한 개인에게 부과하는 성질들을 지칭한다. 사회적 정체성은 한 사람이 동시에 아버지, 경찰관, 불교도, 아시아인 등 다중 정체성을 가지는 경우가 많다. 자기정체성은 우리를 다른 사람들과 확실히 구분되는 개인들로 나누어 놓는다. 자기와 사회 간의 상호작용 과정은 개인의 인성을 공적 세계에 연결시킨다. 문화적·사회적 환경이 자기 정체성 형성의 요소이지만, 개별 행위자와 그의 선택도 중요한 요소이다(앤서니 기든스, 김미숙 등 번역, 2003: 46-48).

사회화는 의사소통 능력을 갖기 시작하면서 어머니의 무릎 위에서, 이어서 가족 속에서 이루어지다가 더 크면 학원·학교의 친구·교사들과 상호작용하는 가운데서 이루어진다. 그동안에 인터넷, SNS, 매스 미디어 등 각종 매체도 사회화에 지속적으로 작용한다.

사회학자들은 종종 사회화를 두 단계로 나눈다. 일차적 사회화는 유아기와 아동기에 진행되며, 이때 가장 집중적으로 문화적 학습이 이루어지고 주된 사회화기관은 가족이다. 사회화기관이란 사회화의 중요한 과정들이 진행되는 집단이나 사회적 정황(context)을 말한다. 이차적 사회화는 아동기 후반부에서 시작되어 성숙기까지 지속되며 학교나 또래 집단, 여러 단체들, 매스미디어, 그리고 직장 등이 사회화기관이 된다(앤서니 기든스, 김미숙 등 번역, 2003: 46).

우리나라에서 아동과 청소년은 가족이나 친지로부터는 주로 온정주의 문화를 체험하고, 학교 교사 등의 공적 교육으로부터는 주로 반부패 가치와 태도를 접한다. 동시에 각종 매체를 통해 직위고하를 막론하고 공직자들의 각종 비리가 수시로 터져 나오는 것을 듣고 주변에서 접대 또는 금품제공을 하여 공적 문제를 해결하거나 승진·영전한 사례를 듣기도 한다. 이렇게 배운 문화, 가치, 규범 등이 개인의 자아의식과 개인적 정체성 등을 형성하게 된다. 이런 개인이 공무원으로 채용되면 학교 및 공무원 교육을 통하여 바람직한 공직관과 규범을 배우고 정의로운 공무원이 되겠다는 결심을 한다. 근무지에 배치된 후에는 공무원 사회의 문화로 스스로를 사회화시켜 버린다.

그러나 그 정도는 사람에 따라 다르다. 크게 세 가지로 구분해 본다면, 첫째는 부패분위기에 비교적 쉽게 동화되는 사람이다. 이런 사람은 '공직의 청렴성'에 대한 인식이 온정주의 등 다른 태도들에 대한 인식에 비해 우선순위가 낮게 사회화된 사람일 것이다. 둘째는 부패에 대해 부정적이지만, 자신의 이해관계가 걸리면 부패에 가담하거나, 상사나 선배의 부패행위를 방관하는 사람이다. '공직의 부패'가 나쁘다는 가치관을 가지면서도 현실에서는 예외가 적지 않다는 인식도 함께 가지도록 사회화된 탓일 것이다. 셋째는 부패행위 하기를 거부하거나 부패행위에 대한 비판을 표출하는 사람이다. 우리 현실에서 상사 등의 압력을 받더라도 부패행위 하기를 거부하거나 부패행위에 대한 비판을 자주 표출하는 사람은 부패에 대해 바람직하게 사회화된 사람이다. 그러나 그 수가 매우 적으며 조직에서 소외당할 가능성이 높다. 다음은 오래 전 과거에 어느 힘 있는 수사기관에서 일어난 사례이다.

> **상사**: 이건 이렇게 처리하는 것이 좋겠다.
> **신임자**: 그렇게 하면 정의롭지 못하다고 생각합니다.
> **상사**: 그~래. 잘해봐.
> 이후 이 신임자는 인사 때마다 소외되었다 함.

이와 같이 사회화된 공무원 개개인의 가치, 규범과 도덕 수준을 총합하면 공직문화와 윤리의 수준이 정해지게 된다. 부패에 관한 각종 지표에 따르면, 지금 이것이 후진국 수준이라는 것이다. 그리고 후진국 수준의 부패현상을 탈피하자면 역으로 앞에서 거론된 모든 조건들을 변화시켜야 하는 만만치 않은 사회개혁 문제에 봉착하게 된다. 김영삼 정부가 의욕적으로 추진한 사정 등 역대 반부패정책이 실패한 것도 복잡한 사안의 본질에 맞추어 장기적인 안목을 가지고 치밀한 계획을 세워 접근하지 못했고 단편적인 처방을 조립하여 대응하려 했기 때문이다(오석홍, 1998: 183).

다. 사회환경적 여건과 부패

부패의 사회환경적 여건을 논하기 전에 우리사회 환경 자체의 모습을 볼 필요가 있다. 사회환경의 모습에 대해서는, 도시재개발 지역 세입자 강제철거에 반대하는 사람들의 다음과 같은 논거가 잘 설명하고 있다고 본다.

> 재개발 지역에 거주하는 세입자들은 그 지역에 생활터전을 두고 주민들 간에 오랫동안 인간관계를 맺어오고 사회적 네트워크를 형성해 왔다. 이것들을 통해, 서로 간에 필요한 정보를 교환하고, 관혼상제에 상호부조하며, 급히 소액이 필요한 경우에는 융통할 수 있고, 생필품을 살 돈이 떨어졌을 때 외상으로 구입할 수 있는 등 어려운 일이 생기면 서로 도울 수 있었다.
> 따라서 이 네트워크와 인간관계는 그들의 생존에 필수적인 것이므로 철거하여 이주하게 하면 그들의 생존 기반이 허물어지는 것이다.

우리 사회 각계각층의 사람들도 나름대로 인간관계와 네트워크를 가지고 있고 그 기능도 세입자의 경우와 본질적으로 다르지 않다. 다만, 그것이 생존기반이라기보다는 일상생활의 틀 또는 여건에 가깝고, 가난한 세입자들의 '어려운 일'과 그보다 경제적·사회적 여건이 나은 각계각층 인사들의 '어려운 일'은 그 모습을 달리할 것이다.

공무원사회만 놓고 보더라도 사법부·입법부, 행정부의 각 부·처·청, 지방자치단체, 그들의 산하기관 공무원들이 중앙·지역별로, 그들 간에 또는 유관 정치인·민원인·언론인, 변호사·세무사·건축사 등 유관 전문가, 기타 스테이크홀더(stakeholder)들과 인간관계·사회적 네트워크를 형성하고 있다. 스테이크홀더란 조직에 대해 관심·권리·요구를 가지고 있는 자이다(Coombs, 1999: 20). 이런 인간관계는 직장 내에서도 이루어지지만, 각종 친목 모임이나 관혼상제 참석, 골프 등 취미생활 같이하기, 식사나 술자리 하기, 명절 선물 보내기,

동창회·향우회·종친회 등 다양한 기회를 통해 다져진다. 또한 이런 인간관계나 네트워크는 대부분의 공무원이 많건 적건 가지고 있으나, 사람에 따라 그 범위나 깊이는 현격한 차이를 보인다.

이런 인간관계나 네트워크가 반드시 부패와 연결된다고 단정할 수는 없지만, 온정주의 사회에서는 부패의 토양이 될 수는 있다. 이런 사회환경적 여건 속에서, 잘못되어 사고가 나면 대규모 인명피해를 초래할 수 있는 원자로에 들어갈 부품의 서류가 조작되어 납품되는 것을 묵인하는 천인공노할 일이 지속될 수 있었다고 본다.

대대적인 사정과 반부패운동은 필연적으로 이러한 공무원들의 인간관계나 네트워크를 흔들어 많은 공무원들이 일상생활의 기초가 위협받는 느낌을 가지게 한다. 반부패운동이 벌어지면 공무원사회가 복지부동 등 무언의 거부 반응을 보이는 까닭이 여기에 있다. 골프는 장시간 라운딩하면서 대화를 나눌 수 있고 내기에 져주어 환심을 살 수도 있으며 끝나고 함께 샤워 및 식사 등을 함께 하므로 아주 효과적인 인간관계 다지기 수단으로 알려져 있는데, 김영삼 정부에서 공무원의 골프장 출입제한을 했을 때 그 반응은 '5년만 기다리자'였다.

그래서 반부패운동은 예외에 대한 투쟁이 아니라 원칙에 대한 투쟁이며, 소수에 대한 투쟁이 아니라 다수에 대한 투쟁이라는 확실한 인식위에서 출발해야 한다는 주장이 나오는 것이다(오석홍, 1998: 183). 청렴과 반부패에 대한 가치부여의 우선순위가 높은 사람이 있다 하더라도 다수가 이를 호의적으로 보지 않으므로 어려움을 겪게 될 수밖에 없다. 다수의 이런 태도는 다음과 같은 사례 속에서 엿볼 수 있다.

> 오래된 일이지만, 어떤 공무원이 청백리상을 받자, 이에 대해 다른 공무원들 간에 오간 대화 내용이다.
> 갑: '그 사람, 친구가 정으로 보낸 조그만 선물도 다 돌려보낸다고 하더라.'
> 을: '참, 철두철미하네. 그런데 그 사람, 틈만 나면 계속 손을 씻는다고 하더라.'
> 갑: '정신적으로 문제 있는 사람 같구먼.'
> 을: '그래.'

라. 과거 반부패운동의 주도세력

과거의 반부패운동은 집권세력이 주도하였다. 제2공화국의 부정축재를 환수하는 소급입법을 제정한 세력이 그렇고, 5·16 쿠데타 후 혁명 검찰의 단죄가 그랬고, 제3공화국의 감사원 확대설치 및 행정개혁조사위원회 구성이 그랬다. 또한, 1975년부터 추진된 서정쇄신운동이나 제5공화국의 출범과 함께 시작된 사회정화운동 및 제6공화국의 '새 질서, 새 생활 운동'은 모두 대통령의 결의 표명으로 시작되었다(오석홍, 1998: 326-340). 문민정부의 반부패운동도 김영삼 전 대통령의 주도 하에 사정기관·국세청·경제부처 등 힘 있는 기관이 중심이 되어 추진하였고, 국민의 정부에서는 IMF사태 극복과 개혁피로도 누증 문제 등으로 사정은 주춤한 분위기였으나 공무원보수를 크게 인상시켜 반부패 운동의 중요한 기초를 닦았다.

이런 운동은 시대에 따라 많건 적건 단기적인 성과를 가져 왔으나, 금융실명제·보수현실화 등 부패 방지의 틀이 일부 형성된 것을 제외하고는, 장기적으로 그 효과가 지속된 것은 드물었다. 정치세력은 부패사회에서 더 부패해지기 쉬우며, 집권세력도 정치세력이므로 종국에는 그 세력 자체의 부패가 드러나 부패척결의 대상으로 전락하게 됨으로써 '숯이 검정 나무라는' 꼴이 되어버리는 현상이 반복되어 왔다. 따라서 부패방지운동이 시작되면 공직사회가 이에 적극 동참하기보다는 '저러다가 말겠지.', '소나기는 피하고 보자.', '복지부동(伏地不動), 복지안동(伏地眼動), 복지뇌동(伏地腦動)'으로 대표되는 소극적 자세를 가지게 되었다.

2001년 제정된 부패방지법에 따라 설치된 부패방지위원회는 2005년 명칭이 국민권익위원회로 명칭이 변경되었고, 부패방지법도 2008년 '부패방지 및 국민권익위원회 설치 및 운영에 관한 법률'로 명칭이 변경되면서 국민고충처리위원회와 국가청렴위원회, 행정심판위원회가 국민권익위원회로 통합되었다. 이 기구는 부패방지 시책 및 제도개선 사항의 수립과 권고, 반부패 시책의 추진상황 실태조사 및 평가, 부패신고 접수 및 관련기관 이첩이나 고발 및 재정신청, 내부고발자 보호 등의 업무를 취급하고 있다. 이 기구는 2002년부터 2008년까지 217건의 신고를 받아 151건에서 부패가 있는 것으로 확인하고 512억 원을 추징 또는 회수하였으나, 이 기구의 활동으로 우리 공직사회의 부패가 크게 감소하였다는 평가는 나오지 않고 있다.

3. 반부패운동의 성격과 기본전략

가. 반부패운동의 성격

부패한 사회에서 반부패운동을 전개하는 것은 그 사회를 혁신시켜 새로운 질서를 가져오고자 하는 것이나, 실제로 변화를 가져오고 이것을 지속시키기가 매우 어렵다. 어떤 사회에 새로운 질서를 가져오려는 시도보다도 더 까다로운 일은 없고, 더 위태로운 일은 없으며, 더 성공이 불확실한 일은 없다. 왜냐하면, 혁신은 기존의 질서 아래 잘해 온 사람들을 모두 적으로 만드는 반면에, 앞으로 이루고자 하는 질서 아래에서 더 잘하게 될 사람들은 혁신을 옹호하는데 미온적(lukewarm)이기 때문이다(Machiavelli, The Prince/ Edward P. Borodzicz, 2006: 85에서 재인용).

대대적인 반부패 운동이 시작되면 공무원 사회가 긴장하면서 많은 공무원들이 자신의 일상생활을 뒤돌아보고 찜찜해 하면서, 돌아가는 상황에 대한 촉각을 곤두세우고 바람이 빨리 지나가기를 기다리게 된다. 그러다가 자신의 주변으로 사정바람이 불어오면 위기를 느끼고 대처방안을 고민하는 등 개인의 위기관리로 들어가게 된다. 염려하고 있던 부분에 대한 개인의 위기관리과정에서 신분상 위협을 느끼고 심리적 안정을 잃는 등 심한 스트레스를 받으며(Steven Fink, 2002: 133), 이런 스트레스가 동료 · 친지 · 가족에게 전달되어 사회 내에 반부패 운동에 대한 부정적인 정서가 확산되게 된다.

나. 반부패운동의 기본전략

감찰과 징계를 통한 부패척결에는 분명한 한계가 있다. 이에 대해 이미 700여 년 전 고려 충렬왕 시대 추적(秋適)선생은 그가 지은 윤리서 '명심보감(明心寶鑑)'에서 '부정한 재물을 취하는 사람이 세상이 가득할지라도 죄는 복없는 사람에게 걸린다(贓濫 滿天下, 罪拘 薄福人).' 라고 간파하여 적고 있다.

우리 사회의 체제 내 뿌리 깊은 부패구조를 혁파하려면 먼저 그 실체를 광범하고 철저하게 해부하고 그 핵심을 파악하여 이에 따른 반부패운동 추진계획을 수립함은 물론 반부패운동의 전개에 따라 변하는 여론의 추이를 고려하여 반부패계획집행도 탄력적으로 해야 한다. 또한 이 운동이 성과를 가져오는 데는 장기간이 소요되는 만큼, 그동안 이 운동의 추진 주체세력과 추진 기구를 반대세력으로부터 잘 지켜나가기 위한 전략 · 전술적 대응이 필요하다.

다음에서 논하는 사항들은 과거의 반부패 대책과 다른 관점에서 방안을 조명해보고자 하는 것들이다. 과거 다양한 반부패 대책이 나와 나올만한 대책은 모두 나왔고, 그 중에서 일부는 주로 정치적 여건 때문에 시행되지 못했다. 아래에서 제시되는 대책 모델들은 공무원의 재사회화와 함께, 공무원 사회는 물론 공직 환경에 새로운 질서를 가져오려는 것이다. 공무원 사회에 대한 전면적인 스캐닝과 모니터링을 통해 부패를 예방하고자 하는 대책 등 몇 가지는 조직기구, 인력, 예산, 권한 등 제도와 입법조치가 필요한 것이다.

그러나, 이것은 정치적 이해관계가 따르는 문제이므로 일시에 입법조치하기 어렵다. 고위공직자 수사기관의 창설 등 몇몇 과제는 '정책의 창'이 열렸을 때 입법화할 수 있도록 미리 준비를 하는 한편, 반부패운동을 전개하는 시민세력과 연대하여 꾸준히 여론을 조성해야 할 것이다. '정책의 창'이란 정책주창자들이 그들의 관심대상인 정책문제에 주의를 집중시키고, 그들이 선호하는 대안을 관철시키기 위해서 열려지는 기회라고 정의된다(조일홍, 2002: 415-416). 정책의 창은 쉽게 닫힐 수 있고 시간이 지나면 또한 열리곤 하는 특성이 있으므로 전술적 관점에서 이를 잘 활용해야 한다.

4. 반부패 대책(모델)

가. 재사회화(re-socialization)

우리 사회의 보통 사람을 놓고 보면, 다른 사람의 부패행위에 대해서는 비판하고 분노하지만, 정작 자신의 선택 문제가 닥치면 부패와의 타협도 하나의 선택지로 고려하게 되는 수준으로 사회화가 된 사람이 많다. 그러나 사람은 사회적·문화적 축적물들을 자주적으로 해석할 능력이 있기 때문에 사회화된 모습도 개인 간에 차이가 크다. 또한, 아동기에 형성된 행동과 사고는 변하기 어렵다고는 하지만 반드시 그런 것은 아니며, 사회화는 아동기 이후에도 개인이 겪는 새로운 경험에 의해 계속 진행된다. 비행청소년도 95%는 나이가 들면서 보상과 긍정적인 강화가 주어지는 행동양식으로 바뀐다(박광배, 2010: 71). 특히, 사람이 개인적 또는 사회적으로 급격한 변화를 겪고 자신의 정체성과 자아의식이 철저하게 도전받게 되면 과거에 학습된 행동패턴에서 벗어나 아주 다른 행동패턴으로 대체되는 재사회화가 발생할 수 있다.

따라서 반부패운동은 모든 준비를 하고 어떤 시점을 잡아 그 때부터 사회 전체적으로 부패에 대한 단호하고도 지속적·입체적인 척결 추진으로 공무원들의 자아의식이 철저하게 도전

받는 급격한 환경변화를 조성하면서, 공무원 개인에 대한 획기적이고 실효성 있는 인센티브가 병행되어야 한다는 결론이 도출될 수 있다. 공무원들이 '과거와는 확실히 다르다'는 인식을 가지기에 충분할 정도로 획기적인 대책을 내놓고 확고한 제도적 장치를 구축해야 하는 것이다. 반부패운동으로 한국사회가 선진국 수준의 공직 청렴성을 확보하게 하자는데 반대할 사람은 없을 것이다. 이것을 과거와 같이 1회성 바람으로 여기고 적극 동참하지 않는데 문제가 있다. 이것이 이제야말로 제대로 진행되어 지속될 것이고, 동참하지 않는 공직자는 도태될 때가 왔다고 공직사회가 확신하게 되도록 만들기 위해서는 아래에서 언급하는 모든 사항들을 체계적으로 추진하고 반부패운동 선언일 이후에 적발된 부패행위에 대해서는 예외없이 엄중한 조치를 할 수 있어야 할 것이다.

그런데 강한 조치를 한다고 해서 처음부터 급격한 변화를 추구하면 의도한 정책목표 달성이 어려워지므로(Randall B. Repley, 1975: 17), 단계적으로 변화를 추구하되, 각 단계별 변화목표에 따른 지침에 어긋나는 행위 유형에 대해서는 예외없이 엄하게 다스려나가 그 단계의 의도한 변화가 이루어진 후 다음 단계로 나가는 식으로 반부패활동을 추진해야 할 것이다.

역대 정부에서도 공무원 보수 인상을 통한 부패 소지 축소를 시도하였는데 1950년대 말, 제3공화국의 반부패조치 시기, 문민정부와 국민의 정부에서 비교적 현저한 보수 인상이 있었다. 또한 근속승진 제도도입 등 승진여건 개선이 병행되기도 했다. 그러나 반부패운동 자체는 철저한 원인분석 미흡, 처벌 위주의 단편적 대책 및 통치권자 주변의 부패상 노출 등으로 인해 시간이 지나면서 흐지부지되는 현상이 반복되어 왔다.

나. 인간관계 · 사회적 네트워크의 기능 대체

공무원이 맺고 있는 인간관계 · 사회적 네트워크의 기능 중 부패와 관계되는 것은, ① 정보교환, ② 되어야 하는 것을 빨리 또는 제때 되게 하기, ③ 안 되는 것 또는 되어야 하는 것인지 안 되는 것인지 애매한 것을 되게 하기 등으로 단순화시켜 나누어 볼 수 있다. 안 되는 것을 되게 하기는 범죄행위에 해당하는 부패로 이에 대한 대책은 범죄대책의 일환으로 접근해야 할 사항으로 보고 여기서는 논하지 않는다. 나머지는 공무원이 국민을 고객으로 생각하여 해결해 주어야 할 것을, 그렇게 되지 않으니까 다른 통로를 통해 해결하는 것이라고 볼 수도 있다. 따라서 공무원의 인간관계 · 사회적 네트워크를 통해 수행되는 기능을 공식적인 국가기능으로 대체될 수 있도록 제도화하는 방안이 필요하다는 결론이 나온다.

경찰에서는 1999년부터 청문감사관 제도를 두어 왔는데, 당시 경찰청 경무기획국장이던 저자가 이 제도를 창안한 동기는 서민, 사회적 약자 등 사회적 네트워크가 약한 국민들에게 민원이나 사고조사·수사 진행 관련 정보를 제공하고, 되어야 하는 것을 제때 되게 하며, 애매한 것의 신속한 판단을 통한 고충 해소를 공식적으로 해 줄 부서가 필요하다는 것이었다. 또한 이 기능을 강력하게 뒷받침해주기 위해 감사기능과 결합시켰다.

(1) 투명성 및 국민의 정보이용권 확대

정보교환은 얼핏 보아 부패와 관계없는 것 같지만, 개발계획·관급공사 정보 등 사안에 따라 정보의 신속한 입수는 이해관계가 매우 클 수도 있다. 또한 인간관계·사회적 네트워크가 약한 사람은 일반인의 경우, 정보공개청구의 절차를 거쳐 필요한 정보를 아는데 시간이 걸리고 진행 중인 수사·조사의 진행 정보는 수사비밀로 치부되는 등 정보공개청구 대상이 안 되는 경우도 많으며, 공무원의 경우 동료는 승진·전보될 것을 미리 아는데 자신은 공식발표 때까지 몰라 좌절감을 느끼게 된다. 경찰공무원의 경우 근무성적 평정결과도 비공개로 하므로 자신의 평정결과를 모르는 사람과 아는 사람이 생긴다. 반면에 인간관계·사회적 네트워크가 강한 사람은 끼리끼리 정보가 유통되어 공개·비공개 여부에 관계없이 남보다 먼저 알고 대처할 수 있게 되는 것이다.

따라서 모든 정보는 즉시 공개를 원칙으로 하고, 비공개 사유는 최대한 구체적으로 규정하며, 문의 즉시 공개를 거부할 경우에는 서면으로 근거를 제시하도록 하는 등 투명성을 획기적으로 강화할 필요가 있다. 예컨대, 수사 진행 사항에 대한 정보 제공 거부도 민원인에게 거부사유를 '수사비밀'로 제시할 수밖에 없겠지만, 거부할 수 있는 경우를 용의자 등의 도주 방지, 증인의 회유 또는 증거인멸 가능성, 관련자들 간의 말맞추기 가능성 등으로 최대한 구체적으로 규정하여 민원인에게 소명하도록 하고, 감사 시 확인해야 할 것이다.

부패를 완전히 없앤다는 것은 불가능하겠지만, 국민이 정보를 자유롭게 획득·이용할 수 있게 되면 그만큼 부패의 소지는 줄어들 것이다. 미국은 다음과 같이 정부문서를 국민의 소유로 보고 철저한 정보공개를 원칙으로 하고 있다.

미국의 정보자유법(the Freedom of Information Act: FOIA)은 정부의 문서는 국민의 소유이고 국민은 이를 볼 권리가 있으며, 국민은 정부에 대해서 알 권리가 있고 정부가 무엇을 하는지에 대해서도 알 권리가 있다고 규정하고 있으며, 따라서 국가안보나 프라이버시를 이유로 이를 거부할 때 입증책임은 정부에 있는 것으로 추정되고 있다. 또한 프라이버시법(the

Privacy Act)은 정부가 어떤 개인에 대한 정보를 수집했을 경우에 그 개인은 수집한 내용을 알 권리가 있고, 그 사본을 받을 수 있으며, 그 내용의 정확성에 대해 따질(challenge) 수 있다고 규정하고 있다. 여기에 더하여 일몰법은 국가안보, 프라이버시 등을 이유로 알권리를 거부하는 것은 법정된 요건을 갖춘 회의가 열려 이에 대한 판단이 내려질 때까지 가능하나 이 회의의 판단결과에 따라야 하고, 이 회의는 국민에게 공개하여야 한다고 규정하고 있다(Donald F. Kettl, e Journal USA, 2006. 12: 34-35).

(2) 민원처리의 신속화 · 간소화 및 공정성 제고

되어야 하는 것을 빨리 또는 제때 되게 하기는 민원처리의 시스템, 민원처리 담당 공무원의 수 및 그들의 업무처리 능력과 직결된다. 따라서 구조개혁을 통해 민원부서의 인력을 적정하게 확보 · 배치하고 교육을 통해 처리능력을 향상시키며 민원인을 고객으로 생각하고 민원처리를 권한이 아니라 의무이자 책임이라는 인식을 가지도록 하는 것은 대책의 첫 단계가 될 것이다. 마찬가지로 경찰의 조사 요원이 수십 건의 미처리 고소 · 고발 사건을 안고 있어 처리가 지연되는 경우에는 인력 재배치를 통한 조사요원 증원 · 교육 등의 대책이 필요할 것이다.

또한 어떤 민원을 특별히 빨리 처리해주면 그로 인해 다른 민원처리가 지연되는 불공정의 문제가 생기는데 이에 대한 대책도 아울러 강구되어야 할 것이다. 민원처리 진행사항을 인터넷을 통해 실시간 확인할 수 있도록 하고, 접수 순서별로 진행상황을 비교해서 늦어지는 이유를 질문하고 실시간 확인할 수 있도록 한다면 처리 속도가 공평하게 될 것이다. 이 경우에, 해당 민원담당자가 휴가 등으로 자리를 비워서 처리가 늦어진다는 대답은 고객의 시각에서 볼 때, 서비스 제공자의 입장에서 하는 대답에 불과하므로 항상 대신할 수 있는 사람의 확보를 통해 이런 대답이 나오지 않도록 해야 할 의무가 민원 서비스 제공 기관에 있다.

공무원과의 인간관계 · 사회적 네트워크에 대한 필요성과 의존도를 줄일 수 있는 방안은 각 분야에 많이 있을 것이므로 이를 지속적으로 발굴하도록 지원하고 그 실적을 평가하여 피드백해야 한다.

다. 인간관계 · 사회적 네트워크에 대한 스캐닝(scanning) 등

이미 개발되어 사용되고 있는 기존의 다양한 감사 · 감찰 방법에 더하여 공무원의 인간관계 · 사회적 네트워크에 대한 단순한 관찰을 하는 스캐닝(scanning)을 함으로써 이런 관계 · 네트워크가 부패의 통로로 작동하는 것을 제약할 필요가 있다. 이것을 하자면 우선 감사 인력 · 예산 · 장비의 대폭 증원과 필요한 법적 권한 부여 및 감사의 독립성 확보 등 제도적 정비가 필요할 것이다. 또한 이런 조치를 한다 하더라도 감사인력은 유한하므로 부패소지가 큰 분야 중심으로 일부를 표본 추출하여 할 수밖에 없을 것인데, 그 표본 선정 기준과 스캐닝 방법 결정 · SOP화 등 집행 상의 준비 문제도 만만치 않을 것이다.

스캐닝은 범위를 넓게 잡고 가급적 공개적으로 실시하는 것이 바람직하다고 본다. 또한 스캐닝은 부패 가능한 부분에 대한 탐문, 온라인 및 오프라인 제보 접수, 공개 자료 검색 · 확인 등 정보수집활동 위주로 이루어져야 한다. 자신의 직무수행에 대한 스캐닝이 이루어진다는 사실만으로도 해당 공무원의 대부분은 적지 않은 경각심을 가지게 될 것이다. 예컨대 승진 인사 시에 실질적 승진결정권자의 인간관계 · 네트워크의 작동에 대한 스캐닝이 이루진다는 것이 알려지면 결정권자의 인간관계 · 네트워크의 부정적 작동이 제약을 받을 것이다.

스캐닝 결과 부패의 징후로 해석될 수 있는 정황이 있으면, 집중 관찰하는 모니터링(monitoring)의 단계로 넘어가야 될 것이다. 모니터링은 스캐닝의 방법에 더하여 자료요구, 부분감사, 암행감찰 등의 방법이 추가될 수 있을 것이다. 모니터링도 그것을 통해 부패를 밝혀낸다는 데 의미가 있는 것이 아니고, 모니터링을 당한다는 것 자체가 본인에게 부담을 주어 예방효과가 크다는데 더 의미가 있다. 모니터링 결과 부패 혐의가 포착되면 당연히 수사나 감찰조사를 의뢰해야 할 것이나, 수사나 징계 회부할 정도로 혐의가 밝혀진 사안이 아니라면 본인에게 모니터링 사실을 공개할 필요가 있고, 모니터링 본인통지에 대한 기준 정립도 필요할 것이다. 모니터링 단계에서 계좌추적을 허용해서는 안 될 것으로 본다. 이를 허용할 경우 반부패 기구의 권한 비대화와 권한 남용 가능성 확대 및 반부패 기구에 대한 공무원 사회의 적대감이 커져 이점보다는 단점이 클 것으로 보기 때문이다.

라. 반부패운동의 철저한 준비 및 추진

반부패운동 준비의 첫 번째 단계는 어떤 반부패 정책과 전략을 누가 주체가 되어 수행할 것인지와 그 주체의 활동범위와 형태를 결정하는 것이며, 두 번째 단계는 그 주체의 정보획득 등 활동을 수행할 집행기구와 그 권한에 대한 법적·제도적 정비와 인력·예산 지원을 하는 것이고, 세 번째 단계는 반부패 활동전술 등 반부패 정책(계획)을 결정하고 이를 추진하는데 필요한 집행절차와 지침 또는 SOP를 정하는 것이다.

반부패정책을 결정하는 과정에서 부패문제에 대한 정책분석을 하게 되는데, 부패문제의 원인과 현 실태에 대한 객관적 파악을 하며, 정책수단들을 강구하여 그것들의 예상되는 시행결과를 추론하고, 정책수단 선정기준을 정한 후 정책수단 간의 상충되는 점을 고려하여 최종결론을 내리는 과정을 거치게 된다(Eugene Bardach, 2005: 1-52).

이렇게 준비한 후 계획에 따라 반부패활동을 전개하면서 정기적으로 활동상황을 평가하여 그 결과가 앞 단계에로 환류(feedback)되도록 해 나가는 방식으로 추진해야 할 것이다. 반부패운동의 본격적 시작시점도 중요하다. 경제·사회적 변화가 심할수록 의도한 정책목표의 달성이 어려우므로(Randall B. Ropley, 1975: 16), 대대적인 반부패운동은 경제침체 등으로 사회적 어려움과 불만이 많은 시기를 피하여 시작하는 것이 바람직하다.

마. 반부패운동의 주체

'절대적인 권력은 절대적으로 부패한다'는 영국 Acton경의 말대로 권력이 클수록 부패의 규모와 폐해가 크기 마련이다. 현실적으로 대통령과 청와대, 집권세력과 국회의 권력이 가장 크며 수사기관 및 감사원을 포함한 사정기관, 국세청, 경제부처, 법원의 권한도 막강하다. 따라서 이들 슈퍼파워(superpower)들은 과거 반부패운동을 추진·참여하기도 하였지만 반부패운동의 제1차적 대상이기도 하다.

이런 관점에서, 가급적 반부패운동의 주요 대상이 아니면서 기존 정당으로부터 독립된 입장에 있는 인사들이 반부패운동의 주체로 되는 것이 바람직할 것이며, 이 주체의 활동에 대해서도 평가와 견제장치가 확립되어 이것이 또한 하나의 부패한 거대권력기관으로 전락할 가능성을 최소화해야 할 것으로 본다. 이 주체가 독립성을 확보하자면 최고 책임자는 누구로부터도 임명과정에서 '은혜'를 입는 일이 없도록 국민의 선거에 의해 선출되는 것이 바람직하다. 이 경우 유권자들에게 정확한 인물정보를 알려야 하고, 이를 위해 세밀한 후보검증기준과 검증체제가 확립되어야 하며, 정치세력과 금권의 입김이 작용하지 않도록 하자면 정당추천 배제와 철저한 선거공영제가 되어야 할 것이다. 정치권의 반대 등 부득이한 사정으로 최고 책임자(가칭 위원장)를 대통령이 임명하는 제도로 만드는 경우에는 이 자리를 무급봉사 직으로 하여 대통령으로부터 은혜를 받았다는 생각이 최소화되도록 해야 할 것이다. 반부패운동 주체의 최고 책임자를 1인으로 할 것이냐 아니면 복수로 하여 공동위원장 체제로 할 것이냐는 각각의 장단점이 있을 것이다. 고 장개석은 중국 대륙을 잃은 후 부패에 연루된 처남을 처형하고 며느리를 자결케 하는 등 강력한 부패방지시책을 펼친 바 있고(김성훈, 2006: 5), 중화민국 헌법은 5권분립(행정, 입법, 사법, 고시, 감찰) 체제를 취하여 반부패 기구가 행정, 입법, 사법부와 동렬의 위상을 점하였던 점은 참고할 필요가 있다. 현행 우리 헌법 아래에서 이런 체제 구축은 불가능하지만, 법률로서 반부패 운동주체의 독립성을 확보해 줄 수는 있을 것이다.

부패 검사를 검찰이 수사하는 것은 자기가 자기를 수사하는 구조와 유사하여 국민신뢰를 받지 못했다. 대통령과 판사의 눈치를 보아야 할 입장에 있는 검사가 대통령 측근이나 판사에 대한 수사를 제대로 하기 어렵다는 것도 알 만한 사람은 다 안다. 이런 경우에 대비해서 상시적 특별수사기구가 설치되어야 한다. 이 경우 반부패기구와 특별수사기구 간의 협력과 지원이 중요해진다.

그 외의 부패사범을 다루는 경찰과 검찰과도 협력이 필요할 때가 종종 있을 것이다. 그동안 반부패 업무를 수행해 온 감사원, 국민권익위원회와도 협력과 지원이 필요하다. 결론적으로 말하자면 반부패운동의 주체가 반부패 활동을 해 온 기존 기관들의 업무나 신설되는 반부패수사기관 업무를 지휘할 것이 아니라 그들의 직무상 독자성을 존중해 주면서 이들이 더 잘할 수 있도록 지원하고 협력해야 반부패운동이 좋은 성과를 낼 수 있다고 본다.

바. 인터넷과 모바일 기술 이용

또한 인터넷과 모바일 기술을 이용하여 대용량 홈페이지를 만들어 부패비리 고발 섹션, 민원처리절차 개선 섹션, 부패방지 전략·전술 제언 섹션, 부패방지정책 델파이 섹션, 부패방지활동 평가·비판 섹션 등을 두고 반부패운동에 뜻을 함께하는 국민들이 실명 또는 비실명으로 자유롭게 참여할 수 있는 온라인 네트워크를 구축하고 이를 통해 참여와 토론이 가능한 정보공간을 제공하면 반부패운동을 범국민적 운동으로 활성화시키고 지혜를 모을 수 있을 것이다.

부패방지 전략·전술 제언 섹션은 '브레인스토밍'의 형태로 운영하는 것이 바람직하다고 본다. 브레인스토밍(brain storming)은 아무리 엉터리 같은 제언이라도 무시하거나 반박하지 않아야 하므로 제언에 대한 보완책 제시만 허용하면서 운영자가 제시된 제안들을, 유사한 것끼리 분류하여 묶고 부족한 부분을 보완하여, 완성된 형태의 전략 · 전술로 만들어 가는 것이 좋을 것이다. 제언을 한 사람들은 자신의 생각이 정책으로 변해가는 것을 보면 반부패운동에의 참여 의욕이 높아지고 반부패 여론형성에 적극적으로 기여하게 될 것이다. 여기서 완성된 형태의 전략 · 전술은 사안에 따라서 부패방지정책 델파이 섹션에 보내 전문성을 보강할 수 있을 것이다. 이 섹션에는 각 분야별로 서브섹션과 서브섹션 운영자를 두어야 하므로 꽤 많은 인력이 소요될 것이다.

부패방지정책 델파이 섹션은 전문가 및 해당 분야에 대한 이해관계자들로 구성될 것이며, 반부패 정책 분석 · 결정 · 평가 등에 활용될 수 있을 것이다. 이 방법은 부패방지정책에 대한 전문가들의 지혜를 모으고 이들의 지지를 확보하는 방법인 동시에 이해관계자의 입장을 파악하여 반발을 최소화하는 방향으로 반부패 정책변경을 할 수 있는 방법이 될 수 있을 것으로 본다. 이 섹션에도 각 분야별로 서브섹션과 서브섹션 운영자를 두어야 하고 전문가 및 이해관계자를 파악하고 이들과 연락 · 협조관계 형성, 의견제시자의 익명화 및 의견 재배포, 수정 및 재수정된 의견의 회람, 최종 대면 토론 준비 및 진행 등을 하는데 상당히 많은 인력이 소요될 것이다. 정책델파이는 전문가뿐만 아니라 이해관계자까지 참여시키고 최종 단계에서 대면 토론을 하게 되는 점을 유의해야 한다.

부패비리고발섹션은 혐의가 확정되기 전까지는 제보 내용을 공개할 수 없을 것이나 철저한 확인 및 조치는 물론 제보자에게는 진행상황을 수시로 알려주고 처리결과도 알려주어야 이 섹션이 신뢰를 받을 수 있을 것이다. 과거 교통경찰관이 길에서 돈 받던 악습이 없어진 것은 온라인 제보와 이에 대한 즉각 감찰조사 덕분이었다. 비리를 보더라도 이를 적어 경찰관서 주소를 확인하여 봉투에 쓰고 우표 붙여 보내자면 귀찮기도 하고 그러는 과정에서 분이 식어 그만두기도 하겠지만 온 라인 제보는 바로 간편하게 제보할 수 있고 감찰에서도 제보사실을 즉각 확인 · 조사할 수 있었기 때문에 이런 부패가 없어졌던 것이었다. 이 사례에서 알 수 있는 바와 같이 온 라인 부패제보는 즉각 반응만 보인다면 부패척결에 매우 효과적일 수 있다. 또한 고발자는 철저히 보호하고 상응한 보상과 대우를 해 줌과 동시에 내부 고발자(whistle blower)는 조금이라도 불이익 당하는 일이 없도록 지속적으로 확인하고 보호해 수어야 고발이 활성화 될 것이다.

또한 이 온라인 시스템은 빠른 네트워크를 통하여 많은 양의 정보와 여론을 빨리 획득 · 파악하게 하고 시민들의 반부패활동에 대한 감시와 통제를 가능하게 하여준다. 또한 반부패상황에 관련된 사실적 정보베이스를 조직하고 유지하는 한편, 전자정부와 연결하여 정부의 자료를 간편하게 참조할 수 있게 함으로써 반부패정책에 대한 지식의 공유·축적·창출·확산에 기여할 수 있다(권기헌, 2008: 539-543).

사. 반부패운동의 활동부문 및 기구

(1) 활동부문

앞에서 논한 바를 종합하면, 반부패운동은 공무원의 인간관계·사회적 네트워크의 기능을 대체하기 위한 투명성 확대, 민원처리의 신속화·간소화 및 공정성 제고와 같은 행정개혁 부문, 사법개혁 및 정치개혁 부문, 공무원의 재사회화 부문, 부패에 대한 스캐닝과 모니터링 부문, 비위 혐의가 확인된 사람에 대한 처리 부문 등과 이들 부문에서의 활동에 대한 행정관리, 홍보 및 종합 전략기획으로 구성된다. 이 중에는 반부패운동의 주체가 직접 추진할 수 있는 것도 있고 유관기관에 건의하거나 그로부터 협조를 받아서 추진할 수 있는 것도 있을 것이다. 국민권익위원회, 감사원, 총리실 등 기존 반부패기구와, 방대한 조직과 인력 및 수사능력을 갖춘 경찰 및 검찰이 반부패 직무수행을 제대로 하게 하는 것과 고위공직자 수사기구의 창설도 매우 중요한 과제이다.

(2) 추진집행기구

반부패운동은 뜻을 같이 하는 많은 인사를 동참시키고 사회단체와 연대해야 하므로 그 주체는 많은 위원으로 구성되어 의사결정은 할 수 있으나 집행은 할 수 없다. 따라서 추진집행기구가 필요하다. 추진집행기구는 행정관리 지원 및 종합 전략기획을 담당하는 부서, 부패정보 수집분석과 스캐닝 및 모니터링을 수행하는 부서, 온라인 네트워크 구축·운영 및 평가·환류를 담당하는 부서, 내부고발자를 보호하고 내부고발을 장려하는 부서, 홍보 및 타 기관과의 협조 또는 건의를 담당하는 부서 등으로 구성되는 것이 이상적일 것이다. 이 집행기구는 반부패 운동 주체의 최고 책임자가 이끌어 나갈 것이다. 고위공직자를 수사하는 기구는 독립성을 유지하면서 추진집행기구와 협조하도록 하여 추진집행기구의 비대화를 막고 수사의 객관성과 전문성을 높이는 것이 바람직하다고 본다.

(3) 반부패기구의 인력 및 예산

반부패기구의 인력은 자문인력과 전담인력으로 구분될 수 있다. 전담인력은 기본자격을 갖춤은 물론 반부패기구에서 평생 봉직할 것과 철저한 신분보장 및 타 기관으로의 전직금지를 조건으로 뽑고 철저한 교육훈련으로 사명감과 전문성을 가지고 일할 수 있도록 해야 한다.

각 기관의 내부 속사정을 전담인력이 알 수 없기 때문에 각 기관으로부터 추천 받은 겸무・비상근 자문인력이 필요하다. 이들은 소속기관의 반부패기구에 대한 정보활동이나 로비창구 역할도 하려 할 것이기 때문에 트로이의 목마가 되지 않도록 유의해야 할 것이다. 인력・예산에 대해서는 인원・직급과 구체적이고 상세한 예산편성 기준을 법제화해서 인력과 예산을 따느라고 관련 부처에 계속 로비할 일이 없도록 해야 독립성이 확보될 것이다. 부패정도가 심한 기관・부서에 대해서는 반부패기구의 직원을 그 기관・부서의 채용시험에 응시시켜 일정기간 원 소속을 밝히지 않고 근무하게 하는 제도를 만들 수도 있을 것이다.

각 기관마다 감사부서가 있는데, 이를 반부패 운동에 제대로 활용하기 위해서는, 무엇보다도 먼저 그 기관의 감사부서와 비감사부서간 인사교류 차단을 제도화하여 감사부서 근무자가 감사를 실시하면서 언젠가는 지금 감사받고 있는 사람과 한 부서에서 같이 근무할 가능성을 염려할 소지를 없애야 할 것이다.

아. 반부패운동의 전략・전술적 고려

(1) 슈퍼파워의 동참 유도

앞에서 논의한 반부패주체와 집행기구가 헌법기관이 되는 것이 바람직하지만, 이는 헌법개정을 요하는 일이다. 그렇지 않은 경우를 전제로 한다면, 반부패기구의 권한은 국회에서 결정될 것이며, 국회는 언제든지 주어진 권한을 입법으로 축소・폐지할 수 있다. 반부패운동의 주체가 정치세력과 완전히 독립될 수 없고, 전략적으로 정치세력과 조화를 유지해야 하는 이유가 바로 여기에 있다. 또한 민원처리절차 개선, 규제개혁, 정보의 적극적 공개 등 행정개혁은 대통령이 앞장 서야 하고, 사법개혁은 법조계와 국회에서 앞장 서야 하므로 대통령 및 법조계의 동참도 필요하다.

이들 슈퍼파워(superpower)들이 반부패운동에 적극적으로 동참하도록 유도하기 위해서는 전략적 고려가 필요하다. 이들의 부패행위야말로 1차적으로 척결해야 할 대상이고 이들을 빼고 반부패척결활동을 벌인다면 반부패운동이 국민의 조롱거리로 전락할 것이다. 그래서 이들과 대립할 수밖에 없는 경우가 생길 것이고, 이때에는 미리 확고하고 충분한 여론형성이 이루어져 있고 반부패 세력들과의 연대가 잘 형성되어 있어야 한다. 이 경우에도 이들의 약점을 파고 들어가거나 적대감을 가지고 공격하는 인상을 주지 않아야 한다. 이에 대해서는, FBI가 초기에 상당히 제한된 범위의 업무를 수행하던 형태에서 전문성과 능력을 인정받고 발전하여 오늘날처럼 자리잡은 전략이 참고가 될 것이다.

(2) 시민사회와의 연대 및 내부고발 장려

반부패활동을 하는 시민단체 등 시민사회와의 연대는 반부패 여론형성, 반부패 기구의 위기관리 및 반부패 정보와 지식의 교류 등 여러 가지 측면에서 절대적으로 중요하다. 정부는 지도자가 강력한 반부패 리더십으로 개혁을 지원하더라도 관료들이 자체개혁에 소극적인 경우가 종종 있었다. 오히려 지역사회가 개발 계획과 예산의 집행을 모니터링하는데 참여하는 경우에 반부패성과가 가장 많이 났던 것이 세계적인 현상이다(e Journal USA, 2006, 12: 39).

내부고발은 조직 내부의 부패를 외부에 공개하는 공익적 행위이며, 반부패활동에서 내부고발의 장려와 내부고발자 보호의 결정적 중요성은 인정되고 있으나 지금까지 이에 대한 제도적 장치 및 예산확보가 매우 미흡하였다. 내부고발자는 어떠한 불이익도 받아서는 안 되고 공범관계에 있더라도 면책이 보장되어야 하며 충분한 보상을 받을 수 있는 제도적 장치 및 예산조치가 되어야 한다. 본인이 원하는 경우 익명의 보장은 물론이고 인적사항 변경, 완벽한 성형수술, 본인과 가족의 이민 및 해외취업 알선 등 모든 보복방지 장치를 제도적으로 확립해야 한다. 더 중요한 것은 내부고발이 되었을 때 고발된 자와 결탁한 세력을 철저히 응징하여 보복할 힘을 송두리째 도려내는 것이다. 미국에서는 내부고발자보호법(Whistleblower Protection Act)에, 영국에서는 공익제보법(Public Interest Disclosure Act)에, 호주는 공공서비스법(public Service Bill)에 내부고발자보호를 위한 제도적 장치를 규정해 두고 있다(박천오, 강제상, 2010: 473-474). 이 나라들보다 우리 공직사회의 부패정도가 심각한 실정에 비추어 이 법률들보다 훨씬 강한 제도적 장치를 해야 할 것이다.

(3) 효율적 고위공직자 비리수사

고위공직자 비리수사기관이 설치되면 이 기관이 슈퍼파워(superpower) 기관들과 자주 정면대립하지 않도록 속도를 잘 조절하는 지혜는 매우 중요하다고 본다. 고위공직자의 비리가 노출되면 소속기관의 자체조사가 제대로 진행되는지 관찰하면서 관련 정보수집 등 수사를 준비하다가 자체 축소하려는 경향이 보이면 여론을 등에 업고 수사에 착수해야 한다. 사전 정보와 준비없이 개입하면 자체조사기관의 협조마저 제대로 받을 수 없어 골탕만 먹고 결과는 빈약하여 오히려 한통속이라는 여론 비판을 면할 수 없게 될 수 있기 때문이다.

고위공직자 비리 수사기구는 최소한의 인원으로 편성해야 한다. 수사대상이 되는 자는 어차피 부패행위자의 극히 일부일 수밖에 없어 수사를 통한 반부패 성과는 한계가 있는데 비해 수사요원은 실적을 내려는 욕심으로 무리하게 여기저기 파고드는 속성이 있기 때문에 수사요원을 많이 확보하고 있으면 그만큼 반부패운동의 저항을 불필요하게 크게 할 소지도 증가하기 때문이다. 대신에 수사에 착수해야 할 상황이 생기면 각종 수사기관으로 인력을 지원받아야 할 것이다. 다만, 어떤 수사기관에 대한 비리수사를 할 경우, 그 수사기관으로부터 인력을 지원받지 않는다면 공정한 수사에 문제가 없을 것이다.

(4) 홍보와 여론의 지지확보

(가) 홍보

반부패운동의 홍보와 위기관리 기술도 이 운동의 지속을 위해 매우 중요하다. 홍보성과는 자금과 홍보기술과 상관관계가 크므로 적정한 홍보예산과 유능한 홍보인력 확보를 위해 노력을 아끼지 말아야 한다. 홍보는 반부패운동을 통해 국민이 살기가 얼마나 좋아졌는지에 초점을 두되, 과장이 없어야 신뢰를 받고 견제세력으로부터 역공을 줄일 수 있을 것이다.

(나) 여론의 지지확보

특히, 모든 정책은 여론의 지지를 받을수록 의도한 정책목표를 달성할 가능성이 높아지기 때문에(Randall B. Repley, 1975: 16), 여론의 지지는 반부패활동의 성패에도 직결되는 사안이다. 우수한 홍보활동은 여론지지와 직결된다.

국민의 반부패운동 참여, 지지, 호감을 얻어 여론을 유리하게 조성하기 위해서는 온라인 네트워크를 활성화시켜야 한다. 이를 위해서는 관심 있는 국민들의 제언에 대해 쌍방향 커뮤니케이션(communication)에 기초하여 반부패운동 전술과 계획 및 집행지침의 즉응적인 변화를 포함한 신속한 대응이 뒤따라야 한다.

(5) 반부패운동의 위기관리

반부패운동 견제세력들은 반부패기구 요원들의 실수와 반부패활동의 비효율성을 집중적으로 파고 부각시켜 반부패기구의 위기를 조성하려 할 것이다. 반부패기구의 요원들도 우리 사회에서 사회화된 사람들이기 때문에 반부패 대상과 동일한 잠재적 약점을 지니고 있다. 반부패 성향의 태도와 정서를 가지고 있는 사람들도 조금만 방심하면 실수할 수 있는 것이므로, 반부패 운동이 지속되기 위해서는 반부패기구 요원들의 행동지침을 정교하게 만들어 준수 여부를 지속적으로 확인하는 등 특단의 노력을 계속해야 한다. 또한, 자체사고 발생에 대비한 위기관리부서를 두고 위기관리 대변인 및 위기관리팀의 선정과 훈련, 위기관리 계획의 작성과 모의 연습 및 업데이트, 직원들의 개인적 문제해결 지원체제 확립(최양호, 이명천 역, 캐슬린 펀 뱅크스, 2005 : 111) 등으로 반부패운동의 위기에 대비해야 한다.

(6) 반부패운동의 정기적 평가

또한 반부패운동 진행상황을 정기적으로 평가하여야 하는데, 이에는 반부패운동의 총괄적 효과를 평가하는 총괄평가와 어떤 반부패 수단이 총괄적 효과에 얼마만큼 기여하였는지를 평가하는 협의의 과정평가 및 집행계획에 있는 활동들이 계획된 시간에 원래 의도한 대상집단에 대해 이루어졌는지 또한 계획한대로 제때 인력과 예산이 투입되었는지를 평가하는 집행과정평가(집행분석)가 있다(정정길, 1999: 712-721). 이를 통해 평가된 결과는 전략과 계획의 수정, 제도의 수정 등으로 환류되어야 한다. 각종 반부패기관의 활동에 대한 평가도 이루어져야 할 것이나 이로 인해 기관 간에 지나친 경쟁을 초래하지 않도록 유의할 필요가 있다.

반부패정책은 이와 같은 평가결과에 따라 수정되기도 하고, 온라인 네트워크의 제언에 따라서도 수정되어야 하며, 경제나 사회상황의 변동 등 반부패운동 여건의 변화에 대응한 전략 전술적 고려에 의해서도 수정되어 나가야 한다.

(7) 반부패운동에 대한 개혁피로도 방지

반부패운동이 지속되기 위해서는 개혁피로도가 누증되는 것을 막아야 한다. 반부패운동이 우리나라가 선진국으로 가기 위해서 꼭 필요하고 고도산업사회에서 사고예방과 효율성 확보를 위해서, 투자유치나 무역에서의 불이익을 피하기 위해서 꼭 필요하다는 주장만으로 국민들의 호의적인 여론을 계속해서 받기 어렵다.

(가) 부당한 규제와 관행의 해소에 대한 국민체감도 제고

개혁을 통해 국민이 살기에 편해지고 있다는 것을 계속 느껴야 한다. 이를 위해서 국민이 공감하지 않는 절차, 규정, 관행 등 일상생활에 불편을 초래하거나 국민에게 불필요한 비용과 노력이 들어가도록 하는 걸림돌을 계속 찾아서 제거해 나가는 것이 필요하다. 이는 행정개혁의 일환으로 해당 부처에서 추진해야 할 것이나 이때까지 항상 용두사미로 그쳤다. 반부패운동주체는 정기적으로 기관별 규제개혁 실적을 평가하여 공개함으로써 기관별 경쟁을 시킬 필요가 있다. 공무원에게 규제를 개혁하라면 부패와 관계되는 규제는 존속시키면서 대신 부패와 관계가 적으나 국민의 안전 등 규제가 필요한 규정을 없애는 경향도 있었다는 점을 유의하여야 한다. 이와 같은 과거 사례를 들자면, '시 랜드' 화재사건으로 많은 어린이들이 죽었는데 컨테이너를 쌓아 만든 위험한 구조물이 준공허가가 난데는 규제철폐가 한 원인이었다고 한다.

앞으로는 단순히 불합리한 규제를 철폐하는데 그치지 않고, 국민을 불편 또는 불쾌하게 하거나 언짢게 하는 절차와 관행을 억제하는 입법을 해 나가는 것이 필요하다. 그런 입법 내용 중에 다음과 같은 것이 포함될 수 있을 것이며 이것보다 훨씬 더 많은 내용이 추가될 수 있을 것이다. 즉, ① 주민등록부, 지적부, 등기부와 같이 공무원이 기관 간의 협조나 전산을 통해 직접 확인할 수 있는 사항은 등본이나 사본을 제출케 해서는 안 된다. ② 공무원이 책임회피용으로 제출케 하는 모든 민원 제출서류는 최대한 간소화해야 한다. ③ 제출된 민원서류의 미비한 사항들은 한 번에 모두 고지해 주되 보완방법까지 자세히 알려주어야 한다. ④ 각 부서 간 연결된 민원사항은 한 창구에서 처리해 주어야 한다. ⑤ 민원이 법령규정상 받아들일 수 있는 것인지 애매한 경우에 신속히 유권해석을 할 수 있는 기관에 질의하여 그 결과에 따라 처리해 주어야 한다. 또한 이러한 질의・회시가 신속히 처리될 수 있도록 전자적인 체제를 강구해야 한다. ⑥ 민원처리에 대해 이해관계자들의 반대가 있다고 해도 법령규정상 처리해 주도록 되어 있는 민원이라면 적극적인 조정으로 신속하게 처리하고자 노력하여야 한다. ⑦ 민원인의 주장에 대해 담당공무원이 다르게 생각할 경우에는 충분한 자료를 제시하여 합리적이고 친절한 설명으로 이해시켜야 한다. 어떠한 경우에도 민원인에게 이해 못하겠으면 행정소송을 제기하라는 취지의 말을 해서는 안 된다. ⑧ 판사, 검사, 수사관, 경찰공무원, 교정공무원 등 형사사법 기관 종사자는 범인이라 하더라도 그 인격과 존엄성을 부당하게 훼손해서는 안 된다. 불가피한 경우를 제외하고는 참고인을 불러서는 안 되며 찾아가서 협조를 구해야 한다.

반부패활동이, 규제에 관한 각종 법령규정을 공무원이 충실히 이행했느냐에 치중해서는 안 된다. 규제에 관한 법령규정은 강력한 사회통제 제도이긴 하지만, 통제대상이 되는 현실의 다양성, 가변성 및 모호성을 모두 고려하여 규정할 수 없기 때문에 적용과정에서 집행공무원의 조정과 재량이 필요하다(Eugene Bardach & Robert A. Kagan, 2006: 58). 그런데도 법령규정의 문언대로 처리했느냐의 관점에서 따지면 공직사회가 얼어붙게 되어 결과적으로 국민들이 불편을 느끼게 되기 때문이다. 핵심은 모든 민원에 대해 평등하게 민원인과 공익의 입장에서 상식(조리)에 맞게 탄력적으로 법령규정을 적용했느냐에 있는 것이다.

(나) 부정축재재산의 철저환수

부패행위자가 적발되면 부정축재 재산과 국민안전을 위협하는 행위로 번 수익에 대한 철저한 추적과 환수를 할 수 있도록 제도적 장치가 강구되어야 한다. 적발된 본인의 재산은 물론 부정재산을 숨기는데 협조해 준 의혹이 있는 가족 친지의 재산에 대한 수사기관의 계좌추적권 부여, 이들의 재산형성에 대한 '입증책임의 전환' 등의 제도적 장치가 있어야 제대로 된 환수가 가능할 것이다. 이렇게 하여 환수된 실적을 홍보함으로써 많은 국민들의 공감을 지속적으로 받을 수 있을 것이다.

(다) 예산낭비의 차단

각종 예산낭비 소지를 제거하여 예산절감 실적을 눈으로 보여 주고 그것으로 세금 감소나 복지 증가로 이어지는 모습을 보여주어야 한다. 예산은 사실상 주인이 없는 돈이기 때문에 낭비되게 마련이고, 특히 대규모 공사를 수반하는 예산사업, 컨설팅이나 연구비 지원 분야에 이런 낭비관행이 많다. 예산편성과정에서 업자, 공무원, 국회의원이 서로 공조하면서 관여하고 심의과정에서 교수, 전문가 등으로 구성된 심의위원회에 책임을 전가하여 세금이 낭비되는 관행 등 해당되는 사례는 무수히 많이 있을 것이다. 예산낭비를 차단한 실적도 수시로 홍보하여 국민들 반부패운동에 대해 호감을 갖도록 해야 한다.

(라) 반부패 대상의 범위 한정

반부패운동의 추진에 동참하는 사람이라도 적극성의 강도는 약한 사람이 많다. 반면에, 반부패운동으로 위협을 받는 사람은 생존 차원에서 적극 대응할 것이다. 그러므로 반부패운동에 동참하는 사람이 10명이라면 적극 반대하는 사람이 1~2명에 불과해야 반부패운동이 성공할 수 있다. 따라서 적극 반대자의 최소화에 신경 써야 한다. 과거 문민정부에서 호화생활자, 불로소득자 등에 대한 민생사정을 강화하여 반사회적 악폐를 씻어내려 한 적이 있는데(오석홍, 1998: 339), 호화생활자, 불로소득자, 반사회적 악폐라는 지극히 주관적이고 모호한 개념으로 일반시민들까지 대상으로 하여 사정의 칼날을 휘두르려 한 자체가 적을 양산하여 개혁의 실패를 초래한 측면이 있었다. 반부패운동의 초기 대상은 공무를 수행하는 자가 명목여하를 불문하고 금품·향응접대·이익을 받거나 받기로 약속한 일체의 행위와 국민의 안전을 크게 위협하는 불량식품 및 의약품, 원전을 포함한 산업안전 위반행위에 엄격히 한정하고 단계적으로 대상을 늘려 나감으로써 반대세력을 최소화하는 지혜가 필요하다고 본다.

제2절 경찰관의 징계

1. 징계제도의 의의

징계는 각종 법령규정과 지시명령 등 경찰관에게 요구되는 행동규범을 위반한 경찰관에 대해 공식적인 제재를 가하여 경찰의 기강을 바로잡고 경찰이 국민의 신뢰를 받을 수 있도록 하는 제도이다. 이러한 의미의 징계는 파면, 해임, 강등, 정직, 감봉, 견책이 있고 그 징계사유가 금품 및 향응 수수, 공금의 횡령·유용인 경우에 그 액수의 5배내에서 징계부가금을 부과한다.

징계의 의미를 넓게 보아, 직무의 적정한 수행과 국민의 기대에 부합하는 윤리규범을 준수하도록 강제하는 일체의 조치를 징계로 보면 계고, 경고장 발부, 구두 경고가 포함되며 직무수행상 또는 윤리상 잘못에 대한 좌천 인사도 징계의 성격을 가지고 있는 것으로 볼 수 있다.

과거에는 징계를 특별권력관계 내의 조치로 보아 법적 제약이 미미했으나, 1963년 「국가공무원법」 개정을 계기로 소청심사제도가 도입되고 경찰공무원의 징계에 대한 법적 통제도 강화되었다. 과거 경찰공무원에 대한 징계는 다른 공무원보다 엄격한 것으로 인식되어 왔다. 경찰관의 윤리수준에 대한 국민의 기대가 높아지고 있는 현실을 고려하면 엄격한 징계를 해야 할 경우도 없지 않을 것이다. 또한 언론과 야당이 주시하는 권력기관 치고는 경찰조직의 힘과 단결력이 약하기 때문에 언론이나 정치권에서 타 공무원이 행했다면 주목하지도 않을 경미한 비리에 대해서도 침소봉대하여 경찰조직을 흔들며 지휘관의 자리를 위태롭게 하므로 더욱 강하게 처벌하는 경향도 있었다고 본다.

2. 징계제도의 기능

가. 경찰기강 확립

징계제도는 공정하고 합리적으로 운영될 때, 경찰 기강 확립과 국민 신뢰 확보로 경찰목표 달성의 효율성을 증진시킬 수 있다. 그러자면 징계대상 선정의 적합성과 징계수위의 적정성이 보장되는 등 타당성과 신뢰성 있게 징계제도가 운영되어야 한다. 배경이나 연줄이 좋은 자는 평판이 나빠도 감찰의 손길이 가지 않거나 노출이 되어도 경미하게 처리하면서 다른 조직원에게는 가혹하게 대한다면 오히려 조소하는 분위기가 형성되면서 사기가 저하될 것이다. 징계요구권자가 인사상의 편의를 위해서 또는 자신에게 비판적이거나 과거 경쟁자와 친했다고 해서 해당자의 주변까지 집중 관찰을 하거나 과도한 징계 수위를 요구한다면 공정성과 효율성은 더욱 훼손될 것이다.

조직목표 달성의 효율성을 효과 대비 비용의 관점에서만 본다면 비용은 감찰기구 운영비용뿐만 아니라 징계 받는 사람의 수와 징계수위 등도 포함될 수 있다. 효율성은 조직목표 달성의 효과를 최대한 높이면서도 비용을 최소화하는 것이므로, 경찰이라고 해서 타 공무원에 비해 더 엄격하게 징계해야 한다는 생각은 근거가 없는 것이다.

나. 경찰부패의 척결

경찰 징계제도의 목적 중의 하나는 경찰부패의 척결이다. 징계를 통한 부패척결효과는 앞에서 논한 바와 같이 한계가 크다. 여기에서는 경찰부패가 부각되는 이유와 경찰부패의 원인에 대해 살펴본다.

(1) 경찰부패의 특징

타 공무원은 직무의 성격상 부패의 거래대상과 상호 호혜적이고 지속적 공생관계에 있는 경우가 많다. 이에 비해 경찰직무는 대부분 불특정 다수인에 대한 규제를 내용으로 하므로 부패의 거래 상대방이 경찰공무원에 대해 불쾌한 감정을 가진 상태에서 1회적 관계로 끝나는 경우가 많기 때문에 노출확률이 높다는 특징이 있다. 또한 경찰인력도 매우 많다.그 결과 경찰공무원의 비위적발 건수나 비율이 타 공무원보다 높게 나타나는 때가 많다(김택, 2003: 160).

부패의 거래 상대방이 조직폭력배, 불법사행업소 업주와 같이 특정 경찰공무원과 지속적 관계에 있게 되는 경우도 가끔 있지만, 이들은 불법수단으로 업을 영위하기 때문에 언젠가는 단속되고 그들과 엮인 경찰관도 같이 묶이는 것이다. 또한 부패의 거래 상대방이 건축업자, 관내 기업체 등과 같이 합법수단으로 영업을 하는 업체인 경우에는, 인허가 및 감독 주무관청 소속 공무원에 비해 부패 경찰공무원은 훨씬 적은 금품을 수수하는 대신, 다수 업체를 상대로 하기 때문에, 그 업체 중 하나라도 문제가 되면 주무 공무원과 함께 노출되게 된다. 경찰에 대한 수사지휘권을 가진 기관에서 이런 업체의 사건을 취급할 때에는 경찰공무원 비위 부분은 극히 소액이라 하더라도 빠짐없이 밝혀내어 경찰을 다스리는 수단으로 삼는 경향도 있다. 수사권 조정을 둘러싼 수사기관 간 갈등의 여파로 이런 현상이 더 나타날 가능성이 커진 것으로 생각된다.

(2) 경찰관 부패의 원인에 대한 종래의 관점

경찰부패는 타 공무원의 부패와 본질적으로 다르지 않으므로 경찰부패의 원인은 앞에서 설명한 공무원 부패의 원인과 대체로 같다.

다만 경찰관은 피라미드형 계급구조로 인해 승진 기회가 다른 공무원에 비해 매우 적으므로 성공(승진)하고자 하는 목표와 그 수단 간의 괴리가 매우 크고, 경찰이 법위반을 일삼는 사람들과 자주 접촉할 기회가 일반공무원에 비해 훨씬 더 많다는 차이가 있다. 또한 경찰은 두 가지의 불합리한 퇴직제도를 가지고 있다. 하나는, 일반 공무원 조직에서 보기 드문 현상인 고위직에 대한 연령정년 전 권고사직 제도이다. 또 다른 하나는, 일반공무원에게는 없고, 군인・국가정보원 직원보다 기간은 짧고 적용되는 계급범위는 넓은 계급정년제도이다. 계급정년제도는 인사권을 가진 각급 경찰기관장의 노후 관심 등으로 인사관리의 공정성이 흔들릴 소지가 크다고 본다.

이러한 원인 외에도 미국 등 외국사회를 배경으로 경찰관 부패의 원인으로 꼽히는 것들을 보면, 사회 전체적으로 보아 경찰관의 부패가 하나라도 용인될 때에는 결국 다수 경찰이 부패에 빠져들게 된다는 '전체사회가설', 신임 순경이 정의 사회를 세우는데 기여하겠다는 생각으로 일선에 배치되지만 일선의 경찰구조로 인해 부패에 빠진다는 '구조원인가설', 부패성향을 가진 자가 경찰에 들어오면 다른 경찰관까지 오염된다는 '썩은 사과가설' 등이 있다(신현기, 2012: 401-402).

또한 한국경찰의 특성으로 권위주의, 기관 편의적 법규행정, 형식적 능률주의, 관존민비의 행정문화, 무사안일주의, 명령만능주의, 관행우선주의, 연고주의, 비밀주의, 폐쇄주의를 열거하고, 이를 경찰부패의 원인으로 보는 견해도 있었다(김택, 2003: 158). 그러나 우리경찰은 그동안 상당히 변했다고 본다. 경찰은 다른 부처에는 없는 청문감사관제도를 두고 있고 피의자 조사 시 변호사 입회를 허용하는 제도를 가장 먼저 시행하는 등 개혁적 특성도 있었다.

다. 경찰공무원 징계제도 운영 방향

지금까지 경찰에서 타 부처에 비해 강도 높은 감찰활동과 강력한 처벌을 해 왔지만 아직도 경찰부패가 사라졌다는 평가를 받지 못하고 있다. 대통령이나 경찰청장의 반부패 의지가 강하고 사정활동이 강화될 때는 일시적으로 효과가 있었기는 하였지만, 강도 높은 감찰활동과 강력한 처벌만으로는 은밀히 행해지는 부패를 뿌리뽑기 힘들기 때문에 부패가 잔존하고 있는 것이다. 2003년 9월 실시한 경찰관 상대 설문조사 결과를 보면, 45.5%가 명예보다는 금전을 더 중요하게 여긴다고 답했고, 69.5%가 아직까지도 상납을 잘하는 경찰관이 유리한 대우를 받고 있다고 응답하였다(박종구, 2004: 102).

영국, 미국(뉴욕 등), 싱가포르 등의 나라가 경찰부패로부터 벗어나 깨끗한 경찰조직을 가지게 된 계기가 감찰 및 처벌의 강화와 함께 보수의 파격적 인상이 병행된 것이었다는 사실을 철저히 인식해야 한다. 1980년대까지 여러 차례에 걸쳐 경찰간부에 대한 대규모 숙정이 행해졌지만, 보수의 파격적 인상이 수반되지 않았기 때문에 그 정화효과는 거의 없었다고 본다.

또한 경찰관 개개인이 체면과 자아존중의 욕구를 가지고 있고 인간이기 때문에 실수를 할 수 있다는 점을 간과해서는 안 된다. 그러므로 감찰기능에서 경찰관의 행동을 정밀하게 관찰은 하되, 문제 행동을 본인에게 지적해 주어 스스로 시정토록 촉구해 나가는 것이 중요하다. 이것도 중요한 감찰실적으로 평가하는 체제도 확립되어야 한다. 또한 이러한 문제행동이 반복되면 강하게 조치하고 그래도 효과가 없을 때에는 경찰에서 떠나게 해야 한다. 이러한 지적이나 징계는 문제 행동이 있었을 때 신속하게 해야 한다. 잘못된 행동을 하고 난 후 시간이 지나면 지날수록 자신의 잘못에 대해 인정하지 않으려는 경향이 있기 때문이다(유민봉, 1999: 429).

경찰목표 달성의 효과성을 높이기 위해서는 감찰 및 감사활동의 초점을 경찰관이 상황에 맞추어 융통성 있고 적극적인 태도로 국리민복에 맞게 직무를 수행했느냐에 맞추어야 한다. 법령규정을 엄격하게 해석하여 그 안에서 행동했느냐에 감찰 및 감사활동의 초점을 맞추면 무사안일에 빠지게 하여 경찰목표 달성의 효과성이 저해될 위험이 있는 것이다.

경찰징계의 지나친 엄격성을 보편타당성 있는 결과가 나오도록 바꾸자면 외부 인사를 징계위원회 위원으로 가급적 많이 참여시켜 민주성과 독립성을 강화해야 할 것이다. 이 경우에 유의할 것은 참여하는 외부인사를 각종 공공기관에서 감사업무를 다년간 수행한 경험이 있는 사람을 선정하여 징계 심의·의결의 타당성이 낮아지는 현상을 방지해야 할 것이다.

3. 현행 징계제도

가. 징계의 구분 및 징계부과금

경찰관의 징계는 중징계와 경징계로 구분하며 중징계란 파면, 해임, 강등 및 정직을 말하고 경징계란 감봉 및 견책을 말한다. 그 징계사유가 금품 및 향응 수수(授受), 공금의 횡령(橫領)·유용(流用)인 경우에는 해당 징계 외에 금품 및 향응 수수액, 공금의 횡령액·유용액의 5배내의 징계부가금 부과의결을 징계위원회에 요구하여야 한다.

강등과 구별하여야 할 것은 「국가공무원법」 상의 강임이다. 강임은 직급을 하향시키나 징계처분 아닌 기타 불이익 처분이고 경찰관에게는 이 제도의 적용이 「경찰공무원법」에 의해 배제된다. 강임은 직제 또는 정원의 변경이나 예산 감소 등으로 직위가 폐직되거나 하위로 변경되어 과원이 된 경우 또는 타 직렬 등으로 가기 위해 본인이 동의한 경우에 가능하며, 동의 없이 강임된 일반직 공무원은 상위 직급 결원 등 승진기회가 생기면 우선 임용된다.

나. 징계위원회의 종류 및 설치

경찰공무원 징계위원회는 경찰공무원 중앙징계위원회와 경찰공무원 보통징계위원회로 구분한다. 중앙징계위원회는 경찰청에 두고, 보통징계위원회는 경찰청, 지방경찰청, 경찰대학, 경찰교육원, 중앙경찰학교, 경찰수사연수원, 경찰병원, 경찰서, 경찰기동대, 전투경찰대 및 경찰청장이 지정하는 경감 이상의 경찰공무원을 장으로 하는 기관에 둔다.

다. 징계위원회의 관할

경찰공무원 징계위원회는 총경이하의 징계사건을 심의하며, 이 중 경찰공무원 중앙징계위원회는 총경 및 경정에 대한 징계 또는 징계부가금 부과사건을 심의·의결한다. 보통징계위원회는 해당 징계위원회가 설치된 경찰기관 소속 경감 이하 경찰공무원에 대한 징계 등 사건을 심의・의결한다. 다만, 경정 이상의 경찰공무원을 장으로 하는 경찰서, 경찰기동대 등 총경 이상의 경찰공무원을 장으로 하는 경찰기관에 설치된 보통징계위원회는 소속 경위 이하의 경찰공무원에 대한 징계 등의 사건을 심의・의결한다. 경무관 이상에 대한 징계의결은 국무총리 소속으로 설치된 징계위원회에서 한다.

상위 계급과 하위 계급의 경찰공무원이 관련된 징계 등의 사건은 상위 계급의 경찰공무원을 관할하는 징계위원회에서 심의・의결하고, 상급 경찰기관과 하급 경찰기관에 소속된 경찰공무원이 관련된 징계 등의 사건은 상급 경찰기관에 설치된 징계위원회에서 심의・의결한다. 다만, 상위 계급의 경찰공무원이 감독상 과실책임만으로 관련된 경우에는 그러하지 아니하다. 소속이 다른 2명 이상의 경찰공무원이 관련된 징계 등의 사건으로서 관할 징계위원회가 서로 다른 경우에는 모두를 관할하는 바로 위 상급 경찰기관에 설치된 징계위원회에서 심의・의결한다. 이 경우 관할 징계위원회는 관련자에 대한 징계 등의 사건을 분리하여 심의・의결하는 것이 타당하다고 인정되는 경우에는 관련자에 대한 징계 등의 사건을 각자의 관할 징계위원회로 이송할 수 있다(징계 등이라고 표기한 이유는 징계부가금이 포함되기 때문이다).

라. 징계위원회의 구성

중앙징계위원회는 위원장을 포함하여 5명 이상 7명 이하의 위원으로 구성하고, 보통징계위원회는 위원장을 포함하여 3명 이상 7명 이하의 위원으로 구성한다. 징계위원회의 위원은 징계 등 심의 대상자보다 상위 계급인 경위 이상의 소속 경찰공무원 또는 상위 직급에 있는 6급 이상의 소속 공무원 중에서 해당 경찰기관의 장이 임명한다.

다만, 보통징계위원회의 경우 징계 등 심의 대상자보다 상위 계급인 경위 이상의 소속 경찰공무원 또는 상위 직급에 있는 6급 이상의 소속 공무원의 수가 3명에 미달되는 등의 사유로 보통징계위원회를 구성하는 것이 불가능할 때에는 징계 등 심의대상자보다 상위 계급인 경사 이하의 소속 경찰공무원 또는 상위 직급에 있는 7급 이하의 소속 공무원 중에서 임명할 수 있으며, 이 경우에는 3개월 이하의 감봉 또는 견책에 해당하는 징계사건만을 심의・의결한다.

징계위원회가 설치된 경찰기관의 장은 징계위원회의 위원장을 제외한 위원수의 2분의 1 이상을 아래와 같이 외부에서 징계위원회의 민간위원으로 위촉하여야 한다. 즉 중앙징계위원회는 법관・검사 또는 변호사로 10년 이상 근무한 사람이나 대학에서 경찰 관련 학문을 담당하는 정교수 또는 전직 총경 이상이 위원으로 위촉될 수 있고, 보통징계위원회는 법관·검사 또는 변호사로 5년 이상 근무한 사람이나 경찰 관련 학문을 담당하는 대학 부교수 이상 또는 경찰공무원으로 20년 이상 근속하고 퇴직한 사람이 위원으로 위촉될 수 있다.

징계위원회의 위원장은 위원 중 최상위 계급에 있거나 최상위 계급에 먼저 승진 임용된 경찰공무원이 된다. 징계위원회의 위원장은 위원회의 사무를 총괄하며 위원회를 대표한다. 위원장은 징계위원회의 회의를 소집하며 표결권을 가진다. 위원장이 부득이한 사유로 직무를 수행할 수 없을 때에는 출석한 위원 중 최상위 계급에 있거나 최상위 계급에 먼저 승진 임용된 경찰공무원이 위원장이 된다.

징계위원회에는 간사 몇 명을 두며 간사는 감찰사무를 담당하는 소속 경찰공무원 중에서 해당 경찰기관의 장이 임명한다. 간사는 위원장의 명을 받아 징계 등 사건에 관한 기록과 그 밖의 서류를 작성하고 보관한다.

마. 징계 등의 의결 요구

경찰기관의 장은 소속 경찰공무원에게 징계사유가 있거나 하급 경찰기관의 장으로부터 징계 등 의결의 요구를 받았을 때에는 지체 없이 관할 징계위원회를 구성하여 징계 등의 의결을 요구하여야 한다. 징계사유는 소속 경찰공무원이 「국가공무원법」 및 이에 따른 명령을 위반하거나, 직무상의 의무를 위반하거나, 직무를 태만히 하거나, 직무의 내외를 불문하고 그 체면 또는 위신을 손상하는 행위를 한 것이다.

경찰기관의 장은 그 소속 경찰공무원에 대한 징계 등의 사건이 상급 경찰기관에 설치된 징계위원회의 관할에 속한 경우에는 그 상급 경찰기관의 장에게 징계 등 의결의 요구를 신청하여야 한다.

징계 등의 의결요구 또는 그 신청은 징계사유에 해당하는 사실을 충분히 조사한 후에 소정 서식의 징계 등 의결요구서 또는 (징계 등 의결요구) 신청서로 한다. 이 때, 중징계 또는 경징계로 구분하여 요구하거나 신청하여야 하나 감사원장이 징계의 종류를 구체적으로 지정하여 징계요구를 한 경우에는 그러하지 아니하다.

경찰기관의 장은 징계 등의 의결을 요구할 때에는 징계 등 의결요구서 사본을 징계 등의 심의 대상자에게 보내야 한다. 다만, 심의 대상자가 수령을 거부하는 경우에는 그러하지 아니한다.

바. 징계 등 사건의 통지

경찰기관의 장은 그 소속이 아닌 경찰공무원에게 징계사유가 있다고 인정될 때에는 해당 경찰기관의 장에게 그 사실을 증명할만한 충분한 사유를 명확히 밝혀 통지하여야 한다. 이에 따라 징계사유를 통지받은 경찰기관의 장은 타당한 이의가 없으면 통지를 받은 날부터 30일 이내에 관할 징계위원회에 징계 등 의결을 요구하거나 그 상급 경찰기관의 장에게 징계 등 의결의 요구를 신청하여야 한다. 징계사유를 통지받은 경찰기관의 장은 해당 사건의 처리 결과를 징계사유를 통지한 경찰기관의 장에게 회답하여야 한다.

사. 징계 등 심의대상자의 출석

징계위원회가 징계 등 심의대상자의 출석을 요구할 때에는 소정의 서식의 출석통지서로 하되, 징계위원회 개최일 3일 전까지 그 징계 등 심의대상자에게 도달되도록 하여야 한다. 징계위원회는 심의대상자가 그 징계위원회에 출석하여 진술하기를 원하지 아니할 때에는 진술권 포기서를 제출하게 하여 이를 기록에 첨부하고 서면심사로 징계 등 의결을 할 수 있다.

또한 징계위원회는 2회 이상 출석통지를 하였음에도 불구하고 심의대상자가 정당한 사유 없이 출석하지 아니하였을 때에는 그 사실을 기록에 분명히 적고 서면심사로 징계 등 의결을 할 수 있다. 다만, 징계등 심의대상자의 소재가 분명하지 아니할 때에는 출석통지를 한 차례만 관보에 게재하고, 그 게재일부터 10일이 지나면 출석통지가 송달된 것으로 보며, 징계 등 의결을 할 때에는 관보 게재의 사유와 그 사실을 기록에 분명히 적어야 한다.

징계위원회는 징계 등 심의대상자가 징계등 사건 또는 형사사건의 사실 조사를 기피할 목적으로 도피하였거나 출석통지서의 수령을 거부하여 심의대상자나 그 가족에게 직접 출석통지서를 전달하는 것이 곤란하다고 인정될 때에는 심의대상자가 소속된 기관의 장에게 출석통지서를 보내 이를 전달하게 하고, 전달이 불가능하거나 수령을 거부할 때에는 그 사실을 증명하는 서류를 첨부하여 보고하게 한 후 기록에 분명히 적고 서면심사로 징계 등 의결을 할 수 있다.

징계위원회는 심의대상자가 국외 체류 또는 국외 여행 중이거나 그 밖의 부득이한 사유로 징계 등 의결요구서를 받은 날부터 상당한 기간 내에 출석할 수 없다고 인정될 때에는 적당한 기간을 정하여 서면으로 진술하게 하여 징계 등 의결을 할 수 있다. 이 경우 그 기간 내에 서면으로 진술하지 아니할 때에는 그 진술없이 징계 등 의결을 할 수 있다.

아. 심문과 진술권

징계위원회는 출석한 징계 등 심의대상자에게 징계사유에 해당하는 사실에 관한 심문을 하고 심사를 위하여 필요하다고 인정될 때에는 관계인을 출석하게 하여 심문할 수 있다. 징계위원회는 심의대상자에게 진술할 수 있는 기회를 충분히 주어야 하며, 심의대상자는 서면 또는 말로 자기에게 이익이 되는 사실을 진술하거나 증거를 제출할 수 있다.

심의대상자는 증인의 심문을 신청할 수 있다. 이 경우 징계위원회는 의결로써 그 채택 여부를 결정하여야 한다. 징계 등 의결을 요구한 자 또는 의결의 요구를 신청한 자는 필요하다고 인정할 때에는 징계위원회에 서면을 제출하거나 출석하여 의견을 진술할 수 있다. 징계위원회는 필요하다고 인정할 때에는 사실조사를 하거나 특별한 학식·경험이 있는 사람에게 검증 또는 감정을 의뢰할 수 있다.

자. 제척, 기피 및 회피

징계위원회의 위원 중에 제척사유인 심의대상자의 친족이나 그 징계사유와 관계가 있는 사람은 그 징계등 사건의 심의에 관여하지 못한다. 심의대상자는 위원 중에서 불공정한 의결을 할 우려가 있다고 의심할 만한 타당한 사유가 있을 때에는 그 사실을 서면으로 소명(疏明)하고 해당 위원의 기피를 신청할 수 있다. 징계위원회가 기피신청을 받았을 때에는 해당 사건을 심의하기 전에 의결로써 해당 위원의 기피 여부를 결정하여야 한다. 이 경우 기피신청을 받은 위원은 그 의결에 참여하지 못한다. 징계위원회의 위원장 또는 위원은 자신이 제척이나 기피사유에 해당되면 스스로 해당 징계등 사건의 심의·의결을 회피할 수 있다.

징계위원회는 제척, 기피 또는 회피로 인하여 징계위원회를 구성하지 못하게 되었을 때에는 해당 경찰기관의 장에게 위원의 보충 임명을 요청하여야 하고 해당 경찰기관의 장은 지체없이 위원을 보충 임명하여야 한다. 다만, 위원의 보충 임명이 곤란할 때에는 그 징계 등 의결의 요구를 철회하고, 그 상급 경찰기관의 장에게 징계 등 의결의 요구를 신청하여야 한다.

차. 징계 등 의결 기한

징계 등 의결 요구를 받은 징계위원회는 그 요구서를 받은 날부터 30일 이내에 징계 등에 관한 의결을 하여야 한다. 다만, 부득이한 사유가 있을 때에는 해당 징계 등 의결을 요구한 경찰기관의 장의 승인을 받아 30일 이내의 범위에서 그 기간을 연장할 수 있다.

감사원에서 조사 중이거나 검찰·경찰, 그 밖의 수사기관에서 수사 중이어서 징계 등 의결이 요구된 사건에 대한 절차의 진행이 중지되었을 때에는 그 중지된 기간은 징계등 의결 기한에서 제외한다.

카. 징계위원회의 의결

징계위원회의 의결은 위원장을 포함한 위원 과반수의 출석과 출석위원 과반수의 찬성으로 의결하되, 의견이 나뉘어 출석위원 과반수의 찬성을 얻지 못한 경우에는 출석위원 과반수가 될 때까지 심의 대상자에게 가장 불리한 의견을 제시한 위원의 수를 그 다음으로 불리한 의견을 제시한 위원의 수에 차례로 더하여 그 의견을 합의된 의견으로 본다.

징계위원회의 의결은 소정의 서식의 징계 등 의결서로 한다. 여기에는 심의 대상자의 인적 사항, 의결주문, 적용 법조문, 징계사유에 해당하는 사항 및 증명자료의 인정 여부, 심의 대상자 및 증인 출석 여부, 정상참작 여부, 의결방법, 심의 결론을 분명하게 적어야 한다. 징계위원회의 회의에 참석한 사람은 직무상 알게 된 비밀을 누설해서는 아니 된다.

타. 의결 시 고려사항, 의결의 통지

징계위원회는 징계 등 사건을 의결할 때에는 징계 등 심의 대상자의 평소 행실, 근무성적, 공적, 뉘우치는 정도와 징계 등 의결을 요구한 자의 의견을 고려하여야 한다.

징계위원회는 징계 등 의결을 하였을 때에는 지체 없이 징계 등 의결을 요구한 자에게 의결서 정본을 보내어 통지하여야 한다.

파. 징계의 집행 및 집행의 보고·통지

징계 등 의결을 요구한 자는 경징계의 의결을 통지받았을 때에는 통지받은 날부터 15일 이내에 징계 등을 집행하여야 한다. 징계 등 의결을 요구한 자는 징계 등 의결을 집행할 때에는 의결서 사본에 별지 소정의 서식의 징계 등 처분사유 설명서를 첨부하여 징계 등 처분 대상자에게 보내야 한다.

징계 등 의결을 요구한 자는 중징계의 의결을 통지받았을 때에는 지체 없이 징계 등 처분

대상자의 임용권자에게 의결서 정본을 보내어 해당 징계 등 처분을 제청하여야 한다. 다만, 경무관 이상의 강등 및 정직, 경정 이상의 파면 및 해임처분의 제청, 총경 및 경정의 강등 및 정직의 집행은 경찰청장이 한다. 중징계 처분의 제청을 받은 임용권자는 15일 이내에 의결서 사본에 징계 등 처분사유 설명서를 첨부하여 징계 등 처분대상자에게 보내야 한다.

징계 등 의결을 요구한 경찰기관의 장은 경징계의 징계 등 의결을 집행하였을 때에는 지체 없이 그 결과에 의결서의 사본을 첨부하여 해당 임용권자에게 보고하고, 징계 등 처분을 받은 사람의 소속 경찰기관의 장에게 통지하여야 한다.

하. 징계 등 처분기록의 말소

인사기록관리자는 징계처분을 받은 경찰공무원이 ① 징계처분의 집행이 종료된 날로부터 강등은 9년, 정직은 7년, 감봉은 5년, 견책은 3년의 기간이 경과한 때나 ② 소청심사위원회나 법원에서 징계처분의 무효 또는 취소의 결정이나 판결이 확정된 때나 ③ 징계처분에 대한 일반사면이 있은 때에는 당해경찰공무원의 인사기록카드에 등재된 징계처분의 기록을 말소하여야 한다.

또한 인사기록관리자는 직위해제처분을 받은 경찰공무원이 직위해세처분의 종료일로부터 2년이 경과한 때 또는 소청심사위원회나 법원에서 직위해제처분의 무효 또는 취소의 결정이나 판결이 확정된 때에는 당해 경찰공무원의 인사기록카드에 등재된 직위해제처분의 기록을 말소하여야 한다.

기록의 말소는 인사기록카드상의 당해 처분기록 위에 말소된 사실을 표기하는 방법에 의한다. 다만, 소청심사위원회나 법원에서 징계나 직위해제 처분의 무효 또는 취소의 결정이나 판결이 확정된 때에는 그 해당사유 발생일 이전에 징계 또는 직위해제처분을 받은 사실이 없다면 당해사실이 나타나지 아니하도록 인사기록카드를 재작성하여야 한다.

4. 현행 징계의 양정 기준

가. 경찰공무원 징계양정 등에 관한 규칙

'경찰공무원 징계양정 등에 관한 규칙'은 경찰공무원 등의 의무위반행위에 대하여 합리적인 징계양정 기준을 마련함으로써 징계의 형평과 적정을 도모함을 목적으로 제정된 경찰청 예규이다. 이 규칙에서 실무상 중요한 내용은 '별표'의 형태로 수록되어 있는 행위자의 징계양정 기준, 청렴의무 위반 징계양정 기준, 음주운전 징계양정 기준, 감독자의 징계양정 기준, 징계양정 감경기준 등이다. 경찰청에서는 청렴의무 징계양정 기준 중에서 금품수수 관련 양정기준을 대폭 강화하여 경찰관이 금품을 받았을 경우 직무관련성 여부와 상관없이 징계하도록 하고 있다.

나. 행위자에 대한 징계양정

행위자에 대해서 '경찰공무원 징계양정 등에 관한 규칙' 제4조에서는 의무위반행위의 유형·정도, 과실의 경중, 평소의 행실, 근무성적, 공적, 뉘우치는 정도 또는 그 밖의 정상을 참작하여 해당되는 '별표'에 따라 징계요구 또는 의결하도록 규정하고 있다. '별표 1'의 '행위자의 징계양정기준'에서는 의무위반의 정도기준과 고의냐 중과실이냐 경과실이냐에 따른 기준의 2가지 기준을 복합적으로 섞어 4가지 범주로만 나누어 여러 가지 행위유형에 적용하고 있다.

다. 행위자에 대한 징계의 감경 또는 면제

'경찰공무원 징계양정 등에 관한 규칙' 제4조 제2항에서는 과실로 인하여 발생한 의무위반행위가 ① 다른 법령에 의해 처벌사유가 되지 않고 비난가능성이 없는 때, ② 국가 또는 공공의 이익을 증진하기 위해 성실하고 능동적으로 업무를 처리하는 과정에서 부분적인 절차상 하자 또는 비효율, 손실 등의 잘못이 발생한 때, ③ 업무매뉴얼에 규정된 직무상의 절차를 충실히 이행한 때, ④ 의무위반행위의 발생을 방지하기 위해 최선을 다하였으나 부득이한 사유로 결과가 발생하였을 때, ⑤ 발생한 의무위반행위에 대하여 자진신고하거나 사후조치에 최선을 다하여 원상회복에 크게 기여한 때, ⑥ 간첩 또는 사회이목을 집중시킨 중요사건의 범인을 검거한 공로가 있을 때에는 징계책임을 감경하여 징계의결 요구 또는 징계의결하거나 징계책임을 묻지 아니할 수 있다고 규정하고 있다.

'경찰공무원 징계양정 등에 관한 규칙' 제9조와 별표 10에서는 훈장 또는 포장을 받았거나 국무총리 이상(경감 이하는 경찰청장 또는 중앙행정기관 차관급 이상)의 표창을 받은 공적이 있거나 모범공무원으로 선발된 공적이 있는 경우에 한 단계 낮은 형태의 징계로 하거나 정직, 감봉의 경우 개월 수를 낮출 수 있도록 규정하고 있다. 따라서 평소의 행실, 근무성적, 뉘우치는 정도에 대한 고려는 정직, 감봉에 해당하는 경우 개월 수를 정하는데 주로 참작될 수 있을 것으로 보인다.

라. 감독자에 대한 징계양정

감독자에 대해서는 제5조에서 감독의무위반 정도 등을 고려하여 해당되는 별표에 수록된 기준에 따라 징계의결 요구 또는 징계의결하여야 하고 감독자가 부하직원의 의무위반행위를 묵인·방조하거나 은폐·비호하였을 때에는 행위자와 동일한 양정으로 징계의결 요구 또는 징계의결하여야 한다고 규정하고 있다.

마. 감독자에 대한 징계의 감경 또는 면제

제5조 제2항에서는, ① 감독자가 부하직원의 의무위반행위를 사전에 발견하여 적법 타당하게 조치한 때, ② 부하직원의 의무위반행위가 감독자 또는 행위자의 비번일, 휴가기간, 교육기간 등에 발생하거나, 소관업무와 직접 관련 없는 등 감독자의 실질적 감독범위를 벗어났다고 인정된 때, ③ 부임기간이 1개월 미만으로 부하직원에 대한 실질적인 감독이 곤란하다고 인정된 때, ④ 교정이 불가능하다고 판단된 부하직원의 사유를 명시하여 전출을 상신하는 등 성실히 관리한 이후에 같은 부하직원이 의무위반행위를 야기하였을 때, ⑤ 기타 부하직원에 대하여 평소 철저한 교양감독 등 감독자로서의 임무를 성실히 수행하였다고 인정된 때에는 징계책임을 감경하여 징계의결 요구 또는 징계의결하거나 징계책임을 묻지 아니할 수 있다고 규정하고 있다. 감독책임에 대해서도 제9조의 상훈, 모범공무원 선발 관련 감경은 적용된다.

바. 감독책임 관련 징계양정 규정의 문제점

감독책임도 고의나 과실에 대한 책임이어야 한다. 인원이 많은 조직의 경우 3차감독자는 물론 부임한지 몇 달 안되는 2차감독자도, 행위자의 성격은 물론 얼굴도 모르는 경우가 많아 감독자의 과실은 물론 감독 소홀 여부를 따지기도 어렵다. 감독책임에 대한 여러 '별표'들의 규정은 너무 천편일률적이어서 간부들 사이에 '운칠기삼(運七技三)', '운칠복삼(運七福三)'이라는 자조적 말이 나올 정도로 징계의 수용성이 떨어지는 요인이 되기도 한다. 감독책임이 고대 중국의 임금이 가뭄이 든데 대해 책임을 지는 식으로 부과되어서는 안 된다. 제5조 제2항의 예외 규정이 있지만, 언론에서 크게 주목 받는 직원 비위가 생기면, 사태수습에 급급한 나머지 이런 예외규정은 적용되지 않고 별표가 우선적으로 적용되는 사례는 과거 흔했다고 생각된다.

직무상 감독 가능한 사건이 아니고 직무 범위 외나 직무시간 외에서 행위자의 인성 결함으로 생긴 사건이 발생하면, 선발과정에서 또는 신임교육이나 시보임용 기간 중 걸러내는 장치나 그것을 담당한 사람의 직무수행에 문제가 있었던 것은 아닌지 철저한 조사와 함께 책임소재 규명이 필요하다고 본다.

또한 하나의 고려사항은, 감독자의 책임은 선임에 대한 과실과 지도 감독에 대한 소홀로 나누어 보아야 한다는 것이다. 감독자가 추천했거나 감독자 담당 부서로 오겠다고 희망하는 자 중에서 감독자가 고른 경우는 선임에 대한 과실도 있다고 볼 수 있을 것이다. 인성이 나빠 사고 개연성이 높고 실제 그로 인해 징계받은 경력이 있다는 등의 타당한 이유를 들어 반대하는데도 떠맡았을 경우에는 선임에 대한 과실은 없고 지도 감독 소홀만 있을 수 있으므로 반드시 감경해 주도록 제도를 개선해야 한다고 본다. 평소 교양을 하고 업무처리한 것을 꼼꼼히 체크하면서 근무자세와 생활태도에 대한 정보를 수집, 상응한 지도를 하는 등 다양한 감독방법을 다해도 인성이 나쁜 직원의 사고 예방에는 한계가 있기 때문이다. 5년마다 실시하는 인성검사 등 직무적성검사의 수준을 높여 나가면서 인성에 문제가 있는 직원에 대한 상담기회 제공, 재량이 적고 비행 기회가 적은 직무의 부여 등 다양한 방법으로 고민해 볼 필요가 있는 부분이다.

제3절 직위해제

1. 의의

직위해제란 공무원이 무능·근무성적 불량·중징계 의결요구·형사재판 기소 등의 법정 사유에 해당되어 임용권자가 직위를 박탈하는 것을 말한다. 직위해제는 신분은 보유하되 직무수행은 하지 아니한다는 점에서는 휴직과 비슷하나, 직위해제 사유는 휴직 사유에 비해 본인에게 책임 또는 비난가능성이 있는 경우가 많다는 점에서 차이가 있다. 그러므로 직위해제를 받았다는 것은 불명예로 여겨지고 징계와 유사한 기능을 가진다.

2. 직위해제 사유

가. 직무수행 능력이 부족하거나 근무성적이 극히 나쁜 자.

이 경우 임용권자는 직위해제된 자에게 3개월의 범위에서 대기를 명한다. 또한 임용권자 또는 임용제청권자는 대기명령을 받은 자에게 능력 회복이나 근무성적의 향상을 위한 교육훈련 또는 특별한 연구과제의 부여 등 필요한 조치를 하여야 한다. 대기명령을 받은 자가 그 기간에 능력 또는 근무성적의 향상을 기대하기 어렵다고 인정된 때에는 징계위원회의 동의를 받아 직권면직할 수 있다.

직무수행능력 부족이라는 사유는 매우 추상적이다. 뿐만 아니라 '능력 또는 근무성적의 향상을 기대하기 어렵다고 인정된 때'라는 애매하고 주관적인 요건에 해당하면 직권면직이라는 지극히 가혹한 조치를 할 수 있어서 공무원의 신분보장을 무력화시킬 수 있다. 다만, 징계위원회의 동의를 받도록 하여 임용권자의 권한남용의 소지를 줄이고는 있다. 그러나 동의절차는 징계절차에 비해 간단하여 임용권자의 자의적 권한행사의 소지는 있다고 본다.

나. 중징계에 해당하는 징계의결이 요구 중이거나 형사사건으로 기소된 자

이런 공무원이 징계나 재판 중에 계속 공직을 수행한다면 국민들이 수용하기 어려울 것이고 본인도 징계나 재판에 대응하는데 전력투구하느라 직무수행이 어려울 것이므로 직무에서 떠나는 것이 맞다고 본다. 중징계는 파면, 해임, 강등 및 정직이며 형사 사건으로 기소된 자의 범위에 약식명령이 청구된 자는 제외된다.

3. 직위해제 사유의 경합 및 복직

가. 직위해제 사유의 경합

무능·근무성적 불량 사유와 다른 사유가 경합되면 중징계 의결요구 또는 형사재판 기소 사유로 직위해제 처분을 하여야 한다.

나. 직위해제된 자의 복직

직위해제된 자에게 그 사유가 소멸되면 임용권자는 지체 없이 직위를 부여하여야 한다.

제10장
경찰관의 소청심사 및 고충처리

제1절 소청심사제도

1. 소청심사제도의 의의

소청심사제도란 공무원이 징계처분, 그 밖에 그 의사에 반하는 불리한 처분이나 부작위에 대해 불복하여 독립성이 있는 소청심사기관에 이에 대한 적법·타당성 여부를 심사·결정하는 행정심판을 청구할 수 있는 제도이다.

보통 행정심판은 이를 거치지 아니하고 바로 행정소송을 제기할 수 있는데 비해 소청은 이를 거쳐야만 행정소송을 제기할 수 있도록 규정되어 있어 특별행정심판이라고도 한다. 소청을 반드시 거치도록 하는 것은, 신속한 권리구제를 할 수 있다고는 하나, 행정소송 제기에 따르는 정부의 노력과 경제적 부담을 줄이기 위한 목적이 더 큰 것으로 본다. 왜냐하면, 소청에서 기각되었는데 행정소송에서 인용되었다면 공무원의 입장에서는, 소청절차를 밟느라 무익한 시간과 노력을 낭비한 꼴이 되기 때문이다.

경찰공무원에 대한 징계, 직위해제 등 불이익처분이 정치권이나 언론의 영향을 받아 부당하게 이루어지는 경우가 가끔 있어 경찰공무원은 독립성이 잘 보장된 소청심사기관에 의한 신속한 권리구제제도의 필요성은 다른 직종의 공무원보다 더 크다고 본다. 안전행정부 소청심사위원회 홈페이지 통계를 보면 최근 5개년(2008~2012년) 간 전체 인용률은 38.8%이고, 소청심사위원회 전체 처리건수 중 경찰공무원에 관한 것이 78%나 차지하고 있다.

행정기관 공무원의 소청심사제도에 대해서는 「국가공무원법」에서 골격을 규정하고, 소청의 제기·심리 및 결정, 그 밖에 소청절차에 필요한 사항은 소청절차규정(대통령령)으로 정하고 있으며, 더 자세한 사항은 소청업무처리지침(소청심사위원회 예규)에 규정되어 있다. 전투경찰대의 경사 이하는 「전투경찰대 설치법」에 의거, 전투경찰대가 소속된 기관에 설치된 징계위원회에서 소청심사를 한다. 이는 군인의 소청심사를 각 군 본부의 군인사소청위원회 등에서 하고 있는 것과 궤를 같이 한다고도 볼 수 있다.

2. 소청심사의 대상

소청심사의 대상은 징계처분, 그 밖에 그 의사에 반하는 불리한 처분이나 부작위인데 그 내용을 보면 다음과 같다.

가. 징계처분

징계처분에는 파면, 해임, 강등, 정직, 감봉, 견책이 있고 그 사유가 뇌물, 횡령, 배임과 관련된 것일 때에는 징계부가금을 부과할 수 있는데 이것도 소청심사의 대상이 된다고 본다.

나. 그 밖에 그 의사에 반하는 불리한 처분

휴직, 직위해제, 면직, 전보, (기각)계고, (불문)경고 등이 이에 해당하며, 인사기록에 등재되지 않을 경우 구두경고는 처분이라고 보기 힘들기 때문에 해당되지 않는다고 본다.

다. 부작위

공무원의 신청에 대해 행정기관이 일정한 처분을 상당한 기간 내에 할 법적 의무가 있음에도 이를 하지 않은 경우로서, 예컨대, 형사 기소되어 직위해제된 자가 최종심에서 무죄 확정판결이 났음에도 상당한 기간 내에 보직부여를 하지 않는 경우가 해당된다.

라. 소청심사대상 여부에 대한 판단

소청심사대상으로서 구체적으로 어떠한 것이 해당되는지는 사안의 성격과 내용에 따라 판단하여야 한다. 공무원의 신분에 영향이 없는 처분, 법령개정요구, 법적 효과를 발생하지 않는 행정기관의 지도 · 권고 · 견해표명, 행정기관 내부의 의사결정 추진행위 등은 소청심사대상이 되지 않을 것이다.

3. 소청심사위원회의 설치

행정기관 소속 공무원의 징계처분, 그 밖에 그 의사에 반하는 불리한 처분이나 부작위에 대한 소청을 심사·결정하게 하기 위하여 안전행정부에 소청심사위원회를 둔다. 안전행정부에 설치된 소청심사위원회는 위원장 1명을 포함한 5명 이상 7명 이내의 상임위원과 상임위원 수의 2분의 1 이상인 비상임위원으로 구성하되, 위원장은 정무직으로 보한다.

이 소청심사위원회는 특정직공무원의 소청도 심사·결정할 수 있다.

4. 소청심사위원회 위원

가. 자격과 임명

소청심사위원회의 위원(위원장 포함)은 다음 각 호의 어느 하나에 해당하고 인사행정에 관한 식견이 풍부한 자 중에서 안전행정부장관의 제청으로 대통령이 임명한다. 이 경우 안전행정부장관이 위원을 임명제청하는 때에는 국무총리를 거쳐야 한다.

① 법관·검사 또는 변호사의 직에 5년 이상 근무한 자

② 대학에서 행정학·정치학 또는 법률학을 담당한 부교수 이상의 직에 5년 이상 근무한 자

③ 3급 이상 공무원 또는 고위공무원단에 속하는 공무원으로 3년 이상 근무한 자(이에 해당하는 자는 상임위원으로만 임명 가능)

나. 임기와 신분보장

소청심사위원회의 상임위원의 임기는 3년으로 하며, 한 번만 연임할 수 있다. 소청심사위원회의 상임위원은 다른 직무를 겸할 수 없다. 소청심사위원회의 공무원이 아닌 위원은 형법이나 그 밖의 법률에 따른 벌칙을 적용할 때 공무원으로 본다.

소청심사위원회의 위원은 금고 이상의 형벌이나 장기의 심신 쇠약으로 직무를 수행할 수 없게 된 경우 외에는 본인의 의사에 반하여 면직되지 아니한다.

다. 위원의 결격사유

다음의 어느 하나에 해당하는 자는 소청심사위원회의 위원이 될 수 없다. 소청심사위원회 위원이 다음의 어느 하나에 해당하게 된 때에는 당연히 퇴직한다.

① 「국가공무원법」 제33조(공무원 임용의 결격사유)에 해당하는 자

② 「정당법」에 따른 정당의 당원

③ 「공직선거법」에 따라 실시하는 선거에 후보자로 등록한 자

5. 소청심사의 청구 등

가. 처분사유 설명서의 교부

공무원에 대하여 징계처분 등을 할 때나 휴직·직위해제 또는 면직처분을 할 때에는 그 처분권자 또는 처분제청권자는 처분사유를 적은 설명서를 교부(交付)하여야 한다. 다만, 본인의 원(願)에 따른 휴직 또는 면직처분은 그러하지 아니하다.

나. 심사청구

위의 처분사유 설명서를 받은 공무원이 그 처분에 불복할 때에는 그 설명서를 받은 날부터, 공무원이 징계, 휴직·직위해제 및 면직처분 외에 본인의 의사에 반한 불리한 처분을 받았을 때에는 그 처분이 있은 것을 안 날부터 각각 30일 이내에 소청심사위원회에 이에 대한 심사를 청구할 수 있다. 이 경우 변호사를 대리인으로 선임할 수 있다. 소청인 또는 대리인은 소청심사청구서 2부를 작성하여 위원회에 직접 제출하거나 우편·모사전송 또는 인터넷으로 제출할 수 있다.

다. 접수

청구서가 제출되면 접수담당 직원은 필요적 기재사항 및 구비서류를 확인하고 미비한 사항은 보완하도록 요구한다. 위원회는 청구서를 접수한 때에는 그 부본을 피소청인에게 송부하고 변명서를 14일 이내에 제출하도록 요구하여야 한다. 변명서에는 소청이유에 기재된 각

각의 항목에 대한 처분 이유와 근거 또는 입증방법을 명시하고, 소청 취지에 대한 처분청의 의견을 기재하도록 하여야 한다.

위원회는 이 변명서의 내용이 충분하지 아니하거나 추가로 입증자료가 필요할 때에는 피소청인에게 7일 이내에 변명내용을 보충하게 하거나 입증자료제출을 요구할 수 있다. 소청당사자도 청구서, 변명서 등 제출서류에서 주장한 사항을 보충할 필요가 있거나, 상대방의 주장에 대하여 추가로 소명할 자료가 있을 때에는 그 자료를 제출할 수 있다.

6. 심사절차

가. 심사기일의 통지

소청심사위원회는 이 법에 따른 소청을 접수하면 지체 없이 심사하여야 하며, 심사기일은 소청당사자에게 심사개최 7일전까지 통지하되, 배달사실을 증명할 수 있는 방법에 의한다.

나. 검증, 감정, 사실조사, 증인심분 등

위원회는 심사를 할 때 필요하면, 직접 검증(檢證)·감정(鑑定), 그 밖의 사실조사를 하거나 증인을 소환하여 질문하거나 관계 서류를 제출하도록 명할 수 있고, 소속 직원에게 사실조사를 하게 하거나 특별한 학식·경험이 있는 자에게 검증이나 감정을 의뢰할 수 있다. 소청당사자가 증인의 소환·질문 또는 증거물 기타 심사자료의 제출명령을 요청하는 때에는 심사회의 개최 3일전까지 신청하여야 한다.

소청심사위원회의 위원은 그 위원회에 계류(繫留)된 소청사건의 증인이 될 수 없다. 소청심사위원회가 소청사건을 심사하기 위하여 징계요구 기관이나 관계 기관의 소속 공무원을 증인으로 소환하면 해당 기관의 장은 이에 따라야 한다. 소청심사위원회가 증인을 소환하여 질문할 때에는 대통령령으로 정하는 바에 따라 일당과 여비를 지급하여야 한다.

다. 소청인의 진술권

소청심사위원회가 소청사건을 심사할 때에는 대통령령으로 정하는 바에 따라 소청인 또는 대리인(변호사)에게 진술기회를 주어야 하며, 진술기회를 주지 아니한 결정은 무효로 한다.

라. 심사의 병합 또는 분리

위원회는 필요하다고 인정될 때에는 관련되는 사건을 병합하여 심사할 수 있고, 소청인 연명으로 제출된 사건이라 하더라도 그 소청 취지가 별개의 것이라고 인정되면 이를 분리하여 심사할 수 있다. 위원회는 사건을 병합 또는 분리하여 심사하기로 결정한 때에는 심사회의 개최 전에 이를 소청당사자에게 통지한다.

7. 위원의 제척, 기피, 회피

소청심사의 공정을 기하기 위하여 위원에게 공정을 기하는데 장애가 될 사유가 있으면, 심사에서 제외시키도록 하고(제척), 제외되지 않았다면 위원이 스스로 심사에서 빠지거나(회피), 피심사자가 빼 줄 것을 신청(기피)할 수 있게 하는 제도이다.

가. 제척

소청심사위원회의 위원은 다음 사항에 관한 소청사건의 심사·결정에서 제척된다.

① 위원 본인과 관계있는 사항

② 위원 본인과 친족관계에 있거나 친족관계에 있었던 자와 관계있는 사항

나. 기피

소청사건의 당사자는 다음의 어느 하나에 해당하는 때에는 그 이유를 구체적으로 밝혀 그 위원에 대한 기피를 신청할 수 있고, 소청심사위원회는 해당 위원의 기피 여부를 결정하여야 한다. 이 경우 기피신청을 받은 위원은 그 기피 여부에 대한 결정에 참여할 수 없다.

① 소청심사위원회의 위원에게 제척사유가 있는 경우

② 심사·결정의 공정을 기대하기 어려운 사정이 있는 경우

다. 회피

소청심사위원회 위원은 자신에게 기피사유가 있는 때에는 스스로 그 사건의 심사·결정에서 회피할 수 있다.

라. 임시위원의 임명

소청심사위원회 위원의 제척·기피 또는 회피 등으로 심사·결정에 참여할 수 있는 위원수가 3명 미만이 된 경우에는 3명이 될 때까지 안전행정부장관은 임시위원을 임명하여 해당 사건의 심사·결정에 참여하도록 하여야 한다. 임시위원의 자격 등은 위원의 자격 등에 관한 규정을 준용한다

8. 소청심사위원회의 결정

가. 결정정족수

소청사건의 결정은 재적위원 3분의 2 이상의 출석과 출석위원 과반수의 합의에 따르되, 의견이 나뉠 경우에는 출석위원 과반수에 이를 때까지 소청인에게 가장 불리한 의견에 차례로 유리한 의견을 더하여 그 중 가장 유리한 의견을 합의된 의견으로 본다.

나. 결정의 구분

소청심사위원회의 결정은 다음과 같이 구분한다. 이 중 각하는 법정된 형식적 소청제기요건이 불비하여 심사에 들어가지도 아니하고 내리는 결정이고, 기각은 심사결과 청구가 이유없다고 판단하여 내리는 결정이다.

① 심사청구가 소청 제기기간 경과, 소청 관할 위반 등 법률에 적합하지 아니한 것이면 그 청구를 각하(却下)한다.

② 심사청구가 이유 없다고 인정되면 그 청구를 기각(棄却)한다.

③ 처분의 취소 또는 변경을 구하는 심사청구가 이유 있다고 인정되면 처분을 취소 또는 변경하거나 처분행정청에 취소 또는 변경할 것을 명한다.

④ 처분의 효력 유무 또는 존재 여부에 대한 확인을 구하는 심사청구가 이유 있다고 인정되면 처분의 효력 유무 또는 존재 여부를 확인한다.

⑤ 위법 또는 부당한 거부처분이나 부작위에 대하여 의무이행을 구하는 심사청구가 이유 있다고 인정되면 지체 없이 청구에 따른 처분을 하거나 이를 할 것을 명한다.

다. 결정의 효력 및 양식

소청심사위원회의 결정은 처분행정청을 기속(羈束)한다. 소청심사위원회의 취소명령 또는 변경명령 결정은 그에 따른 징계나 그 밖의 처분이 있을 때까지는 종전에 행한 징계처분 또는 징계부가금 부과처분에 영향을 미치지 아니한다. 소청심사위원회의 결정은 그 이유를 구체적으로 밝힌 결정서로 하여야 한다.

라. 불이익한 대우 금지 및 불이익변경 금지

공무원은 심사청구를 이유로 불이익한 처분이나 대우를 받지 아니한다. 소청심사위원회가 징계처분 또는 징계부가금 부과처분을 받은 자의 청구에 따라 소청을 심사할 경우에는 원징계처분보다 무거운 징계 또는 원징계부가금 부과처분보다 무거운 징계부가금을 부과하는 결정을 하지 못한다.

마. 행정소송 제기

징계처분, 휴직처분, 면직처분, 그 밖에 의사에 반하는 불리한 처분 등에 대한 소청이 기각되거나 각하되면 경찰청장 또는 그로부터 임용권을 위임받은 자를 피고로 하여 행정소송을 제기할 수 있다.

제2절 경찰공무원의 고충심사

1. 개관

고충심사제도는 공무원이 근무조건·인사관리 기타 신상문제에 대하여 각종 고충이 있는 경우 고충처리위원회에 심사를 청구하고 인용결정이 나면 시정 또는 권고요청을 통해 고충 해소에 도움을 받을 수 있는 제도를 말한다. 공무원은 누구나 근무조건·인사관리 기타 신상 문제에 대하여 인사상담을 포함한 고충심사를 청구할 수 있다. 공무원의 고충심사는 1981년에 도입하였고, 1994년 말에 그 동안 발견한 제도적 문제점을 개선하였다. 고충처리결정은 법적 기속력이 없기 때문에 결정 자체에 대해 행정소송을 제기할 수는 없다고 본다.

2. 고충심사위원회

가. 경찰공무원 고충심사위원회

경찰공무원의 인사상담 및 고충을 심사하기 위하여 경찰청, 지방경찰청, 경찰대학·경찰교육원·중앙경찰학교·경찰수사연수원·경찰서·경찰기동대, 기타 경감 이상의 경찰공무원을 장으로 하는 기관 중 안전행정부장관이 지정하는 경찰기관에 경찰공무원 고충심사위원회를 두도록 「경찰공무원법」에서 규정하고 있다. 경찰공무원고충심사위원회는 위원장 1인을 포함한 5인 이상 7인 이하의 위원으로 구성하되, 위원장과 위원은 청구인보다 상위계급의 소속 경찰공무원 중에서 설치기관의 장이 임명한다. 고충심사위원회의 서무를 처리하기 위하여 고충심사위원회에 간사 약간 인을 두되, 간사는 소속공무원 중에서 설치기관의 장이 임명한다.

고충심사의 청구가 있는 경우 당해 기관의 사정으로 청구인보다 상위직에 있는 자로 고충심사위원회를 구성하기 어려운 때에는 바로 상위의 감독기관에 설치된 고충심사위원회가 이를 심사·결정한다.

나. 중앙고충심사위원회

경찰공무원 고충심사위원회의 심사를 거친 재심청구와 경정 이상의 경찰공무원의 인사상담 및 고충심사는 중앙고충심사위원회에서 한다. 중앙고충심사위원회의 기능은 행정부 소속 공무원의 소청을 심사하는 안전행정부 소청심사위원회에서 담당한다.

다. 심사할 고충심사위원회의 경합

상하 직위자가 관련된 고충심사의 청구에 대하여는 그 중 최상위직에 있는 자를 관할하는 고충심사위원회가 이를 심사·결정한다.

「국가공무원법」의 적용을 받는 자와 다른 법률의 적용을 받는 자가 서로 관련되는 고충심사의 청구에 대하여는 중앙고충심사위원회가 이를 심사·결정할 수 있다.

3. 고충심사청구

공무원이 고충심사를 청구할 때에는 주소·성명 및 생년월일, 소속기관명 및 계급 또는 직위, 고충심사청구의 취지 및 이유를 기재한 인사상담 및 고충심사청구서를 제출하여야 하며, 재심을 청구하는 경우에는 당해 고충심사위원회의 고충심사 결정서 사본을 첨부하여야 한다. 고충심사의 청구를 받은 설치기관의 장은 이를 지체없이 소속 고충심사위원회에 부의하여 심사하게 하여야 한다.

고충심사위원회는 청구서에 흠이 있다고 인정할 때에는 청구서를 접수한 날로부터 7일이내에 상당한 기간을 정하여 청구인에게 이의 보완을 요구할 수 있으며, 청구인은 동기간 내에 이를 보완하여야 한다.

4. 회피 및 기피

고충심사위원회의 위원중 청구인의 친족이거나 청구사유와 밀접한 관계가 있는 자는 그 고충심사를 회피할 수 있다. 고충심사위원회의 위원에게 고충심사의 공정을 기대하기 어려운 사정이 있을 때에는 청구인은 그 위원의 기피를 신청할 수 있으며, 고충심사위원회는 의결로 그 위원의 기피여부를 결정하여야 한다.

5. 고충심사

고충심사위원회가 청구서를 접수한 때에는 30일 이내에 고충심사에 대한 결정을 하여야 한다. 다만, 부득이하다고 인정되는 경우에는 설치기관의 장의 승인을 얻어 30일을 연장할 수 있다.

고충심사위원회는 고충심사에 필요하다고 인정할 때에는 청구인, 설치기관의 장, 청구인이 소속하는 기관의 장 또는 그 대리인을 출석하게 하여 진술하게 하거나 관계기관에 변명서 또는 심사자료의 제출을 요구할 수 있으며, 검정·감정을 의뢰하거나 소속식원으로 하여금 사실조사를 하게 할 수 있다. 고충심사위원회는 고충심사 시에 당사자의 출석을 필요로 하는 경우에는 심사일시 및 장소를 통지하여야 한다. 기일통지는 심사일 5일전까지 당사자에게 도달되도록 하여야 하며, 출석기일통지를 받은 당사자가 심사일에 상당한 이유 없이 출석하지 아니한 때에는 고충심사위원회는 진술없이 심사·결정할 수 있다. 다만, 서면으로 진술힐 때에는 결정서에 서면진술의 요지를 기재하여야 한다. 고충심사위원회는 고충심사의 당사자 또는 관계인의 진술을 청취하거나 구두로 문답하는 경우에는 그 청취서 또는 문답서를 작성하여야 한다.

고충심사당사자는 참고인의 소환·질문 또는 증거물 기타 심사자료의 제출 요구를 신청하거나 증거물 기타 심사자료를 제출할 수 있다. 고충심사의 결정은 재적위원 과반수의 합의에 의한다. 공무원고충처리규정에 규정되지 아니한 사항으로서 고충심사위원회의 심사에 필요한 사항에 대하여는 소청절차규정을 준용한다.

6. 결정서 작성, 심사결과 처리 등

고충심사위원회가 고충심사청구에 대하여 결정을 한 때에는 결정서를 작성하고, 위원장과 출석한 위원이 서명·날인하여야 한다. 결정서가 작성된 경우에는 지체 없이 이를 설치기관의 장에게 송부하여야 한다. 결정서를 송부받은 설치기관의 장은 심사결과를 청구인에게 통보하는 외에 스스로 고충의 해소를 위한 조치를 하거나 관계기관의 장에게 필요한 조치를 요청하여야 한다. 경찰공무원고충심사위원회의 고충심사에 대하여 불복이 있어 중앙 고충심사위원회에 재심을 청구하는 경우에는 그 심사결과를 통보받은 날로부터 30일 이내에 청구서를 제출하여야 한다.

제11장 경찰공무원의 퇴직 관리

제1절 경찰공무원 퇴직제도의 개관

1. 경찰공무원 퇴직의 의의

경찰관의 퇴직이란 경찰관이 경찰공무원의 신분을 상실하면서 고용관계가 종료되어 경찰조직으로부터 떠나는 것을 말한다. 경찰관의 퇴직은 자발적인 퇴직과 비자발적인 퇴직으로 나눌 수 있다. 자발적인 퇴직은 사표제출, 명예퇴직 신청 등 스스로 원하여 퇴직하는 경우이고, 비자발적 퇴직은 파면, 해임, 직권면직, 당연퇴직 등 해당 경찰관의 의사와는 관계없이 퇴직하게 하는 경우이다.

「경찰공무원법」에서는 임용이란 신규채용·승진·전보·파견·휴직·직위해제·정직·강등·복직·면직·해임 및 파면을 말한다고 규정하고 있는데, 이중 경찰공무원의 신분을 상실시키는 것은 면직, 해임, 파면이다.

행정법학자 중에는, 공무원 관계의 소멸사유를 당연퇴직과 면직으로 나누고, 당연퇴직은 임용권자의 처분에 의해서가 아니고 일정한 법정사유의 발생으로 법률상 당연히 공무원관계가 소멸되는 경우이고(이 때에도 형식적으로 발령을 함), 면직은 특별한 행위에 의하여 공무원관계를 소멸시키는 경우로 보며, 면직을 의원면직과 일방적 면직으로 구분하고, 일방적 면직은 다시 징계면직과 직권면직으로 구분하는 사람도 있다(경찰공무원법은 파면, 해임을 당연퇴직 사유로 규정하여 면직의 일종으로 보지 않음). 이 경우 의원면직은 공무원의 사의표시에 따라 임용권기 면직처분함으로써 공무원 관계가 소멸되는 경우이고, 징계면직은 해임·파면이며, 직권면직은 법령에서 정한 일정한 사유가 발생한 때에 임용권자가 일방적으로 당해 공무원관계를 소멸시키는 직권처분이라 한다(석종현, 1994, 244-245).

2. 퇴직의 제도적 기능

가. 긍정적 기능

퇴직의 제도적 기능은 긍정적 측면과 부정적 측면이 있다. 긍정적 측면은 퇴직자의 충원으로 연쇄적인 승진이 이루어지고 순경이 승진한 자리에는 외부에서 새로운 인력이 유입되어 조직의 신진대사가 원활히 되는 것이다. 경위나 경정 등의 계급으로의 신규채용도 마찬가지 효과가 있다. 징계로 퇴직시키는 경우 부적격자의 퇴출이라는 효과가 있다.

나. 부정적 기능

부정적 측면은 주로 계급정년의 경우와 자발적 퇴직자가 급증할 때 나타난다. 계급정년제도로 인해 유능하고 모범적인 경찰관과 경찰대학에서 막대한 교육비를 들여 양성한 인재까지 조기 퇴직하고 그 자리에 그보다 못한 사람이 승진하게 될 수 있다. 상위직으로 갈수록 급격히 정원이 적어지고 승진심사의 공정성에 대한 공감대가 부족한 상황에서는 더욱 그러하다. 또 하나는 자발적 퇴직자가 급증할 경우인데, 현재와는 달리 고용시장이 구직자에게 매우 유리하게 변하면 일어날 가능성이 있다. 자발적 퇴직자가 급증하면 경찰직에 대한 사회적 선호가 감소하고 좋은 인재를 모집하기 힘들어진다.

제2절 자발적 퇴직

1. 자발적 퇴직의 의의와 종류

자발적 퇴직은 공무원이 스스로 원하여 공직을 떠나는 것으로 사임, 명예퇴직, 조기퇴직 등이 있다. 명예퇴직은 20년 이상 근속한 자가 이용할 수 있는 제도이고 조기퇴직은 1년 이상, 20년 미만 근속한 자가 직제와 정원의 개폐 등의 사유로 폐직 또는 과원이 되었을 때에 이용할 수 있는 제도이다. 명예퇴직에 관해서는 「국가공무원법」과 「국가공무원 명예퇴직수당 등 지급규정」(대통령령)에 규정되어 있고, 조기퇴직에 관해서는 「국가공무원 명예퇴직수당 등 지급규정」에만 규정되어 있다.

2. 사임(의원면직)

가. 사임의 의의와 법적 성격

사임은 공무원이 사직서를 제출하고 이를 임용권자가 수리하여 의원면직하는 형태로 이루어진다. 공무원의 신규임명의 법적성격이 공법상 계약인지, 동의를 요하는 단독행위인지, 쌍방적 행정행위인지 문제되나, 이를 쌍방적 행정행위로 볼 때 한쪽이 일방적으로 그만둔다고 사직의 효력이 생기는 것은 아니고 임용권자의 면직처분이 있을 때까지는 여전히 공무원관계는 존재한다고 보아야 한다. 그러나 법률상 재직의무가 있는 경우 외에는 공직을 맡는 것은 의무가 아닌 권리로 보아야 하기 때문에 공무원은 원칙적으로 사임의 자유를 가지며 국가는 사직서 수리의 의무가 있다고 본다(석종현, 1994, 237-244). 또한 현실적으로 그만두겠다는 사람을 붙잡아둘 실익이 없는 경우도 많다.

그러나 경찰공무원이 전시·사변 등 비상사태이거나 작전수행 중인 경우 또는 집단살상의 위급상태가 벌어진 경우에, 사표를 던지더라도 수리되기 전에 직장을 이탈하면, 엄중한 처벌(3년 이상의 징역이나 금고, 단, 집단살상사태의 경우 7년 이하)을 받게 된다.

나. 부진정 사임

사임은 본인이 진정으로 원해서 하는 경우도 있지만, 사실은 퇴직을 원하지 않는데 본인의 사정이나 권고사직 등 타인의 압력을 받아 사직서 제출의 형식을 취하는 경우도 있다. 본인의 사정은 비위가 드러날 조짐이 보이자 징계를 피하기 위해서라든지, 목돈이 필요하여 퇴직금을 타야 한다든지 등 다양한 유형이 있다.

문제는 권고사직의 경우인데, 과거에 공무원 기강확립 등 사정바람을 타고 평판이 좋지 않은 자를 골라서 집중적인 감찰로 비위를 밝혀내어 사직시키는 사례가 없지 않았다. 그 경우에 과거 같이 근무했거나 지금 같이 근무하고 있는 동료나 부하의 약점을 잡아서 캐어 들어가는 식으로 조사를 하여 집중감찰 대상자의 불만을 사기도 하였다. 더 나아가서 조사에 시달린 동료나 부하들이 대상자의 사직을 종용하는 상황까지 가는 경우에는 공무원의 신분보장과 관련 위법의 문제가 생길 수도 있다.

3. 명예퇴직

가. 의의와 문제점

명예퇴직은 공무원 조직의 신진대사를 원활히 하기 위해 소정의 수당을 주고 경우에 따라 특별승진시키는 등 장기근무자의 조기퇴직을 유도하는 제도이다. 명예퇴직에 관한 사항은 대통령령인 「국가공무원 명예퇴직수당 등 지급 규정」에서 정하고 있다.

민간기업에서는 감량경영을 위한 퇴직유도의 목적으로 명예퇴직제도를 활용할 가치가 크겠으나, 정부에서 정원 감축의 목적이 아닌 조기퇴직 유도, 승진자리 확보 등의 목적으로 명예퇴직제도를 두는 것은 예산낭비를 초래하는 문제점이 있다. 정년이 5년 남은 공무원이 명예퇴직하고 그 자리에 승진임용하거나 신규 채용한다면 그 자리에 대한 인건비는 그대로 들고 그 인건비(기본급)의 50%에 상응하는 비용이 5년간 계속 더 들어가는 셈이 되기 때문이다. 국민의 건강이 좋아지고 수명이 늘어남에 따라 정년을 늘리고 임금 피크제도를 통해 이를 보완하려는 사회적 추세에 비추어 개선이 요망되는 제도이다. 또한 고위계급 경찰관에 대해 관행 등의 이유로 권고·강제에 의해 정년 전 퇴직시키는데 명예퇴직제도가 이용되기도 했다.

나. 대상

(1) 원칙

「공무원연금법」 상 20년 이상 근무하고 정년 잔여기간이 1년 이상 남은 1급 이하 공무원 등을 그 대상으로 하며, 경찰은 치안정감 이하의 경찰관이 그 대상이다. 안전행정부장관은 예산상 부득이한 경우에는 지급대상 범위를 제한할 수 있다.

(2) 지급대상 제외 사유

명예퇴직수당 지급 신청일 현재 징계처분 또는 징계의결 요구 중이거나 징계처분으로 승진임용 제한 기간 중에 있는 사람은 명예퇴직수당 지급대상에서 제외한다. 또한 형사사건으로 기소 중이거나 감사원 등 감사기관과 수사기관에서 비위조사 또는 수사 중인 사람 등도 명예퇴직수당 지급대상에서 제외한다. 다른 법령에 의해 명예퇴직수당이나 공로퇴직수당을 지급 받은 적이 있는 사람이나 정부기능이 이관되면서 그 이관되는 기능을 수행하는 기관의 소속 직원이 되기 위하여 퇴직하기로 예정된 사람도 제외한다.

다. 정년 잔여기간 계산

연령정년과 계급정년이 동시에 적용되는 공무원의 경우에는 연령정년과 계급정년 중 먼저 도래하는 정년을 기준으로 하고, 정년이 연장된 공무원의 경우에는 연장 전의 정년을 기준으로 한다.

따라서 경찰관은 명예퇴직 수당 계산을 연령정년을 기준으로 하지 않고 계급정년을 기준으로 함으로써 계급정년에 걸려 퇴직하는 경찰관은 조기 실직과 함께 이중의 불이익을 받고 있다. 이는 군인 등 계급정년 제도가 적용되는 공무원에게 공통된 사항이다.

라. 명예퇴직수당의 지급액

명예퇴직수당은 10년 이내의 기간에 대해서만 지급하며 5년 이내인 경우 월 봉급액의 50%에 정년 잔여월수를 곱한 금액을 지급하고, 5년 초과, 10년 이내인 경우 5년치 봉급 합산액의 50%에 나머지 기간 봉급 합산액의 25%를 지급한다.

대(對)간첩작전 또는 이에 준하는 국가안보와 관련된 업무나 범인의 체포, 화재의 진압 등 생명 · 신체에 위험이 따르는 업무를 수행하다가 장애상태로 된 사람에게는 장애 등급에 따라 월 봉급액의 100%부터 400%까지 예산의 범위에서 가산하여 지급한다.

마. 명예퇴직수당의 지급결정 및 취소

(1) 지급결정

중앙행정기관의 장은 명예퇴직수당 지급신청서를 받으면 예산 등을 고려하여 명예퇴직수당 지급대상자를 결정하여야 하며, 상위직 공무원과 장기근속 공무원을 우선 고려하여야 한다. 명예퇴직은 홀수 월의 1일부터 16일 사이에 신청을 받아 다음 짝수 월 말일 자로 퇴직발령을 하며 재직 중 특별 유공 등의 명분을 붙일 수 있으면 퇴직 발령일자로 특별승진 임용하고 있다.

(2) 지급결정 취소

중앙행정기관의 장은 명예퇴직수당 지급대상자로 결정된 사람이 명예퇴직수당 지급신청기간 이후부터 명예퇴직일까지의 기간 중에 명예퇴직 수당 지급대상 제외사유에 해당하게 될 경우에는 지체 없이 명예퇴직수당 지급대상자 결정을 취소하여야 한다.

바. 명예퇴직수당 환수

명예퇴직수당을 지급받은 자가 다음에 해당하게 된 경우에는 원칙적으로 명예퇴직수당을 지급한 국가기관의 장이 그 명예퇴직수당을 환수하여야 한다. 환수금을 내야 할 사람이 기한 내에 내지 아니하면 국세체납처분의 예에 따라 환수금을 징수할 수 있다.

① 재직 중의 사유로 금고 이상의 형을 받은 경우
② 재직 중에 뇌물관련 범죄(형법 제129조부터 제132조까지에 규정된 죄)를 범하여 금고 이상의 형의 선고유예를 받은 경우
③ 재직 중에 직무와 관련하여 횡령, 배임죄(형법 제355조 또는 제356조에 규정된 죄)를 범하여 300만원 이상의 벌금형을 선고받고 그 형이 확정되거나 금고 이상의 형의 선고유예를 받은 경우
④ 경력직공무원, 그 밖에 국회규칙, 대법원규칙, 헌법재판소규칙, 중앙선거관리위원회규칙 또는 대통령령으로 정하는 공무원으로 재임용되는 경우(국가공무원으로 재임용된 경우에는 환수는 재임용한 국가기관의 장이 한다)
⑤ 명예퇴직 수당을 초과하여 지급받거나 그 밖에 명예퇴직 수당의 지급대상이 아닌 자가 지급받은 경우

4. 조기퇴직

가. 의의

조기퇴직은 공무원으로 1년 이상 20년 미만 근속한 사람이 직제와 정원의 개폐 또는 예산의 감소 등으로 폐직 또는 과원이 되었을 때에 그 때로부터 3개월 이내에 조기퇴직수당을 받고 스스로 퇴직하는 것을 말한다.

나. 조기퇴직수당

조기퇴직수당은 퇴직당시 월봉급액의 6개월분에 상응하는 금액으로 명예퇴직수당에 비하면 대부분의 경우에 적다. 정년까지 잔여기간이 6개월 미만인 경우에는 잔여기간에 상응하

는 금액을 조기퇴직수당으로 지급한다.

조기퇴직수당 지급대상 제외사유는 명예퇴직수당 지급대상 제외사유와 같다. 조기퇴직수당을 지급받으려는 사람은 폐직 또는 과원이 되었을 때로부터 3개월 이내에 조기퇴직수당 등 지급신청서에 조기퇴직원 등의 서류를 첨부하여 소속기관의 장을 거쳐 소속 중앙행정기관의 장에게 제출하여야 한다.

제3절 비자발적 퇴직

본인의 의사와 관계없이 퇴직하는 비자발적 퇴직에는 직권면직, 정년퇴직, 당연퇴직 등이 있다.

1. 직권면직

직권면직은 징계위원회의 동의를 받아야 하는 경우와 그렇지 아니한 경우가 있다. 징계위원회의 동의를 받지 않아도 되는 경우는 그 요건이 구체적이어서 임용권자의 자의가 개입될 소지가 적은 경우이다. 「국가공무원법」에서는 이 경우에도 면직시키기 전에 미리 관할 징계위원회의 의견을 듣도록 규정하고 있다는 점에서 이러한 규정이 없는 「경찰공무원법」과는 다르다. 국가공무원법의 이 규정은 의견을 듣도록 하는데 그치므로 실효는 없으나 임용권자에게 심리적 부담을 주어 신중을 기하게 하는 효과는 있다고 본다.

가. 징계위원회의 동의가 필요 없는 경우

(1) 지제와 정원의 개폐 또는 예산의 감소 등에 따라 폐직 또는 과원이 되었을 때

(2) 휴직기간이 끝나거나 휴직사유가 소멸된 후에도 직무에 복귀하지 아니하거나 직무를 감당할 수 없을 때

(3) 직무를 수행하는데 필요한 자격증의 효력이 상실되거나 면허가 취소되어 담당 직무를 수행할 수 없게 되었을 때

나. 징계위원회의 동의가 필요한 경우

(1) 직무수행능력이 부족하거나 근무성적이 극히 나빠 대기명령을 받은 자가 그 기간에 능력 또는 근무성적의 향상을 기대하기 어렵다고 인정된 때,

(2) 경찰관으로 부적합할 정도로 직무수행능력이나 성실성이 현저하게 결여된 사람

이에 해당하는 경우는 지능저하 또는 판단력의 부족으로 경찰업무를 감당할 수 없는 경우와 책임감의 결여로 직무수행에 성의가 없고 위험한 직무에 당하여 고의로 직무수행을 기피 또는 포기하는 경우가 있다.

(3) 직무수행에 위험을 일으킬 우려가 있는 성격적 또는 도덕적 결함이 있는 사람

이에 해당하는 경우는 인격장애, 알코올 · 약물중독 그 밖의 정신장애로 인하여 경찰업무를 감당할 수 없는 경우와 사행행위 또는 재산의 낭비로 인한 채무과다, 부정한 이성관계 등 도덕적 결함이 현저하여 타인의 비난을 받는 경우가 있다.

2. 당연퇴직

당연퇴직사유는 정년, 경찰공무원 임용 결격사유에 해당, 사망, 임기만료(임기 있는 개방형 직위 공무원의 경우) 등이 있다.

가. 정년

경찰공무원의 정년은 일반 공무원과는 달리 연령정년과 계급정년의 두 가지가 있다. 경찰공무원은 그 정년이 된 날이 1월에서 6월 사이에 있으면 6월 30일에 당연퇴직하고, 7월에서 12월 사이에 있으면 12월 31일에 당연퇴직한다.

(1) 연령정년 제도

(가) 연령정년 제도의 변천

경찰공무원의 연령정년은 60세이다. 연령정년은 1969년 「경찰공무원법」 제정당시에는 경정이상 61세, 경위 · 경감 51세, 경사이하 50세였으나, 1983년부터 경정이상 61세, 경감과 경위 55세, 경사이하 50세이었고, 1985년 12월(경감과 경위는 1987년)부터는 61세, 58세, 55세

로 상향되었다. 1991년의 연령정년 변경으로 경감이하는 모두 58세로 통일되었다. 1998년의 연령정년 변경으로 경정이상 60세, 경감이하 57세로 1년씩 하향되었는데, 이러한 하향 변경은 외환위기 여파로 인한 것으로 일반직 공무원도 마찬가지였다. 2009년부터는 경감이하 경찰관의 연령정년이 2년마다 1년씩 늘어나 2013년부터는 전 경찰관의 연령정년이 60세로 통일되었다. 국민 평균 수명이 늘어나고 건강도 좋아지고 있는 추세에 비추어 연령정년도 늘어난 것으로 해석된다.

(나) 연령정년제도의 검토

연령정년의 상향 문제는 경찰조직 뿐만 아니라 우리 사회 전체적인 문제이다. 국민들의 평균수명이 연장되고 노인인구가 증가되고 있어 우리 사회의 민간부문과 공공부문의 기관·단체·기업에서 선진국보다 낮은 수준의 정년연령을 그대로 고수한다면 경제활동 참가율의 저하로 인한 경제성장의 둔화로 연결될 것이며, 무직노인들의 복지비용 증가와 심리적 소외감으로 균형재정의 유지가 어려워지고 노인자살 증가 등 사회문제도 초래될 것이다(임창희, pp.250-251). 또한 공무원의 연금제도 운영에 들어가는 정부지원 금액도 늘어날 것이다. 따라서 공무원의 연령정년도 직무내용에 따라 점차 늘어날 가능성이 높다고 본다.

군의 경우 1989년의 「군인사법」 개정으로 연령정년이 상사 및 준사관은 50세에서 53세로, 소령은 43세에서 45세로, 중령은 47세에서 49세로, 대령은 50세에서 53세로, 준장은 54세에서 58세로, 소장은 56세에서 59세로, 중장은 60세에서 61세로, 대장은 60세에서 63세로 1년부터 4년까지 늘어났다. 1993년의 「군인사법」 개정으로 대령, 중령, 준사관의 연령정년이 각각 56세, 53세, 55세로 다시 늘어났다.

검찰의 경우, 1994년까지 검찰총장의 연령정년은 63세, 검찰총장외의 검사의 정년은 60세로 하였으나, 1995년부터 검찰총장의 연령정년은 65세, 검찰총장 외의 검사의 정년은 63세로 상향조정하였다. 국가정보원의 경우 원장과 차장들은 정무직이고 기획조정실장은 별정직으로 「국가정보원직원법」에 연령정년제한을 두고 있지 않고, 1급~9급 직원 및 전문관의 연령정년은 60세이며, 기능직 직원은 57세까지이다.

연령정년이 상향되어 가면, 경찰관 중에는 건강문제나 체력 저하 등으로 야간순찰 등 근무강도가 높은 직무를 수행하기에 부적합하게 된 고령자가 더 나올 가능성이 높아질 것이므로 수월한 직무로의 배치전환 및 이를 위한 교육 프로그램 개발 등 적절한 활용대책이 필요할 것이다.

미국에서는 고용연령차별금지법(Age Discrimination in Employment Act)에 의해 40세 이상 70세 이하의 피고용자에 대해 연령을 이유로 차별대우를 금지하고 있으며, 경찰관으로서의 능력요건에 부합하지 않는지의 거증책임을 고용주에게 부과하고 있어, 연령에 의해 일률적으로 퇴직시킬 수 없도록 규정하고 있는데(한상암, 1999: 326-327), 앞으로 우리도 이런 방향으로 나가게 될 것이다.

(2) 계급정년제도

(가) 경찰 및 타 직종의 계급정년제도 변천

① 도입

계급정년제도는 군사정권 하에서 군의 제도를 본 따 도입되었다. 1969년 「경찰공무원법」 제정당시에는 계급정년이 치안감 7년, 경무관 10년, 총경 10년, 경정 14년, 경감 16년이었다.

② 강화

제5공화국에 들어와서 1982년의 「경찰공무원법」 변경으로 더욱 강화되어 치안감 4년, 경무관 6년, 총경 9년, 경정 11년, 경감 12년, 경위 15년으로 되었다. 그 이전보다 계급정년 기간이 많게는 4년이나 짧아졌고 경위 계급정년까지 신설되었다. 이는 새로 정권을 장악한 이후 사회정화라는 명분으로 수백 명의 경정과 총경 등 경찰관을 사직시킨 신군부 세력이 경찰에 대한 정권의 통제력을 제도적으로 강화하고자 하는 목적에서 당시 경찰 기획부서 등의 반대에도 불구하고 장군 출신 내무부 장관 주도로 이루어진 조치였다. 특히 경찰에서 당시에 일선 실무업무의 베테랑이던 고참 경위들이 대거 경위계급정년에 걸려 경찰을 떠나게 된 것은 경찰의 큰 손실이라는 내부 여론이 있었다.

신군부세력은 검찰도 효과적으로 장악하고자 1981년에 검찰직급정년제도를 채택하였다. 당시 그 내용을 보면 고등검사장의 직급정년은 4년으로 하되, 1년의 범위 안에서 그 정년을 연장할 수 있고, 고등검사장으로 재직한 기간과 검사장으로 재직한 기간을 통산한 기간이 10년 미만인 때에는 그 통산한 기간이 10년이 되는 날에 그 직급정년에 이른 것으로 보며, 검사장의 직급정년은 8년으로 하되, 2년의 범위 안에서 그 정년을 연장할 수 있도록 하여 검찰인사관행상 사실상 해당자가 나오기 어렵도록 규정되어 있었다. 권력의 요구에 따라 직급정년제도를 만들기는 하면서도 사실상 직급정년에 걸리는 검사가 나오기 어렵도록 교묘하게 규정하였던 것으로 보여진다.

③ 완화

경찰 계급정년의 폐해를 감안하여 1985년 경감 계급정년은 15년, 경위 계급정년은 18년으로 늘어났다. 그 후에도 계급정년제도의 문제점이 계속 불거지자 1998년 총경은 11년, 경정은 14년으로 기간이 늘어나고 경감 및 경위 계급정년은 폐지되었다. 현재 계급정년은 치안감 4년, 경무관 6년, 총경 11년, 경정 14년이다.

④ 타 공무원 직종의 계급정년제도 변천

검찰의 직급정년제도는 2004년에 폐지되었다. 검찰은 검사 직급을 2단계로 축소하면서 직급정년제도를 폐지하였던 것이다.

국가정보원은 2009년 「국가정보원직원법」을 개정하여 계급정년 기간을 4급 직원은 11년에서 12년으로, 5급 직원은 15년에서 18년으로 늘려 현재까지 유지하고 있으며, 2급직원(5년)과 3급직원(7년)의 계급정년 기간은 그대로 유지하였다.

군의 계급정년제도는 1970년까지는 소위 이상 중장까지 적용되는 것이었으나, 1971년 「군인사법」 개정으로 소령 이상 중장까지 적용되는 것으로 바뀌었으며, 1989년의 군인사법 개정으로 준장(계급정년기간 6년), 소장(6년) 및 중장(4년)만 적용되도록 완화되었다. 경찰에는 없고 군에만 있는 (장교)근속정년제도도 몇 차례에 걸쳐 계급별로 폐지되거나 기간이 늘어났다.

(나) 계급정년 기간 계산

계급정년에는 시보임용중의 기간은 이를 산입하지 아니한다. 계급정년을 산정할 때 자치경찰공무원으로 근무한 경력이 있는 경찰공무원의 경우에는 그 계급에 상응하는 자치경찰공무원으로 근무한 연수를 산입한다. 재임용된 경찰공무원의 계급정년연한의 계산에 있어서는 재임용전에 당해 계급의 경찰공무원으로 근무한 연수를 합산한다.

징계로 인하여 강등된 경찰공무원의 경우, 강등된 계급의 계급정년은 강등되기 전 계급 중 가장 높은 계급의 계급정년으로 한다. 계급정년이 없는 경감으로 강등된 경우에도 이것은 적용되므로 경정 계급정년 기간이 지나면 현재 경감이어도 계급정년으로 퇴직하게 된다. 또한 계급정년을 산정할 때에는 강등되기 전 계급의 근무연수와 강등 이후의 근무연수를 합산한다.

(다) 계급정년의 연장

① 연장대상 및 선정

수사, 정보, 외사, 보안 등 특수부문에서 전문특기를 가지고 근무하는 총경 및 경정은 3년의 범위에서 계급정년을 연장할 수 있다. 이 경우, 정년의 연장은 임용권자 또는 임용제청권자가 인력수급관계, 직무의 특수성, 연장대상자의 건강상태 및 직무수행능력 등 경찰청장이 정하는 기준에 의해 선정하고 임용권자 또는 임용제청권자 소속하에 있는 경찰공무원 정년연장심사위원회를 거쳐야 한다. 경찰청장은 연도별 인력수급의 원활을 기하기 위하여 필요하다고 인정될 때에는 소속기관등(지방청, 교육기관 등) 별로 정년연장인원을 조정할 수 있다.

경찰청장은 전시・사변이나 그 밖에 이에 준하는 비상사태에서는 2년의 범위에서 계급정년을 연장할 수 있다. 이 경우 경무관 이상의 경찰공무원에 대하여는 안전행정부장관, 국무총리를 거쳐 대통령의 승인을 받아야 하고, 총경・경정인 경찰공무원에 대하여는 국무총리를 거쳐 대통령의 승인을 받아야 한다.

② 심사

정년연장의 심사는 연 2회(3월 및 9월) 정기적으로 실시한다. 다만, 경찰청장이 부득이한 사정이 있다고 인정할 경우에는 2월을 초과하지 아니하는 범위안에서 심사시기를 조정할 수 있다. 다음에 해당하는 자는 정년을 연장할 수 없으며, 정년연장심사위원회의 심사는 이의 해당여부에 관하여 행한다.

1) 신체검사 결과 채용시험 신체검사 기준에 적합하지 아니한 자. 다만, 혈압에 관하여는 의사의 소견을 참작하여 정한다.
2) 직무수행능력이 극히 부족하거나 근무태도가 심히 불성실하다고 인정되는 자
3) 기억력 또는 판단력의 현저한 감퇴로 인하여 직무수행에 지장이 있다고 인정되는 자
4) 근무성적 평정점이 만점의 6할미만인 자

③ 연장 발령

정년연장권자는 정년연장이 결정된 때에는 정년연장기간을 명시하여 발령하고, 그 발령사항을 관계기관 및 본인에게 통지하여야 한다. 정년연장발령을 받은 자는 연장기간 중 성실히 근무할 것을 소정 서식의 서약서에 의하여 정년연장권자 또는 소속경찰기관의 장에게 서약하여야 한다.

(라) 계급정년제도의 검토

① 정치적 중립성과 관련된 문제

계급정년제도는 독재정권이 경찰의 철저한 장악을 위해서 군에서 도입한 제도로서 선진국 경찰에서 유례를 찾아보기 어려운 제도이다. 정권이 경찰을 장악하기 위해서 도입했다는 것은 경찰의 정치적 중립성을 무시하겠다는 생각을 깔고 있었던 것이다. 또한 현실적으로 고위

계급으로의 승진에 작용하는 힘들을 고려하면 계급정년제도는 경찰의 정치적 중립성을 심각하게 훼손할 소지가 큰 제도이기도 하다.

② 타 직종 계급정년제도와의 형평 문제

경찰 계급정년의 원조인 군의 각종 정년제도는 장기복무를 더하게 하는 방향으로 크게 완화되었고, 검찰은 폐지하였지만, 경찰계급정년은 오히려 강화되었다가 약간만 완화되었다.

경찰 계급정년 기간을 1969년 도입 당시와 비교해 볼 때 치안감과 경무관에 대해서는 오히려 기간이 3~4년씩 짧아져 있고 총경에 대해서는 1년이 더 늘어났으며 경정 계급정년 기간은 그대로이다. 도입 당시와 비교해 볼 때 경감 계급정년은 없어졌으나 경정 이상 계급의 정원이 지난 44년간 많이 늘어났기 때문에 계급정년의 적용을 받는 경찰관의 숫자는 오히려 더 늘어났다.

③ 승진적체 해소의 문제

승진적체를 이유로 계급정년제도를 유지해야 한다는 주장은 현실적으로 승진 희망자들의 공감을 받고 있다. 계급정년제도가 당장은 상위직 승진 관문을 넓혀주고 승진임용권자도 승진시킬 자리가 늘어나 편리하지만, 결과적으로 경찰청장이 상위직 정원 증가를 위해 덜 노력하게 만듦으로써 경찰계급별 인원구조가 다른 공무원 직종보다 더 피라미드 형에 가까운 상태를 유지하게 하는 요인이 된다. 승진기회 확대는 조직발전을 해치는 계급정년제도의 현상유지를 통해서 해결하는 것보다는 상위직의 비중을 일반 공무원 수준으로 점차적으로 늘려감으로써 해결하는 것이 바람직하다.

지방자치단체와의 직급상 균형을 맞추자면, 부지사가 1급이고 서울시 구청 등의 부구청장이 3급 이상인 점에 비추어 지방경찰청장은 1급에 해당하는 치안정감으로 하고 서울시내 및 지방 대도시의 주요 경찰서장은 3급에 해당하는 경무관으로 해야 한다는 주장도 가능하다. 지방국세청과 같이 모든 지방경찰청에 경무관급 국 또는 부를 두어야 한다는 주장도 타당성이 있다고 본다.

경감 근속 승진 인원비율이 15%에서 20%로 늘어났지만 이 비율에 대한 직원들의 불만과 이에 대한 정치권의 태도에 비추어 앞으로 이 비율이 더 늘어날 가능성도 있다. 따라서 도시지역 경찰서 계 단위 조직과 지구대 등에 경감이 다수 배치될 상황이 올 것이고 이 경우 도시지역 경찰서 계장의 일부, 지구대장 등이 경정이 되어야 하고 경찰서 과장은 총경, 서장은 경무관이 배치될 수밖에 없을 것이므로 전체적인 경찰 직급 상향은 불가피하게 될 것이다. 다만, 그 시간을 얼마나 단축하느냐 하는 것은 경찰의 노력에 달려 있다고 본다.

④ 경륜 있는 고위직의 확보 문제

타 부처 과장급 공무원들이 볼 때, 얼마전까지 자기들과 같은 과장급 경찰관이 경무관으로 진급하더니 금방 수뇌부의 요직에 보임되고 얼마 안가서 경찰총수가 되든 안 되든 간에 물러난다는 느낌을 받는다고 한다. 이런 시각은 경찰 고위 간부의 위상에도 영향을 미친다. 실제로 경찰청 직원들이 '국장이 새로 와서 업무를 알 만하면 떠난다'고 말하는 경우도 있었다. 수사권 조정 문제, 경찰조직의 발전을 위한 인력, 예산 확보 등 경찰 현안 해결을 위해서는 인맥과 경륜을 갖춘 노회한 고위간부들이 필요한데 현 인사제도 하에서는 이것이 어려운 것이다.

⑤ 조직의 단합과 우수한 직원의 퇴직 방지 문제

아직도 정실주의가 적지 않게 잔존하는 우리 사회 특성상 유능한 사람이 반드시 승진한다고 볼 수 없고 계급정년 전에 승진코자 발버둥을 치는 과정에서 나타나는 정치권 줄 대기, 동료 간 모함, 승진 관련 금품 수수 루머 등 부작용이 컸다. 정치적 바람을 타는 경찰 고위직 인사의 현실과 정실주의, 지역주의 영향으로 계급정년제가 '악화가 양화를 구축'하는 현상도 없지 않았다고 본다. 또한 많은 교육비를 들여 양성한 경찰대 출신의 경정 계급정년으로 인한 조기퇴직은 경찰조직의 능률성 확보 측면에서도 문제이다.

⑥ 결론

경찰의 정치적 중립성의 훼손과 경찰간부의 신분보장 약화, 인재의 유실 등 조직에 미치는 갖가지 폐해를 고려해 볼 때 경찰의 역할과 책임에 상응하게 직급을 단계적으로 상향조정하여 상위 계급 정원 비율을 높여 승진적체를 해소해 나가면서 경정 계급정년은 폐지하는 한편, 총경 이상의 계급정년은 그 기간을 다른 특정직 공무원 수준으로 늘리는 등 계급정년제도의 개혁이 필요한 시점이다.

나. 기타 당연퇴직 사유

경찰공무원 임용 결격사유에 해당하게 된 때(단, 선고유예 받은 자 제외)와 임기제공무원(임기가 있는 경찰청의 개방형 직위 등)의 임기 만료, 경찰공무원의 사망 등의 경우에도 당연퇴직하게 된다.

「경찰공무원법」 상 경찰공무원 임용 결격사유는, 대한민국 국적 없는 자, 복수국적자, 피한정후견인이나 피성년후견인, 파산자, 자격정지 이상의 형을 선고받은 자, 자격정지 이상의 형의 선고유예를 선고받고 그 유예기간 중에 있는 사람, 징계에 의하여 파면 또는 해임처분을 받은 자이다. 다만, 이 중에서 자격정지 이상의 형의 선고유예를 받고 그 유예기간 중에 있는 사람은 당연퇴직되지 않는다.

제4절 퇴직자 지원

1. 퇴직자 지원의 의의 등

가. 퇴직자 지원의 의의

퇴직자 지원제도는 퇴직예정자가 퇴직 후 제2의 인생을 행복하게 살 수 있도록 심리직·물질적으로 지원하고 건강·재산·인간관계 관리요령을 습득하게 하며 구직관련 정보지원·구직상담 등 구직지원을 하는 각종 제도를 의미한다.

퇴직한 경찰관이 사회에서 어렵게 살고 있거나 비참하게 되어 있으면 재직 경찰관의 사기에도 좋지 않은 영향을 주게 된다. 따라서 경찰퇴직자에 대한 다각도의 지원대책이 필요하다.

나. 퇴직 대비에 대한 경찰공무원의 인식

2006년에 경감 이하 경찰관들을 대상으로 조사한 바에 의하면, 68.5%가 퇴직 후 취업 및 창업에 대한 관심을 가지고 있었고, 45.4%가 이에 대한 준비 및 계획을 가지고 있었다. 퇴직 후 원하는 생활은 여가·취미활동이 49%, 사회봉사·기타가 21.2%인데 비해 취업, 창업 등으로 계속 일하는 것이라는 사람은 29.8%에 지나지 않았다. 68%가 퇴직 후 일하는 것에 대해 관심은 가지나, 계속 일하기를 원하는 사람은 29.8%에 지나지 않는다는 것은 형편만 되면 노후를 편하게 보내기를 원하는 사람이 적지 않다는 추정을 하게 한다. 또한 퇴직 후 취업선호 분야는 자영업, 관리직, 전문직, 사무직, 서비스직, 기술직의 순으로 나타났으며, 취업 및 창업에 따른 장애요인으로 전문지식 및 기술부족(37.6%), 취업기회의 부족(27%), 취업관련정보의 부족(13.9%) 등을 꼽았다(이황우, 한상암, 조호대, 정덕영, 2007: 356, 361-363).

응답자의 64%가 15년 미만 재직자이고, 퇴직이 비교적 가까운 20년 이상 재직자는 12.4%에 불과하다는 점을 고려하면, 15년 이상 재직하여 40대 중반 이상이 된 경찰관들은 대부분

나름대로 퇴직에 대한 준비 및 계획을 가지고 있다고 추측된다. 또한 경찰관 3사람 중 2사람 이상이 퇴직 후의 일에 대해 관심을 가지고 있다는 것을 알 수 있다. 하지만 퇴직 후 계속 일하는데 대해서 29.8%가 긍정적인 응답을 한 것은 현재의 생활이 피곤하여 좀 쉬고 싶다는 욕구의 반증이라고 본다.

또한 지원대책으로 재직 중 전문지식 및 기술교육의 중요성이 부각되었고, 상담과 정보제공을 통해 구직 지원뿐만 아니라 자영업 희망자에 대한 개업지원도 강화해야 할 필요성이 나타나고 있다.

2. 경찰 퇴직자 지원대책의 유형

가. 연금

가장 중요한 경찰퇴직자 지원대책은 연금이다. 경찰공무원이 재직 중 습득한 지식과 기술은 매우 특수한 것으로 사회에서 활용될 영역이 좁아 퇴직하면 다음 직업을 얻는데 도움이 되지 못한다. 대부분의 퇴직 경찰관은 많지 않은 저축과 집이 재산의 전부이므로 연금에 크게 의존하게 된다. 경찰공무원은 근무강도와 책임에 비해 직급이 낮게 책정되어 있어 보수가 낮고 이는 연금에까지 연결되어 있다. 이 연금제도를 흔드는 논의가 나오고 있는데, 이는 퇴직자에게 심리적인 위협을 주는 것이고 재직자에게도 불쾌감을 주는 행위로써 신중을 기해야 할 것이다. 또한 연금은 과거부터 지금까지 국가가 약속했던 것이니만큼 변경도 그 약속 범위 내에서 이루어져야 할 것이다.

나. 교육

다음으로 중요한 것은 퇴직자 교육을 통해 퇴직 후 찾아 올 환경 변화에 따른 심리적 변화와 대처 요령을 이해시키고 건강·재산·인간관계 관리요령과 구직·창업 요령을 습득할 기회를 제공하는 것이다. 엄격한 규율 속에서 법적 권한과 조직 권위를 수단으로 일을 해오던 습관이 몸에 밴 경찰공무원이 사회에 나가 제2의 인생을 살고자 하면 규율에서 벗어난 홀가분함과 함께 무력감, 허탈감 등이 복합적으로 찾아오고 재직 중의 긴장된 생활의 후유증으로 성인병도 함께 발병하는 경우가 있다. 청렴을 강조하는 분위기에 익숙한 퇴직자는 개인의 경제생활에 대한 이해가 부족하여 약간의 재산도 몇 년 내에 없어지는 경우도 있다. 이에 대비하기 위한 교육은 퇴직 예정시기에 임박해서 하는 것보다 2~3년 앞에 실시하는 것이 해당자를 위해서는 바람직하다.

다. 구직 지원과 상담기회 제공

퇴직 경찰관에게 적합한 분야에 대한 구직관련 정보지원 · 구직상담 등 실질적인 구직 지원을 하는 것도 중요하다. 구직상담과 함께 심리상담이 필요하다고 느끼는 사람에 대해서는 퇴직 전후에 심리상담의 기회도 제공하는 것이 바람직하다. 일을 하면 건강과 활력이 증가하고 인생의 의미를 찾을 수 있어 고독감과 소외감이 없어지며 집에 계속 있음으로서 생기는 부부간의 갈등도 해소될 수 있다. 구직지원에는 구직에 필요한 자격증 획득을 위한 교육과 재취업 이후에도 성공적인 적응을 하도록 돕는 것도 포함될 것이다.

선진국에서는 기업의 안전관리를 손실예방 차원에서 보아 안전담당 부사장 또는 부회상까지 두고 있고, 이런 기업과 공항만 등의 보안부서에 퇴직 경찰관이 많이 진출해 있는 것으로 알려져 있다. 그러나 우리나라에서는 기계경비업체에서 고객의 신고출동 시 112신고를 통해 현장대처를 경찰관과 함께 하는 등 경찰을 이용하면서 수백억원의 당기순이익을 내고 있는데, 대형 기계경비업체에서마저 퇴직 경찰관은 몇 사람만 채용하고 있는 등 사성이 판이하다. 이런 현상을 시정하여 구직지원을 실질적으로 강화해야 할 것이라고 본다.

3. 현행 퇴직자지원제도

퇴직경찰공무원 지원에 대해서 「경찰공무원 보건안전 및 복지 기본법」과 그 시행령에서 규정하고 있다. 그러나 이 법에서는 퇴직자 지원을 해야 한다고 규정된 것이 아니라 지원할 수 있다고만 규정되어 있고, 또한 실제 지원도 미약하게 이루어지고 있다.

가. 「경찰공무원 보건안전 및 복지 기본법」의 퇴직자 지원제도

(1) 진로 · 직업 · 창업 상담 및 취업알선

국가는 퇴직경찰공무원(퇴직 예정자 포함)의 원활한 사회복귀와 생활안정을 위하여 퇴직경찰공무원에게 진로 · 직업 상담, 취업알선, 채용박람회 개최 등의 취업지원을 실시할 수 있고 예산의 범위에서 퇴직경찰공무원의 창업을 지원하기 위하여 필요한 창업상담, 창업교육 등의 사업을 실시할 수 있다.

(2) 사회적응 및 직업교육훈련

경찰청장은 퇴직경찰공무원에게 사회적응교육 및 직업교육훈련을 실시할 수 있고 국가는 그 교육비용의 전부 또는 일부를 예산의 범위에서 지원할 수 있다. 경찰청장은 이와 같은 취업지원, 사회적응교육·직업교육훈련 및 창업지원을 직접 실시하거나 다른 중앙행정기관의 장 또는 전문기관에 위탁하여 실시할 수 있다.

나. 퇴직예정자에 대한 교육 및 연수

퇴직자 교육과정은 재직 중 지득한 사항의 보안에 관한 교육과 함께 사회의 실상을 이해시키면서 퇴직자들이 흔히 직면하는 고충과 대처요령, 취업과 재산관리 및 건강관리 등 당장 닥칠 생활문제에 대해 사례중심으로 충분히 숙지하도록 하는 과정이다. 그러나 경찰교육원이나 지방경찰학교에서 실시하고 있는 퇴직예정자에 대한 교육은 퇴직자에게 퇴직 후 취업, 재산관리, 여가활용, 건강 등에 대한 지식·정보를 습득시키기에는 교육기간이 너무 짧다.

경찰교육원의 미래설계과정은 퇴직 후 진로준비를 시키고 사회적응능력을 배양하는 과정이다. 총경 이하 퇴직 예정자가 교육대상이고 1주간의 합숙교육으로 진행하며 주요 교과목은 다음과 같다. 퇴직을 앞둔 경찰관들 중에는 1개월 이상의 사회적응교육을 원하는 사람이 적지 않다. 앞으로 교육기간과 교과목을 늘려 퇴직자들에게 실질적인 도움이 되도록 하여야 할 것이다.

주요 교과목
1. 재무설계(4대보험 및 퇴직 후 자산관리) 2. 건강 및 스트레스 관리 3. 전직 목표 수립 및 재취업 전략(인터뷰 기법 등) 4. 최신기기 활용(스마트폰, 트위터, 페이스북 등) 5. 함께하는 레크리에이션(생활체육, 감수성 훈련) 6. 현장견학 Ⅰ - 역사문화탐방 7. 현장견학 Ⅱ - 자연을 통한 힐링 프로그램(숲 해설)

정년 잔여기간이 1년 이내에 있는 사람이 퇴직 후의 사회적응능력 배양을 위하여 연수하게 된 경우(계급정년 해당자는 본인의 신청이 있는 경우에만 해당)에는 정원이 따로 있는 것으로 보고 결원을 보충할 수 있도록 규정되어 있는데, 이 기간 중에 각종 맞춤형 교육프로그램을 개발하여 희망자에게 제공해 주는 것도 바람직하다.

제12장 연금제도

제1절 연금제도 개관

1. 연금의 의의 및 제도적 기능

연금은 공무원이 퇴직 후에 본인과 유족의 생계안정과 최소한의 품위유지를 위해 지급되는 보상이며 공기업이나 공공단체 및 민간기업 임직원에 비해 공무원이 더 누리는 혜택이다. 우리나라에서는 1960년 공무원연금법이 제정되어 시행되고 있으며 급여의 지급, 기여금·부담금을 비롯한 비용의 징수, 공무원연금기금을 불리기 위한 사업 등은 공무원연금공단이 한다.

공무원의 보수수준이 대기업보다 못하지만 연금제도로 인해 공직에 대한 매력이 커져 결과적으로 연금제도가 우수인재 확보와 확보한 인재의 이직 방지를 통한 직업공무원제도의 확립에 일조하고 있다. 우리나라는 기여제를 채택하여 연금으로 지급되는 재원이 국가와 공무원의 공동부담(1:1 같은 비중)으로 마련된다는 점에서 연금의 성격은 복합적인 것으로 한편으로는 노후 걱정없이 직무에만 전념하라는 국가의 배려 약속이고, 다른 한편으로는 공무원이 재직 중 거치된 보수를 미래에 돌려받는 것이다.

공무원의 공무로 인한 질병·부상과 재해에 대하여는 공무상요양비, 재해부조금 등 단기급여를 지급하고, 공무원의 퇴직·장애 및 사망에 대하여는 퇴직급여, 유족급여, 퇴직수당 등 장기급여를 지급한다. 공무원의 퇴직 또는 사망으로 인한 연금뿐만 아니라 공무로 인한 부상이나 질병 또는 재해에 대한 보상까지 규정하고 있어 연금제도는 재직 공무원의 후생복리를 지원하는 성격도 가지고 있다.

2. 공무원연금제도 개편

연금재정이 심각한 어려움을 겪고 있어 재직 공무원의 기여금을 올리고 있으나, 그것도 한계가 있어 현재와 같이 기금을 적립하여 운영하는 방식(기금제, 적립방식)은 앞으로 유지하기 어렵게 되었다. 그 대책으로 여러 가지 방안이 있을 수 있으며, 당해 연도의 연금지출을 그 해에 재직자들로부터 갹출한 수입과 당해 연도 정부예산 부담액을 합쳐 조달하는 비기금제 방식(부과방식)으로 바꾸는 것도 하나의 방안으로 검토될 수 있을 것이다.

과거 기금운용과 금융투자에 문외한이라 할 수 있는 퇴직 공무원을 공단 책임자로 임명하여 왔고 경제발전을 위하여 연금기금을 수익성이 낮은 공공재원으로 활용하거나 철도청의 공사화 등 각종 정부시책수행에 대한 반발 억제를 위해 기금에서 지급하기에 부적절한 경우에도 지출하게 하는 등 정부에도 기금운영 악화에 대한 상당한 책임이 있다. 연금기금을 정부에 예탁시키면서 예탁수익률을 시장보다 낮게 유지하고 공무원의 부담율만 높인다면 공무원사회가 반발할 것이다. 그러나 공무원들에게 과도한 혜택이 가도록 한 선심성 연금제도는 문제가 있다고 본다(박천오, 강제상 등, 2010: 405-409).

기업의 퇴직금이나 퇴직연금의 성격에 대해 지급보류된 임금의 일부를 떠날 때 청산하는 것이라는 임금후불설, 고용주가 그동안의 공로에 대한 보상으로 주는 것이라는 공로보상설, 퇴직후 생활을 보장해 주기 위한 것이라는 생활보장설 등이 있는데(임창희, p.251), 공무원의 퇴직금이나 연금은 이러한 성격에 더하여 직업공무원제의 확립, 공직부패의 방지 등 국가적 목적수행기능이라는 중요한 기능이 있는 것이다.

특히, OECD 국가 중 최하위권의 부패수준이 지속되고 있는 우리 여건에서 연금제도가 공무원의 노후 생계대책의 주축으로 부패에 대한 억제기능을 가지고 있기 때문에 이 제도의 기초를 흔들어서는 안 된다. 부패방지 관점에서 볼 때, 전체 재직자와 퇴직자에게 불리하게 제도를 바꾸기 전에, 파면된 공무원에 한해서 자기가 낸 기여금 등만 찾을 수 있게 된 제도를 부패 관련 징계받은 공무원 대부분에게 적용되도록 하는 것이 선행되어야 할 것이다.

제2절 현행 제도

1. 비용부담

가. 비용부담의 원칙

퇴직급여 및 유족급여에 드는 비용은 공무원과 국가 또는 지방자치단체가 공동으로 부담하며(갹출제: contributory system) 이에 드는 비용은 적어도 5년마다 다시 계산하여 재정적 균형이 유지되도록 하여야 한다. 비용을 사용자(국가)가 전액 부담하는 비갹출제(non-contributory system)보다는 갹출제가 상식에 더 부합한다고 본다. 공무상요양비, 재해부조금, 사망조위금에 따른 급여에 드는 비용과 공무에 따른 질병・부상・장애 또는 사망 및 순직유족급여에 드는 비용은 국가나 지방자치단체가 부담한다. 공단의 운영에 드는 비용은 국가가 보소할 수 있다.

나. 기여금

기여금은 급여에 드는 비용 중 공무원이 부담하는 금액이며 공무원으로 임명된 날이 속하는 달부터 퇴직한 날의 전날 또는 사망한 날이 속하는 달까지 월별로 내야 한다. 다만, 기여금 납부기간이 33년을 초과한 자는 기여금을 내지 아니한다. 기여금은 기준소득월액의 1,000분의 70에 상당하는 금액으로 한다. 이 경우 기준소득월액은 공무원 전체의 기준소득월액 평균액의 100분의 180을 초과할 수 없다.

군복무기간이 공무원의 재직기간에 산입되는 자는 그 산입기간에 대하여 공단이 산입을 승인한 날이 속하는 달의 다음 달부터 해당 월분의 기여금과 같은 금액의 소급기여금을 내야 한다. 이 경우 해당 공무원이 그 소급기여금의 납부 중 퇴직하거나 사망한 경우에는 퇴직 또는 사망 당시의 기준소득월액을 기준으로 잔여 소급기여금을 계산하여 이를 해당 퇴직급여 또는 유족급여에서 뺀다. 소급기여금은 일시에 납부할 수 있다

다. 연금부담금 및 보전금

국가나 지방자치단체가 부담하는 연금부담금의 금액은 매회계연도 대통령령으로 정하는 보수예산의 1,000분의 70에 상당하는 금액으로 한다. 다만, 국가나 지방자치단체는 퇴직급여 및 유족급여에 드는 비용을 기여금, 연금부담금으로 충당할 수 없는 경우에는 그 부족한 금액(보전금)을 대통령령으로 정하는 바에 따라 부담하여야 한다. 지방자치단체의 연금부담금 등은 국가가 지방자치단체에 교부하는 교부세나 그 밖의 교부금 중에서 공단이 직접 징수할 수 있다.

2. 급여 산정의 기초, 급여의 공제 등

가. 급여 산정의 기초

급여의 산정은 특별한 규정이 없으면 급여의 사유가 발생한 날이 속하는 달의 기준소득월액을 기초로 한다. 기준소득월액이란 기여금 및 급여 산정의 기준이 되는 것으로서 일정 기간 재직하고 얻은 소득에서 비과세소득을 제외한 금액의 연 지급합계액을 12개월로 평균한 금액을 말한다.

퇴직연금 · 조기퇴직연금 및 유족연금의 산정은 평균기준소득월액을 기초로 한다. 이 경우 기준소득월액은 공무원 전체의 기준소득월액 평균액의 100분의 180을 초과할 수 없다. 평균기준소득월액이란 재직기간 중 매년 기준소득월액을 공무원보수인상률 등을 고려하여 대통령령으로 정하는 바에 따라 급여의 사유가 발생한 날의 현재가치로 환산한 후 합한 금액을 재직기간으로 나눈 금액을 말한다. 다만, 퇴직연금 · 조기퇴직연금 및 유족연금산정의 기초가 되는 평균기준소득월액은 급여의 사유가 발생한 당시의 평균기준소득월액을 공무원보수인상률 등을 고려하여 대통령령으로 정하는 바에 따라 연금 지급이 시작되는 시점의 현재가치로 환산한 금액을 말한다. 재해부조금, 사망조위금, 순직유족보상금 급여의 산정은 급여의 사유가 발생한 날이 속하는 달의 공무원 전체의 기준소득월액의 평균액을 기초로 한다.

나. 급여의 공제

다른 법령에 따라 국가나 지방자치단체의 부담으로 이 법에 따른 급여와 같은 종류의 급여를 받는 자에게는 그 급여에 상당하는 금액을 이 법에 따른 급여에서 공제하여 지급한다. 다만, 유족연금 수급자(유족연금일시금 및 유족일시금을 선택한 사람을 포함)와 순직유족급여 수급자에게 「국가유공자 등 예우 및 지원에 관한 법률」에 따른 보상금을 함께 지급하는 경우에는 이를 공제하지 아니한다.

다. 제3자에 대한 손해배상 청구권

이 법에 따른 급여의 사유가 제3자의 행위로 인하여 발생한 경우에는 공단이나 지방자치단체는 그 급여의 사유에 대하여 이미 지급한 급여액(장해연금을 받는 경우에는 장해보상금을 받는 것으로 보아 산정한 금액)의 범위에서 수급권자가 제3자에 대하여 가지는 손해배상 청구권을 취득한다. 다만, 제3자가 해당 공무원 또는 공무원이었던 자의 배우자나 직계존비속에 해당하거나 공무수행 중인 공무원 해당하는 경우에는 공무원연금급여심의회의 심의를 거쳐 손해배상청구권의 전부 또는 일부를 행사하지 아니할 수 있다. 수급권자가 그 제3자로부터 같은 사유로 이미 손해배상을 받았을 때에는 그 배상액의 범위에서 급여를 지급하지 아니한다.

3. 급여지급 절차, 유족 등

가. 급여지급의 주체 및 지급절차

각종 급여는 그 급여를 받을 권리를 가진 자의 신청에 따라 안전행정부장관의 결정으로 공무원연금공단이 지급한다. 다만, 대통령령으로 정하는 종류의 급여를 결정할 때에는 공무원연금급여심의회의 심의를 거쳐야 하고, 순직공무원의 순직유족연금 및 순직유족보상금을 결정할 때에는 미리 순직보상심사위원회의 심의를 거쳐야 한다. 이 급여의 결정에 관한 안전행정부장관의 권한은 공단에 위탁할 수 있다.

순직경찰관이란 생명과 신체에 대한 고도의 위험을 무릅쓰고, 범인이나 피의자를 체포하다가 입은 위해, 경비 · 주요인사 경호 · 대간첩작전 수행 중 입은 위해, 교통의 단속과 위해의 방지업무 수행 중 입은 위해, 대테러작전 수행 중 입은 위해 등(위해로 생긴 질병 포함)으로 사망한 경찰관이다. 안전행정부장관은 순직유족급여의 결정을 하였을 때에는 그 급여를 받을 권리를 가진 자와 순직공무원이 소속하였던 기관의 장과 공단에 그 결정사실을 통보하여야 하며, 공단은 통보받은 날로부터 14일 이내에 급여를 지급하여야 한다.

나. 유족

유족이란 공무원이거나 공무원이었던 자가 사망할 당시 그가 부양하고 있던 배우자(사실혼 포함), 자녀(퇴직일 이후에 출생·입양한 자녀는 제외), 부모(퇴직일 이후에 공무원이 입양된 경우의 부모는 제외), 손자녀(孫子女)(퇴직일 이후에 출생·입양한 손자녀는 제외), 조부모(퇴직일 이후에 입양된 경우의 조부모는 제외)이다. 자녀와 손자녀는 19세 미만인 자 또는 19세 이상인 자로서 대통령령으로 정하는 정도의 장애 상태에 있는 자로 한정한다. 이 경우 손자녀는 그의 아버지가 없거나 아버지가 대통령령으로 정하는 정도의 장애 상태에 있는 경우로 한정한다. 태아는 이 법에 따른 급여를 지급할 때에는 이미 출생한 것으로 본다.

급여를 받을 유족의 순위는 상속받는 순위에 따르되, 유족 중에 동순위자(同順位者)가 2명 이상 있을 때에는 급여를 똑같이 나누어 지급한다. 공무원이거나 공무원이었던 자가 사망한 경우에 급여를 받을 유족이 없을 때에는 대통령령으로 정하는 한도의 금액을 유족이 아닌 직계존비속에게 지급하고 직계존비속도 없을 때에는 그 공무원이거나 공무원이었던 자를 위하여 사용할 수 있다.

다. 급여를 받을 권리의 양도, 압류 등

급여를 받을 권리는 양도, 압류하거나 담보로 제공할 수 없다. 다만, 연금인 급여를 받을 권리는 대통령령으로 정하는 금융기관에 담보로 제공할 수 있고, 「국세징수법」, 「지방세기본법」, 그 밖의 법률에 따른 체납처분의 대상으로 할 수 있다

4. 단기급여

단기급여는 재직자 등에게 지급하는 공무상요양비, 재해부조금, 배우자·부모·자녀·본인 사망조위금이다.

가. 공무상 요양비

공무상요양비는 공무원이 공무상 질병 또는 부상으로 인하여 진단, 약제(藥劑), 치료재(治療材) 및 보철구(補綴具) 지급, 처치·수술이나 그 밖의 치료, 병원이나 요양소에 수용되어 하는 요양, 간호, 이송에 들어가는 비용이다. 공무상요양비는 동일한 질병 또는 부상에 대하여 실제요양기간이 2년을 넘지 아니하는 범위에서 그 요양에 필요한 금액으로 한다. 다만, 실제요양기간이 2년을 경과한 후에도 계속 치료가 필요하다는 의학적 소견이 있는 경우에는 대통령령으로 정하는 바에 따라 1년 이하의 기간 단위로 요양기간을 연장할 수 있다.

공무상요양비를 받은 사람이 치유된 후 요양의 대상이 되었던 공무상 질병 또는 부상이 재발하거나 치유 당시보다 상태가 악화되어 이를 치유하기 위한 적극적인 치료가 필요하다는 의학적 소견이 있는 경우에는 재요양을 신청할 수 있다. 재요양을 신청한 사람은 공무원연금급여심의회의 심의를 거쳐 다시 공무상 요양을 할 수 있다.

장해연금의 수급자가 공무상요양비를 받는 경우에는 요양이 개시된 날이 속하는 달의 다음 달부터 요양이 종료된 날이 속하는 달까지 장해연금의 지급을 정지한다. 공무상 요양은 「국민건강보험법」에 따른 요양기관에서 받아야 한다. 이 요양기관이 공무상 요양을 실시한 경우에는 공무상요양비를 공단에 청구하여야 한다. 공단은 공무상요양비의 청구 및 지급 등 공무상 요양급여업무의 일부를 관계 전문기관에 위탁할 수 있다. 공무원이 긴급한 필요 또는 그 밖의 부득이한 사정으로 「국민건강보험법」에 따른 요양기관 외의 의료기관에서 공무상 요양을 받은 경우에는 안전행정부장관이 인정하는 경우에만 공무상요양비를 지급할 수 있다.

나. 재해부조금 및 사망조위금

공무원이 수재(水災)나 화재, 그 밖의 재해로 재산에 손해를 입었을 때에는 재해부조금을 지급한다. 공무원의 배우자나 부모(배우자의 부모 포함) 또는 자녀가 사망한 경우에는 그 공무원에게 사망조위금을 지급한다.

사망조위금은 공무원 전체의 기준소득월액의 평균액의 100분의 65에 상당하는 금액이다. 이 경우 사망조위금 지급대상이 되는 공무원이 2명 이상일 때에는 대통령령으로 정하는 1명의 공무원에게 지급하되, 부양하던 공무원이 따로 있으면 그 공무원에게 지급한다.

공무원이 사망한 경우에는 그 배우자에게 사망조위금을 지급하되, 배우자가 없는 경우에는 대통령령으로 정하는 바에 따라 장례와 제사를 모시는 자에게 지급한다. 이 경우 사망조위금은 해당 공무원의 기준소득월액의 100분의 195에 상당하는 금액으로 한다.

5. 장기급여

장기급여에는 퇴직급여, 장해급여, 유족급여, 퇴직수당이 있다. 퇴직급여에는 퇴직연금, 퇴직연금일시금, 퇴직연금공제일시금, 퇴직일시금이 있다. 장해급여에는 장해연금과 장해보상금이 있다. 유족급여에는 유족연금, 유족연금부가금, 유족연금특별부가금, 유족연금일시금, 유족일시금, 유족보상금, 순직유족연금, 순직유족보상금이 있다.

가. 연금의 지급기간 및 지급시기

연금인 급여는 그 급여의 사유가 발생한 날이 속하는 달의 다음 달부터 그 사유가 소멸된 날이 속하는 달까지의 급여분을 지급한다. 연금인 급여의 지급을 정지할 사유가 발생한 경우에는 그 사유가 발생한 날이 속하는 달의 다음 달부터 그 사유가 소멸된 날이 속하는 달까지의 급여분 지급을 정지한다. 다만, 정지사유가 발생한 날과 그 사유가 소멸한 날이 같은 달에 속하는 경우에는 그 지급을 정지하지 아니한다.

나. 연금액의 조정

연금인 급여는 「통계법」 제3조에 따라 통계청장이 매년 고시하는 전전년도와 대비한 전년도 전국소비자물가변동률에 해당하는 금액을 매년 증액하거나 감액한다.

다. 급여상호 간의 조정 등

장해급여 또는 유족보상금과 다른 장기급여(순직유족급여는 제외)는 함께 지급한다. 퇴직연금의 수급자가 재직기간을 합산 받은 후 다시 퇴직하거나 사망한 경우에는 퇴직연금(퇴직연금공제일시금을 포함), 조기퇴직연금(퇴직연금공제일시금을 포함) 또는 유족연금(유족연금부가금을 포함)만을 받을 수 있으며, 이를 갈음하여 퇴직연금일시금 또는 유족연금일시금을 받을 수 없다.

퇴직연금 또는 조기퇴직연금의 수급자가 본인의 퇴직연금 또는 조기퇴직연금 외에 유족연금을 함께 받게 된 경우에는 그 유족연금액의 2분의 1을 빼고 지급한다. 「군인연금법」 또는 「사립학교교직원 연금법」에 따른 퇴역연금 · 퇴직연금 또는 조기퇴직연금의 수급자가 이 법에 따른 유족연금을 함께 받게 된 경우에는 그 유족연금액의 2분의 1을 빼고 지급한다.

라. 재직기간의 계산

공무원의 재직기간은 공무원으로 임명된 날이 속하는 달부터 퇴직한 날의 전날 또는 사망한 날이 속하는 달까지의 연월수(年月數)로 계산한다. "퇴직"이란 면직(免職), 사직(辭職), 그 밖의 사망 외의 사유로 인한 모든 해직(解職)을 말한다.

퇴직한 공무원 · 군인 또는 사립학교교직원이 공무원으로 임용된 경우에는 본인이 원하는 바에 따라 종전의 해당 연금법에 따른 재직기간 또는 복무기간을 합산할 수 있다. 공무원으로 임용되기 전의 「병역법」에 따른 현역병 또는 지원하지 아니하고 임용된 부사관의 복무기간(방위소집 · 상근예비역소집 또는 보충역소집에 의하여 복무한 기간 중 대통령령으로 정하는 복무기간을 포함)은 본인이 원하는 바에 따라 재직기간에 산입(算入)할 수 있다. 통상적인 근무시간보다 짧게 근무하는 공무원에게 퇴직수당을 지급할 때의 재직기간은 대통령령으로 정하는 바에 따라 근무하는 기간에 비례하여 계산한다.

마. 퇴직급여

(1) 퇴직연금, 조기퇴직연금

(가) 퇴직연금

경찰공무원이 20년 이상 재직하고 퇴직한 경우에는 65세가 되었을 때나 「경찰공무원법」에서 정한 계급정년이 되어 퇴직한 때부터 5년이 경과한 때나 대통령령으로 정하는 장애상태가 된 때 등에서부터 사망할 때까지 퇴직연금을 지급한다. 이 퇴직연금의 금액은 재직기간 매 1년당 평균기준소득월액의 1천분의 19에 상당하는 금액으로 한다. 이 경우에 퇴직연금의 금액은 평균기준소득월액의 1천분의 627을 초과하지 못한다.

(나) 조기퇴직연금

공무원이 20년 이상 재직하고 퇴직연금 지급이 시작되는 시점 이전에 퇴직한 경우에는 본인이 원하면 그가 사망할 때까지, 퇴직연금 지급이 시작되는 시점에 못 미치는 햇수에 따라 정해지는 비율(100분의 95~100분의 75)을 퇴직연금 상당액에 곱한 금액을 조기퇴직연금으로 지급할 수 있다.

(2) 퇴직연금일시금, 퇴직연금공제일시금

(가) 퇴직연금일시금

퇴직연금 또는 조기퇴직연금을 받을 권리가 있는 자가 원하는 경우에는 퇴직연금 또는 조기퇴직연금을 갈음하여 퇴직연금일시금을 지급할 수 있다. 퇴직연금일시금의 금액 계산은 다음과 같이 하며 계산에 포함되는 재직연수는 33년을 초과하지 못한다.

먼저, 퇴직한 날의 전날이 속하는 달의 기준소득월액에 재직연수를 곱한 금액의 1천분의 975를 산출한다. 다음에, 재직연수에서 5년을 뺀 연수의 매 1년에 대하여 퇴직한 날의 전날이 속하는 달의 기준소득월액에 재직연수를 곱한 금액의 1만분의 65를 산출한다. 이 둘을 합산하면 퇴직연금 일시금의 금액이 된다.

(나) 퇴직연금공제일시금

퇴직연금 또는 조기퇴직연금을 받을 권리가 있는 자가 20년을 초과하는 재직기간 중 원하는 기간에 대하여는 그 기간에 해당하는 퇴직연금 또는 조기퇴직연금을 갈음하여 퇴직연금공제일시금을 지급할 수 있다. 공제재직연수는 13년을 초과하지 못한다. 퇴직연금공제일시금의 금액 계산은 다음과 같이 한다.

먼저, 퇴직한 날의 전날이 속하는 달의 기준소득월액에 퇴직하는 공무원이 공제일시금 계산에 산입할 것을 원하는 재직연수(공제재직연수)를 곱한 금액의 1천분의 975를 산출한다. 다음에, 공제재직연수 매 1년에 대하여 퇴직한 날의 전날이 속하는 달의 기준소득월액에 공제

재직연수를 곱한 금액의 1만분의 65를 산출한다. 이 둘을 합산하면 퇴직연금공제일시금의 금액이 된다.

(3) 퇴직연금, 조기퇴직연금의 지급정지

퇴직연금 또는 조기퇴직연금의 수급자가 이 법이나 「군인연금법」 또는 「사립학교교직원연금법」의 적용을 받는 공무원·군인 또는 사립학교교직원으로 임용된 경우에는 그 재직기간 중 해당 연금 전부의 지급을 정지한다.

퇴직연금 또는 조기퇴직연금 수급자가 연금 외의 「소득세법」에 따른 사업소득금액 또는 근로소득금액이 있고, 각 소득금액 또는 이를 합산한 소득금액의 월평균금액(소득월액)이 전년도 평균임금월액을 초과한 경우에는 퇴직연금 또는 조기퇴직연금에서 초과소득월액의 일정비율(50만원 미만은 30%, 50~100만원 미만 40%, 100~150만원 미만 50%, 150~200만원 미만 60%, 200만원 이상은 70%)에 상당하는 금액의 지급을 정지한다. 이 경우 지급정지액은 퇴직연금 또는 조기퇴직연금의 2분의 1을 초과할 수 없다.

평균임금월액이란 상시 5명 이상의 근로자를 사용하는 사업 또는 사업장(농업·임업 및 수산업은 제외)을 기준으로 고용노동부장관이 작성하는 근로자 임금에 관한 노동통계자료상의 근로자 1명의 임금총액의 연평균금액을 말한다.

(4) 퇴직일시금

공무원이 20년 미만 재직하고 퇴직한 경우에는 퇴직일시금을 지급한다.

바. 장해급여

공무원이 공무상 질병 또는 부상으로 인하여 장애 상태로 되어 퇴직한 때 또는 퇴직 후에 그 질병 또는 부상으로 인하여 장애 상태로 된 때에는 대통령령으로 정하는 장애의 정도에 따라 본인이 원하는 바에 따라 장해연금 또는 장해보상금을 지급한다.

장해연금의 금액은 기준소득월액에 등급에 따른 비율을 곱한 금액으로 한다. 등급은 모두 14등급이며 곱하는 비율은 제1급은 1만분의 5200이고 등급에 따라 점차 감소하여 제14급인 경우 1만분의 975이다. 장해보상금의 금액은 5년분의 장해연금에 상당하는 금액으로 한다.

사. 유족급여

(1) 유족연금, 유족연금부가금 및 유족연금특별부가금

퇴직연금이나 조기퇴직연금 또는 장해연금을 받을 권리가 있는 자가 사망한 경우와 재직 중 공무로 사망하거나 공무상 질병 또는 부상으로 사망한 경우(재직 중에 발생한 공무상 질병이나 부상으로 인해 퇴직 후 3년 이내에 사망한 경우 포함)에는 유족연금을 지급한다. 유족연금 액수의 기준은 사망한 공무원이 받을 수 있는 금액의 100분의 60이다.

다만, 20년 이상 재직한 공무원이 재직 중 사망하면 유족연금 외에 유족연금부가금을 따로 지급하며, 유족연금부가금은 사망 당시의 퇴직연금일시금에 해당하는 금액의 4분의 1에 상당하는 금액으로 한다.

공무원이었던 자가 연금의 지급이 시작되기 전에 사망하거나 퇴직연금 또는 조기퇴직연금의 수급자가 퇴직한 날의 전날이 속하는 달의 다음 달부터 3년 이내에 사망하면 유족연금 외에 유족연금특별부가금을 따로 지급한다. 유족연금특별부가금은 퇴직당시의 퇴직연금일시금에 해당하는 금액의 4분의 1에 상당하는 금액에 〔36-(제43조제1항에 따라 사망 시까지 퇴직연금 또는 조기퇴직연금을 받을 수 있는 달수)〕×1/36을 곱한 금액으로 한다.

(2) 순직유족연금

순직공무원의 유족에게는 순직유족연금을 지급한다. 순직유족연금은 20년 미만 근무한 순직공무원의 경우에는 사망 당시 기준소득월액의 1만분의 3575에 상당하는 금액으로 하고, 20년 이상 근무한 순직공무원의 경우에는 사망 당시 기준소득월액의 1만분의 4225에 상당하는 금액으로 한다.

(3) 유족일시금

공무원이 20년 미만 재직하고 사망한 경우와 유족연금을 받을 수 있는 유족이 유족일시금을 원하는 경우에는 그 유족에게 유족일시금을 지급한다.

(4) 유족보상금 및 순직유족보상금

공무원이 재직 중 공무로 사망한 경우 또는 재직 중 공무상 질병 또는 부상으로 사망하거나 퇴직 후 3년 이내에 그 질병 또는 부상으로 사망한 경우에는 그 유족에게 유족보상금을 지급한다. 유족보상금은 공무원이거나 공무원이었던 자의 기준소득월액의 10분의 234에 상당하는 금액으로 한다.

순직공무원의 유족에게는 순직유족연금 외에 순직유족보상금을 일시금으로 지급한다. 순직유족보상금은 공무원 전체의 기준소득월액 평균액의 10분의 442에 상당하는 금액으로 한다. 다만, 대간첩작전 수행 중 입은 위해로 인하여 사망한 순직공무원의 유족에게 지급하는 순직유족보상금은 공무원 전체의 기준소득월액 평균액의 10분의 577에 상당하는 금액으로 한다.

(5) 유족연금 및 순직유족연금의 수급권 상실

유족연금이나 순직유족연금을 받을 권리가 있는 자가 사망하거나 재혼(사실혼 포함)하거나 (수급권자가 자녀나 손자녀인 경우) 19세(자녀 등이 장애인일 경우 장애 해소)가 되었을 경우에는 수급권이 상실된다.

아. 퇴직수당

공무원이 1년 이상 재직하고 퇴직하거나 사망한 경우에는 퇴직수당을 지급한다. 퇴직수당은 재직기간 매 1년에 대하여 기준소득월액에 대통령령으로 정하는 비율을 곱한 금액으로 한다.

6. 형벌 등에 따른 급여의 제한

공무원이거나 공무원이었던 자가 재직 중의 사유로 금고 이상의 형을 받거나, 탄핵 또는 징계에 의하여 파면되거나, 금품 및 향응수수, 공금의 횡령·유용으로 징계 해임된 경우에는 퇴직급여 및 퇴직수당의 일부를 감액하여 지급한다. 감액하는 경우 퇴직급여액은 이미 낸 기여금의 총액에 민법상 법정이자(연 5%)를 가산한 금액 이하로 감액할 수 없다.

형을 받았다 하더라도 직무와 관련이 없는 과실로 인한 경우 및 소속 상관의 정당한 직무상의 명령에 따르다가 과실로 인한 경우는 감액하지 아니한다.

재직 중의 사유로 금고 이상의 형에 처할 범죄행위로 인하여 수사가 진행 중이거나 형사재판이 계속 중일 때에는 퇴직급여(연금인 급여 제외) 및 퇴직수당의 일부를 대통령령으로 정하는 바에 따라 지급 정지할 수 있다. 이 경우에도 직무와 관련이 없는 과실로 인한 경우 및 소속 상관의 정당한 직무상의 명령에 따르다가 과실로 인한 경우에는 지급 정지하지 아니한다. 수사 또는 재판 결과 급여의 제한사유에 해당하지 아니하게 되었을 때에는 그 잔여금에 이자를 가산하여 지급한다.

재직 중의 사유로 내란의 죄, 외환의 죄, 반란의 죄, 이적의 죄, 「국가보안법」(불고지죄는 제외)에 규정된 죄를 범하여 금고 이상의 형을 받은 경우에는 이미 낸 기여금의 총액에 법정이자를 가산한 금액을 반환하되, 급여는 지급하지 아니한다.

부 록

<부록>
경찰교육원의 직무과정

경찰교육원의 직무과정은 매우 다양하다. 크게 보아 가치관, 태도, 감성 등의 변화·발전을 추구하는 교육, 경찰에서 필요한 분야의 각종 강사 및 교수요원 양성 교육, 그리고 직무 전문화 교육으로 나누어 볼 수 있다.

1. 가치관, 태도, 감성 등의 변화, 발전을 위한 교육

이에 해당하는 교육과정으로는, 경찰핵심가치과정, 자기계발 향상과정, 공감 힐링 과정 등이 있다.

가. 경찰핵심가치과정

경찰핵심가치과정은 인권, 청렴, 봉사 등 경찰핵심가치를 알게 하고 현장업무와의 연관성을 숙지시키며 핵심가치를 실천하는 '참 경찰인'을 양성하는데 교육목표를 두고 있다. 이 과정은 1주간(35시간)의 합숙교육으로 경정 이하 경찰관이 입교대상이다. 이 과정은 경정·경감 기본교육 입교대상자는 입교 전 필히 이수해야 하며, 생활안전, 수사, 교통 등 대민접촉부서 근무자, 경찰개혁에 관심이 높고 리더십이 우수한 자를 선발한다. 이들은 전체 수업시간의 90% 이상을 수강하고, 퇴교처분을 받은 사실이 없으면 수료하게 된다. 다만, 사전 허가받은 공무나 특별휴가에 해당하는 경우 전체 수업시간의 2/3 이상만 수강하면 된다. 이 과정은 소양과목이 94%이며 주요한 교육내용은 나음과 길다.

주요 교과목	시간
1. 특강(안보, 공생발전, 공직가치 등)	3
2. 뮤직하모니	4
3. 현장에서 배우는 경찰가치	3
4. 그 놈의 인권!/ 공정한 경찰 · 정의로운 경찰	4
5. 경찰 청렴과 부패방지	4
6. 나를 찾아 떠나는 여행 / 우리는 어떻게 듣고 말하는가?	4
7. 경찰의 봉사정신과 국민섬김 /창의적 리더십	4
8. 나는 명품 경찰이다 / 경찰사에서 찾는 경찰핵심가치	3

나. 자기계발향상과정

자기계발향상과정은 봉사활동, 감수성훈련을 통한 자기성찰로 공직자로서의 본분을 재인식하게 하고 소통 · 공감 · 위기극복 훈련으로 자신감과 조직자긍심을 고취시켜 공직적응능력을 향상시키는 교육이다. 이 과정은 경찰청 인사쇄신 기준에 의해 선발된 경정 이하 경찰관을 대상으로 2주 합숙교육을 실시하며 감수성 훈련, 힐링 프로그램, 사회봉사활동 등의 과목이 있는 것이 특색이다. 수료기준은 경찰핵심가치과정과 같으며 주요 교육내용은 다음과 같다.

주요 교과목	시 간
1. 특강(안보, 공생발전 등)	6
2. 위기극복(위기는 절망이 아니다!)	3
3. 사회봉사활동	14
4. 소통과 공감(소통하라! 공감하라!)	3
5. 공직가치	2
6. 감수성훈련	7
7. 친절봉사와 이미지메이킹	3
8. 조직 · 개인 비전의 조화	3
9. 셀프리더십과 팀워크	2
10. 경찰핵심가치	5
11. 경찰공무원 행동강령	2
12. 경찰관의 청렴과 부패방지	3
13. 현장체험학습(힐링프로그램)	7
14. 지식체험	4

다. 공감힐링과정

공감힐링과정은 치안현장에서 지치고 상처받은 경찰관에게 동료의식과 새 희망을 일깨워 주고 감수성훈련과 참여형 수업으로 상처를 치유하여 조직적응력과 업무능력을 향상시키는 것을 교육목표로 하고 있다. 중점교육방향은 자기성찰의 기회를 부여하여 공직자로서의 기본자세를 확립하게 하고 심성치료 및 회복으로 자신감을 부여하며 일선현장에서 상·하간 소통을 원활하게 하도록 하는 것이다. 입교요건은 지역경찰근무자와 자원 및 기관장의 추천을 받은 자이며, 이 과정은 1주일의 합숙기간 중 35시간의 교육을 한다. 수료 요건은 자기계발향상과정과 같다. 주요 교육내용은 다음과 같다.

주요 교과목	시간
1. 참 나를 찾아서	3
2. 자신의 성격 탐색하기	3
3. 행복 만들기	3
4. 감수성 훈련	5
5. 분노의 관리	3
6. 희망 쌓기	4
7. 공감적 대화나누기	3
8. 산상토론회	2
9. 지식체험	2

2. 각종 강사 및 교수요원 양성교육

경찰에서 필요한 분야의 각종 강사 및 교수요원 양성 교육과정은 인권강사양성과정, 청렴강사 양성과정, 고객만족 리더 향상과정, 동료강사기본과정, 전자충격기 교관양성과정, 사이버 범죄예방 전문강사 양성과정 및 교수요원 양성과정이 있다.

가. 인권강사 양성과정

인권강사 양성과정은 경찰관련 인권침해사례를 문제점과 대책 중심으로 강의하는 능력을 배양하고 인권 관련 제도와 법령을 숙지시키는 등으로 인권전문가를 배출하는 과정이다. 이

과정의 입교요건은 청문·수사, 초심·중심 메신저, 학습리더, 고객만족강사, 내부강사, 성과관리요원 등 일선 인권강사로 활용 가능한 경정 이하 경사 이상 경찰관이다. 2주간의 합숙교육기간 동안 70시간을 교육한다.

이들은 전체 수업시간의 90% 이상을 수강하고, 교육성적 평균이 60점 이상이며 과목별 성적이 40점 이상을 받고, 퇴교처분을 받은 사실이 없으면 수료하게 된다. 다만, 사전 허가받은 공무나 특별휴가에 해당하는 경우 전체 수업시간의 2/3 이상만 수강하면 된다. 이 과정의 주요 교과목은 다음과 같다.

주요 교과목	시간
1. 인권관련 주요 법령	3
2. 피해자 상담원리와 기법	6
3. 경찰실무상 인권보호	4
4. 감수성 훈련	7
5. 갈등과 조정 훈련	6
6. 교수기법	9
7. 분임토의 및 역할극	9
8. 자율학습(시청각 교육 등)	4
9. 현장체험학습(국가인권위원회)	7

나. 청렴강사 양성과정

청렴강사 양성과정은 경찰관련 부패사례를 문제점과 대책 중심으로 강의하는 능력을 배양하고 공무원 행동강령을 숙지시키는 등으로 청렴 전문가를 배출하는 과정이다. 이 과정의 입교요건은 청문·수사, 초심·중심 메신저, 학습리더, 고객만족강사, 내부강사, 성과관리요원 등 일선 청렴강사로 활용 가능한 경정 이하 경사 이상 경찰관이다. 2주간의 합숙교육기간 동안 70시간을 교육한다. 수료요건은 인권강사 양성과정과 같다. 이 과정의 주요 교과목은 다음과 같다.

교과목	시간
1. 청렴관련 주요 법령	3
2. 청렴사상과 공직자의 역할	6
3. 경찰실무상 청렴보호	4
4. 감수성 훈련	7
5. 갈등과 조정 훈련	6
6. 교수기법	9
7. 분임토의 및 역할극	9
8. 자율학습(시청각 교육 등)	4
9. 현장체험학습(국민권익위원회)	7

다. 고객만족 리더 향상과정

고객만족 리더 향상과정은 내부 고객만족 강사의 강의 역량을 심화시키고 기본적인 고객만족 컨설팅 기법을 습득시키는 것이며 이를 위해 PPT 디자인 기법을 습득하게 하고 고객만족 경진대회 등 우승자 등으로부터 강의기법을 습득하게 한다. 이 과정은 1주간 합숙교육으로 진행되며 고객만족 내부강사로 활동 중인 경정 이하 경찰관이 교육대상이다. 수료요건은 경찰핵심가치과정과 같다.

라. 동료강사 기본과정

동료강사 기본과정은 강의에 필요한 학습이론, 교수계획 설계, 교수매체 구성과 활용, 강의스킬, 커뮤니케이션 방법 등을 익혀 동료강사로서의 역량 및 자신감을 축적시키고 모의강의와 피드백·평가 등으로 강의능력을 제고하는 교육과정이다. 이를 위해 강의분야별 지도교수를 지정하고 교육원 교수요원 및 다른 동료강사와의 종·횡적 네트워킹 기반을 구축하도록 한다. 동료강사로 선발된 경정 이하 경찰관이 교육대상이며 8일간 합숙교육을 실시한다. 수료요건은 청렴강사양성과정과 같다.

마. 사이버범죄예방 전문강사 양성과정

사이버범죄예방 전문강사 양성과정은 사이버범죄 관련 전문지식을 가진 범죄예방 전문 강사를 양성하는 과정이다. 이 교육을 통해 게임 중독자와 같은 잠재적 사이버 범죄자에 대한 심리와 행동양식을 이해시키고 스피치 훈련, 강의구조 이해, 교수기법 개발을 통한 강의 능력 향상시키며 토의 학습을 통한 사이버범죄 예방 관련 교육 콘텐츠를 개발한다.

사이버수사 부서 근무경력 2년 이상인 경감이하 경찰관이 교육대상이며, 경찰청 사이버테러 대응센터에서 선발에 관여한다. 교육은 3주간의 합숙교육으로 진행된다. 수료요건은 인권강사 양성과정과 같다. 주요 교과목은 다음과 같다.

교과목	시간
1. 경찰핵심가치	5
2. 프리젠테이션의 작성	4
3. 이미지 · 동영상 편집훈련	4
4. 사이버범죄 이해	2
5. 개인정보법 이해	2
6. 인터넷 중독 이해(게임중독 중심)	2
7. 디지털저작권법 이해(P2P 관련)	3
8. 청소년의 심리와 행동양식 이해	4
9. IT관련 특강	2
10. 강의구조 이해	2
11. 스피치 훈련	7
12. 교수기법	13
13. 분임토의	20
14. 교수기법 실습 및 토론	15
15. 현장체험학습(정부종합전산관리센터)	4

바. 전자충격기 교관양성과정

전자충격기 교관양성과정은 교육 이수 후 테이저 사용요령을 전수하는 교관으로 활용할 수 있도록 테이저 사용요령 및 절차 등에 대한 체계적인 교육을 하는 과정이다. 지방학교 교관으로 활동 가능한 경감이하 경찰관이 교육대상이며 3일간의 합숙교육으로 진행한다. 수료요건은 경찰핵심가치과정과 같다.

사. 교수요원양성과정

교수요원양성과정은 경찰교육기관의 신임 교수요원에 대해 기본적인 강의 기법과 강의노하우를 전수하고 PPT 사용요령에 대한 교육을 하는 과정이다. 1주간의 합숙교육으로 진행되며 수료요건은 경찰핵심가치과정과 같다.

3. 각종 직무 전문화과정

경무, 기획, 감사, 정보통신, 유치장, 상황실 분야

가. 감사전문화과정

감사전문화과정은 공직기강 확립을 위한 감사관의 자세를 이해시키고 감찰·감사요원의 자질을 향상시키는데 교육목표를 두고 있다. 이를 위해 감찰·감사 운영 방향을 숙지하게 하고 불합리한 제도·관행에 대한 대안 개발능력을 높이며 감사 및 직무감찰 기법 등 감사분야 전문지식 습득하게 하고 있다. 2주간의 합숙교육기간 동안 70시간을 교육하고 있다. 입교대상은 청문감사기능에 근무하는 경정 이하 경찰관이다. 수료기준은 인권강사 양성과정과 같다. 주요 교과목은 다음과 같다.

교과목	시간
1. 경찰핵심가치	5
2. 경찰공무원 행동강령위반사례연구	3
3. 심리상담기법	3
4. 감사요원의 사명감	3
5. 반복지적사항 검토 및 대응	3
6. 재산등록 실무	3
7. 유형별 징계 소청대응요령	3
8. 징계관련 민원사례분석	3
9. 경찰관련 민원사례분석	3
10. 회계감사기법	3
11. 감찰기법	3
12. 반부패청렴대책의 이행	3

13. 감사기관의 역할	3
14. 지식체험	4
15. 분임토의	4

나. 경리회계전문화과정

경리회계전문화과정은 예산제도 및 예산집행절차를 숙지하게 하고 계약의 적법성 · 효율성 확보를 위한 교육을 실시할 목적으로 개설된 과정이다. 2주간의 합숙교육기간 동안 70시간의 교육을 하며, 입교요건은 물품 · 지출담당, 경찰관부대 예산담당을 하는 경정이하 경찰관, 일반직, 기능직이다. 수료기준은 감사전문화과정과 같다. 주요 교과목은 다음과 같다.

주요 교과목	시간
1. 경찰핵심가치	5
2. 예산의 편성 및 문제점	3
3. 결산의 이해	2
4. 예산의 집행(재무관)	6
5. 예산의 집행(지출관 및 실무자)	6
6. 관서운영경비출납실무실습	7
7. 회계공무원의 마음가짐	2
8. 국유재산관리	4
9. 국가계약실무	4
10. 예산회계프로그램 실습(지출, 물품)	7
11. 채권관리 및 국고수입	3
12. 회계공무원의 책임	3
13. 지식체험	4

다. 경찰홍보전문화과정

경찰홍보전문화과정은 신속하고 설득력 있는 언론 대응능력 학습을 통한 경찰홍보역량 강화와 트위터, 페이스북 등 뉴미디어를 활용한 다각적인 홍보전략 수립능력 향상을 목표로 개설된 과정이다. 지방청 및 경찰서 입교대상은 지방청 및 경찰서 홍보나 의경모집을 담당하는 경정 이하 경찰관이며, 1주간의 합숙교육기간 동안 35시간을 교육한다. 주요 교과목은 언론 인터뷰 브리핑 요령, 경찰홍보 및 정책홍보, 언어의 영향력, 민간홍보 마케팅사례, 언론의 오보와 대응방법, 멀티미디어 활용 실습, 뉴미디어홍보전략, 온라인모니터링 및 이슈분석 등이다. 수료기준은 경리회계전문화과정과 같다.

라. 기획실무고급과정

기획실무고급과정은 기획의 기초에서 활용까지 체계적인 업무추진 능력을 습득시키고 기획에 필요한 법제·예산에 대한 지식을 배양하며 기획적 사고능력을 갖추도록 하는 교육과정이다. 경정 이하의 기능별 서무 및 기획업무 담당자거 교육대상이며 3일간의 합숙교육으로 진행한다. 수료요건은 경찰핵심가치과정과 같다.

마. 송무실무 전문화과정

송무실무 전문화과정은 송무 분야 전문지식 및 기법을 습득하게 하여 송무업무 처리능력을 배양하고 교육생 상호간 지식·정보와 경험의 공유를 통한 문제해결능력을 향상시키는 과정이다. 이를 위해 답변서 및 준비서면 작성, 소송수행요령 등 송무 관련 실무와 관련법규, 판례 등을 교육한다. 1주간의 합숙교육으로 진행하며 송무업무 담당자나 법률지원팀에 소속된 경정 이하 경찰관이 교육대상이다. 수료요건은 경찰핵심가치 과정과 같다.

바. 성과관리요원 양성과정

성과관리요원 양성과정은 일선 성과업무 담당자들의 실무능력 제고를 통해 관서별 치안여건에 부합하는 자율적 성과관리 역량을 함양하고 일선직원 대상 성과교육을 시키는 내부강사로 양성시키는 교육이다. 이를 위해 경찰청 성과관리 체계와 치안종합성과평가에 대해 심화학습을 시키고 실무기법을 체득하도록 하며 전문요원으로서의 성과관리 교육능력을 함양케 한다. 1주간의 합숙교육으로 진행하며 경감 이하의 경찰서 및 지구대·파출소 관서 성과관리 담당자와 경찰청 성과경영 서포터즈가 교육대상이다. 수료요건은 경찰핵심가치 과정과 같다.

사. 유치인보호관전문화과정

유치인보호관전문화과정은 유치인 인권존중 및 유치장 직무수행의 전문성을 확보하기 위해 인권존중 의식을 고취시키고 직무수행에 필요한 체계적인 지식을 함양하는 교육이다. 1주간의 합숙교육으로 진행하며 교육대상은 유치장 근무 희망자 중 지구대 근무 1년 이상된 순경·경장과 유치관리팀 교육 미이수자(6개월 미만 근무자 우선 입교) 및 경찰서 주무과장과 지방청 담당·계장이다. 수료요건은 경찰핵심가치 과정과 같다.

아. 행정관직무능력발전과정

행정관직무능력발전과정은 경찰행정 업무수행 능력의 향상을 위한 행정관 심화과정으로 프로행정관으로서의 책임의식과 효과적인 업무수행을 위한 전문지식을 함양하며 참여식 수업을 통한 실무문제 해결능력을 제고한다. 경찰청 소속 4급 이하 일반직과 기능직이 교육대상이며 2주간의 합숙교육으로 진행한다. 수료요건은 인권강사양성과정과 같다.

자. 주무관직무능력발전과정

주무관직무능력발전과정은 경찰청 소속 주무관으로서 갖추어야 할 기본자세를 정립시키고 경찰업무에 대한 기본지식울 습득시키는 교육과정이다. 교육대상은 경찰청 소속 무기 계약직이다. 1주간의 합숙교육으로 진행하며 수료요건은 경찰핵심가치 과정과 같다.

차. 정보통신역량향상과정

정보통신역량향상과정은 경찰정보통신시스템 체계 및 구성에 대한 지식을 함양하고 국가정보화 정책에 대해 이해시키며 정보보호에 대한 실무지식을 습득시키는 과정이다.

1주간의 합숙교육으로 진행하며 교육대상은 일반직을 포함한 경위 이하 정보통신부서 근무자 및 정보통신 관련 자격증 소지자이다. 수료요건은 경찰핵심가치 과정과 같다.

카. 112종합상황실요원과정

112종합상황실요원과정은 112종합상황실 신규 발령자 및 교육 미이수자에 대한 신고처리 역량을 높이기 위해 긴급상황 발생에 따른 판단 및 대응 능력을 향상시키는 과정이다. 2주간의 합숙교육으로 진행되며 수료요건은 인권강사 양성과정과 같다. 주요 교과목은 다음과 같다.

교과목	시간
1. 경찰핵심가치	5
2. 112종합상황실요원의 역할과 임무	3
3. 신고접수 및 지령법	7
4. 상황관리	3
5. 긴급상황 대응 및 코드분류	3
6. 사례연구	5
7. 장비사용 실습(공청, 위치추적 등)	3
8. 신고접수·지령, 상황대비 실습	17
9. 분임토의	5
10. 지식체험	5

생활안전 분야

가. 경비업전문화과정

경비업전문하과정은 경비업법령 및 실무에 대한 집중강의를 통해 경비업 담당 경찰관이 집단민원 현장 및 경비업체를 체계적으로 관리할 수 있는 실전 역량을 가지도록 교육하는 과정이다. 교육대상은 경비업을 담당하는 일반직과 기능직 및 경정 이하 경찰관이며 수료요건은 경찰핵심가치 과정과 같다. 1주간의 합숙교육으로 진행한다.

나. 지역경찰 관련 과정

지역경찰 관련 과정은 지역경찰 관리자 과정과 지역경찰 전문화과정이 있다. 지역경찰관리자과정은 경위 이상의 지구대·파출소장, 팀장, 생활안전계장 등 지역경찰 관리자가 직무수행에 필요한 전문지식 및 기본소양을 함양하여 지역경찰의 현장 대응력을 높이고 소규모 조직의 관리자로서 리더십 및 갈등관리능력을 키우는 교육과정이다. 지역경찰전문화과정은 경위 이하의 생활안전기능 실무자, 지구대·파출소 등 순찰·관리요원 등의 현장 직무수행 능력을 향상시키는 과정이다. 이를 위해 현장직무 사례 및 최근판례와 테이저, 가스총 등 경찰장비를 활용한 범인 제압요령을 습득시키는 등 현장에 바로 활용 가능한 실습위주 교육을 진행한다. 두 과정은 모두 1 주간의 합숙교육으로 진행하며 수료 요건은 경찰 핵심가치 과정과 같다.

다. 총포화약업무전문화과정

총포화약업무전문화과정은 경위 이하의 총포・화약 담당자의 업무 전문성을 향상시켜 총포・화약 관련 허가・지도・점검 및 사격장 관리 능력을 높이는 교육과정이다. 1주간의 합숙교육으로 진행되면 수료요건은 경찰핵심가치 과정과 같다.

라. 풍속업무전문화과정

풍속업무전문화과정은 풍속업무를 담당하는 일반직, 기능직 및 경감이하 경찰관을 대상으로 직무수행에 필요한 법령 및 판례와 단속기법 및 조치사항을 습득시키는 과정이다. 2주간의 합숙교육으로 진행하며 수료요건은 인권강사 양성과정과 같다. 주요 교과목은 다음과 같다.

주요 교과목	시간
1. 경찰핵심가치	5
2. 풍속법령의 이해	5
3. 풍속업무 판례연구	4
4. 압수수색 및 수사서류 작성 실습	6
5. 게임물 이해와 분석 실습	6
6. 게임물 단속사례 및 단속법	4
7. 성매매 피해자보호	2
8. 성매매특별법	3
9. 소방법	3
10. 지식체험	4
11. 분임토의	7
12. 현장체험학습(게임물 등급위원회)	7

마. 학교폭력대응역량향상과정

학교폭력대응역량향상과정은 경정 이하 여성 청소년 업무 담당자를 대상으로 인권의식 및 가치관과 업무지식 함양하는 2주간의 합숙교육과정이다. 수료요건은 인권강사 양성과정과 같고 주요 교과목은 다음과 같다.

주요 교과목	시간
1. 경찰핵심가치	5
2. 소년범 수사절차 및 조사기법	6
3. 청소년범죄 다이버전	4
4. 비행성예측 및 인성검사 실습	4
5. 학교폭력 분쟁해결	4
6. 상담학 실습	4
7. 진술녹화 실습	4
8. 전자수사자료표시스템의 이해	3
9. 학교폭력사건 처리요령	4
10. 범죄예방교실 실습	4
11. 분임토의	10
12. 지식체험	4

바. CPTED전문화 과정

CPTED전문화 과정은 지역경찰 및 신규 셉테드 업무 담당자와 지방청·경찰서 생활안전과·계장 및 생활안전 담당자를 대상으로 환경설계를 통한 범죄예방(CPTED)전략에 대한 전문교육을 실시하는 2주간의 과정이다. 수료요건은 인권강사 양성과정과 같다. 주요 교과목은 다음과 같다.

주요 교과목	시간
1. 경찰핵심가치	5
2. CPTED 기본원리와 효과성	5
3. CPTED 운영 전략(지역협의체)	3
4. CPTED 장소별 전략	4
5. 건축도면 분석 실습	7
6. CPTED 가이드라인 분석 및 적용	4
7. 범죄분석 방법 실습	3
8. 현장분석 실습	7
9. 분석보고서 작성 실습	7
10. 분석보고 발표 및 평가	3
11. 현장체험학습(천안아산CCTV관제센터)	4
12. 지식체험	4

수사 분야

가. 일반경과 수사역량 강화과정

일반경과 수사역량 강화과정은 지역경찰 등 현장 수사업무를 담당하는 경위 이하 일반 경과 경찰관을 대상으로 하는 교육과정이다. 이 과정에서는 현장수사를 함에 있어 주의를 요하는 대인적·대물적 강제수사 절차와 현장보존 및 증거수집 방법을 숙지시키고 지역경찰이 주로 취급하는 폭력, 성폭력, 재산범죄, 카드범죄에 대한 초동수사 시 착안사항을 숙지시키며 KICS 실습을 통한 수사서류 작성 능력을 향상시킨다. 2주간의 합숙교육으로 진행하며 수료요건은 인권강사 양성과정과 같다. 주요 교과목은 다음과 같다.

주요 교과목	시간
1. 경찰핵심가치	5
2. 강제수사절차	3
3. 범죄피해자 보호	3
4. 기초과학수사	3
5. 법의학	3
6. 수사서류작성	8
7. 성폭력범죄수사	3
8. 폭력범죄수사	3
9. 카드범죄수사	2
10. 재산범죄수사	3
11. 주요사건사례분석	2
12. 지식체험	3
13. 분임토의	8
14. 현장체험학습(국립과학수사연구원)	7
15. 체력단련 및 호신체포술	4

나. 피해자서포터 전문과정

피해자서포터 전문과정은 수사·형사, 지역경찰 등 범죄 피해자를 상대하는 경찰관의 피해자 인권보호 의식을 확립하고 피해진술을 확보하는 방법을 습득시키는 과정이다. 이를 위해 범죄 유형별 피해자의 인지적·정서적 특성을 이해시키고 사례별 피해자 보호·지원 제도 및 절차를 습득시키며 체험 등 현장에서 즉시 활용 가능한 교육으로 실무 적용 능력을 배양한다. 2주간의 합숙교육으로 진행하며 교육대상은 지역경찰, 교통, 수사·형사부서 등 피해자 상대 부서에 근무하는 경감이하의 경찰관이다. 수료요건은 인권강사 양성과정과 같다. 주요 교과목은 다음과 같다.

주요 교과목	시간
1. 경찰핵심가치	5
2. 감수성 훈련	7
3. 피해자학	3
4. 피해자보호 제도 및 법령	3
5. 피해자 심리 이해	4
6. 피해자 지원 사례 연구	4
7. 피해자 중심 상담원리	3
8. 피해자 면담 실습	7
9. 분임토의 및 역할극	9
10. 지식체험	4
11. 현장체험학습(범죄피해자보호시설 등)	7
12. 체력단련 및 호신 체포술	4

교통 분야

교통분야에 대한 직무 전문화 과정은 교통조사관 전문화과정, 교통조사관 양성과정, 교통행정과정, 교통안전교육 전문화과정, 교통외근과정 등 5개 과정이 있다. 교통조사관 전문화과정, 교통조사관 양성과정, 교통행정과정은 2주 합숙교육과정으로 수료요건은 인권강사 양성과정과 같다. 교통안전교육 전문화과정, 교통외근과정은 1주 합숙 교육과정으로 수료요건은 경찰핵심가치과정과 같다.

가. 교통조사관 전문화과정

교통조사관 전문화과정은 경감이하의 교통실무 경험자 또는 교통교육 이수 경력자를 대상으로 교통사고조사 및 법률·판례에 대한 심화교육을 하고 전문적인 교통사고 조사기법을 숙지시키며 교통사고의 정확한 원인을 찾기 위한 배경지식을 늘리는 수준 높은 교육과정이다.

나. 교통조사관양성과정

교통조사관양성과정은 경감 이하의 교통사고조사반 및 고속도로순찰대원을 대상으로 교통사고조사기법, 교통사고야기도주사건 수사기법, 현장 감식기법 등을 습득시키는 교육과정이다. 교육대상은 경감 이하의 교통사고조사반 및 고속도로순찰대원이며 현장조사 및 사진촬영 실습과 함께 사례·판례 위주의 교육으로 업무수행 능력을 향상시키고 교통관계 법령을 교육한다.

다. 교통안전교육전문화과정

교통안전교육전문화과정은 교통안전교육을 담당하거나 교통부서에 근무하는 경감 이하의 경찰관이나 일반직·기능직·무기계약직 직원에 대해 교통안전 교육에 필요한 지식·정보와 스피칭, 파워포인트, 프리젠테이션 등 교수기법을 습득시키는 교육과정이다.

라. 교통외근과정

교통외근과정은 경감 이하의 교통부서 근무자에 대해 사상자 구호와 현장조치요령 등 교통현장 대응능력을 키우고 최신 교통관계법령과 교통단속 법규를 교육하는 과정이다.

마. 교통행정과정

교통행정과정은 교통외근과정 등 기본적인 교육을 이수하고 교통부서에 근무하는 경감 이하의 경찰관, 일반직, 기능직에 대해 운전면허 행정처분에 대한 법률·판례 등 기본이론을 숙지시키고 교통전산을 실습시키는 교육이다.

경비 분야

가. 경비전문화과정

경비전문화과정은 경비현장에서 경력을 지휘할 수 있는 리더십을 갖춘 경비지휘자를 양성하는 과정이다. 또한 경비업무 전반에 대한 지식을 습득시키고 사례연구를 통한 현장 대응능력을 높이는 교육을 한다. 지방청·경찰서 경비과, 기동부대 등 경비부서에 근무하는 경정 이하의 경찰관이 교육대상이며 2주간 합숙교육으로 진행한다. 수료요건은 인권강사 양성과정과 같다.

나. 경찰핸들러양성고급과정

경찰핸들러양성고급과정은 경찰특수목적견 운용에 필요한 견 운용 능력 및 전문지식 기술을 습득시키는 9주간의 합숙 교육과정이다. 특수 목적견 업무를 희망하는 경감 이하 경찰관이 교육대상이다. 수료기준은 인권강사 양성과정과 같다.

다. 경호전문화과정

경호전문화과정은 현장 경호실습과 경호경비 실패·성공사례 등에 대한 토론식 강의로 경호경비담당자의 업무능력 강화하는 과정이다. 교육대상은 지방청·경찰서 경호 및 경비부서에 근무하는 경정 이하의 경찰관이며 1주간의 합숙교육으로 진행한다. 수료기준은 경찰 핵심가치 과정과 같다.

라. 사격지도자양성과정

사격지도자양성과정은 사격감독관 및 사격통제관으로서 지휘관리·통제능력을 배양하고 사격술 지도능력을 향상시키는 교육과정이다. 교육대상은 경정 이하의 경찰관으로서 사격훈련 시 사격감독관 또는 사격통제관이 될 자나 지방경찰청·경찰서·경찰부대의 사격교관으로 지정된 자이다. 이들에게 사격술 지도능력 향상과 MASTER 측검 병행으로 38권총 MASTER 자격을 부여하고 있다. 1주간의 합숙교육으로 진행하며 수료요건은 경찰핵심가치 과정과 같다.

마. 사격술향상과정

사격술향상과정은 전년도 직장사격성적이 평균 60점미만인 경위 이하 경찰관이 교육대상이다. 1주간의 합숙교육으로 진행하며 사격술이론에 대해 체계적으로 가르치고 38권총사격 반복 숙달 훈련으로 총기 사용에 대한 자신감을 심어주는데 중점을 두고 있다. 수료요건은 경찰핵심가치과정과 같다.

바. 작전전문화과정

작전전문화과정은 경찰작전부대 지휘 또는 실무요원으로서 업무수행에 필요한 작전 관련 지식 · 기술 · 정보 습득을 통해 작전역량을 강화하는 교육과정이다. 국가비상사태의 개념 및 작전법령을 숙지하게 하고 작전계획작성 실습(요도, 독도법)을 하며 작전상황 발생 시 대처능력과 지휘역량을 배양하는 교육을 한다. 1주간의 합숙교육으로 진행하며 경정 이하의 경찰작전부대 지휘 또는 실무요원과 경비부서 근무자가 교육대상이다. 수료요건은 경찰핵심가치과정과 같다.

사. 전술지휘과정

전술지휘과정은 경찰대학을 졸업한 경찰부대 신임 초급 지휘자를 대상으로 집회 · 작전상황 발생시 지휘통솔능력을 함양하는 교육과정이다. 8주간의 합숙교육으로 진행하며 수료요건은 인권강사 양성과정과 같다. 전체 교육시간 중 직무과목 시간은 90%이며 주요 직무과목은 다음과 같다.

주요 직무과목
• 전 · 의경 지휘 및 관리 관련 사항 • 집회 및 시위에 관한 법률 및 판례연구 • 집회 · 시위사범 수사절차 • 경찰통신이론 및 실습 • 집회 · 시위관리 • 기동대 · 전경대 실습 • 통합방위 및 경찰작전계획 절차 • 혼잡경비 및 재난관리 • 대테러 훈련(경찰특공대), 독도법 • 화기학, K-2 소총사격 • 현장체험학습 및 봉사활동(전투체험장) • 부대위생 및 구급법, 화생방 방호 • 군 · 경 합동통신 (무전기조작) • 분대 · 소대 · 중대전술, 시가지전투, 독도법, 체포술

아. 전·의경 코칭스쿨 과정

전·의경 코칭스쿨 과정은 전·의경 지휘요원으로서 전·의경 관리에 필요한 리더십·전문지식 등 코칭기술 습득으로 효율적인 대원 관리능력 배양하는 1주 합숙과정이다. 기동대·방순대 중대장, 소대장, 행정부관 등이 교육대상이며 수료요건은 경찰 핵심가치 과정과 같다.

자. 화생방테러 대응과정

화생방테러 대응과정은 국내·외 신종 테러기법에 대한 담당 경찰관의 예방 역량과 초동대응능력을 강화시키는 1주간의 합숙교육 과정이다. 경정 이하의 지방청·경찰서 대테러담당과 기동부서 테러전담 근무자, 112타격대 근무자가 교육대상이다. 수료요건은 경찰핵심가치과정과 같다.

차. 상황관리 전문화과정

상황관리 전문화과정은 집회시위 관리 및 상황보고 역량과 정보상황보고서 작성능력을 높이고 집회시위 관계법령 및 최신 판례에 대한 이해를 시키는 2주간의 합숙교육과정이다. 경찰 정보부서에서 근무하는 경위 이하의 집회시위 상황관리 담당자가 교육대상이며 수료요건은 인권강사 양성과정과 같다.

정보 분야

가. 정보관리자전문화과정

정보관리자전문화과정은 경정 또는 경감급 정보2계장·정보과장의 업무분야별 지휘능력과 전문성을 높이는 2주 과정이다. 정보환경 변화에 따라 관리자가 갖춰야 할 소양과 지휘능력 제고를 위해 참여식 수업과 분야별 사례중심의 전문교육을 실시한다. 수료기준은 인권강사 양성과정과 같다. 주요 교과목은 다음과 같다.

교과목	시간
1. 경찰핵심가치	5
2. 정책정보관리론 및 사례연구	3
3. 정책정보 아이템 발굴 실습	5
4. 상황정보지휘론 및 사례연구	3
5. 집회·시위 관계법령 및 사례연구	3
6. 정보채증관리론 및 사례연구	3
7. 정보외근활동 관리론	3
8. 신원조사 관리론	2
9. 갈등관리 사례연구	4
10. SNS와 정보수집	3
11. 경찰과 언론	3
12. 관리자 리더십과 커뮤니케이션	3
13. 지식체험	4
14. 분임토의	8

나. 정보관후보자 양성과정

정보관후보자 양성과정은 주로 정보부서 근무를 희망하는 경감 이하 비정보부서 근무 경찰관을 대상으로 정보업무 수행에 필요한 기본적 지식 및 소양을 습득시키는 1주 과정이다. 수료요건은 경찰핵심가치 과정과 같다.

다. 정보실무과정

정보실무과정은 정보업무 경력 1년 이하의 경위 이하 정보관을 대상으로 정보업무 수행에 필요한 소양·지식·기술을 습득시키고 집회시위 관리 및 기획정보 업무능력을 배양하는 2주 과정이다. 수료요건은 인권강사 양성과정과 같다.

라. 정책정보전문화과정

정책정보전문화과정은 정책정보 작성업무를 수행하고 있는 경위 이하 정보관을 대상으로 정보자료 요약·정리 및 아이템 발굴 능력을 배양하는 2주 과정이다.

수료요건은 인권강사 양성과정과 같다.

마. 채증전문화과정

채증전문화과정은 정보 채증업무를 담당하는 경감 이하 경찰관을 대상으로 정보채증업무 수행에 필요한 전문지식을 습득시키고 채증장비의 조작요령을 숙달시키는 2주 과정이다. 수료요건은 인권강사 양성과정과 같다.

바. 개인정보 및 정보보호과정

개인정보 및 정보보호과정은 경감 이하 또는 일반직·기능직 개인정보 총괄·보안·CCTV 담당자를 대상으로 경찰이 관리하는 개인정보와 일반정보의 적법한 관리방법을 숙지시키는 1주 과정이다. 수료요건은 경찰핵심가치과정과 같다.

기타

호신·체포술 전문화과정

호신·체포술 전문화과정은 경감 이하의 경찰청·지방청·경찰서 현장관리 근무자와 희망자를 대상으로 경찰 호신·체포술의 기초 원리를 이해시키고 필수 호신·체포술의 완전 숙달을 통한 응용력과 응급조치 능력을 함양시키는 1주 과정이다. 수료기준은 경찰핵심가치 과정과 같다.

참고문헌

1. 국내 문헌

가. 단행본

강용길, 김석범, 백창현 등(2009), 「경찰학개론(상)」, 서울: 경찰공제회
강욱, 김석범, 백창현(2013), 「경찰경무론」, 경기 용인: 경찰대학
곽윤직(1981), 「민법총칙」, 서울: 경문사
권기헌(2008), 「정책학」, 서울: 박영사
권영성(2002), 「헌법학원론」, 서울: 법문사
김경웅, 도홍렬, 안성호 등(1998), 「신북한개론」, 서울: 을유문화사
김기춘(1990), 「조선시대형전」, 서울: 삼영사
김충남(2008), 「경찰학개론」, 서울: 박영사
김택(2003), 「관료부패이론」, 경기 파주: 한국학술정보(주)
박경규(2007), 「신인사관리」, 서울: 홍문사
박광배(2010), 「법심리학」, 서울: 학지사
박용운(2000), 「고려시대사」, 서울: 일지사
박천오, 강제상, 권경득, 조경호, 조성한, 박홍엽(2010), 「현대인사행정론」, 경기 파주: 법문사
백완기(2000), 「행정학(제4전정보정판)」, 서울: 박영사
석종현(1992), 「일반행정법(상)」, 서울: 삼영사
석종현(1994), 「일반행정법(하)」, 서울: 삼영사
신현기(2012), 「경찰인사관리론(제3판)」, 서울: 법문사
안병만(2008), 「한국정부론(제5판)」, 서울: 다산출판사
안용식(2001), 「한국관료연구」, 서울: 대영문화사
앤서니 기든스, 김미숙 · 김용학 · 박길성 · 송호근 · 신광영 등 번역(2003), 「현대사회학」, 서울: 을유문화사
오석홍(1998), 「한국의 행정」, 서울: 경세원
유민봉(1999), 「인사행정론」, 서울: 문영사
윤지현 등 편집(2006), 「소법전」, 서울: 현암사
이기백(1993), 「"329일" 독일통일」, 서울: 한마당
이용상, 구종태, 전병용, 박희원, 금동준, 최광현, 손기석, 이규준, 이삼헌, 김진 등 편집 (2008),

「경우회 45년사」, 서울: 대한민국재향경우회
이운주(2001), 「경찰학개론」, 경기 용인: 경찰대학
이황우(2003), 「경찰행정학」, 서울: 법문사
임창호(2007), 「ACADEMY 경찰학개론」, 서울: ㈜ 화학사
임창희(2010), 「인적자원관리(제2판)」, 서울: 비엔엠북스
전용찬(2001), 「경찰윤리론」, 경기 용인: 경찰대학
정정길(1999), 「정책학원론」, 서울: 대명출판사
정진환(1998), 「경찰행정론」, 서울: 대영문화사
조철옥(2003), 「경찰행정론」, 서울: 대영문화사
진교훈, 김성희 등(2013), 「2012경찰백서」, 서울: 경찰청
최양호, 이명천 역, 캐슬린 펀 뱅크스(2005), 「위기관리 PR 커뮤니케이션」, 서울: 커뮤니케이션 북스
최해진(2004), 「신전략적 인사관리론」, 서울: 형설출판사
추성수(2004), 「글로벌 가버넌스와 NGO」, 서울: 아르케
한국사특강 편찬위원회(2005), 「한국사 특강」, 서울: 서울대학교 출판부
한우근(1987), 「한국통사」, 서울: 을유문화사
허경미(2013), 「경찰인사론」, 서울: 박영사
허남오(2007), 「너희가 포도청을 아느냐」, 서울: 가람기획
황장수(2013), 「공공의 부패」, 서울: 대양미디어

나. 논문 및 자료

강제상, 오진선, 장영길(2004), "경찰공무원 보직인사관리체계개선에 관한 연구", 치안연구소 연구보고서 2004-08
권경득, 한기민, 윤성철(2004), "경찰공무원 직무수행역량 평가모델 개발에 관한 연구", 경찰대학 연구보고서 2004-07(2006)
김성훈, "국민대통합의 관점에서 본 국민의 정부 재평가", 국회 민족대통합을 위한 국회의원모임 주최 제2차 국민대토론회(광주 KT지사 세미나실. 2. 24일) 발표자료
김찬원(2003), "경찰교육훈련기관 간의 기능적 역할분담에 관한 연구", 「치안정책연구」, 제17호
김창윤(2008), "미군정기 치안정책 연구", 「한국공안행정학회보」, 제17권 제4호
김병준, 이승현, 이동규, 장영길(2002), "경찰전문인력 확보 및 운영대책", 경찰대학 치안연구소 연구보고서 2002-02
공성진, 고기정, 신종철, 백창현(2002), "사이버경찰교육기관 구축에 관한 연구", 경찰대학 치안연구소 연구보고서 2002-16(2004)
남재성, "하위직 경찰공무원 부패의 통제방안에 관한 연구", 「치안정책연구」, 제18호

노태구(2000), "민족주의란 무엇인가?"「통일연구방법론」, 민족문제연구 제8집, 경기 수원: 민족문제연구소

문유석, 허용훈, 김형식(2009), "경찰사회자본과 직무만족: 경찰관의 인식분석을 중심으로", 「한국공안행정학회보」, 제18권 제2호

문준영(2006), "한국의 사법, 관료사법 체제 강화의 역사"「온 국민이 함께 가는 민주적 사법개혁의 길」, 서울: 필맥

송하종(2013), "경찰공무원의 성과상여금의 실태분석 및 개선방안에 관한 연구", 세한대학교 대학원 석사학위논문

박종구(2004), "경찰 청렴도 제고를 위한 방안 연구", 경찰대학 치안연구소 연구보고서, 2004-11(2002)

엄명용(2002), "영국 경찰의 계급체계", 「치안정책연구」, 제16호

윤태범, 김상규, 이동규(2003), "인적자원의 효율적 관리를 위한 경찰의 목표관리제 도입방안 연구", 「치안논총」, 제19집

이강덕(2004), "경찰인력의 실태분석 및 개선방안", 「강의모음집」, 제9기 치안정책과정

이관희, 임준태(2002), "동서독 통일 후 동독경찰의 민주화 과정", 「치안논총」, 제18집

이상원(2006), "경찰수사경과제의 실효성 제고방안", 경찰대학 치안연구소 연구보고서 2006-08

이상원, 정초영(2004), "범죄수사현장교육시설 설치 및 운영에 관한 연구", 경찰대학 치안연구소 연구보고서 2004-14

이서행(2004), "신뢰사회 건설방안과 교육", 「부정부패의 논리와 행정윤리」, 경기파주: 한국학술정보(주)

이영돈, 곽대경(2003), "특수분야 수사역량 강화방안연구", 경찰대학 치안연구소 연구보고서 2003-07

이유준(1993), "신규채용 경찰관의 교육훈련 쇄신방안", 「행정개혁과 경찰발전」, 이유준 교수 논문집 간행위원회, 서울: 대한문화사

이하섭(2010), "통일 이후 남·북한 경찰의 통합방안에 관한 연구", 한성대학교 대학원 박사 학위논문

이황우, 한상암, 조호대, 정덕영(2007), "경찰공무원의 자기개발에 대한 인식과 경찰인적자원 개발방안", 「한국공안행정학회보」, 제16권 제3호

장석헌(2009), "경찰공무원 임용과정에서의 부적격자 배제방안", 「한국공안행정학회보」, 제18권 제3호

전수일(2004), "행정윤리의 속성과 기대효과"「부정부패의 논리와 행정윤리」, 경기 파주: 한국학술정보

정성호, 조임곤, 김상구, 윤성철(2003), "경찰심사승진에 다면평가제 도입운용 및 효과성 분석 연구" 경찰대학 치안연구소 연구보고서 2003-15

정웅(2003), "북한 사회주의 체제의 경로변화에 대한 연구", 한국정신문화연구원 한국학 대학원 박사학위 청구논문

조성택(2005), "한국의 자치경찰제 모형에 관한 이론적 탐색"「한국경찰학회보」, 제9호

조일홍(2000), “Michael Lipsky의 일선행정관료체제에 관한 연구” 「행정학의 주요이론」, 서울: 법문사
_____(2002), “John Kingdon의 ‘정책의 창’이론” 「정책학의 주요이론」, 서울: 법문사
한상암(1999), “경찰공무원 퇴직관리의 문제점 및 개선방안에 관한 연구 ” 「한국경찰학회보」, 제1호

2. 외국 문헌

(Edited by) Alexandra M. Abboud(2006), Transforming the Culture of Corruption: e journal USA, ISSUES OF DEMOCRACY, Volume 11, Number 12, Washington DC: US Department of State

(Edited by) Randall B. Repley & Grace A. Franklin(1975), POLICY-MAKING in THE FEDERAL EXECUTIVE BRANCH, New York: The Free Press.

Edward P. Borodzicz(2006), Risk, Crisis & Security Management, Chichester, England: John Wiley & Sons, Ltd.

Eugene Bardach(2005), A Practical Guide for Policy Analysis, Washington D.C.:CQ Press.

Eugene Bardach & Robert A. Kagan(2006), Going by the Book, New Brunswick, New Jersey: Transaction Publishers.

Felix A. Nigro & Lloyd G. Nigro(1981), The New Public Personnel Administration, Itasca, Illinois: F. E. Peacock Publishers, INC.

Peter Chalk & William Rosenau(2004), Confronting the “Enemy Within”, Santa Monica: RAND Corporation.

Steven Fink(2002), Crisis Management Planning for the inevitable, Lincoln, NE: iUniverse, Inc.

Gilbert B. Siegel & Robert C. Myrtle(1985), Public Personnel Administration: Concepts and Practices, Boston: HOUGHTON MIFFLIN COMPANY

Thomas F. Adams(2007), Police Field Operations, New Jersey: Pearson Prentice Hall.

W. Timothy Coombs(1999), Ongoing Crisis Communication, London: SAGE Publications.

吉村太郎 編集(2008), 世界の警察(アメリカ編), 東京: 辰巳出版株式會社

저자 소개

전병용

• 연세대학교 정법대, 행정대학원 및 대학원 졸업(법학박사)
• 행정고등고시 합격(제21회)
• 경찰종합학교 교학과장
경찰대학 교수요원
경찰대학 학생지도실장
경찰대학 공안문제연구소장
• 경찰청 소년과장, 방범과장, 보안수사1과장, 감사과장, 작전과장
영덕경찰서장, 서대문경찰서장
경찰청 정보심의관, 감사관, 경비국장, 정보국장, 기획관리관, 경무기획국장
• 경남지방경찰청장
서울지방경찰청차장
• 도로교통공단교육본부장
경찰공제회 감사
• 고려대학교 정책대학원 강의
연세대학교 행정대학원 겸임교수
(현) 선문대학교 경찰행정법학과 객원교수

경찰인사관리론

2014년 4월 15일 초판 1쇄 인쇄
2014년 4월 20일 초판 1쇄 발행

저 자 전 병 용
발행인 진 욱 상·진 성 원

저자와의 합의하에 인지첩부 생략

발행처 백산출판사
서울시 성북구 정릉로 157(백산빌딩 4층)
등 록 : 1974. 1. 9. 제 1-72호
전 화 : 914-1621, 917-6240
FAX : 912-4438
http://www.ibaeksan.kr
editbsp@naver.com

값 25,000원
ISBN 978-89-6183-896-2